Josef Baus

Controlling

Lehr- und Arbeitsbuch für die Fort- und Weiterbildung

Herausgegeben von Prof. Dipl-Kfm. Klaus Birker

3. Auflage

Erfolgreich im Beruf

Cornelsen

Zum Autor
Prof. Dr. rer. oec. Josef Baus, Diplom-Kaufmann, hat eine Professur für Betriebswirtschaftslehre (insbesondere Internationale Rechnungslegung und Controlling) an der Fachhochschule in Ludwigshafen.

Hinweis:
Die 1. und 2. Auflage des Buches sind in der Lehrbuchreihe „Praktische Betriebswirtschaft“ erschienen.

Redaktionelle Bearbeitung: Brigitte Mues, Wuppertal
Technische Umsetzung: Type Art, Grevenbroich

Cornelsen online www.cornelsen-berufskompetenz.de

3. Auflage Druck 4 3 2 1 Jahr 06 05 04 03

Druck: CS-Druck CornelsenStürtz, Berlin

ISBN 3-464-48988-4

Bestellnummer 489884

Gedruckt auf säurefreiem Papier, umweltschonend hergestellt aus chlorfrei gebleichten Faserstoffen.

Vorwort des Herausgebers

Das vorliegende Buch, erstmals 1996 in einer Lehrbuchreihe *„Praktische Betriebswirtschaft"* erschienen, hat sich einen festen Platz in der einführenden Lehrbuchliteratur erobert und erscheint nun auf Grund seines Erfolgs in 3. Auflage. Dabei ist es in die Reihe *„Erfolgreich im Beruf"* übergegangen. Das grundlegende Konzept wurde beibehalten: Der Stoff ist praxisorientiert, methodisch aufbereitet und didaktisch ansprechend dargestellt. Am Ende eines jeden Kapitels werden in einer Zusammenfassung die Leserinnen und Leser angeregt, den zuvor behandelten Inhalt zu rekapitulieren; zur Bearbeitung der jeweiligen Fragen werden Hinweise gegeben.

Der Band wendet sich zugleich an mehrere Zielgruppen. Zum einen werden Studierende an Fachhochschulen, Wirtschaftsakademien etc. angesprochen, denen neben der Methodik ein praxisnaher Bezug aufgezeigt wird. Zum anderen ergibt sich für Praktiker die Gelegenheit, das Thema auch im theoretischen Zusammenhang zu sehen. Hier folgt der Band also weiterhin dem Anspruch einer „praktischen Betriebswirtschaft". Ferner eignet sich das Buch für Teilnehmer/innen an entsprechenden Weiterbildungsmaßnahmen. Schließlich kann das Werk Lernenden an Fachschulen zum weiterführenden Studium dienen.

Der vorliegende Band *„Controlling"* orientiert sich konsequent an der Praxis des Controllers. Die Behandlung der theoretischen Fundamente konzentriert sich dabei auf die wesentlichen Grundlagen. Zum anderen nimmt die Darstellung Bezug auf das Arbeitsjahr eines Controllers, so dass die Abhandlung zugleich als Leitfaden zur Einrichtung eines Controllingsystems in der Praxis dienen kann. Das Controlling gewinnt zunehmend Bedeutung, nicht nur als Spezialdisziplin, sondern auch als Grundlage für alle, die mit der systematischen Planung, Überwachung und Steuerung betrieblicher Abläufe betraut sind. Insoweit ergeben sich auch eine Fülle von Querverbindungen zu anderen Bereichen der Betriebswirtschaft, auf die an geeigneter Stelle jeweils hingewiesen wurde.

In der 2. Auflage wurde das Werk um zwei zusätzliche Kapitel erweitert: „Wie Controlling organisieren?" sowie „Controlling weiterentwickeln". Darin sind auch neuere Erkenntnisse für die Praxis, z. B. zu den Themen Benchmarking und Balanced Scorecard, berücksichtigt worden. Bei der jetzt vorliegenden 3. Auflage erfolgten eine kritische Durchsicht und einige kleinere Verbesserungen.

Der Autor bringt durch seine langjährigen praktischen Erfahrungen als Controller und seine jetzige Professur an einer Fachhochschule die idealen Voraussetzungen mit, den aktuellen Erkenntnisstand aus Wissenschaft und Praxis anwendungsorientiert zu vermitteln.

Köln, im Juli 2003

Klaus Birker
als Herausgeber

Inhaltsverzeichnis

1 Controlling – Was ist das?

1.1 Wie ist Controlling entstanden? 7
1.2 Management durch Controlling 10
1.3 Aufgaben des Controllings 11
Tun wir die richtigen Dinge? 12
Tun wir die Dinge richtig? 12
Planen und budgetieren 12
Durchführung und Abweichungsanalyse 13
Über Entwicklungen informieren 15
Das Arbeitsjahr des Controllers 17
1.4 Controlling ins Unternehmen einordnen 20
1.5 Stellenbeschreibung eines Controllers 24
Was muss der Controller können? .. 26
Zusammenfassung 28

2 Wie arbeitet strategisches Controlling?

Strategisches Controlling im Managementsystem 29
2.1 Potenzialanalyse – Wo liegen Gewinnchancen? 31
2.2 Produktlebenszyklus-Analyse – Womit kann Gewinn erwirtschaftet werden? . 32
2.2.1 Erklärung des Produktlebenszyklus . 32
2.2.2 Phasen des Produktlebenszyklus ... 32
2.2.3 Produktbezogene Lebenszyklusanalyse 34
2.2.4 Programmbezogene Lebenszyklusanalyse 35
2.3 Portfolioanalyse – Welches Umfeld bestimmt den Gewinn? 36
2.3.1 Portfolio-Matrix und Produktlebenszyklus 38
2.3.2 Wie erstellt man eine Portfolio-Matrix? 40
2.3.3. Das Portfolio weicht ab 42
2.4 Gap-Analyse – Warum weicht der Gewinn von der Prognose ab? 45
2.5 Erfahrungskurvenanalyse – Kostensenken durch Erfahrung ... 46
2.5.1 Erfahrungsgesetz zur Kosteneinsparung 46
2.5.2 Wie die Erfahrungskurve einsetzen? 48
2.6 Target-Costing – Kosten senken durch Kundenorientierung 51
Zusammenfassung 55

3 Vom strategischen Plan zum operativen Budget

3.1 Entwicklung planen 57
3.1.1 Planziele festlegen 59
3.1.2 Planungsverfahren 62
Hierarchien abstimmen 62
Teilpläne abstimmen 64
Planung zeitlich koordinieren 66
3.2 Wie wird budgetiert? 68
3.2.1 Budgetarten 68
3.2.2 Wie erstellt man ein Budget? 72
3.2.3 Budgetierung mittels Netzplantechnik 83
Zusammenfassung 89

4 Operative Steuerung durch Budget-Controlling

4.1 Budgetziele überwachen 91
4.2 Anamnese 92
4.2.1 Abweichungen feststellen 92
4.2.2 Abweichungen bewerten 95
4.3 Diagnose 99
4.3.1 Abweichungsursachen herausfinden 101
4.3.2 Vergangenheitsorientierte Abweichungsanalyse 103
4.3.3 Zukunftsorientierte Abweichungsanalyse 109
4.4 Therapie 114
Zusammenfassung 116

5 Berichten und informieren

5.1 Berichtszweck – Wozu soll berichtet werden? 118
5.2 Berichtsinhalt – Was soll berichtet werden? 119
5.2.1 Standardberichte 120
5.2.2 Abweichungsberichte 122
5.2.3 Bedarfsberichte 122
5.3 Wer berichtet wem und wann? 123
5.4 Berichtsform – Wie soll berichtet werden? 125
5.4.1 Tabellen 126
5.4.2 Schaubilder 127
5.4.3 Kennzahlen 131
5.4.4 Texte 137
5.5 MIS – berichten durch Managementinformationssysteme 139
Zusammenfassung 140

6 Controllinginstrumente – Wie gewinnsteuernd beraten?

6.1 Wie unterstützen Kostenrechnungsverfahren das Controlling? 141
6.1.1 Die Kosten- und Leistungsrechnung zweckorientiert und wirtschaftlich aufbauen 142
6.1.2 Das Kostenrechnungssystem Controlling-gerecht einrichten 144
6.2 Deckungsbeitragsrechnung – Wie kurzfristig den Gewinn verbessern? 146
6.2.1 Die Deckungsbeitragsrechnung anwenden 146
6.2.2 Von der Deckungsbeitragsrechnung zur Bezugsgrößenkalkulation 150
6.2.3 Den Erfolg kontrollieren mit der Deckungsbeitragsanalyse 154
6.3 Prozesskostenrechnung – Wie die zunehmenden Gemeinkosten steuern? 156
6.3.1 Die Problematik der Gemeinkostenentwicklung 157
6.3.2 Die Systematik der Prozesskostenrechnung 158
6.3.3 Den Gewinn prozesskostenorientiert steuern 161
6.4 Break-Even-Analyse – Wie das Risiko beurteilen? 163
6.4.1 Die Gewinnschwelle ermitteln 163
6.4.2 Die Break-Even-Analyse anwenden 165
6.4.3 Die Break-Even-Umsatz-Analyse . . . 167
6.4.4 Die Sensibilitätsanalyse 170
Zusammenfassung 173

7 Wie Controlling organisieren?

7.1 Controllertypisierung 175
7.2 Organisationsformen des Controlling 176
7.3 Anwendung bei unterschiedlichen Aufbauorganisationen 178
Zusammenfassung 180

8 Controlling weiterentwickeln

8.1 Benchmarking – Vom Besseren lernen 181
8.1.1 Was bringt Benchmarking Neues? . 181
8.1.2 Benchmarking-Formen 183
8.1.3 Benchmarking-Prozess 185
8.1.4 Benchmarking mittels Controlling . . 188
8.2 Balanced Scorecard – Das Unternehmen ausgewogen und ganzheitlich steuern 189
8.2.1 Mit der Balanced Scorecard die erfolgversprechende Strategie umsetzen 190
8.2.2 Wie die Balanced Scorecard aufstellen? 192
8.2.3 Strategisches Feedback und Lernen 194
8.2.4 Controlling mittels der Balanced Scorecard 195
Zusammenfassung 197

Stichwortverzeichnis 198

Literaturverzeichnis

Baus, Josef: Die materielle Erfolgsbeteiligung - ein Instrument zur Unterstützung des gewinnsteuernden Controllings, in: Deppe, Joachim, u.a. (Hg.): Arbeit und Personal, S. 197–226, München/Mering 1989

Baus, Josef: Kostenrechnung, in: Teisman/Birker (Hg.): Handbuch Praktische Betriebswirtschaft, S. 261–324, Berlin 2002

Birker, Klaus: Projektmanagement, Berlin 2003

Birker, Klaus: Kosten- und Leistungsrechnung, Berlin 1996

Birker, Klaus (Hrsg.): Handbuch praktische Betriebswirtschaft, Berlin 2002

Bornemann, Helmut: Controlling heute: Eine Einführung in die Praxis mit Fallbeispielen, 2. Auflage, Wiesbaden 1986

Camp, Robert C.: Benchmarking. The Search for Industry Best Practices that Lead to Superior Performance, Milwaukee 1989, in deutsch: München/Wien 1994

Deyhle, Albrecht: Controller-Handbuch, Enzyklopädisches Lexikon für die Controller-Praxis, 5 Bände, München/Gauting 2003

Ebert, Günter/Koinecke, Jürgen/Peemöller, Volker: Controlling in der Praxis, 6. Auflage, Landsberg a. Lech 1996

Horváth, Peter: Controlling, 8. Auflage, München 2002

Horváth, Peter (Hg.): Das neue Steuerungssystem des Controllers. Von Balanced Scorecard bis US-GAAP, Stuttgart 1997

Kaplan, Robert S. / Norton, David P.: The Balanced Scorecard. Translating Strategy into Action, in deutsch von Horváth, Peter: Balanced Scorecard. Strategien erfolgreich umsetzen, Stuttgart 1997

Köhler, Richard: Beiträge zum Marketing-Management, Planung, Organisation, Controlling, 2. Auflage, Stuttgart 1993

Kreikebaum, Hartmut: Strategische Unternehmensplanung, 6. Auflage, Stuttgart 1997

Kremin-Buch, Beate: Strategisches Kostenmanagement: Grundlagen und moderne Instrumente, Wiesbaden 2001

Mann, Rudolf/Mayer, Elmar: Der Controlling-Berater, Loseblatt-Zeitschrift, Freiburg 1983–1996

Michel, Rainer: Projekt Controlling und Reporting, Heidelberg 1996

Preissler, Peter: Controlling: Lehrbuch und Intensivkurs, 11. Auflage, München/Wien 1999

Rau, Harald: Mit Benchmarking an die Spitze. Von den Besten lernen, Wiesbaden 1999

Reichmann, Thomas: Controlling mit Kennzahlen und Managementberichten, 5. Auflage, München 2001

Steinle, Claus / Bruch, Heike (Hg.): Controlling: Kompendium für Controller/innen und ihre Ausbildung, 3. Aufl., Stuttgart 2003

Weber, Jürgen / Wertz, Boris: Benchmarking Excellence, Vallendar 1999

Ziegenbein, Klaus: Controlling, 7. Auflage, Ludwigshafen 2002

1 Controlling – Was ist das?

Controlling hat mit der wortverwandten „Kontrolle“ nicht viel gemein. Abgeleitet von dem englischen Verb „to control“, das mit lenken, steuern, regeln, beherrschen, kontrollieren, überwachen zu übersetzen ist, bietet es hilfreiche Planungs- und Steuerungselemente für alle Unternehmensbereiche an. Zur Veranschaulichung: Der Controller als **Navigator** ermittelt den wahren Standort, errechnet die Abdrift und schlägt einen neuen Kurs vor. Die Entscheidung, welcher Hafen anzusteuern ist, trifft der Kapitän. Ob und wann das Schiff das Ziel erreicht, hängt schließlich auch davon ab, ob die Mannschaft den vorgegebenen Kurs einhält.

Die Definitionen dessen, was Controlling nun genau ist, weichen in Theorie wie Praxis oft weit voneinander ab. Es ist Ausdruck der vielfältigen Einsatzmöglichkeiten des Konzepts. *Die **Führungskonzeption Controlling** kann als „Gewinnsteuerung durch Zahlen“ umschrieben werden, die über Abweichungsanalysen die Zielbildungs-, Planungs-, Realisierungs-, Kontroll- und Informationsprozesse im gesamten Unternehmen unterstützt.*

Deshalb hat sich Controlling in der industriellen Praxis sowie den meisten Branchen etabliert und ist auch in der betriebswirtschaftlichen Ausbildung ein klassisches Lehrgebiet geworden. Wir möchten in diesem Buch nicht auf sämtliche theoretischen Modelle eingehen, sondern uns auf die Elemente des Controlling-Systems konzentrieren, die für die Praxis relevant sind.

1.1 Wie ist Controlling entstanden?

Wenn man die Kontrollfunktion in den Mittelpunkt der Betrachtung stellt, lässt sich Controlling bis in die Kameralistik des Mittelalters oder gar bis in die Anfänge des Rechnungswesens verfolgen. Allerdings stand hier das Registrieren und Dokumentieren im Vordergrund, Abweichungen wurden bestenfalls im Zeitvergleich, per **Ist-Ist-Analyse,** festgestellt.

Modernes Controlling erarbeitet Sollvorstellungen, mit denen das Erreichte durch **Soll-Ist-Analysen** oder das zu Erwartende mittels **Soll-Wird-Analysen** beurteilt, analysiert und therapiert wird. Diese steuernden Elemente erhielt das Controlling erst Ende der 20er Jahre, was als der eigentliche Beginn des Controllings anzusehen ist. Unter dem Eindruck der Weltwirtschaftskrise wurde, insbesondere in den USA, die Zukunftsorientierung und damit die **Planung** in die Unternehmenspraxis eingeführt. Es war die Schlussfolgerung aus der Erkenntnis, dass eine vergangenheitsorientierte Unternehmensführung nur äußerst unzulänglich auf Krisensituationen vorbereitet ist. Zeitgleich wurde auch das erste bedeutende Controlling-Instrument, das Du-Pont-Schema (S. 15 f.), von dem Chemieunternehmen Du Pont entwickelt. Als Berufsstand hatte sich der **„Controller“** schon 1931 im Controller's Institute of America etabliert, ab 1962 Financial Executives Institute.

In Europa hat das Controlling erst viel später Einzug in die Unternehmenspraxis gefunden. Ein wesentlicher Grund dafür ist, dass die Wirtschaft in Europa – besonders in Deutschland durch die Kriegswirtschaft des Dritten Reichs – stärker unter staatlichem Einfluss stand und noch keinen den USA vergleichbaren vorausschauenden Planungsbedarf sah.

Auch nach dem Zweiten Weltkrieg sahen deutsche Unternehmen zunächst noch keinen Gewinnsteuerungsbedarf mittels Controlling. Die Produktionskapazitäten waren nach dem Krieg zum großen Teil zerstört bzw. deportiert. Der Bedarf an Produktionsgütern war nach der Zeit des Mangels weit größer als die vorhandenen Produktionskapazitäten. Und Gewinn war nur abhängig von der Produktionskapazität zu erwirtschaften. Während der Phase des Wiederaufbaus stand das Produktionsmanagement zur optimalen Gestaltung der Produktionsabläufe im Mittelpunkt. In den 60er Jahren waren die Produktionskapazitäten dann so weit ausgebaut, dass neuer Bedarf geweckt werden musste. Marketing galt jetzt als dominierende Aufgabe des Managements. Das Fernsehen verbreitete sich explosionsartig, und durch die-

Charakteristik \ Zeit	1900	1930	1950	1970	1990
Bekanntheitsgrad von Ereignissen	• bekannt	• Extrapolation der Erfahrung	• Diskontinuität, aber erfahrungsbezogen	• Diskontinuität und Novität	
Geschwindigkeit von Änderungen	• langsamer als Reaktion der Unternehmung		• vergleichbar mit Reaktion der Unternehmung	• schneller als Reaktion der Unternehmung	
Voraussehbarkeit der Zukunft	• periodische Wiederkehr	• Voraussage durch Extrapolation	• voraussagbare Chancen und Risiken	• partiell voraussagbare schwache Signale	

Schaubild 1.1 : Zunehmende Umweltdynamik

ses neue Medium erreichte Werbung den Verbraucher schnell und wirksam. Unbegrenztes Wachstum schien möglich. Controlling wurde in Deutschland nur zögerlich in Großunternehmen oder Tochtergesellschaften amerikanischer Konzerne eingeführt.

Der Durchbruch des Controllings in der **deutschen Unternehmenspraxis** erfolgte erst in den 70er Jahren unter dem Eindruck zweier Ölkrisen, die die Grenzen des Wachstums aufzeigten. Überkapazitäten und Marktsättigung führten zu höherem Wettbewerbsdruck bei gleichzeitiger Energie- und Rohstoffverknappung und Preissteigerung. Gewinnsteuerndes Finanz-Management wurde dringend erforderlich. 90% der deutschen Großunternehmen hatten seinerzeit ein **operatives Controlling** eingeführt.

Kriterien \ Zeit	1900 – 1990
Organisationsstruktur und Umweltbezug	• Eine Produktlinie • Mehrere Märkte • Mehrere Produktlinien • Mehrere Länder • Mehrere Kulturen • Mehrere Landeshoheiten • Mehrere Lebenszyklen • Unternehmensethik
Unternehmungsziele	• Wirtschaftliche Ziele • +Sozio-politische Restriktionen • +Soziale Ziele • +ökologische Ziele
Machtstrukturen	• Macht zentralisiert im Management • Macht dezentralisiert im Management • Machtteilung mit externen Gremien

Schaubild 1.2: Wachsende Differenzierung der Unternehmung

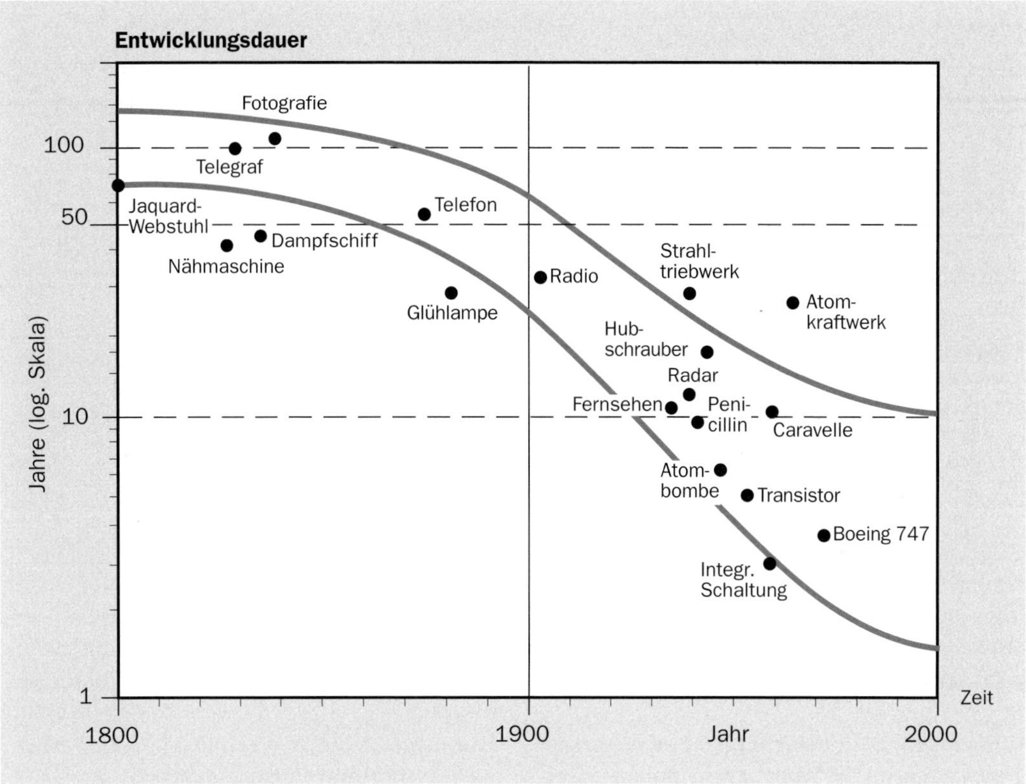

Schaubild 1.3: Verkürzung der Entwicklungszyklen von Produkten

In den 80er Jahren hat sich das Controlling zunehmend in allen Branchen durchgesetzt. Mit der Einführung des strategischen Managements fand auch das **strategische Controlling** Einzug in die Unternehmenspraxis. Insbesondere die zunehmende **Umweltdynamik** fordert mehr strategisches Denken zur Verbesserung von Wettbewerbspositionen (Schaubild 1.1).

Kennzeichnend für die 90er Jahre scheint nach einer Phase der Differenzierung durch Diversifikation die Besinnung auf die Kernaufgabe zu sein. Mit dieser Entschlackung der Geschäftsbereiche geht, unter dem Schlagwort **Lean-Management**, eine Verschlankung der Unternehmensstrukturen einher. Hier ist Controlling gefordert. Das **Kostenmanagement**, Target Costing, rückt in den Blickpunkt, denn die zu erreichenden Marktpreise bestimmen den möglichen Aufwand in Konstruktion wie Produktion. „Schlankes Produkt" heißt das Ziel.

Diese Entwicklung wird begleitet von immer kürzeren **Produktlebenszyklen** durch die beschleunigte technische Entwicklung von Neuprodukten, einer zunehmenden Dynamik der Unternehmensumwelt und einer wachsenden **Differenziertheit der Unternehmensinnenwelt** (1.2 u. 1.3.)

Die steigende Komplexität des unternehmerischen Wirkungskreises und immer kürzere Reaktionszeiten machen Controlling für die Unternehmenspraxis der Zukunft unentbehrlich. Das **Zeitmanagement** hat wachsende Bedeutung für die Gewinnsteuerung. Das Sprichwort „Zeit ist Geld" muss in Zahlen übersetzt werden. Empirische Untersuchungen zeigen, dass um 50% überschrittene Entwicklungskosten den Totalgewinn eines Produktes (über die gesamte Produktlebensdauer) um 5% mindern. Eine um 6 Monate verspätete Produkteinführung führt, infolge der verkürzten Produktlebensdauer, zu einer Verringerung des Totalgewinns um 30% (1.4).

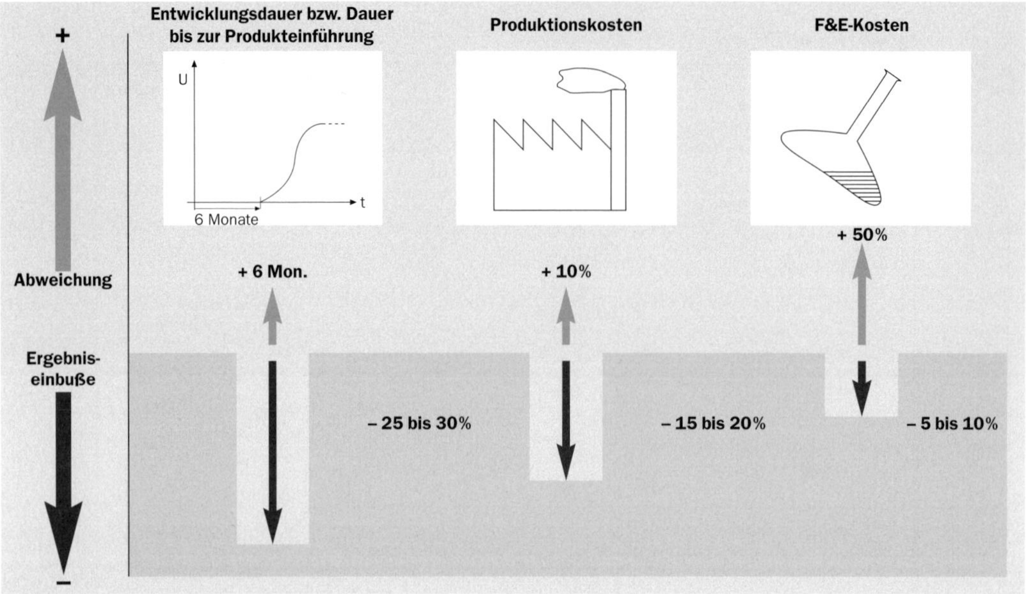

Schaubild 1.4: Ergebniswirkung bei Überschreitung von Entwicklungszeiten, Produktions- und F&E-Kosten

1.2 Management durch Controlling

Angewandtes Controlling steht in einem engen Zusammenhang mit bestimmten **Management-Techniken.** Je kooperativer der Führungsstil ist, je mehr Verantwortung von Führungskräften an unterstellte Entscheidungsträger übertragen wird – **Management by Delegation** genannt –, desto notwendiger sind Systeme, die sicherstellen, dass diese Freiräume im Sinne der Unternehmensziele genutzt werden – **Management by Systems**. Die notwendige Voraussetzung eines wirkungsvollen Controllings ist das **Management by Objectives** – das zielorientierte Management, das mit der Vereinbarung und Überwachung von wirtschaftlichen Zahlen zum Zwecke der Gewinnerzielung arbeitet und auf unmittelbare, hierarchische Anweisung und Überwachung verzichtet. Controlling unterstützt sowohl die Festlegung der Unternehmensziele, also das **strategische Management**, als auch deren schrittweise Umsetzung in die Praxis, also das **operative Management**.

Folglich ist es sinnvoll, Controlling als **Subsystem der Unternehmensführung** zu verstehen und entsprechend zu organisieren.

Im Prozess einer zielorientierten Unternehmensführung erfolgt die Gewinnsteuerung im wesentlichen durch Wirtschaftlichkeitsberechnungen und **Abweichungsanalysen.** Im Sinne eines kooperativen Führungsstils unterstützt der Controller die Fachabteilungen beratend, damit sie bei Abweichungen von der Zielvorgabe möglichst eigenständig Korrekturmaßnahmen ergreifen können. Nur bei gravierenden Abweichungen oder unzulänglichen Korrekturmaßnahmen sollte der Controller die Geschäftsleitung einschalten – **Management by Exception**. Je autoritärer der Führungsstil im gesamten Unternehmen oder einzelnen Unternehmensbereichen ist, umso eher läuft das Controlling Gefahr als Kontrollinstrument missbraucht zu werden: Statt des erfolgreichen Unternehmensgeschehens steht die Kontrolle des einzelnen Mitarbeiters im Vordergrund. Bei einer solchen Ausübung des Controllings gehen wichtige Impulse zum Unternehmenserfolg wie Identifikation, Motivation, Innovation sowie das für den Beratungserfolg unerlässliche Vertrauen der Fachabteilungen verloren. Der Controller verkümmert zum „Kontrolleur“, wo er doch eigentlich **Gewinnmanager** sein sollte.

Beispiel
Die Einkaufsrichtlinien sehen vor, dass Bestellungen ab 100.000 € Auftragswert vom Einkaufsleiter gegengezeichnet werden müssen.
Einkäufer Schnapp kann während eines Messebesuchs Sonderkonditionen bei einem Einkaufsvolumen von 150.000 € erlangen und bestellt eigenmächtig um diese günstige Gelegenheit nicht zu versäumen. Möglicherweise muss Einkäufer Schnapp mit Sanktionen vom Vorgesetzten und mit Beanstandungen anlässlich einer Prüfung durch die Innenrevision rechnen.
Der Controller dagegen wird die günstigen Einkaufskonditionen als besseres Betriebsergebnis im Rahmen der Abweichungsanalyse erfreut registrieren.
Von der Kompetenzüberschreitung des Herrn Schnapp erfährt er gar nichts.
Es ist enorm wichtig, dass die **Controllingfunktionen** in einem Unternehmen qualifiziert wahrgenommen werden. In kleinen Unternehmen übernimmt sie oft der Geschäftsführer persönlich. Dadurch wird betont, dass Controlling eine an den Controller delegierte Führungsfunktion ist.

1.3 Aufgaben des Controllings

Aus den wichtigsten Gestaltungsfunktionen der Unternehmensführung lassen sich die typischen Aufgaben des Controllings ableiten (Schaubild 1.5).

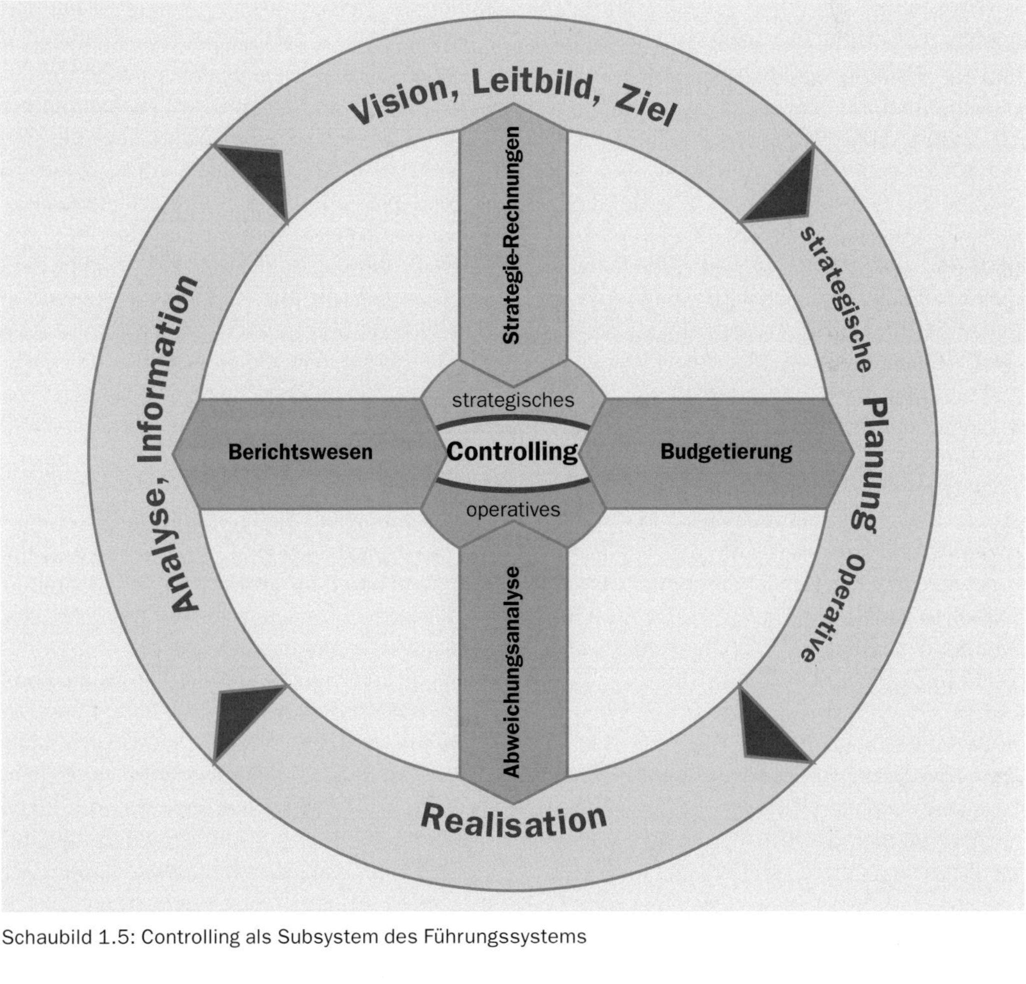

Schaubild 1.5: Controlling als Subsystem des Führungssystems

• Tun wir die richtigen Dinge?
Zuallererst müssen die **Grundsatzziele** eines Unternehmens festgelegt werden, beispielsweise „Gewinnmaximierung“ beim erwerbswirtschaftlichen Betrieb oder „Kostendeckung“ beim Versorgungsbetrieb (z. B. Krankenhaus). Des weiteren müssen Grundsätze zur Produktpolitik (technisch innovative und/oder qualitativ hochwertige Produkte), Personalpolitik (Sozialpolitik und Führungsstil), Kundenpolitik u. v. m. festgelegt werden.
Ausgehend von diesem **Leitbild** als Vision wird im Rahmen des strategischen Managements die Unternehmensstrategie entwickelt.
Mit der **Strategie** wird das Erfolgspotential geplant (Produkte, Märkte, Kundengruppen, Regionen), mit dem man den zukünftigen Gewinn erwirtschaften will. Diese originäre Führungsaufgabe wird durch das **strategische Controlling** mit **Planungsrechnungen** unterstützt. In großen Unternehmungen gibt es eine eigene Stabsstelle „Unternehmensplanung“, die der Unternehmungsführung zuarbeitet. Die Überprüfung der eingeschlagenen Strategie gegenüber der tatsächlichen Entwicklung des Unternehmens und seiner Umwelt (Absatzmärkte, Einkaufsmärkte, Technologie, Politik) ist die Aufgabe des strategischen Controllings. Durch **Abweichungsanalysen** werden die Sollvorstellungen, strategischen Ziele, Normen etc. mit dem aktuellen oder zu erwartenden Status des Unternehmens abgeglichen. Das strategische Controlling muss über Methoden verfügen, die solche Abweichungen aufzeigen und auf Korrekturmaßnahmen hinwirken. Die Analyse der Ursachen von Abweichungen und das Erarbeiten von Gegensteuerungen verbleibt in der Kompetenz der zuständigen Fachabteilungen, wobei der Controller aber ökonomisch berät.

• Tun wir die Dinge richtig?
Wenn die strategischen Ziele feststehen, sind Einzelmaßnahmen (**Aktionen**) zu deren Umsetzung zu planen. Die Detailplanung erfolgt anhand sehr konkreter Fragestellungen, wie z. B.:
– Was und wie viel muss eingekauft werden?
– Welches Personal wird benötigt?
– Wie hoch sind die Umsatzerwartungen?
– Mit welchen Produkten soll welcher Umsatz erreicht werden?
– Welche Investitionen sind erforderlich?
– Wie ist das alles finanzierbar?
Da diese Fragen den tatsächlichen Arbeitsschritten gelten, nennt man diesen Bereich **operative** (durchführende) **Planung.** Wenn diese Detailplanung in ihrer finanziellen Dimension durch wirtschaftliche Zahlen ausgedrückt wird, spricht man von Budgetierung.

• Planen und budgetieren
Die **Budgetierung** unterliegt der Federführung des Controllers und gilt als seine ureigenste Aufgabe. In den Anfängen des Controllings sprach man häufig von „Planung und Budgetierung“.
In mittelständischen Unternehmen obliegt dem Controller die gesamte operative Planung. Im Idealfall sollte die Detailplanung jedoch von den zuständigen und kompetenten Fachleuten vorgenommen werden, beispielsweise die Einkaufsplanung von der Einkaufsabteilung, die Produktionsplanung von der Produktionsabteilung, die Umsatzplanung vom Vertrieb etc.
Mit Federführung ist hier vielmehr gemeint, dass der Controller die Aufstellung der Pläne sowohl inhaltlich als auch zeitlich überwacht und die Abstimmung der Teilpläne sicherstellt. Er muss zwischen den unterschiedlichen Interessen der Abteilungen vermitteln und vor allem Kommunikationsfähigkeit beweisen.
Beispiel
Der Vertrieb plant ein breites Produktsortiment zwecks Umsatzmaximierung. Die Produktionsleitung beharrt auf großen Serien (Losgrößen) bei kleinem Sortiment, weil sie die Stückkosten minimieren möchte.
So muss der Einkaufsplan mit dem Produktionsplan in Einklang stehen. Denn falls zu wenig Material eingekauft wird, kann die Produktion ihre Ziele nicht erfüllen, und Kapazitäten bleiben ungenutzt. Wird dagegen zu viel Material eingekauft, so führt dies zu höheren Lagerkosten, unnötiger Bindung von finanziellen Mitteln, und es drohen Verluste infolge von physischer, technischer oder marktmäßiger Veralterung.

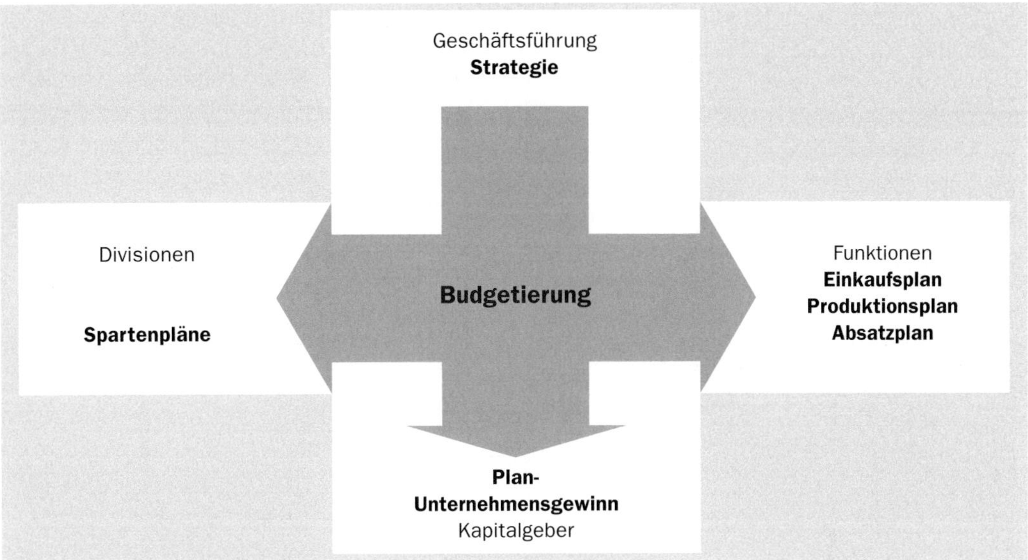

Schaubild 1.6: Kommunikationskreuz zur Koordinierung der Budgetierung

Weiter muss der Produktionsplan auf den Umsatzplan abgestimmt sein, damit genügend Erzeugnisse in der richtigen Art, Anzahl und Zeit gefertigt werden um die Umsatzziele im Interesse der Lieferbereitschaft gegenüber den Kunden einzuhalten. Überhöhte Produktion führt dagegen zu analogen Problemen wie überhöhtem Materialeinkauf, nun im Fertigwarenlager.

Schließlich sind alle Teilpläne im Rahmen der Budgetierung optimal aufeinander abzustimmen, damit das strategisch geplante Erfolgspotential in den maximal möglichen Gewinn für die Kapitalgeber umgesetzt werden kann. Diese wichtige gewinnmaximale **Koordination** durch Abstimmung der Teilpläne nennt man deshalb auch **Knetphase**. Sie ist die schwierigste Aufgabe des Controllers bei der Budgetierung.

Nur in Großunternehmen haben die Fachabteilungen eigene Planungskapazitäten. Vielfach dagegen müssen die Teilplanungen zusätzlich zum Tagesgeschäft bewältigt werden. Hier tritt die Überwachung des Zeitplans für die einzelnen Teilplanungen als weitere wichtige Aufgabe des Controllers hinzu.

Sobald die Teilpläne erfolgreich abgestimmt sind, ist die eigene Planungsarbeit des Controllers, die Zusammenfassung der Teilpläne zu einem **Gesamtbudgetplan,** relativ einfach – zumal heutzutage DV-technische Lösungen zur Aggregation von Einzelbudgets zur Verfügung stehen. Ist das Gesamtbudget fertig erstellt, muss es der Geschäftsführung zur **Genehmigung** vorgelegt werden.

• Durchführung und Abweichungsanalyse

Sind mit der Verabschiedung des Budgets durch die Geschäftsführung die operativen Ziele für die verschiedenen Einheiten festgelegt, folgt deren Durchführung, auch **Realisierung** genannt.

Diese wichtige Managementaufgabe unterstützt das Controlling durch **Abweichungsanalysen.** Noch während der Realisierung im Geschäftsjahr werden die bereits erreichten wirtschaftlichen Ergebnisse mit den Budgetzahlen verglichen, um zu prüfen, ob die bisherige Entwicklung zielkonform verlief.

Wurden die Ziele nicht erreicht, muss nach den Ursachen dafür gefragt werden und es müssen Maßnahmen entwickelt werden, die die Zielerreichung für die weitere Realisierung sicherstellen.

Diese Abweichungsanalyse aufgrund von Soll-Ist-Vergleichen ist das **zentrale gewinnsteuernde Element** des Controllings. Es wird in Anlehnung an die Physik als kybernetischer Regelkreis dargestellt.

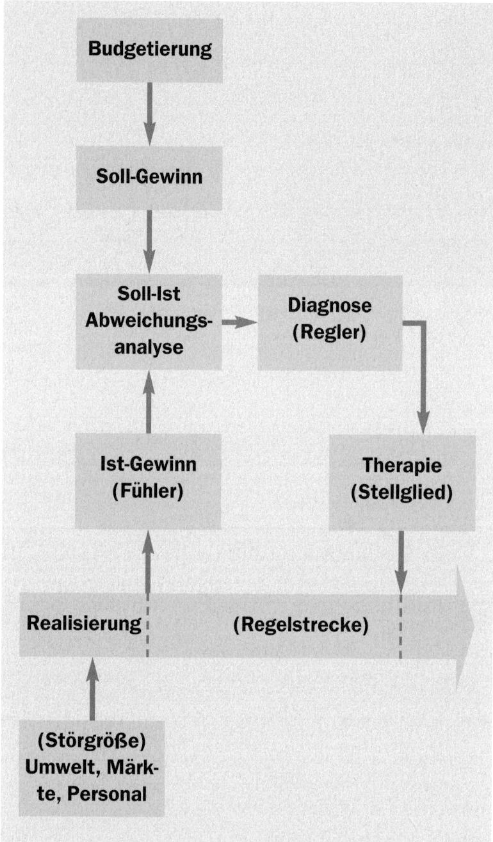

Schaubild 1.7: Gewinnsteuerung als kybernetischer Regelkreis

Diese **Gewinnsteuerung durch Rückkopplung – Feed-back** hat allerdings bedeutende Nachteile. Zunächst sind schon erste negative Entwicklungen eingetreten, bevor mit zeitlicher Verzögerung wegen der Forschung nach Ursachen (Diagnose) und zu entwickelnden Korrekturmaßnahmen (Therapie) eine Gewinnverbesserung eintreten kann. Das ursprüngliche Budgetziel ist dann in der verbleibenden Budgetperiode bzw. dem Geschäftsjahr in der Regel nicht mehr zu erreichen.

Deshalb setzt **modernes Controlling** früher mit der Gewinnsteuerung ein. Vor der einzelnen Durchführung während des Geschäftsjahres wird schon prognostiziert, wie sich der zukünftige Gewinn gestalten wird, der Wird-Gewinn. Diesen vergleicht man dann mit dem geplanten Budgetgewinn und leitet rechtzeitig vor der Realisierungsphase Korrekturmaßnahmen ein, sodass die negative Prognose gar nicht erst eintritt. Vorausschauende Prognosen ermöglichen also eine **Gewinnsteuerung durch Vorkopplung – Feed-Forward**.

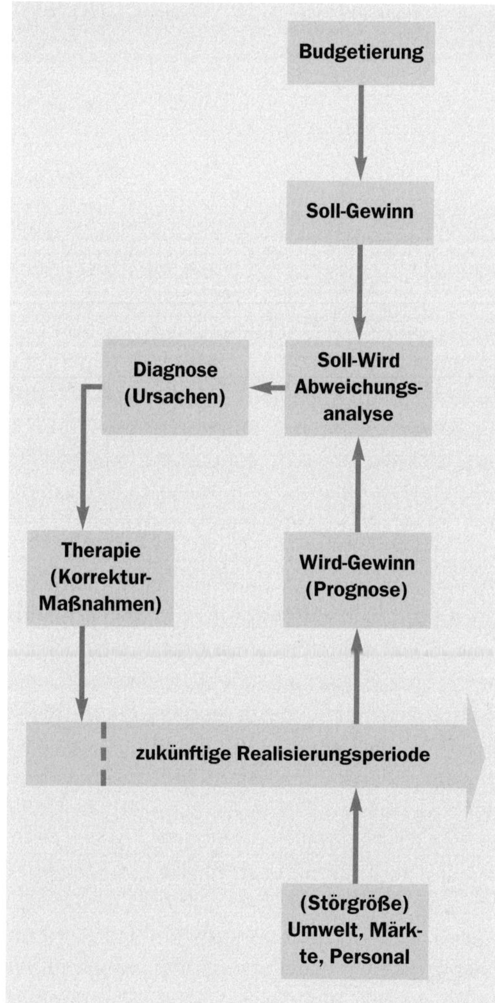

Schaubild 1.8: Gewinnsteuerung durch Feed-Forward

Durch das Feed-Forward werden negative Entwicklungen, beispielsweise ab Juli eines Geschäftsjahres, nicht erst durch die realisierten

Ergebnisse Ende Juli oder gar August erkannt. Vielmehr soll die drohende Fehlentwicklung vorzeitig erkannt und durch Korrekturmaßnahmen verhindert oder gemildert werden.

Feed-Forward-Denken führt, konsequent weitergedacht, bereits zur Abweichungsanalyse, bevor die Veränderung der Umweltkonstellationen im operativen Bereich erkannt werden kann. Es bezieht sich auf die Rahmenbedingungen, die der strategischen Planung zugrunde liegen. Solche Veränderungen sollen frühzeitig durch **Frühwarnsysteme** erfasst werden. Dabei handelt es sich um die Auswertung von „schwachen Signalen", die im Vorfeld möglichst zuverlässige Angaben über Richtung und Ausmaß der zu erwartenden Veränderungen der Umwelt, in wesentlichen Märkten, Technologie, Ökologie, Politik, soziales Umfeld, ermitteln sollen. Soweit sich die Signale noch nicht im operativen Bereich niederschlagen, sind sie Gegenstand des strategischen Controllings. Ihre Analyse erfolgt anhand der **Szenario-Technik**. Allerdings können auch Abweichungen im operativen Bereich, so beispielsweise ein Auftragsrückgang bei Schlüsselkunden, „harte Signale" für die Überarbeitung und Änderung der Strategie sein.

- Über Entwicklungen informieren

Damit die verantwortlichen Fachabteilungen Korrekturmaßnahmen erarbeiten und aus Fehlentwicklungen lernen können, müssen sie zunächst über vergangene und zukünftige Entwicklungen informiert werden. Denn viele Entwicklungen in der Abteilung selbst und in ihrer näheren Umwelt sind so komplex, dass ihre finanziellen Auswirkungen auf den Gewinn von den Verantwortlichen häufig nicht zu überschauen sind.

Hier ist das **Rechnungswesen** ein wichtiges Informationsinstrument, das die finanziellen Auswirkungen von Maßnahmen und Entwicklungen sowohl für die Vergangenheit – durch kurzfristige Erfolgsrechnungen oder etwa den Jahresabschluss – als auch für die Zukunft, dann als Planungsrechnungen, ermittelt.

Das älteste und wohl bedeutendste Instrument, das hilft die Auswirkungen von isolierten Entwicklungen oder Maßnahmen auf das Gewinnziel aufzuzeigen, ist das bereits erwähnte **ROI-Schema** (ROI = Return on Investment), das die Firma Du Pont schon in den 20er Jahren entwickelt hat (Schaubild 1.9).

Das abgebildete **Du-Pont-Schema** ist an die Gliederung des deutschen Jahresabschlusses angepasst und weicht vom Original ab. Je nach Anwendung kursiert das Schema in zahllosen Abwandlungen. Allein der Gewinnbegriff lässt sich, je nach Rechnungsverfahren, differenzieren in den kalkulatorischen Gewinn der Kostenrechnung, den bilanziellen der Gewinn- und Verlustrechnung und den Cashflow einer Zahlungsüberschussrechnung. Zweck kann sowohl eine rückwärtsgewandte Ursachenforschung als auch eine zukunftsgerichtete Prognose sein, eine **What-if-Analyse.**

Beispiel

Ausgehend von einer Tariferhöhung im Personalbereich, können wir unmittelbar ablesen, wie sich diese auf das Betriebsergebnis, den Gesamtgewinn, die Umsatzrendite und schließlich auf die Gesamtkapitalverzinsung (ROI) auswirkt.

Doch nicht nur die Notwendigkeit von Korrekturmaßnahmen bewirkt Berichtsanlässe. Auch die zunehmende Delegation von Führungsverantwortung im modernen Unternehmen erfordert Berichterstattung. Je weniger die Unternehmensführung mit operativen Maßnahmen direkt befasst ist, umso mehr muss sie dann über deren Ergebnisse und Auswirkungen auf den Gewinn und andere wichtige wirtschaftliche Größen informiert werden.

Der Geschäftsführer einer GmbH oder der Vorstand einer AG muss laufend über die Vermögens- und Schuldensituation des Unternehmens informiert sein, wenn er seiner gesetzlichen Verantwortung gerecht werden will. So muss er beispielsweise bei Überschuldung unverzüglich Konkurs anmelden.

Diese wichtige Funktion, über finanzielle Auswirkungen von vergangenen oder zukünftigen Maßnahmen und Entwicklungen zu informieren, institutionalisiert der Controller im **Berichtswesen**. Bei gravierenden Fehlentwicklungen

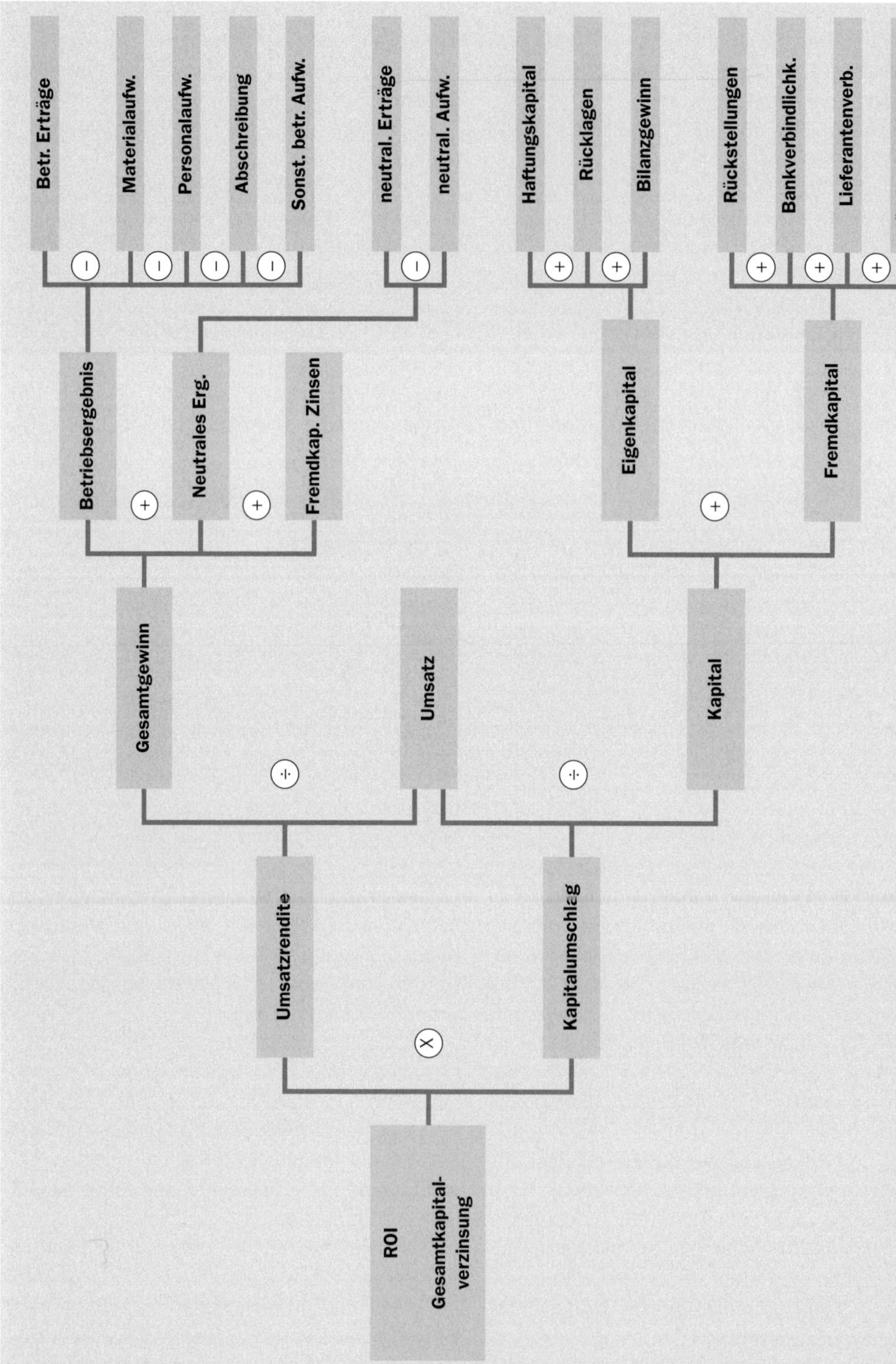

Schaubild 1.9: ROI-Schema (Du-Pont-System of Financial Control)

wird das etablierte Berichtswesen durch Adhoc-Informationen (Management by Exception) oder Sonderberichte mit speziellen Analysen ergänzt. Im Idealfall enthalten die Berichte schon Hinweise auf erforderliche Korrekturmaßnahmen und deren Auswirkungen, sodass ein Eingreifen der Geschäftsführung gar nicht erst erforderlich ist. Das aus dem Führungssystem eines Unternehmens abgeleitete Aufgabenspektrum des modernen Controllers lässt sich wie in Schaubild 1.10 skizzieren.

• Das Arbeitsjahr des Controllers

Das **Arbeitsjahr** eines Controllers stimmt mit dem Geschäftsjahr nicht überein. Kaum hat das Geschäftsjahr begonnen, stehen schon die ersten Vorarbeiten für die Planung des Folgejahres an. Bei der Planung des zukünftigen Geschäftsjahres sind parallel die Controllingarbeiten des laufenden Geschäftsjahres zu bewältigen.

Wann genau welche Arbeiten vorzunehmen sind, wird je nach Bedarf unternehmensindividuell festgelegt. Konzerne beginnen früher als mittelständische und eigenständige Unternehmen, weil sie einen höheren Koordinierungsbedarf und einen komplexeren Abstimmungsprozess haben. Je später dagegen ein Unternehmen mit der Planung beginnt, desto aktueller sind die verfügbaren Daten. Eine Aktualisierung oder Planrevision entfällt dadurch weitgehend. Insgesamt unterliegen die Controllingarbeiten einer logischen Reihenfolge, deren Zeitraster Schaubild 1.11 auf der folgenden Doppelseite praxisnah zeigt.

Anhand der Analyse des Vorjahres, sich abzeichnenden Trends und Signalen des „Frühwarnsystems“ wird im Frühjahr die strategische Position überprüft und ggf. eine neue bzw. modifizierte **Strategie** für die nächsten fünf Geschäftsjahre entwickelt. Im Frühsommer werden

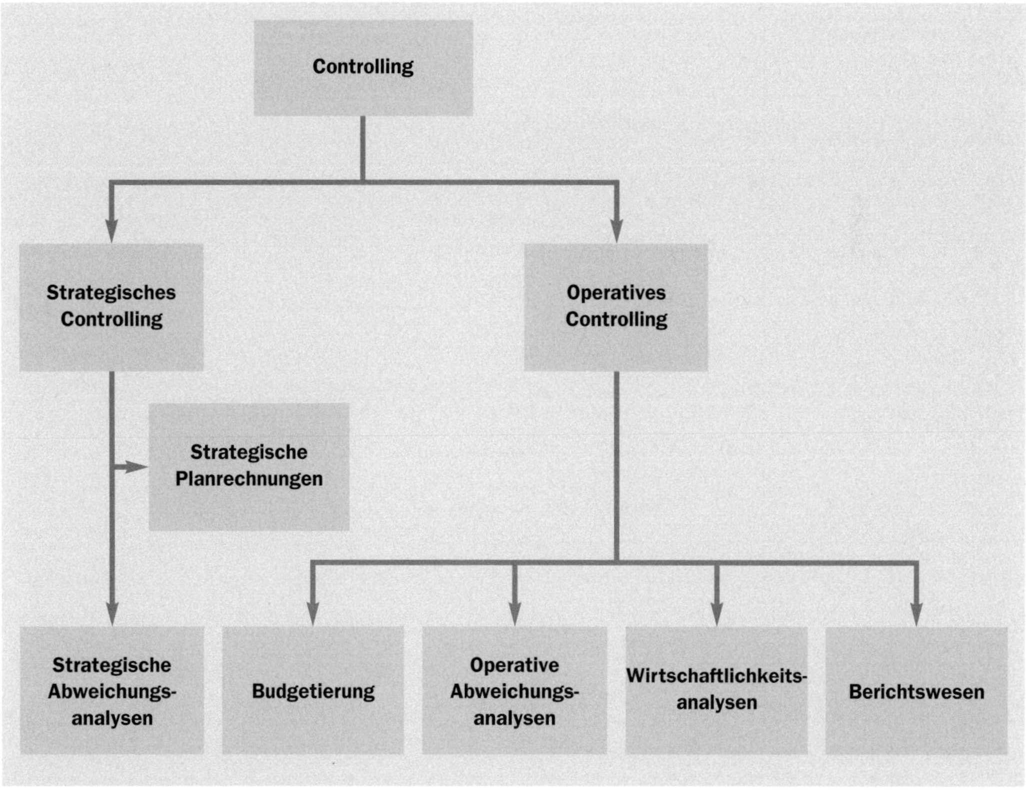

Schaubild 1.10: Aufgabenspektrum des Controllers

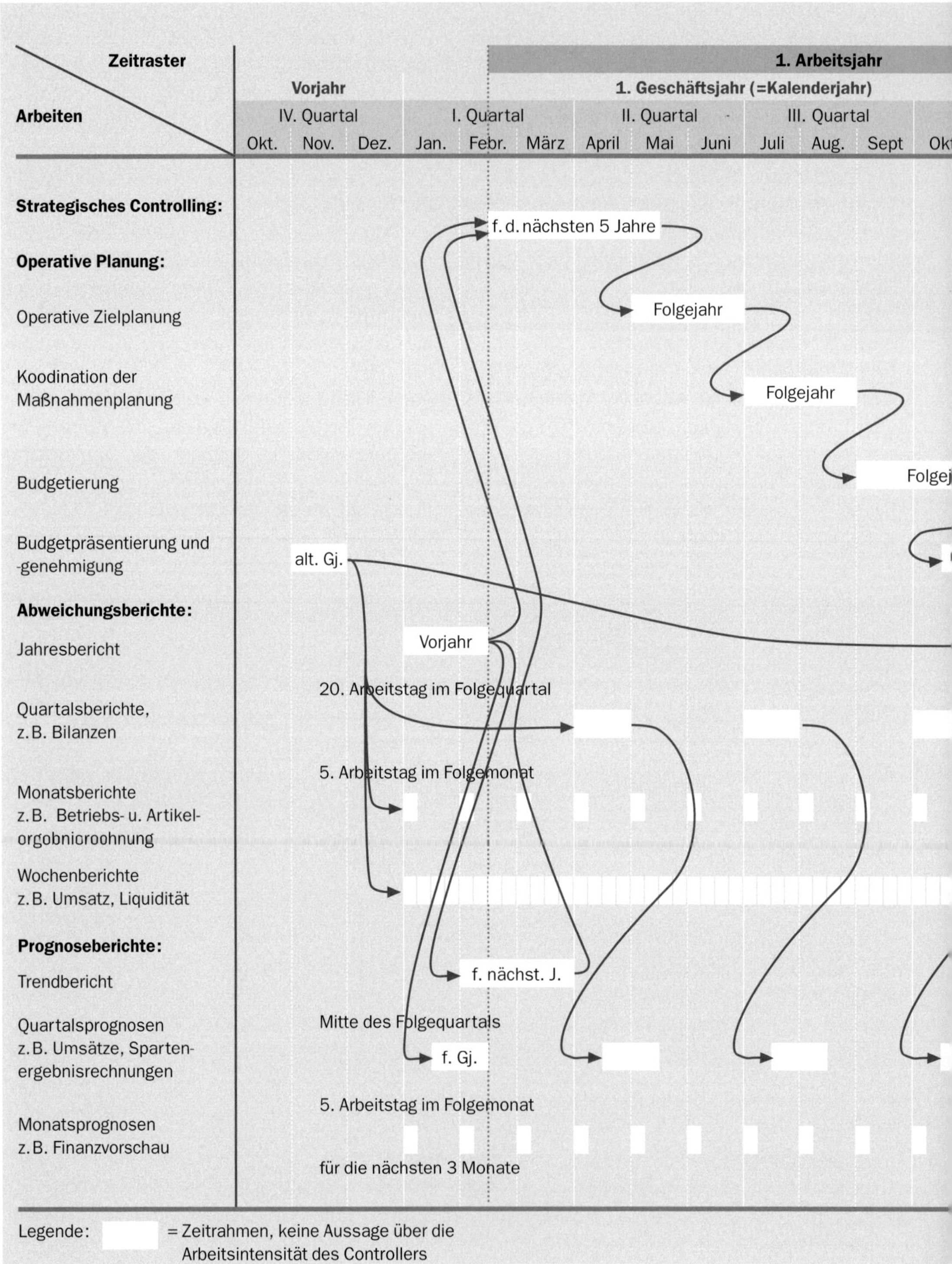

Schaubild 1.11: Controlling im Jahresablauf

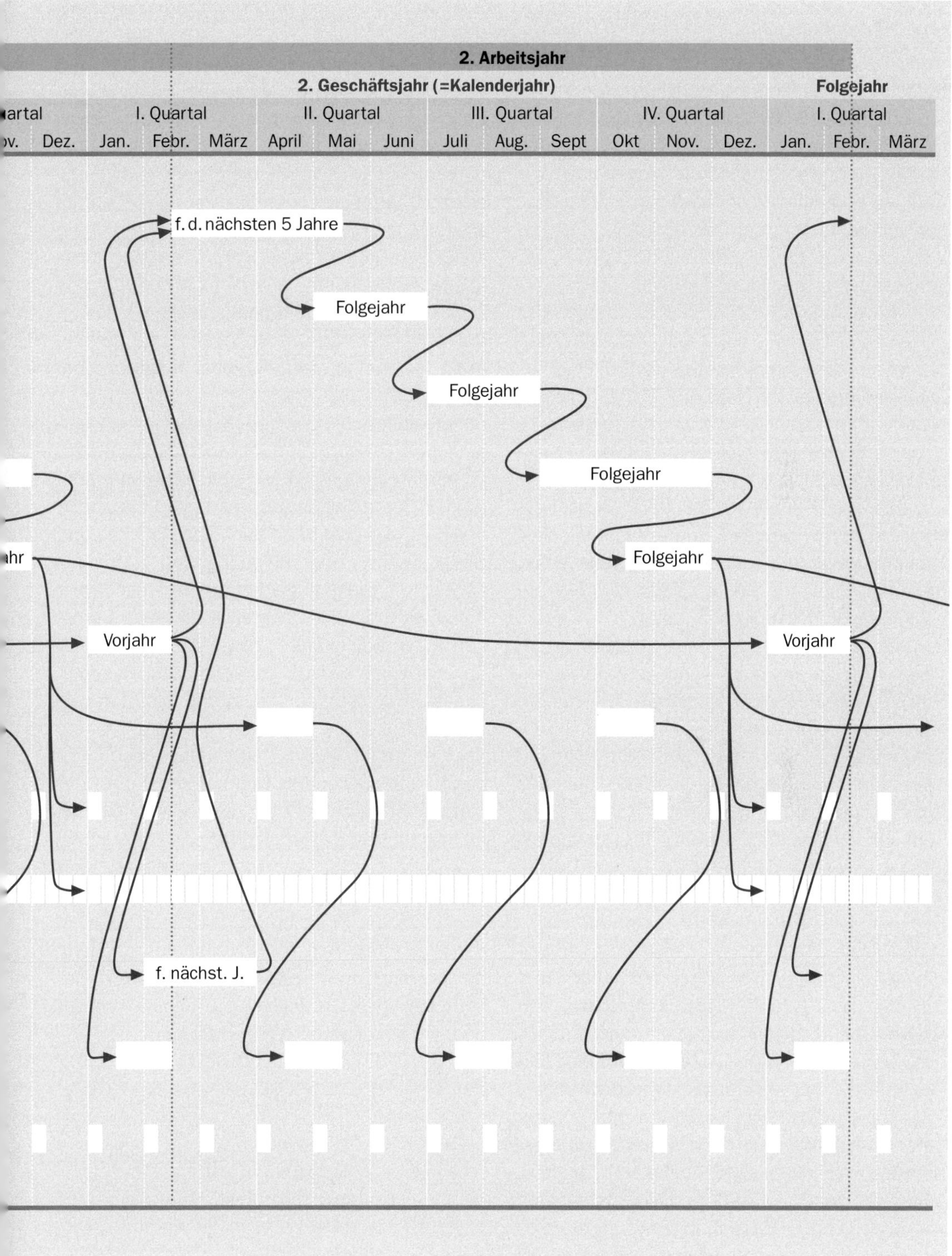
2. Arbeitsjahr
2. Geschäftsjahr (=Kalenderjahr)
Folgejahr
artal
I. Quartal
II. Quartal
III. Quartal
IV. Quartal
I. Quartal
ov. Dez. Jan. Febr. März April Mai Juni Juli Aug. Sept Okt Nov. Dez. Jan. Febr. März
f. d. nächsten 5 Jahre
Folgejahr
Folgejahr
Folgejahr
Folgejahr
hr
Vorjahr
Vorjahr
f. nächst. J.

auf dieser Grundlage die Ziele für die operative Planung des Folgejahres abgeleitet, also für die Marktanteile, den Umsatz, den Gewinn etc. Im Spätsommer beginnt die detaillierte operative Planung mit den verschiedenen Aktionen und dem entsprechenden Mengengerüst, das einer sorgfältigen interdisziplinären Abstimmung bedarf, der Koordination der Maßnahmenplanung. Eng verflochten mit der Mengenplanung ist die Werteplanung, die eigentliche **Budgetierung.** Beides zusammen nimmt durch die Knetphase, also die komplexe Abstimmung der Zahlen der einzelnen Teilbudgets, einen wesentlichen Anteil der Jahresarbeitskapazität des Controllers ein.
Zum Herbstende hin wird der Budgetierungsprozess durch die Aggregation der Teilbudgets zu einem Budgetplan auf Gesamtunternehmensebene abgeschlossen. Falls die Geschäftsführung das vom Controller präsentierte Budget genehmigt, ist die gesamte Planung damit erledigt. In der nun folgenden Realisierungsphase gelten die Teilbudgets als Zielvorgaben für das anschließende Budget-Geschäftsjahr.
Wird das Budget von der Führungsspitze dagegen verworfen, ist eine Planrevision erforderlich, die je nach dem Ansatzpunkt der Kritik im Planungsprozess sehr arbeits- und damit zeitaufwendig sein kann. Deshalb sollte sich der Controller schon frühzeitig während des Planungsprozesses mit der Geschäftsleitung abstimmen um eine Budgetrevision zu vermeiden.
Der zweite Schwerpunkt der Controlling-Jahresarbeit ist die laufende Überwachung des Geschäftsjahres. Routinemäßig sind mit unterschiedlichen Inhalten und Zeitrastern **Abweichungsberichte,** im Wesentlichen Ist-Ist- und Soll-Ist-Analysen, und **Prognoseberichte,** vorwiegend Soll-Wird-Analysen, zu erstellen. Zusätzlich können, je nach Aufgabenumfang des Controllers, Wirtschaftlichkeitsberechnungen, spezifische Abweichungsanalysen und Sonderuntersuchungen im Rahmen seiner **Beratungsfunktion** als ökonomischer Begleiter anfallen. Er selbst veranlasst sie aufgrund der Feststellung von bedeutenden Abweichungen, oder sie werden von den Fachabteilungen oder der Geschäftsleitung angefordert.

1.4 Controlling ins Unternehmen einordnen

So vielfältig wie die Begriffsbestimmung und die Aufgabenzuteilung ist auch die Stellung des Controllings im Unternehmen, wozu die **institutionelle Eingliederung** in den Organisationsaufbau ebenso zählt wie die interne Organisation des Controllings oder das Anforderungsprofil an den Controller. Die Gründe dafür sind unterschiedlich: gewachsene Strukturen, der individuelle Führungsstil, unterschiedliche Controllingkonzeptionen, US-amerikanische Einflüsse, Betriebsgröße etc. Das Schaubild 1.12 auf Seite 21 gibt einen Überblick über mögliche Varianten.
Beschränkt sich der Controller auf seine Kernaufgaben Budgetierung, Abweichungsanalysen, Berichtswesen und Wirtschaftlichkeitsanalysen, ist das Controlling in der Regel als **Stabsstelle** angelegt und wird dann auch mit „Planung und Budgetierung“ oder „Planung und Kontrolle“ bezeichnet. Die geringe Kompetenz einer Stabsabteilung wirkt sich nachteilig auf deren Durchsetzungsmöglichkeiten aus, was durch die üblicherweise geringe Personal- und Ressourcenverantwortung noch verstärkt wird. Ein weiterer Nachteil ist, dass der Controller keinen direkten Zugriff auf das Rechnungswesen, auf das für ihn notwendige Datenmaterial, hat. Der einzige Vorteil besteht bei dieser Regelung darin, dass der Controller sich frei von anderen Zuständigkeiten voll auf die Controllingschwerpunkte und seine Beratungsfunktion als ökonomischer Begleiter konzentrieren kann. In der Praxis hat sich diese Kompetenzregelung nur bewährt, wenn die Stabsstelle direkt der Führungsspitze als Zentralabteilung im Konzern oder als Servicestelle unterstellt wurde.

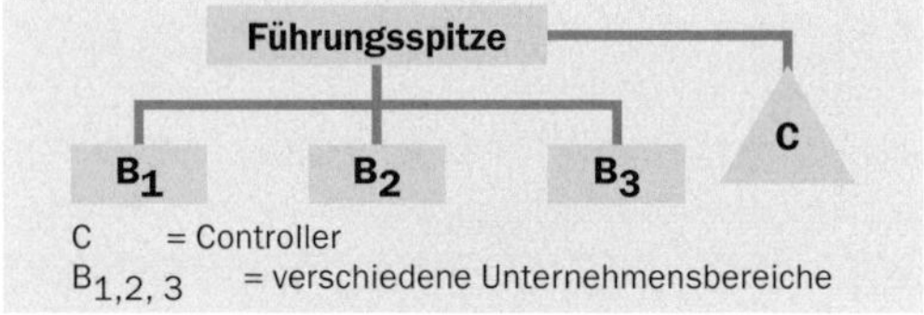

Schaubild 1.13: Organigramm
– Controlling als Stabsstelle

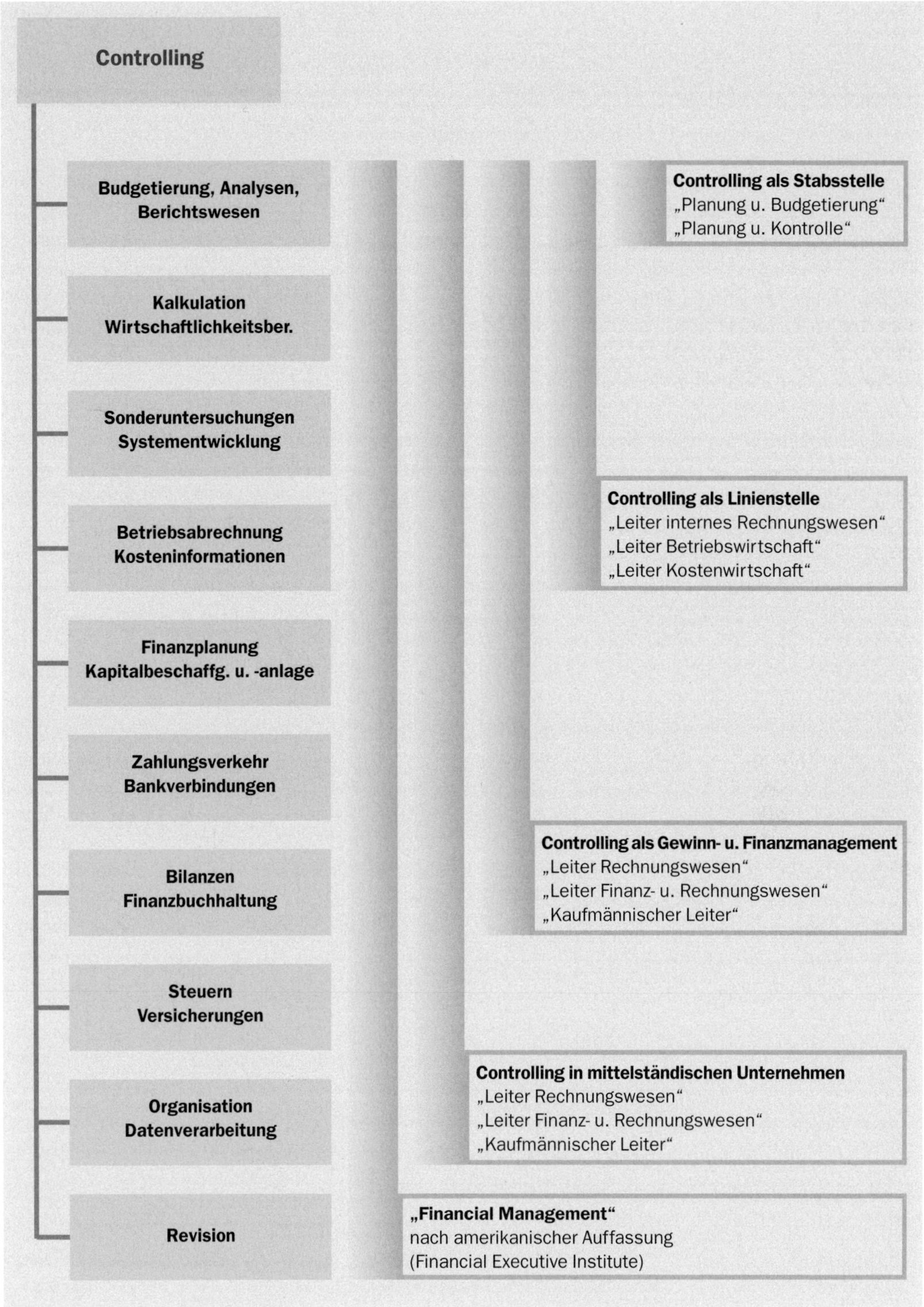

Schaubild 1.12: Varianten möglicher institutioneller Eingliederung von Controlling

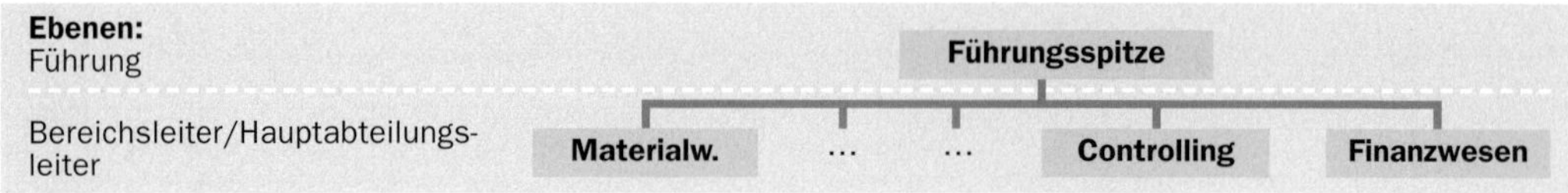

Schaubild 1.14: Organigramm – Controlling in Bereichsleiterebene als Linienstelle

Günstiger ist die Zuordnung des gesamten betrieblichen Rechnungswesens zum Controlling. Hier unterstehen dem Controller die gesamten Kostenrechnungssysteme, die er seinen Bedürfnissen anpassen kann. Zusätzlich erwächst dem Controller durch die Unterstellung des betrieblichen Rechnungswesens erheblich mehr an Personalverantwortung, und durch die **Linienstelle** wird seine Position im Unternehmen gestärkt. Die **Controllingkonzeption** wird spürbar aufgewertet, da der Controller als Bereichsleiter oder Hauptabteilungsleiter in seiner Verantwortung kenntlich ist (Schaubild 1.14).

Eine weitere Aufwertung erfährt der Controller in der Position des **Kaufmännischen Leiters**, dessen Kompetenzbereich sich zusätzlich über den Finanzbereich mit Finanzplanung und externer Berichterstattung mittels Jahresabschluss erstreckt (Schaubild 1.15). Diese größere Verantwortung kann sich allerdings in der Praxis als Nachteil erweisen. Besonders in größeren Unternehmen sind damit die Personalverantwortung sowie die Controlling-ferneren Aufgabeninhalte, als da sind Kapitalbeschaffung, Bank- und Zahlungsverkehr, Finanzbuchhaltung, Mahnwesen, Rechnungsprüfung, Hauptkasse, Kapitalanlage und auch Liegenschaftsverwaltung, so umfangreich, dass die Controllingaufgaben bei dieser Aufgabenfülle nicht die nötige Aufmerksamkeit erfahren können.

Bei kleineren mittelständischen Unternehmen macht diese organisatorische Lösung dagegen durchaus Sinn. Die begrenzten Ressourcen bei dieser Betriebsgröße lassen es nämlich nicht zu, alle kaufmännischen Führungspositionen gleich hoch qualifiziert zu besetzen. Soll der Controller entsprechend seiner verantwortungsvollen Aufgabe besonders qualifiziert sein, so kann sich ein Unternehmen dieser Betriebsgröße nicht auch noch einen gleich hoch qualifizierten Finanzmanager leisten. Hier muss der Controller meist auch Steuern, Versicherungen, Organisation und Datenverarbeitung übernehmen.

Da der Einfluss **US-amerikanischer Unternehmen** zunimmt, die ihre gewachsenen Organisationsformen auf die Tochtergesellschaften übertragen, möchten wir auf deren Besonderheiten hinweisen. In den USA ist das Aufgabenfeld des Controllers innerhalb des Financial-Management um übergeordnete Aufgaben wie die Berichterstattung an staatliche Stellen, volkswirtschaftliche Untersuchungen und die **interne Revision** erweitert. Den Verantwortungsbereich des Controllers um die Revision zu ergänzen ist nicht unproblematisch. Da jedoch das amerikanische Corporationsgesetz kein Kontrollorgan wie den deutschen Aufsichtsrat kennt, ist dort die Kontrollfunktion ausgeprägter als in deutschen Unternehmen.

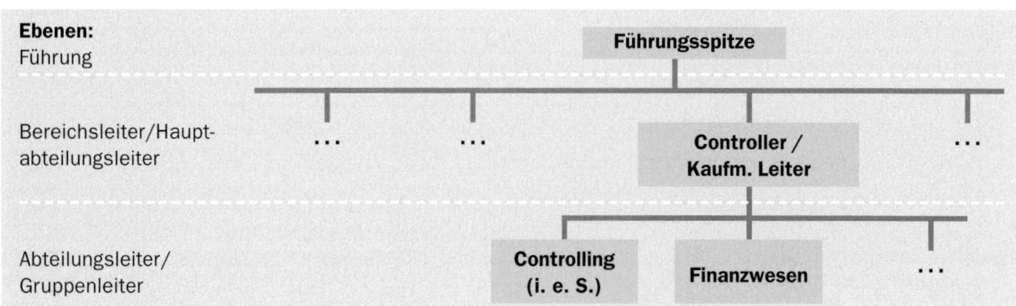

Schaubild 1.15: Organigramm – Controlling als Aufgabe des Kaufmännischen Leiters

Aufgabenbereich / Merkmal	Controlling	Unternehmensplanung	Betriebliches Rechnungswesen	Externes Rechnungswesen	Informationsverarbeitung	Interne Revision
Aufgabe	Gewinnsteuerung	Planung von Erfolgspotentialen (Zukunftsgewinne)	Ermittlung des Betriebserfolgs	Ermittlung der Vermögens-, Finanz- und Ertragslage	Datenerfassung, -sortierung und -verteilung	Kontrolle der Ordnungsmäßigkeit (und auch Wirtschaftlichkeit) sämtlicher Betriebsabläufe
Adressat	alle Managementebenen	erste und zweite Managementebene	Controller sowie alle Entscheidungsträger	in erster Linie Externe (Gläubiger, Aktionäre)	alle Entscheidungsträger, Disponenten, teilweise externe Partner (Just in Time)	Führungsspitze
Zeitbezug	überwiegend zukunftsorientiert	ausschließlich zukunftsbezogen	überwiegend vergangenheitsbezogen	fast ausschließlich vergangenheitsbezogen	überwiegend gegenwartsbezogen	vergangenheits-, gegenwarts- und hinsichtlich Prophylaxe zukunftsorientiert
Datenbezug	Daten werden in Auswertungsrechnung analysiert, selektiert und verdichtet	schwache Signale, weniger harte Daten stehen im Vordergrund	Daten werden durch Grundrechnungen aufbereitet	Daten werden ermittelt und geordnet (Kontenplan) bereitgestellt	überwiegend harte Daten werden zur Verfügung gestellt (Datenbank)	vorhandene Daten werden auf Richtigkeit überprüft
Informationsbereitstellung	Information regelmäßig (Mußberichte) und fallweise (Abweichungsberichte)	Strategie gilt grundsätzlich für längere Zeiträume	Informationen routinemäßig und zweckbezogen	Informationen müssen bereitgestellt werden (Gesetz!)	ständige Informationsbereithaltung (Online-Verarbeitung und -Zugriff)	Informationsumfang abhängig von Beanstandungen (Prüfbericht)
Arbeitsweise	Schnelligkeit vor Genauigkeit	qualitative Aussagen vor Quantifizierung	Informationswert muss größer sein als Kosten der detaillierten Erfassung (z.B. unechte Gemeinkosten)	Vollständigkeit und Exaktheit sind erforderlich	Schnelle Bereitstellung von präzisen Informationen	Stichprobenprinzip
Grundlage	Budgetierungsrichtlinie, Controller-Manual	Vision, Leitbild, strategische Werkzeuge	Kostenrechnungsrichtlinie, Kostenarten-, -stellen- und -trägerplan	gesetzl. Vorschriften HGB, EStG, AO, AktG	Organisationsrichtlinien, Spezifikationen, Dokumentation, Datenschutzvorschriften	Organisationshandbuch, fachspezifische int. Richtlinien und ext. Vorschriften, Organisationsanweisungen
Systembezug	Aufbau u.Betreuung eines Planungs-und Steuerungssystems	Frühwarnsysteme	Aufbau und Pflege von Kostenrechnungssystemen	Aufbau und Pflege des Kontenrahmens	Management-Informations-Systeme, Steuerungssysteme	Prüfung und Vorschläge zur Verbesserung der Sicherungssysteme (Internal Control System)

Schaubild 1.16: Abgrenzung des Controllings von verwandten Aufgabenbereichen

Diese Kontrollaufgabe wird dem Controller meist in der Satzung (by laws) zugeteilt, wo auch seine Position als Mitglied des Vorstands (board of directors) oder Vice-President häufig festgeschrieben ist. Deshalb enthält auch der Aufgabenkatalog des Controllers (**Controllership**) die Berichterstattung an die Kapitalgeber („to report ... to the owners of the business"), was in deutschen Unternehmen nur für den Controller einer Konzerntochtergesellschaft zutrifft, aber ansonsten Aufgabe des externen Rechnungswesens bzw. des Aufsichtsrats ist.

In der deutschen Unternehmenspraxis werden abweichend volkswirtschaftliche Untersuchungen meist in eigenen Marktforschungsabteilungen vorgenommen und Berichte an staatliche Stellen dezentral von der betroffenen Fachabteilung erstattet. Der wesentliche Unterschied ist jedoch die Trennung von Controlling und Revision: Erstens soll das **Kontrollorgan** „Revision" organisatorisch unabhängig und neutral als Stabsstelle direkt der Führungsspitze unterstellt sein. Zweitens möchte man die vertrauensvolle Zusammenarbeit mit dem Controller nicht dadurch gefährden, dass man ihm Kontrollfunktionen zuordnet.

Zusammenfassend lässt sich trotz der Bandbreite organisatorischer Kompetenzabgrenzungen ein klares Bild der **Berufsaufgaben** des Controllers in der deutschen Unternehmenspraxis herausschälen. Typisch ist es, ihm in einer Linienstelle als Bereichsleiter die Verantwortung für die operative Planung und Budgetierung, die Abweichungsanalyse, das Berichtswesen, die Beratungsfunktion als ökonomischer Begleiter mit Hilfe von Wirtschaftlichkeitsanalysen und Prognoserechnungen, das gesamte interne Rechnungswesen und die Weiterentwicklung von Planungs-, Rechnungs- und Informationssystemen zu übertragen. Abschließend sind die mit dem Controlling näher verwandten Aufgabenbereiche noch einmal nach wesentlichen Merkmalen abgegrenzt (Schaubild 1.16 auf Seite 23).

1.5 Stellenbeschreibung eines Controllers

In einem gut organisierten Unternehmen sind alle Aufgaben des Controllers sowie Kompetenzen und Pflichten in einer **Stellenbeschreibung** festgelegt. Ebenso unternehmensspezifisch wie die Organisation des Controllings muss auch die Stellenbeschreibung des Controllers ausgerichtet sein. Trotz der beschriebenen Unterschiede kann aus den bisherigen Ausführungen eine idealtypische Stellenbeschreibung für den Controller abgeleitet werden, gegliedert nach klassischen Gesichtspunkten:

Muster AG	**Stellenbeschreibung** Nr. 007
Name des Stelleninhabers:	Kassandra Navigat
Ressort/Vorstandsbereich:	Unternehmensleitung
Hauptabteilung/Bereich:	Controlling
Abteilung:	
Gruppe /KST/Sachgebiet:	
1 Bezeichnung der Stelle:	Leiter Controlling
2 Zeichnungsvollmacht:	Handlungsvollmacht/Prokura
3 Rangstufe:	Bereichsleiter
4 Unterstellung:	Unternehmensleitung direkt
5 Überstellung:	Kostenrechnung und internes Rechnungswesen, Betriebswirtschaft, Investitionswirtschaft
6 Vertreter des Stelleninhabers:	Leiter Kostenrechnung/Betriebswirtschaft
7 Der Stelleninhaber vertritt:	Geschäftsführungsbereich Finanzen

8 Zielsetzung:	Realisierung der aufgestellten Unternehmungsziele. Der Stelleninhaber trägt die Verantwortung für den reibungslosen Ablauf der Planungs-, Vorgabe-, Steuerungs- und Kontrollfunktion des Unternehmens Institutionalisierte Mitarbeit hinsichtlich der Kosten- und Erfolgssteuerung
9 Hauptaufgaben:	
Ermittlungs- und Dokumentationsfunktion:	– Konzeptionieren und Installieren eines aussagefähigen Informationssystems, das eine zieloptimale Steuerung des Unternehmens erlaubt. Verantwortungseinheiten statt Rechnungseinheiten – Aufbau eines aussagefähigen Berichtswesens für die einzelnen Entscheidungsebenen des Unternehmens – Erstellen von Verhaltensgrundsätzen auf den Gebieten Planung, Berichtswesen, Kostenerfassung und Kostenzuordnung – Schaffung eines Kennzahlensystems mit Ermittlung externer Vergleichszahlen – Formulargestaltung für Planung, Berichtswesen und Kostenrechnung – Ermittlung von Kostensätzen für die Kalkulation und Preisfindung sowie Informationen zu Preisgrenzen – Ermittlung von Schwachstellen und Erkennen von Ansatzpunkten zur Verbesserung der Kosten-Nutzen-Relation in den verschiedenen Bereichen des Unternehmens
Planungs- und Prognosefunktion:	– Beratende Mitwirkung bei der Aufstellung der Unternehmensziele – Aufstellen eines zielorientierten Gesamtplanes – Koordination und Leitung der Planungsarbeiten, Beratung der Kostenstellen, Abstimmung und Koordination des Gesamtplanes mit den Teil- und Einzelplänen, Aufstellen von Kostenplänen (unterteilt nach variablen und fixen Bestandteilen), Kostenstellen- und Kostenträgerplänen
Steuerungsfunktion:	– Permanente Steuerungs- und Korrekturinformationen und Ermittlung des Zielerreichungsgrades – Laufende Beobachtung der Planungsziele – Erkennen von Abweichungen und Einleiten von Gegensteuerungsmaßnahmen durch laufende Soll-Ist-Vergleiche und Abweichungsanalysen – Rechtzeitiges Unterrichten der Geschäftsleitung bei Veränderung der Zielvariablen – Betriebswirtschaftlicher Innovationsmotor
Kontrollfunktion:	– Durchsprechen der Ergebnisse der Abweichungsanalyse mit den Verantwortlichen (Planungskontrolle) – Beratung und Schulung von Fachabteilungen – Erarbeitung von Alternativen bei Nichterreichen der angestrebten Ziele – Allgemeine Kontrollaufgaben; u. a. Bildung von Richtwerten
Betriebswirtschaftliche Sonderaufgaben:	– Durchführung von Wirtschaftlichkeits- und Investitionsrechnungen – Anregung und Durchführung von Kostensenkungsprogrammen – Vorschlag von neuen Managementtechniken – Einführung eines Verbesserungs- und Vorschlagswesens – Erfahrungsaustausch mit externen Stellen (evtl. Betriebsvergleiche) – Allgemeine Beratungsaufgaben
Sonstiges:	– Vorbereitung und Moderation der strategischen Planungsrunden – Mitarbeit im betriebswirtschaftlichen Ausschuss der IHK – Übernahme von betriebswirtschaftlichen Sonderaufträgen der Unternehmensleitung
10 Verantwortung u. Kompetenzen:	*Alleinentscheidung* Innerhalb seines Bereiches und bei der Einleitung der aufgrund der Abweichungsanalyse notwendigen Gegenmaßnahmen zur Zielerreichung. Festlegung, welche Abweichungen für gravierend erachtet werden

	Mitentscheidung Bei allen Korrekturentscheidungen und bei den nötigen Aktionsplänen. Bei Personalauswahl in seinem Bereich.
11 Anforderungsprofil: Persönliche Voraussetzungen:	Durchsetzungsvermögen, Flexibilität, Kreativiät, analytisches Denkvermögen, Belastbarkeit und Einfühlungsvermögen in Probleme anderer Abteilungen
Fachliche Voraussetzungen:	Fundierte Kenntnisse der Kostenrechnung, Planungs- und Managementmethoden, EDV-Kenntnisse. Fachhochschul- oder Universitätsstudium, alternativ abgeschlossene Lehre als Industriekaufmann und einschlägige Praxiserfahrung, Ausbildung im Rechnungswesen und Controlling
12 Ausstattung der Stelle:	Übliche Büroausstattung, Fachliteratur, Flipchart, Planungshilfen, PC/Workstation, Kalkulations- und Grafiksoftware
13 Hinweis für den Stelleninhaber:	– Diese Stellenbeschreibung legt Ihren Aufgabenumfang und Ihre Kompetenzen verbindlich fest – Sie sind verpflichtet danach zu handeln und zu entscheiden – Bei wesentlichen Änderungen ist Ihr unmittelbarer Vorgesetzter umgehend zu informieren
14 Unterschriften:	– Vorgesetzter – Stelleninhaber – Stellvertreter
15 Anlage:	Einordnung in die Aufbauorganisation im (Teil-)Organigramm

Schaubild 1.17: Musterstellenbeschreibung für einen Controller

• Was muss der Controller können?
Controlling als Gewinnmanagement und das oft umfangreiche Aufgabenfeld in der Praxis stellen hohe Anforderungen an die **Fähigkeiten** des Controllers. Neben den persönlichen Qualifikationen, die grundsätzlich jede Führungskraft haben sollte – Teamfähigkeit, Vermittlungsgeschick, Kommunikationsfähigkeit, Moderationsgeschick, Verantwortungsbewusstsein und Integrationsfähigkeit, muss der Controller auch ein breites Fachwissen haben, weil er durch seine Koordinations- und Beratungsfunktion als ökonomischer Begleiter jeder Fachabteilung ein kompetenter Gesprächspartner sein soll.
Neben diesen generellen fachlichen Anforderungen sind spezielle Kenntnisse gefordert, die sich aus dem Umfang der jeweiligen Teilaufgaben des Controllers ergeben, als da sind:
Rechnungswesen sowie die Beherrschung moderner Kostenrechnungsverfahren, Planungsmethoden, Verfahren der Wirtschaftlichkeitsrechnung, Kostensenkungsmethoden und natürlich sämtliche Controlling-Instrumente, die im Einzelnen in den Folgekapiteln vorgestellt werden.
Angesichts dieses breit gefächerten Spektrums wird deutlich, dass die beste Basis eines erfolgreichen Controllers ein betriebswirtschaftliches Studium ist. Die meisten Hochschulen mit betriebswirtschaftlichen Fakultäten bieten inzwischen „Controlling“ als Studiengang oder Vertiefungsfach an.

• Wie erfolgreich kommuniziert der Controller?
Fundiertes Fachwissen allein reicht nicht aus um ein guter Controller zu werden. Für seine Analysen ist der Controller auf Informationen aus den Fachabteilungen angewiesen, und er muss als ökonomischer Berater auf Menschen zugehen können. Dies setzt **Integrations- und Kommunikationsfähigkeit** sowie Einfühlungsvermögen voraus. Allerdings bewegt sich der Controller im Kontext des im jeweiligen Unternehmen praktizierten Führungsstils. Je autoritärer der allgemein herrschende Führungsstil ist, umso stärker ist der Controller als kooperativer Berater gefordert, wenn er nicht zum uneffektiven Kontrolleur werden will.
Bei der Analyse von Kommunikationsstrukturen hilft das **JOHARI-Fenste**r, benannt nach seinen Erfindern Josef Luft und Harry Ingham, indem es das Verhältnis zwischen ausgetauschten und zurückgehaltenen Informationen visualisiert (Schaubild 1.18).

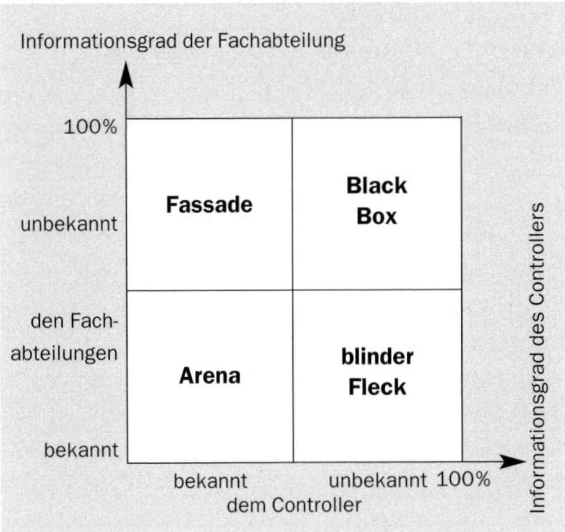

Schaubild 1.18: Johari-Fenster, modifiziertes Modell

Dieses Fenster hat zwei Achsen. Auf der horizontalen Achse kann der dem Controller bekannte Umfang von Informationen aus den Fachabteilungen und auf der vertikalen Achse der den Fachabteilungen bekannte Umfang von sie betreffenden Informationen aus dem Controlling abgetragen werden. Je nach Informationsfluss zwischen Controller und Fachabteilung lassen sich vier Felder unterscheiden:

Arena
Dieses Feld steht symbolisch für den Grad des Informationsaustausches. Werden die Fachabteilungen gut durch Controllinginformationen unterstützt und erhält der Controller von diesen ausreichende Informationen, ist er als Berater akzeptiert.

Fassade
Wie das Schlagwort andeutet, wird in diesem Feld der Umfang an Informationen abgebildet, die der Controller für sich behält und nutzt, der Fachabteilung jedoch nicht zugänglich macht. Möglicherweise möchte der Controller dadurch „Herrschaftswissen" für sich erhalten und Schwächen verdecken. Langfristig wird ein solches Verhalten den Fachabteilungen nicht verborgen bleiben. Diese reagieren dann oft ebenso und erfolgreiches Controlling wird verhindert.

Blinder Fleck
Der blinde Fleck steht für vorhandene Informationsdefizite. Vielleicht halten die Fachabteilungen als Reaktion auf die „Fassade" des Controllers oder dessen autoritäre Kontrolle notwendige Informationen zurück. Oder sie sind durchaus informationsbereit, aber der Controller holt die Informationen nicht ab, wie dies für eine introvertierte Persönlichkeit typisch sein kann. Ohne Informationen ist Gewinnsteuerung jedoch unmöglich.

Black Box
Dieses Feld steht für wirtschaftliche Informationen, die sowohl der Fachabteilung als auch dem Controller unbekannt sind. Dies ist natürlich einerseits ungünstig, andererseits muss man realistischerweise anerkennen, dass es unmöglich bzw. unwirtschaftlich ist, stets alle Informationen zu erhalten. Die Black Box bezeichnet also eine Art Informationsrisiko.

Ein ideales Kommunikationsverhältnis sähe im Johari-Fenster folgendermaßen aus:

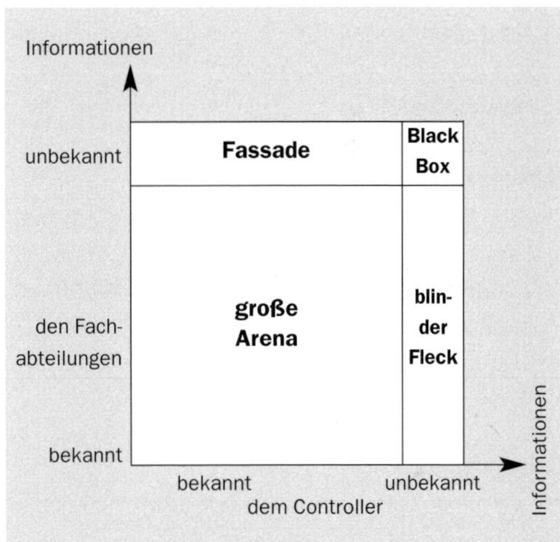

Schaubild 1.19: Erfolgreiches Controlling im Johari-Fenster

D. h. eine große Arena und eine relativ kleine Black Box, die aus objektiver Unmöglichkeit und Wirtschaftlichkeitsgründen nie Null sein wird.

Zusammenfassung

Rekapitulieren Sie:
Was bedeutet Controlling?
Hinweise zur Bearbeitung:
Controlling ist weniger „Kontrolle“, sondern vielmehr „Gewinnsteuerung durch Zahlen”. Es unterstützt sowohl das strategische als auch das operative Management im Zielbildungs-, Planungs-, Realisations-, Kontroll- und Informationsprozess.

Rekapitulieren Sie:
Ist Controlling ein Führungskonzept?
Hinweise zur Bearbeitung:
Zielorientiertes Management erfordert einen kooperativen Führungsstil. Controlling unterstützt das zielorientierte Management, indem es die Fachabteilungen berät, damit sie Abweichungen von der Zielvorgabe möglichst eigenständig korrigieren können.

Rekapitulieren Sie:
Mit welchen Mitteln unterstützt Controlling die Zielerreichung?
Hinweise zur Bearbeitung:
Durch Abweichungsanalysen werden Sollvorstellungen, Ziele und Normen mit dem aktuellen oder erwarteten Status abgeglichen. Ist eine Abweichung erst identifiziert, kann sie behoben werden.

Rekapitulieren Sie:
Was ist die Knetphase?
Hinweise zur Bearbeitung:
Als Knetphase wird der Prozess bezeichnet, in dem die zielorientierten Teilpläne im Rahmen der Budgetierung aufeinander abzustimmen sind, damit ein Gesamtbudget verabschiedet werden kann.

Rekapitulieren Sie:
Wie informiert sich der Controller?
Hinweise zur Bearbeitung:
Sachlich durch das Rechnungswesen, persönlich in den Fachabteilungen.

Rekapitulieren Sie:
Was geschieht mit seinen Informationen?
Hinweise zur Bearbeitung:
Nachdem die Abweichungsanalysen abgeschlossen sind, hat der Controller die betroffenen Fachabteilungen sowie die Führungsspitze über deren Ergebnisse zu informieren. Dazu hat er ein Berichtswesen zu installieren.

Rekapitulieren Sie:
Wann wird das strategische Controlling turnusgemäß durchgeführt?
Hinweise zur Bearbeitung:
Im Frühjahr wird anhand der Analyse des Vorjahres und strategischer Abweichungsanalysen die strategische Position überprüft und erforderlichenfalls eine neue, modifizierte Strategie entwickelt.

Rekapitulieren Sie:
Würden Sie Controlling als Stabs- oder Linienstelle organisieren?
Hinweise zur Bearbeitung:
In einer Stabsfunktion hat der Controller keinen direkten Zugriff auf das Rechnungswesen und auf das für ihn notwendige Datenmaterial. Deshalb sollte ihm in einer Linienfunktion das betriebliche Rechnungswesen unterstellt werden.

2 Wie arbeitet strategisches Controlling?

Das Ziel jeder Unternehmensstrategie ist es, die Erfolgspotenziale – Produkte oder Märkte – aufzubauen, mit denen das Unternehmen in der Zukunft seine Existenz sichern und Gewinne erwirtschaften will. ***Strategisches Controlling*** *überprüft die Übereinstimmung zwischen der aktuellen und der zu erwartenden Unternehmens- und Umweltentwicklung mit den strategischen Soll- oder Normvorstellungen. Es benutzt strategische Abweichungsanalysen und strategische Planungsrechnungen um die zukünftigen Gewinne zu steuern.*

- Strategisches Controlling im Management-System

Betrachtet man die strategische Planungsphase als Teil des strategischen Managements, so ist das strategische Controlling als dessen **Kontrollphase** zu verstehen: Es überprüft die aktuelle, also realisierte oder zu erwartende strategische Situation bzw. Position mit der geplanten. Das strategische Controlling stellt kein dem operativen Controlling vergleichbar institutionalisiertes System dar. Es kann somit als eine der strategischen Planung nachgelagerte Kontrollphase im **strategischen Managementsystem** als auch als eine dem operativen Controlling vorgelagerte **Zielüberprüfungsphase** innerhalb des **Controllingsystems** angesehen werden (Schaubild 2.1).

Strategisches Controlling verfügt bislang nicht über ein eigenes geschlossenes Methoden-System. Es arbeitet mit Verfahren des operativen Bereichs, vorwiegend Abweichungsanalysen mittels Soll-Ist- bzw. Soll-Wird-Vergleich. Dabei überprüft man die aktuelle Ist- oder prognostizierte Wird-Situation mit einer Soll-Position

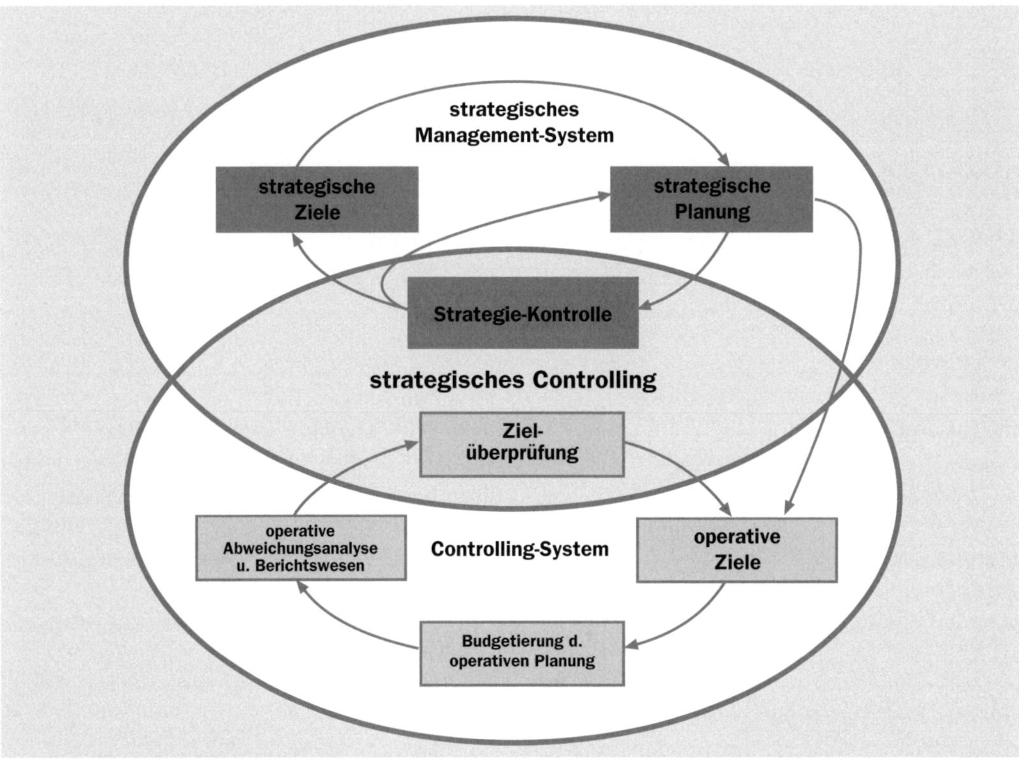

Schaubild 2.1: Strategisches Controlling als Schnittstelle zwischen strategischem Management- und Controlling-System

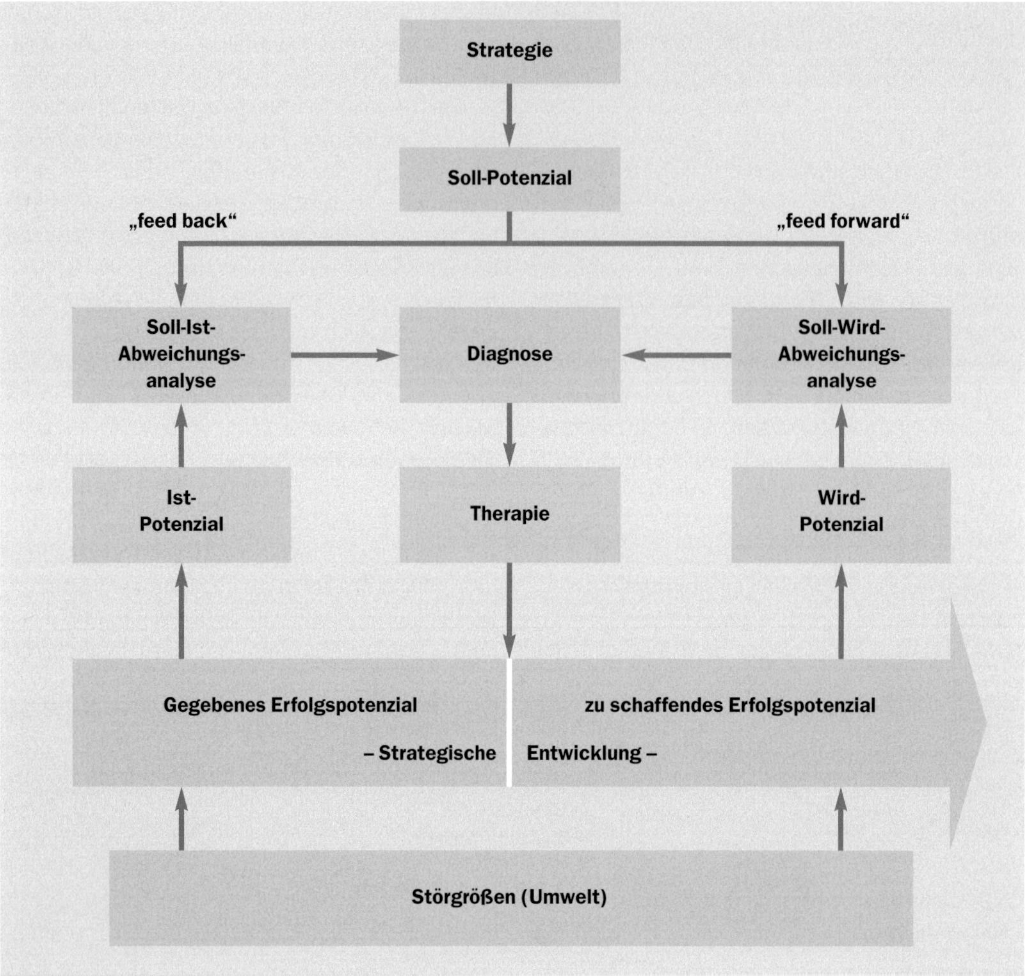

Schaubild 2.2: Strategische Abweichungsanalyse

um Fehlentwicklungen rechtzeitig erkennen und verhindern zu können, möglichst ehe sie sich im operativen Bereich in realisierten Gewinneinbußen auswirken. Soll-Positionen können dabei die aus der strategischen Planung entwickelten Ziele oder auch Normen sein, die aufgrund von empirischen oder theoretisch-wissenschaftlichen Erkenntnissen als **strategische Position** anzustreben sind (Schaubild 2.2).

Gegenstand der strategischen Betrachtung können Produkte, Produktgruppen, Kundengruppen, Regionen, Sparten und das gesamte Unternehmen bzw. der Konzern sein. Im Vordergrund steht die Aufteilung des Geschäftsfeldes in **strategische Erfolgsobjekte** bzw. Geschäftseinheiten, wobei möglichst homogene und überschneidungsfreie, aber zueinander heterogene Planungseinheiten entstehen. Die einzelnen **Aufgaben der strategischen Planung** lassen sich wie folgt beschreiben:

- Abgrenzung der strategischen Erfolgsobjekte: Was?
- Bestimmung der strategischen Erfolgsfaktoren: Womit?
- Festlegung des Planungshorizonts: Wohin?
- Formulierung von Strategien: Wie?

Entsprechend unserer Auffassung, dass diese Aufgaben in die Zuständigkeit der **Abteilung Unternehmensplanung** oder bei kleineren Unternehmen der Geschäftsführung bzw. der Spartenleiter (strategische Geschäftseinheiten) fallen, verweisen wir zur Vertiefung auf die Spezialliteratur zum strategischen Management bzw. zur strategischen Planung (z. B. Karst: Strategisches Management, in dieser Fachbuchreihe). Soweit wir Erkenntnisse daraus für das strategische Controlling brauchen, behandeln wir sie unmittelbar bei der konkreten Anwendung. Auf Verfahren und Prinzipien der betrieblichen Planung wird aus diesem Grunde bei der Behandlung der operativen Planung und Budgetierung eingegangen.

Strategisches und operatives Controlling sind gleichermaßen wichtig zur **Steuerung des Unternehmenserfolgs** (Schaubild 2.3). Bei strategischen Überlegungen schwingt immer auch die Frage der operativen Machbarkeit mit. Dabei kann das Controlling die strategische Unternehmensplanung mit Planungsrechnungen unterstützen.

Beispielsweise können Strategien mit operativen Zahlengerüsten und Verfahren auf ihre Gewinnrealisierung und ihr Risiko hin beurteilt werden, indem man beispielsweise nach der Gewinnschwelle, der Amortisationszeit oder der Sicherheitsspanne fragt.

Umgekehrt sind operative Maßnahmen erst im Rahmen einer bestimmten Strategie sinnvoll. Eine Überprüfung der Strategie und damit der Ziele sollte somit jedem bedeutenden operativen Durchführungsschritt, wie z. B. der Budgetierung als operative Jahresplanung oder Großinvestitionen, vorausgehen.

2.1 Potenzialanalyse – Wo liegen Gewinnchancen?

Um Hinweise zur Entwicklung von nutzbarem Erfolgspotenzial zu erhalten, müssen die Stärken und Schwächen des eigenen Unternehmens im Vergleich zum wichtigsten Wettbewerber untersucht werden. Das Ziel ist es, zukünftige Gewinnchancen aufzuspüren.

Hilfreich ist hierbei die **Potenzialanalyse,** die kleinschrittig die **Schlüsselfaktoren** eines Unternehmens ermittelt und untersucht. Nach einer Faustregel muss ein Unternehmen mindestens einen Schlüsselfaktor, USP – Unique Selling Proposition, gegenüber dem Wettbewerb auf dem Markt beherrschen um strategisch zu überleben.

Sind die Schlüsselfaktoren festgelegt, wird das Potenzial mit dem wichtigsten Mitbewerber verglichen. Dabei wird die Stärke des Mitbewerbers als Ausgangsachse 0 einer Messskala gewählt, die als Orientierungsmaßstab für die eigenen Stärken (+1 bis +3) und Schwächen (–1 bis –3) gilt. Aus der Verbindung der einzelnen Werte für die Schlüsselfaktoren ergibt sich das Stärkenprofil des Unternehmens. Das genutzte Potenzial ist der Bereich, in dem das eigene Unternehmen dem Mitbewerber überlegen ist.

Nun muss ermittelt werden, wo die Wettbewerbsposition verbessert werden kann. Das nutzbare, d. h. zukünftige Potenzial ergibt sich aus den Positionen, die erreicht werden könnten, wenn bestimmte Restriktionen im Unternehmen beseitigt würden.

Merkmale \ Controlling	**Strategisches Controlling**	**Operatives Controlling**
Orientierung	Umwelt und Unternehmung: Adaption der Umweltkonstellation	Überwiegend Unternehmung: Wirtschaftlichkeit der betrieblichen Prozesse
Planungsstufe	strategische Planung	taktische und operative Planung, Budgetierung
Dimension	Umwelt: Chancen/Risiken Unternehmen: Stärken/Schwächen	Ertrag/Aufwand Leistungen/Kosten
Zielinhalte	Existenzsicherung	Rentabilität, Liquidität
Zielgröße	qualitativ: Erfolgspotenzial	quantitativ: Gewinn, Umsatz, Kosten

Schaubild 2.3: Gegenüberstellung von strategischem und operativem Controlling

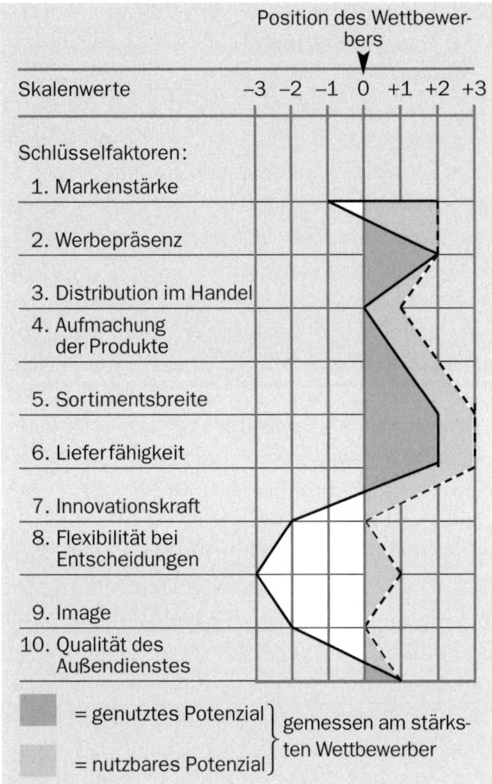

Schaubild 2.4: Skala für eine Potenzialanalyse

Im Regelfall sind es Finanzrestriktionen, die die Ausnutzung des gegebenen Erfolgspotenzials behindern. Ursachen können aber auch in der Organisationsstruktur oder anderswo liegen.

Solche Abweichungsanalysen sind das wichtigste Arbeitsmittel des Controllers, wobei das nutzbare Potenzial die Soll- und das genutzte Potenzial die Ist-Position darstellt. Als Abweichungsursachen sind die **Restriktionen** anzusehen, die jedoch nur dann zu beheben sind, wenn die Kosten ihrer Beseitigung geringer sind als der Nutzen einer besseren Ausnutzung des gegebenen Erfolgspotenzials.

Es empfiehlt sich, solche Analysen in einem internen Seminar unter Teilnahme aller wichtigen Entscheidungsträger des Unternehmens zu erarbeiten, statt ein externes Gutachten einzukaufen. Die Führungskräfte sollten die erforderlichen Marktkenntnisse zur Beurteilung von Schlüsselfaktoren und genutztem Potenzial mitbringen, und sie können qualifiziert bestehende Restriktionen erkennen und Maßnahmen zur Aktivierung von ungenutztem Potenzial entwickeln. Zudem erhöht ihre Mitwirkung den Grad der Identifikation mit den erforderlichen Maßnahmen und sichert somit deren anschließende Umsetzung ab. Der Controller sollte die Entscheidungen durch Wirtschaftlichkeitsrechnungen unterstützen.

2.2 Produktlebenszyklus-Analyse – Womit kann Gewinn erwirtschaftet werden?

Jedes Unternehmen erzielt seinen Gewinn mit Produkten, welcher Art auch immer. Daher muß jeder Erfolgschancenermittlung eine gründliche Analyse der Produkte vorausgehen.

*Die **Produktlebenszyklus-Analyse** untersucht den typischen Lebenslauf eines Produktes, vom erstmaligen Anbieten bis zum Ausscheiden aus dem Markt und mit seinen Auswirkungen auf das Unternehmen um daraus Schlüsse für das strategische Handeln zu ziehen.*

2.2.1 Erklärung des Produktlebenszyklus

Das Konzept des Produktlebenszyklus geht von einem typischen Verlauf eines Produktlebens aus, der durch die Veränderung von verschiedenen ökonomischen Größen wie Absatz, Umsatz, Grenzerlös, Gewinn, Deckungsbeitrag, Cashflow und Stückkosten gekennzeichnet ist.

Die theoretische Erklärung für den typischen Produktlebensverlauf erfolgt durch das **logistsche Diffusionsmodell**. Danach werden potenzielle Kunden durch Mundpropaganda von Erstkäufern angeregt das neue Produkt zu erwerben, sodass es sich via Schneeballsystem zunächst mit steigender Zuwachsrate verbreitet bzw. diffundiert. Mit zunehmender Marktsättigung sinken dann die Zuwachsraten, bis nach Erreichen des Adoptionsmaximums der Umsatz absolut abnimmt; es erfolgen nur noch Ersatzkäufe und die Kunden wandern zu neuen Produkten ab.

Eine weitere Erklärung kann die sich ändernde Angebotsstruktur sein. Ein innovatives Angebot

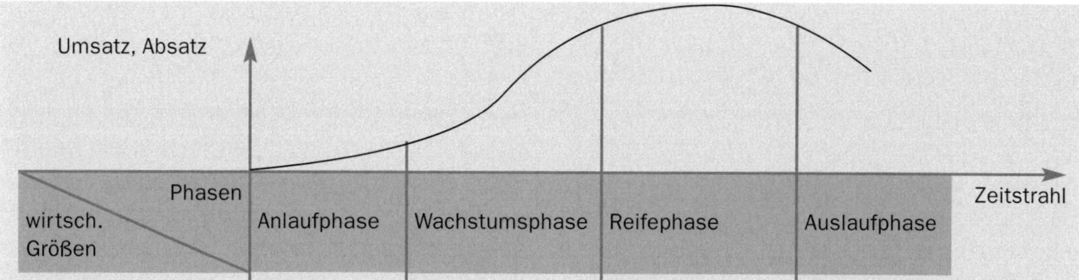

Phasen / wirtsch. Größen	Anlaufphase	Wachstumsphase	Reifephase	Auslaufphase
Umsatz	niedrig, zuneh.	max. Wachstum	Maximum	abnehmend
Stückkosten	hoch	fallend	Minimum	steigend
Deckungsbeitrag	negativ	positiv	Maximum	abnehmend
Cashflow	negativ	ausgeglichen	stark positiv	abnehmend

Schaubild 2.5: Phasen des Produktlebenszyklus

sichert dem Erstanbieter ein temporäres Monopol mit hohen Wachstumsraten, das mit zunehmendem Erfolg Konkurrenten mit Me-Too-Produkten zur Imitation reizt. Es bildet sich ein **oligopolistischer Wettbewerb**, der mit zunehmender Marktsättigung in ein Anbieterpolypol übergeht und mit zunehmendem Verdrängungswettbewerb in der Auslaufphase wieder in ein Oligopol mündet.

Nachdem der Produktlebenszyklus erstmals für Markenartikel untersucht wurde, lässt er sich zwischenzeitlich sowohl für den Konsumgüter- als auch den Investitionsgüterbereich empirisch bestätigen. Produkte, für die ein typischer Lebenszyklus nicht festgestellt werden kann, z.B. Grundstoffe, haben lediglich ein so langes Produktleben, dass die Degenerierungsphase außerhalb des Betrachtungshorizontes liegt; nichts ist unvergänglich. Dabei ist der Produktlebenszyklus kein fest vorgegebenes Muster, sondern nur ein typischer Verlauf, den man kennen und als aktiv zu gestaltenden Prozess verstehen sollte.

Die begrenzte Lebensdauer eines Produktes kann eine Unternehmung entweder zwingen die Lebensdauer, z.B. durch Verbesserungen, zu verlängern (**Relaunch**) oder es durch ein neues Produkt zu ersetzen.

2.2.2 Phasen des Produktlebenszyklus

Die verschiedenen **Phasen des Produktlebenszyklus** lassen sich an typischen Ausprägungen von Umsatz, Stückkosten, Deckungsbeitrag und Cashflow feststellen (Schaubild 2.5)

Umsatz

Der **Umsatz** wird durch die Nachfrage nach dem Produkt geprägt. Dem Diffusionsmodell zufolge sind in der Anlaufphase nur wenige Kunden bereit das neue Produkt zu kaufen. Um leichter in den Markt einzudringen liegen die Preise anfangs unter den Stückkosten, was zwar den Umsatz schmälert, die „Flop-Wahrscheinlichkeit" aber mindert. Das Umsatzwachstum ist progressiv und erreicht in der Wachstumsphase den Wendepunkt der Umsatzkurve, die dann in der Reifephase ihr Maximum hat und in der irgendwann einsetzenden Auslaufphase bei negativen Umsatzzuwächsen immer mehr abfällt.

Stückkosten

Unter **Stückkosten** sind die Kosten für eine Produkteinheit zu verstehen. Sie sind in der Anlaufphase aufgrund der geringen Stückzahlen sowie der anfangs noch nicht optimierten Fertigungsverfahren sehr hoch und sinken bei zunehmenden Produktionszahlen in der Wachstumsphase. In der Reifephase erreichen die Stückkosten aufgrund der maximalen Produktionszahlen und der ausgereiften Produktionsverfahren ihr Minimum. Die schlechtere Kapazitätsausnutzung in der Auslaufphase lässt die Stückkosten dann wieder ansteigen.

Deckungsbeitrag

Als **Deckungsbeitrag** ist hier ein höherstufiger Deckungsbeitrag (DB II) zu verstehen, bei dem sämtliche dem Produkt zuzurechnenden Kosten, auch zuzurechnende Fixkosten, vom Umsatz abgesetzt sind. Dieser Deckungsbeitrag ist in der Anlaufphase, insbesondere aufgrund der hohen Markteinführungskosten und der hohen Stückkosten bei geringen Umsätzen, zunächst negativ. Durch die Umsatzzuwächse in der Wachstumsphase bei sinkenden Markteinführungskosten und Stückkosten wird der Deckungsbeitrag positiv, um dann in der Reifephase sein Maximum zu erreichen. Hier haben die Stückkosten ihr Minimum, und die Marketingmaßnahmen beschränken sich auf Erinnerungswerbung. Bei rückläufigem Umsatz in der Auslaufphase verschlechtert sich auch der Deckungsbeitrag durch die steigenden Stückkosten und das schlechter werdende Verhältnis zwischen Marketingmaßnahmen und Umsatz. Wenn von gleich bleibenden Overhead-Kosten auszugehen ist, entspricht der **Gewinnverlauf** dem des Deckungsbeitrags auf einem durch die Overhead-Kosten geminderten Niveau.

Cashflow

Der **Cashflow** beinhaltet hier den Überschuss aller dem Produkt zuzurechnenden Einnahmen gegenüber den Ausgaben. In der Anlaufphase ist der Cashflow aufgrund der geringen Umsatzzahlen und der hohen Investitionen in Markteinführung, Produktentwicklung und Produktionsanlagen sehr negativ. Bei steigenden Einnahmen in der Wachstumsphase und sinkenden Ausgaben für die Produkteinführung und Produktionserweiterung erfährt der Cashflow ein ausgeglichenes Niveau, um dann in der Reifephase hohe Überschüsse auszuweisen, die als Gewinn abgeschöpft oder zur Existenzsicherung in die Entwicklung neuer Produkte gesteckt werden können. Durch die sinkenden Umsätze in der Auslaufphase nimmt der Cashflow wieder ab. Bevor er negativ wird, sollte durch frühzeitige strategische Maßnahmen sichergestellt werden, dass neue Cash-Quellen bereitstehen, um das überalterte Produkt ersetzen zu können.

2.2.3 Produktbezogene Lebenszyklusanalyse

Obwohl Produkte einen **idealtypischen Verlauf der Produktlebenskurve** haben, so ist deren individuelle Zykluslänge und -ausprägung doch sehr unterschiedlich. Neben spezifischen Markt- und Branchenbedingungen üben volkswirtschaftliche Einflüsse sowie eigene Aktionen und Reaktionen der Marktteilnehmer Einfluss auf die Produktlebenskurve aus. Für die Beurteilung der strategischen Situation muss ihr Verlauf zuverlässig prognostiziert werden.

Die **Aufgabe des Controllings** ist es, durch das Produktlebenszyklus-Konzept bewusst zu machen, dass momentane Produkterfolge vergänglich sind und rechtzeitig nach neuen Gewinnchancen Ausschau gehalten werden muss. Insbesondere junge Unternehmen unterliegen der Versuchung, die Anfangserfolge mit der neuen Produktidee zu extrapolieren (Schaubild 2.6). Nimmt dann der tatsächliche Umsatzverlauf entsprechend der Produktlebenszykluskurve ab, können die verbleibenden Umsätze die auf Expansion ausgerichteten Kapazitäten zunehmend weniger abdecken. Mangels Eigenkapitaldecke droht der frühzeitige Konkurs. Selbst wenn durch rechtzeitiges Schrumpfen die Situation operativ gemeistert werden sollte, kann das Unternehmen strategisch langfristig nicht überleben.

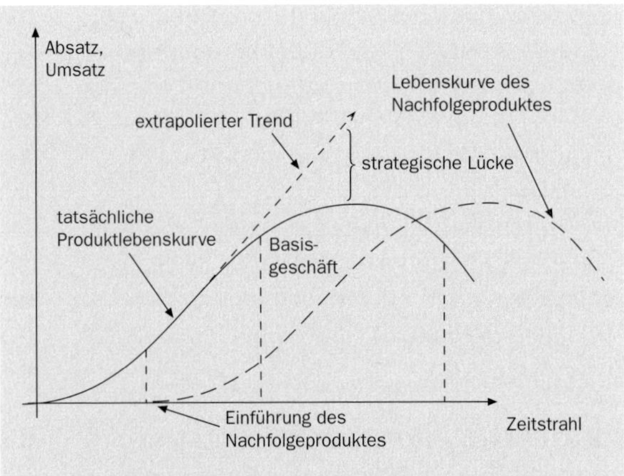

Schaubild 2.6: Produktbezogene Lebenszyklusanalyse

Aufgabe des Controllers ist es, rechtzeitig auf diese **strategische Lücke** zwischen schwindendem Basisgeschäft und fehlendem neuen Erfolgspotenzial hinzuweisen. Im günstigen Fall kann schon in der Wachstumsphase ein neues Produkt eingeführt werden (Schaubild 2.6). Die in der Wachstumsphase zunehmenden Überschüsse können zur Alimentierung der Einführung des Nachfolgeproduktes herangezogen werden, das dann idealerweise bei der Schrumpfung des Altproduktes eigene Überschüsse erwirtschaftet:

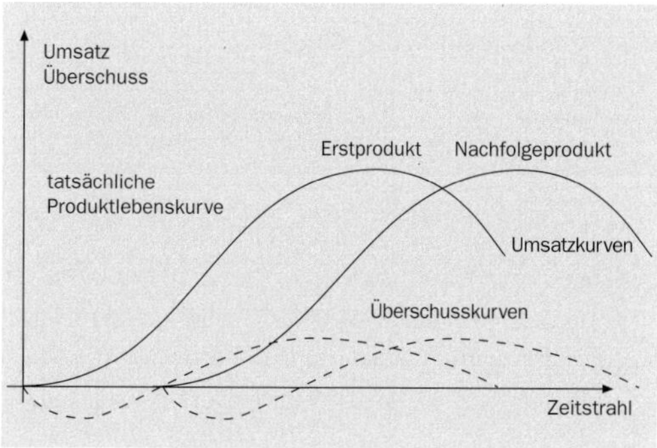

Schaubild 2.7: Überschussentwicklung im Produktlebenszyklus

Steht kein Nachfolgeprodukt rechtzeitig zur Verfügung, so kann ein **Relaunch** erwogen werden, d. h., das Erstprodukt wird modifiziert oder differenziert, um es neuen Verwendungszwecken zuzuführen. Ziel ist dabei, die Degenerationsphase des Erstproduktes so lange hinauszuzögern, bis ein Nachfolgeprodukt in der Wachstumsphase ist, auch als **Petrifikation** – Versteinerung – bezeichnet:

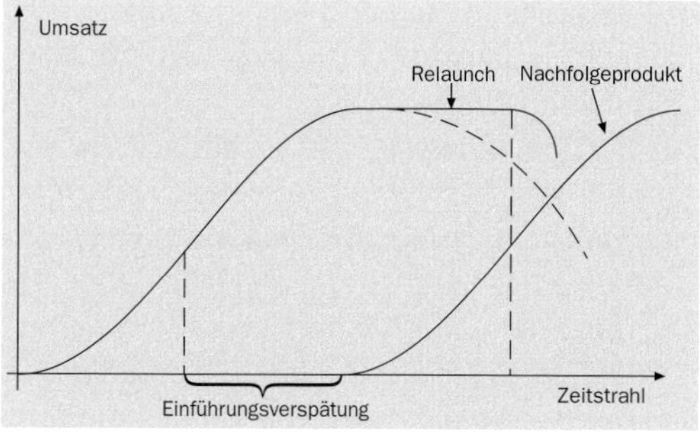

Schaubild 2.8: Petrifikation durch Relaunch

Allerdings darf bei Substitutionsprodukten der Einführungszeitpunkt nicht zu früh gewählt werden, damit das Nachfolgeprodukt nicht den Umsatz des Erstproduktes durch Kannibalismus „auffrisst", was deren Reifephase verringern würde bzw. die Lebenskurve flacher und die Überschüsse geringer ausfallen ließe.

2.2.4 Programmbezogene Lebenszyklusanalyse

Es ist immer angeraten, die Existenz eines Unternehmens nicht durch ein solitäres Produkt, sondern durch ein ganzes **Produktprogramm** zu sichern. Der Markterfolg einer Unternehmung hängt neben anderen Faktoren sicherlich auch von der richtigen Gestaltung des Produktsortiments ab. Zum einen sollte sich die Unternehmung nicht dem Risiko des Produktlebenszyklus eines einzigen Produktes und dessen eventuellen Nachfolgeprodukten aussetzen. Zum anderen sollte ein optimaler Sortimentmix für ein ausgewogenes Verhältnis von Produkten in den verschiedenen Phasen des Lebenszyklus sorgen. Die Mischung der Produkte in den einzelnen Lebensphasen muss dabei so ausgewogen sein, dass ein auf das Unternehmen zugeschnittener Ausgleich von Finanzmittelbedarf und -überschuss sowie Risiko- und Renditeausgleich erreicht wird.

Die Aufgabe des strategischen Controllings besteht darin, die **Altersmischung** der Produkte dahingehend zu überprüfen, ob sie entsprechend den produktspezifischen Lebenskurven ausreicht, die strategische Entwicklungslinie zu erfüllen bzw. die Unternehmensexistenz strategisch zu sichern. Ausgangspunkt für die Sortimentsüberprüfung ist eine möglichst zuverlässige Prognose über die Altersstruktur und den weiteren Umsatzverlauf entsprechend dem Produktlebenszyklus des einzelnen Produktes.

Werden die Produktumsätze für jedes Planjahr summiert, so erhält man in der Umsatzsummenkurve über die Planjahre das Momentum, also das **Basisgeschäft**, das aufgrund des gegebenen Produkt-Erfolgspotenzials, zu werten als Ist-Potenzial, erreicht werden kann. Vergleicht man dies mit der von der Geschäftsleitung vor-

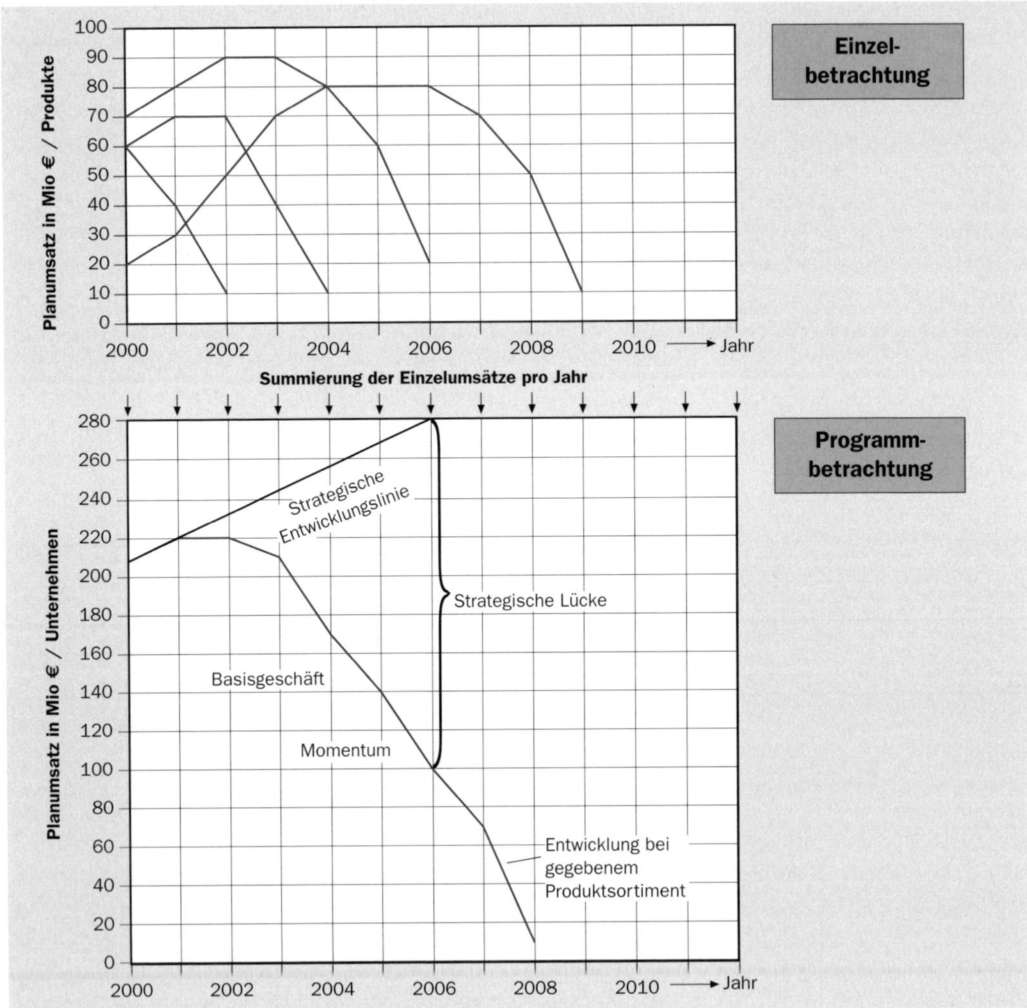

Schaubild 2.9: Programmbezogene Lebenszyklusanalyse

gegebenen **strategischen Entwicklungslinie** für das Unternehmen, dem Soll-Potenzial, so lässt sich im Falle einer Abweichung eine strategische Umsatzlücke ablesen (Schaubild 2.9). Diese gilt es durch geeignete Maßnahmen zu schließen, vgl. dazu Kapitel 2.4.

2.3 Portfolioanalyse – Welches Umfeld bestimmt den Gewinn?

Die bisherigen strategischen Analyseverfahren haben sich mehr oder weniger singulär auf die Wachstumschancen von einzelnen Produkten oder des Unternehmensprogramms beschränkt. Das folgende Verfahren berücksichtigt zusätzlich auch qualitative Elemente wie die Wettbewerbssituation.

*Die **Portfolio-Analyse** untersucht die Ausgewogenheit des Geschäftsfeldes eines Unternehmens hinsichtlich Marktwachstumschancen und Wettbewerbssituation, um die langfristige Lebensfähigkeit eines Unternehmens zu überprüfen und strategische Handlungsempfehlungen aus der Gesamtsicht der Unternehmung zu entwickeln.*

Das **Portfolio-Konzept** ist aus der Theorie zur optimalen Mischung von Wertpapier-Portefeuilles erwachsen, die bestrebt ist Wertpapiere so zusammenzustellen, dass ein weitestgehender Risikoausgleich stattfindet. Im Idealfall ist das Risiko des einen Papiers die Chance des anderen. Diese Idee der optimalen Mischung wird auf die Erfolgsobjekte der Unternehmung übertragen und durch eine **Portfolio-Matrix** visualisiert. Erfolgsobjekte können dabei Unternehmenseinheiten, also strategische Geschäftseinheiten, Produktgruppen, Produkte, aber auch Regionen oder Kundengruppen sein.

Die beiden bekanntesten Portfolios sind die Vierfelder-Boston-Matrix, entwickelt von der Boston-Consulting-Gruppe, und die von der McKinsey-Beratungsgesellschaft eingeführte Neunfelder-McKinsey-Matrix. Sie gehören als Portfolio-Werkzeuge heute zum Standard-Repertoire der strategischen Unternehmungsführung in der Praxis. Dabei zeichnet sich die Neunfelder-Matrix durch eine umfassendere Berücksichtigung und tiefere Durchdringung der Erfolgspotenziale der jeweiligen Objekte aus, was sicherlich für eine Verfeinerung und weitere Differenzierung von Marketingstrategien hilfreich sein kann. Für Controlling-Zwecke reicht unseres Erachtens die Vierfelder- oder **Boston-Matrix** aus um das strategische Überleben eines Unternehmens zu überprüfen. Sie enthält die beiden erforderlichen Dimensionen Marktwachstum und Marktanteil, die nach umfangreichen empirischen (PIMS-)Studien als die Haupterfolgsfaktoren von Erfolgsobjekten gelten. Und sie kann mit dem Lebenszykluskurven-Konzept verbunden werden, sodass sich beide Verfahren gegenseitig unterstützen.

Die Elemente eines Portfolios für das gesamte Unternehmen erhält man durch die Aufteilung des Geschäftsfeldes in möglichst synergiefreie strategische Geschäftseinheiten. Diese werden in eine Matrix eingetragen, an deren Hauptachsen die entsprechend der PIMS-Studie wesentlichsten Erfolgsfaktoren Marktwachstum und -anteil abgetragen werden. Eine einfache Unterteilung der beiden Achsen in „hoch“ und „niedrig“ ergibt dann vier Matrix-Felder, denen die strategischen Geschäftseinheiten jeweils zugeordnet werden (Schaubild 2.10).

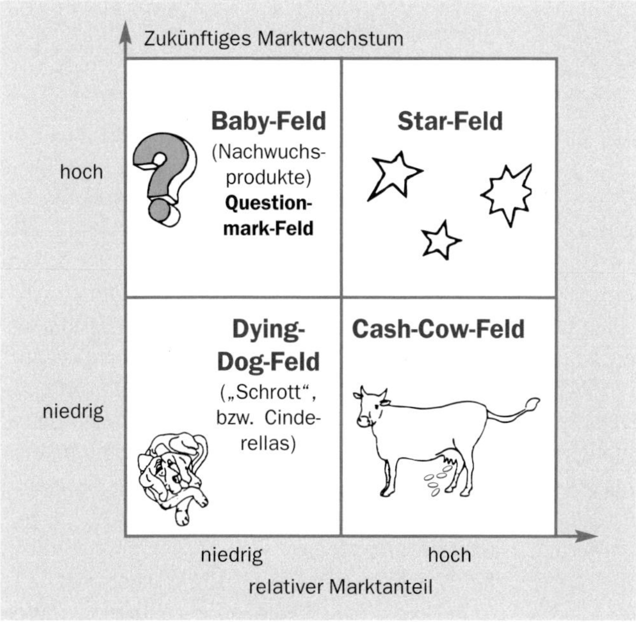

Schaubild 2.10: Boston-Portfoliomatrix

Als Soll-Portfolio und strategisches Ziel ist es nahe liegend, möglichst alle Erfolgsobjekte im Feld mit hohem zukünftigen Marktwachstum und relativen Marktanteil zu positionieren, um so am besten die Existenz des Unternehmens zu sichern. In dieser statischen Betrachtung wären Erfolgsobjekte in den anderen drei Feldern entweder auf das Feld mit hohem Marktwachstum und relativen Marktanteil auszurichten oder aufzugeben.

Die Matrix ermöglicht eine dynamische Analyse, wenn sie durch das Konzept der Produktlebenszyklen ergänzt wird. Die Produkte können Elemente des Portfolios einer strategischen Geschäftseinheit oder Sparte bzw. des Gesamtunternehmens sein.

2.3.1 Portfolio-Matrix und Produktlebenszyklus

Die vier **Felder der Boston-Matrix** sind in Verbindung mit der Produktlebenskurve wie folgt zu charakterisieren:

Baby-Feld

Dieses Feld ist durch hohes Marktwachstum bei gleichzeitig niedrigem Marktanteil des Produktes gekennzeichnet. Entsprechend dem Lebenszykluskonzept handelt es sich hier um die **Nachwuchsprodukte,** die bei noch niedrigem Absatzvolumen in der Anlaufphase zunächst einen geringen eigenen Marktanteil in einem Markt mit hohen Absatzchancen haben. Sie weisen relativ hohe direkte Fixkosten, Anlaufkosten, auf und benötigen aufgrund ihres negativen Cashflow hohe finanzielle Mittel zum Ausgleich.

Star-Feld

In diesem Feld finden sich die Produkte, die sich durch hohes Marktwachstum bei gleichzeitig hohem Marktanteil auszeichnen. Entsprechend dem Lebenszyklus sind dies die **Starprodukte** in der Wachstumsphase, die aufgrund der hohen Wachstumsraten einen hohen Marktanteil erringen konnten. Die günstigere Fixkosten-Umsatz-Relation führt zu einem positiven Deckungsbeitrag, und bei ausgeglichenem Cashflow können die Starprodukte sich finanziell selbst tragen.

Cash-Cow-Feld

Produkte in diesem Feld beinhalten niedriges Marktwachstum bei gleichzeitig hohem relativen Marktanteil. Entsprechend dem Lebenszyklus sind es die Produkte in der Reifephase, die zwar geringe Wachstumschancen, aber aufgrund des maximalen Absatzvolumens einen zunächst noch hohen Marktanteil haben. Bei maximaler Kapazitätsauslastung werden die geringsten Stückkosten und der höchste Deckungsbeitrag erreicht. Weil keine Kapazitätserweiterung mehr erfolgt und Ausgaben für die Markteinführung und Erweiterung entfallen, ergeben sich erhebliche Überschüsse an finanziellen Mitteln durch einen stark positiven Cashflow, den man von diesen **Cash-Cow-Produkten** abzieht, um ihn für das strategische Überleben in Nachwuchsprodukte zu investieren.

Dying-Dog-Feld

Dieses Feld weist sich durch niedriges Marktwachstum bei gleichzeitig niedrigem Marktanteil aus. Diese Verhältnisse sind typisch für Produkte in der Auslaufphase des Lebenszyklus, eben **Dying Dogs.** Bei geringen Marktchancen werden durch den Absatzrückgang Marktanteile verloren. Aufgrund der schlechteren Kapazitätsauslastung und Marktstellung nehmen Cashflow und Deckungsbeitrag zunehmend ab. Bevor diese negativ werden, sollten die Dog-Produkte entweder aufgegeben werden oder durch einen eventuellen Relaunch in eines der drei übrigen Felder überführt werden, als sprichwörtliche Cinderellas/Aschenputtel.

• Normentwicklungen des Portfolios

Durch die dynamische Betrachtung des Unternehmensportfolios unter Berücksichtigung des Produktlebenszyklus ergeben sich differenziertere strategische Handlungsempfehlungen, auch **Normstrategien** genannt, bezüglich Produkt- und Investitionspolitik für die jeweiligen Positionen im Portfolio (Schaubild 2.11).

Baby-Feld-Strategie

Beim Nachwuchsprodukt stellt sich die Frage, ob es jemals in die Reifephase kommt und damit Cash-Cow werden kann. Eine Hilfestellung bei der Beantwortung dieser Frage kann das Erfahrungskurvengesetz leisten, vgl. Kapitel 2.5. Wird die Frage bejaht, so lautet die Produktpolitik „Fördern" und die Investitionspolitik „Neuinvestitionen". Bei einer Verneinung wären das „Aussteigen" und die „Desinvestition" die entsprechende Politik. Wegen der obigen Fragestellung spricht man auch vom „**Questionmark-Feld**" statt vom Baby-Feld.

Star-Feld-Strategie

Für die Starprodukte in der Wachstumsphase lautet die Devise „Halten und Aufbauen" durch Erweiterungsinvestitionen.

Schaubild 2.11: Verknüpfung von Portfolio mit Lebenskurve

Cash-Cow-Strategie
Die Strategie für die Cash-Cow-Produkte in der Reifephase heißt „Abschöpfen, Melken“. Als Investitionen kommen höchstens notwendige Ersatz- bzw. Rationalisierungsinvestitionen infrage.

Dying-Dog-Strategie
Wenn für die Auslaufprodukte kein Relaunch oder eine Selektion in Frage kommt, so wäre die Strategie „Aussteigen“ und die Investitionspolitik „Desinvestition“ anzuwenden.

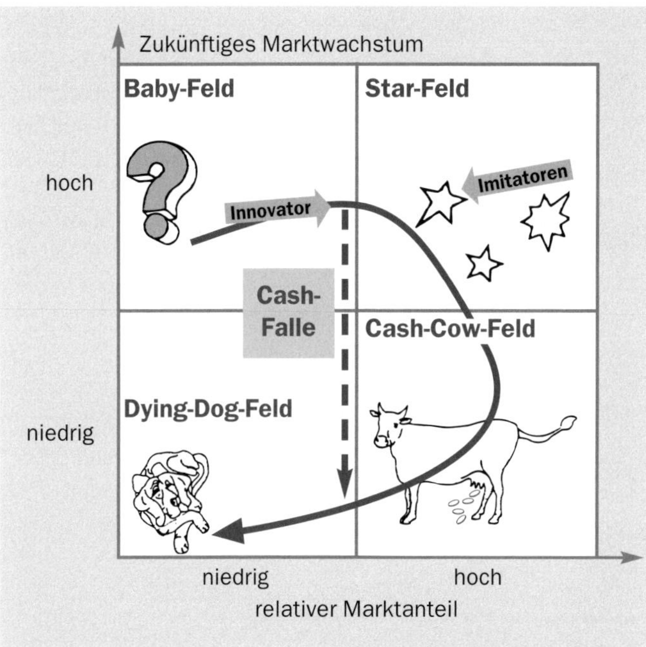

Schaubild 2.12: Normentwicklungen in der Produktmatrix

Entsprechend den aus dem Lebenszykluskonzept abgeleiteten Normstrategien gibt es einen anzustrebenden typischen **Entwicklungsweg** durch die Portfolio-Matrix:

Das Nachwuchsprodukt gelangt über das Baby-Feld ins Star-Feld. Von dort kommt es als Cash-Cow über dieses Feld in das Dying-Dog-Feld (Schaubild 2.12). Es handelt sich dabei um den idealtypischen Verlauf, der anzustreben ist, aber nicht zwangsläufig eintritt. Insbesondere gilt es sicherzustellen, dass auch die Star- und die Cash-Cow-Position erreicht werden. Nur so erhält die Unternehmung flüssige Mittel für die Entwicklung von Nachwuchsprodukten.

Ein häufiger Fehler ist ein zu hoher Preis bei der Einführung von

Neuprodukten. Die hohe Anfangsrentabilität lockt **Imitatoren** mit Me-too-Produkten unter Einsparung von Entwicklungskosten und Produkteinführungskosten an. Der Marktanteil des Neuproduktes bricht ein, es wird das Cash-Cow-Feld nie erreichen können, sondern direkt in das Dying-Dog-Feld abrutschen.

Diese Gefahr nennt man die **Cash-Falle**. Um sie zu vermeiden ist es wichtig, bei Produkteinführung mit moderaten Preisen unter den Stückkosten schnell die Marktführerschaft zu erlangen. Als Marktführer hat der **Innovator** dann die höchsten Produktionsmengen und damit auch die niedrigsten Stückkosten bzw. die höchste Gewinnspanne gegenüber dem Wettbewerb. Damit kann er die Preise bei ausreichender Gewinnspanne für potenzielle Wettbewerber unattraktiv niedrig halten bzw. sie durch Preiskämpfe leicht abwehren.

Für ein ausgewogenes Portfolio reicht es nicht aus, dass alle Felder ausgeglichen besetzt sind. Es müssen auch die Volumina der einzelnen Erfolgsobjekte berücksichtigt werden. Beispielsweise kann eine Cash-Cow in einem kleinen Marktvolumen nur schwer die Einführung eines Nachwuchsproduktes in einem sehr großen Markt finanzieren. Die Größenverhältnisse der Produkte zueinander lassen sich in der Matrix durch Kreise wiedergeben.

2.3.2 Wie erstellt man eine Portfolio-Matrix?

Zunächst müssen die abzubildenden Erfolgsobjekte ausgewählt und nach Betrachtungsebene differenziert werden:

Betrachtungsebene	Erfolgsobjekte
Konzern	operative Einheiten, Regionen
Unternehmen	strategische Geschäftseinheiten, Sparten
Sparten	Produktgruppen, Kunden–gruppen
Produktgruppen	Produkte, Produktarten

Auf einer Betrachtungsebene sollten wegen der Übersichtlichkeit nicht mehr als zehn **Erfolgsobjekte** unterschieden werden.

Als Nächstes sind die **Erfolgsfaktoren** Marktanteil und Marktwachstum für jedes Objekt nach subjektiven Einschätzungen zu beurteilen. Falls nicht extrem kurze Lebenszyklen zugrunde zu legen sind, geht man beim Betrachtungszeitraum, dem strategischen Zeithorizont, von den nächsten fünf Jahren aus.

Der Marktanteil kann im Falle von homogenen Produkten in Absatzmengen oder bei verschiedenen Produktarten in Umsatzwerten bestimmt werden.

Aus den absoluten Marktanteilen aller Wettbewerber wird durch Gegenüberstellung der Anteile des eigenen Unternehmens der **relative Marktanteil** ermittelt. Dieser ergibt sich aus dem Verhältnis des eigenen Marktanteils zum Marktanteil der größten Konkurrenten:

Relativer Marktanteil

$$= \frac{\text{eigener absoluter Marktanteil}}{\text{absolute Marktanteile der größten Konkurrenten}}$$

In der PIMS-Studie werden die drei größten Marktteilnehmer, gegebenenfalls einschließlich des eigenen Unternehmens, im Nenner erfasst. In der Praxis ist es häufig schwierig, den relevanten Marktumfang zu bestimmen und die Marktanteile der Konkurrenten zu quantifizieren. Deshalb beschränkt man sich auf den **stärksten Wettbewerber** analog zur Potenzialanalyse. Dies erleichtert die Beurteilung des eigenen, relativen Marktanteils erheblich, weil man jetzt nur noch den Umsatz des stärksten Konkurrenten kennen muss:

Relativer Marktanteil

$$= \frac{\text{eigener absoluter Marktanteil}}{\text{absoluter Marktanteil des größten Konkurrenten}}$$

Relativer Marktanteil

$$= \frac{\dfrac{\text{eigener Umsatz}}{\text{Marktumsatz}}}{\dfrac{\text{Umsatz des größten Konkurrenten}}{\text{Marktumsatz}}}$$

$$= \frac{\text{eigener Umsatz}}{\text{Umsatz des größten Konkurrenten}}$$

Ein relativer Marktanteil von 1,0 bedeutet, dass der Umsatz des eigenen Unternehmens genauso groß ist wie der des größten Konkurrenten. Ist der relative Marktanteil größer als 1,0, ist das eigene Unternehmen **Marktführer,** umgekehrt ist es der stärkste Konkurrent:

Beispiel

in Mio. €	Fall 1	Fall 2	Fall 3
eigener Umsatz	15	20	10
Umsatz des stärksten Konkurrenten	15	10	20
relativer Marktanteil	1,0	2,0	0,5
Marktposition	gleich	selbst Marktführer	Konkurrent Marktführer

Das **Marktwachstum** gibt an, um wie viel Prozent sich das bisherige Marktvolumen innerhalb des Betrachtungszeitraums voraussichtlich vergrößert:

Marktwachstum in %

$$= \frac{\text{Marktvolumenzuwachs im Betrachtungszeitraum}}{\text{bisheriges Marktvolumen}} \cdot 100$$

Das durchschnittliche Marktwachstum des jeweils für das Portfolio relevanten Marktes ist die Trennlinie zwischen hohem und niedrigem Wachstum der Erfolgsobjekte. Nachwuchsprodukte und Stars zeigen ein überdurchschnittliches, Cash-Cows und Dogs ein unterdurchschnittliches Wachstum. Für Spartenportfolios kann hilfsweise das Branchenwachstum, für Unternehmensportfolios, die auf unterschiedliche Märkte und Branchen reflektieren, das Bruttosozialprodukt herangezogen werden.
Eine Steigerung des eigenen Marktanteils wird umso leichter sein, je höher das Marktwachstum ist. Denn auf schrumpfenden Märkten kann die Vergrößerung des Marktanteils nur durch Ausschalten oder Verdrängen von Wettbewerbern gelingen.

Beispiel
Nehmen wir an, dass für ein Unternehmen die folgenden Daten ermittelt wurden:

Erfolgsobjekte	eigener Umsatz in Mio. €	%	Umsatz d. stärksten Konkurrenten	relativer Marktanteil	Marktwachstum in %
Produkt A	10	10	20	0,50	+20%
Produkt B	20	20	12	1,67	+10%
Produkt C	50	50	28	1,79	–10%
Produkt D	20	20	40	0,50	–15%
Summe	100	100			

Die Positionierung der Produkte in der Portfolio-Matrix erfolgt nun entsprechend der Skalierung der Achsen durch Kreise (Schaubild 2.13). Die Größe der Kreise gibt die relative Bedeutung der einzelnen Produkte für das Unternehmen wieder, die wie folgt zu ermitteln sind:

relative Bedeutung eines Erfolgsobjektes

$$= \frac{\text{Größe des Erfolgsobjektes (Umsatz)}}{\text{Summe aller Erfolgsobjekte (Unternehmensumsatz)}} \cdot 100$$

Die Größe der Kreise symbolisiert das **Umsatzvolumen** oder alternativ das Deckungsbeitragsvolumen der einzelnen Erfolgsobjekte. Für die Bemessung der Kreise ist es hilfreich, eine Feldlänge als 100% anzunehmen (die Länge von 0 bis 1,0 auf der Marktanteilsachse entspricht 100% des Unternehmensumsatzes). Die Kreisdurchmesser der einzelnen Produkte entsprechen dann ihrem Umsatzanteil in Prozent. Beispielsweise wäre bei einer Feldlänge von 10 cm im Portfolio der Kreisdurchmesser von Produkt A 1 cm, von B 2 cm usw. Diese Vorgehensweise hat sich in der Praxis überwiegend bewährt. In Ausnahmefällen (extremen Portfolios) müssen Anpassungen im Maßstab vorgenommen werden, damit die Übersichtlichkeit nicht leidet.
Im Ergebnis erhalten wir ein **idealtypisches Portfolio**: Alle Felder sind besetzt und die Umsatzvolumina sorgen für ein ausgewogenes Portfolio. Die finanzielle Ausgewogenheit ist aber dann nur gegeben, wenn sich auch der Finanzmittelbedarf und die Überschüsse der einzelnen Erfolgsobjekte im Portfolio idealtypisch verhalten. Deswegen ist es sinnvoll, zusätzlich zum

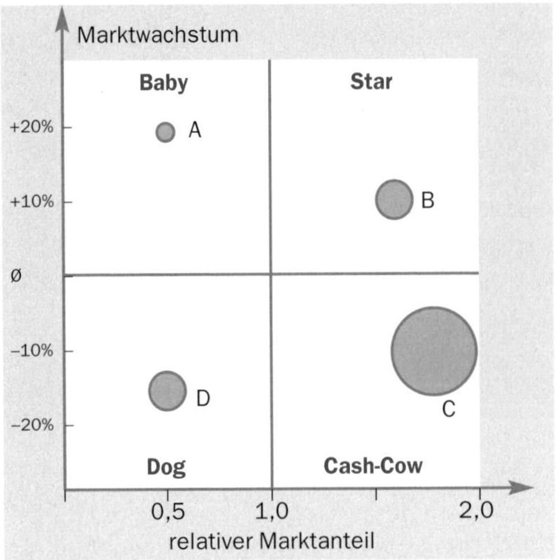

Schaubild 2.13: Proportionales Umsatz-Portfolio

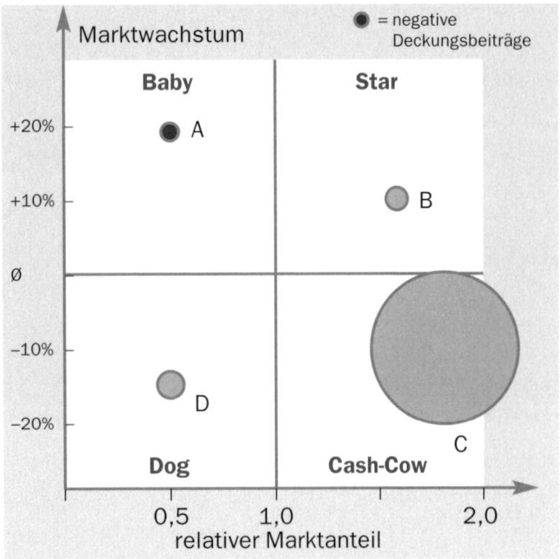

Schaubild 2.14: Deckungsbeitrags-Portfolio

Umsatzportfolio ein **Deckungsbeitrags-Portfolio** heranzuziehen (Schaubild 2.14).

Dazu werden die obigen Zahlen um die Deckungsbeiträge der einzelnen Produkte für das Unternehmen ergänzt:

Erfolgsobjekte	Deckungsbeitrag in Mio. €	%
Produkt A	− 3	− 5
Produkt B	+ 6	+ 10
Produkt C	+ 48	+ 80
Produkt D	+ 9	+ 15
Summe	+ 60	+ 100

In der Größe der Kreise werden jetzt, statt der Umsatzanteile, die Deckungsbeitragsanteile am Gesamtdeckungsbeitrag ausgedrückt. Analog zum Umsatz-Portfolio nimmt man für die Bemessung der Deckungsbeitrags-Kreisdurchmesser eine Feldlänge als Maßstab. Besondere Probleme können durch negative Deckungsbeiträge, typischerweise bei Nachwuchsprodukten, auftreten. In Extremfällen kann der Deckungsbeitragsanteil einer Cash-Cow dadurch über 100% liegen und damit der Kreisdurchmesser größer als ein Feld ausfallen. Negative Deckungsbeiträge können grafisch hervorgehoben werden.

Das Deckungsbeitrags-Portfolio im Beispiel weist durchaus idealtypische Verhältnisse auf. Star und Dog erwirtschaften Überschüsse, und der Deckungsbeitrag des Cash-Cow-Produktes reicht aus um das Nachwuchsprodukt zu finanzieren sowie darüber hinaus zur Overhead-Deckung und Gewinnabschöpfung beizutragen. Hier wird auch noch einmal der Unterschied zwischen operativer und strategischer Sichtweise deutlich:
Aus der Sicht des operativen Controllings wären alle Produkte mit negativem Deckungsbeitrag auszuscheiden, so lehrt es die klassische Kostenrechnung. Aus strategischer Sicht trifft dies nur auf die Dying Dogs zu. Würden Nachwuchsprodukte wegen ihres negativen Deckungsbeitrags eliminiert, würde das Unternehmen sich seiner Zukunft berauben.

2.3.3 Das Portfolio weicht ab

Das oben beschriebene idealtypische Portfolio entspricht in groben Zügen einem Soll-Portfolio. Im Rahmen des **strategischen Controllings** wäre daran die reale strategische Situation, das Ist-Portfolio des Unternehmens, zu überprüfen. Im Folgenden werden für Umsatz- wie Deckungsbeitrags-Portfolio jeweils vier extreme Abweichungen zwischen Soll- und Ist-Portfolio konstruiert.

- Umsatz-Portfolioanalyse

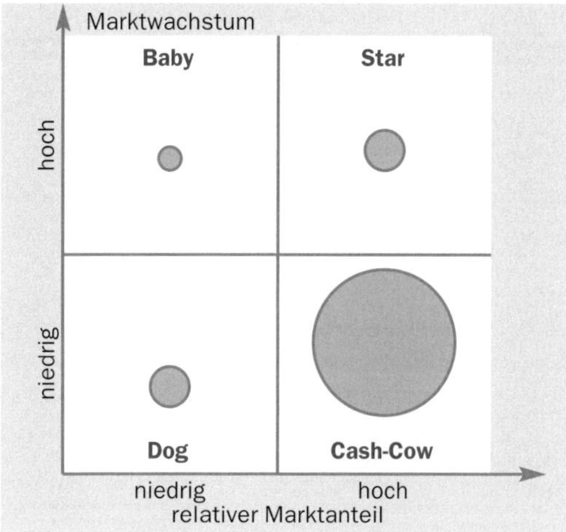

Schaubild 2.15: Idealtypisches Umsatz-Portfolio

Abweichung 1:
Das Unternehmen hat ausschließlich aussichtsreiche Neuprodukte.

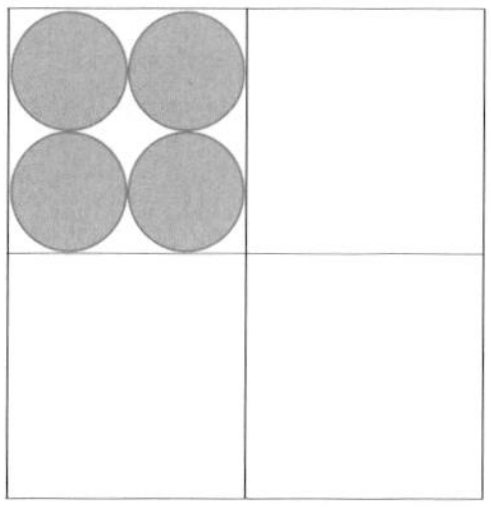

Diese untypische Situation trifft nur auf junge Unternehmen zu, wenn sich beispielsweise ein Ingenieur mit Produktideen als „Spin-off" selbstständig macht. Das typische Problem für ein solches Unternehmen ist die fehlende Cash-Cow, die die Produktentwicklung und Markteinführung finanziert. Das Unternehmen ist ohne finanzielle Fremdmittel nicht existenzfähig. Der junge Unternehmer muss entweder einen kapitalkräftigen Partner suchen oder einen Teil seiner Produktideen in Finanzmittel umsetzen.

Abweichung 2:
Das Unternehmen hat nur Starprodukte.

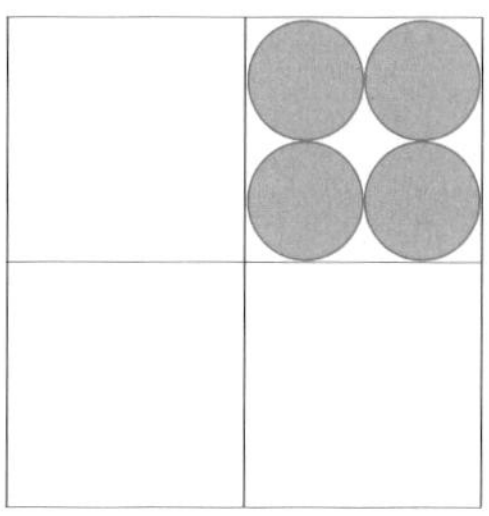

Diese können sich schon selbst finanziell tragen und werden demnächst als Cash-Cows hohe Überschüsse abwerfen. Allerdings stellen fehlende Nachwuchsprodukte ein latentes Problem dar, auf das der Controller dringend hinweisen sollte.

Abweichung 3:
Das Unternehmen hat nur Cash-Cows.

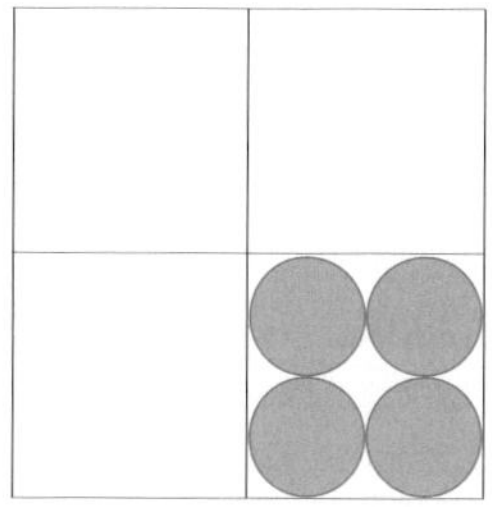

Dies ist die Situation, in der ein Unternehmen operativ bestens dasteht. Der Jahresabschluss weist satte Gewinne aus. Strategisch kann das Unternehmen dagegen eigenständig nicht überleben. Allerdings ist die Lage nicht hoffnungslos.
Aufgrund der guten Ertragslage ist dies der günstigste Zeitpunkt zu verkaufen, beispielsweise an einen Importeur, der an der Marktführerschaft interessiert ist und neue Produkte zur Markteinführung mitbringt. Andererseits sind durch die Cash-Cows auch genügend finanzielle Mittel vorhanden um Nachwuchsprodukte zu kaufen, vielleicht vom Jungunternehmer der Abweichung 1.

Abweichung 4:
Das Unternehmen hat nur Dying Dogs.

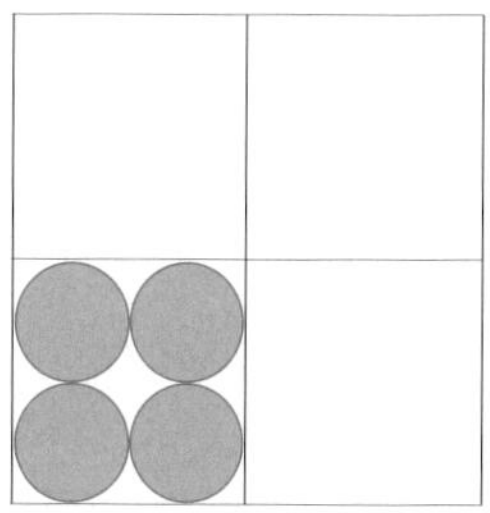

Damit ist das Unternehmen strategisch und operativ nicht überlebensfähig. Trotzdem gibt es solche Unternehmen oder Unternehmenseinheiten innerhalb von Konzernen oder auch als Staatsbetriebe, sie werden subventioniert. Solche **Cash-Räuber** fressen die Ressourcen auf, die für Zukunftsinvestitionen dringend gebraucht werden.

- Deckungsbeitrags-Portfolioanalyse

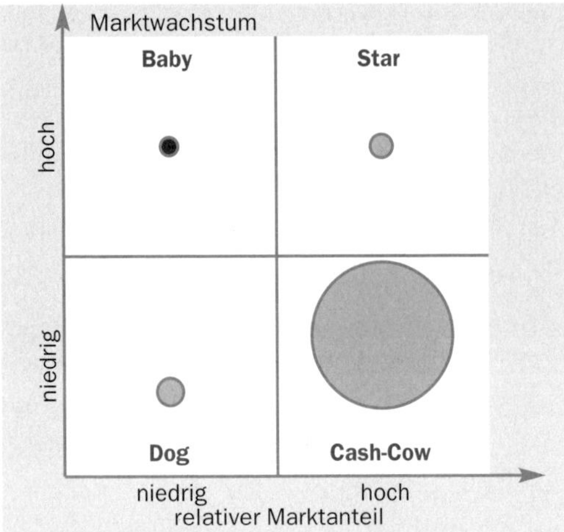

Schaubild 2.16: Idealtypisches DB-Portfolio

Abweichung 1:
Ein im Portfolio ausgewiesenes Nachwuchsprodukt erwirtschaftet einen untypisch hohen positiven Deckungsbeitrag.

Da die Stückkosten und Marketingkosten in dieser Position normalerweise relativ hoch sind, lässt sich dies nur über einen hohen Preis, z. B. aufgrund der Novität eines Neuproduktes, erreichen. So erfreulich dies aus operativer Sicht scheint, strategisch ist diese Situation höchst gefährlich. Die **Cash-Falle** droht. Die strategische Empfehlung wäre hier, unverzüglich die Preise zu senken um die Marktführerschaft für das Wachstumsprodukt zu erlangen.

Abweichung 2:
Ein als Star positioniertes Produkt erwirtschaftet einen atypisch hohen Deckungsbeitrag.

Wie in Abweichung 1 kann hier die gute Rentabilität den Wettbewerb anlocken. Allerdings ist jetzt das Unternehmen in einer günstigeren Situation. Als Marktführer fertigt es die größten Mengen und hat so die geringsten Stückkosten bzw. die größte Gewinnspanne im Vergleich zu den Wettbewerbern. Bei einer Wettbewerbsverschärfung kann es wegen der größeren Gewinnspanne einen Preiskampf am leichtesten überstehen.

Abweichung 3:
Ein als Cash-Cow positioniertes Produkt weist ungewöhnlich geringe Deckungsbeiträge aus.

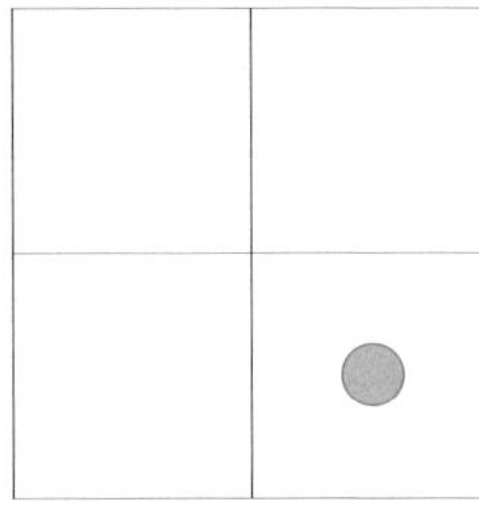

Diese Situation ist häufig dann anzutreffen, wenn aufgrund von Zielvorgaben Marktanteile von Produkten gehalten werden sollen, die entsprechend ihrem Lebenzyklus schon in der Degenerationsphase sind. Durch überhöhte Marketingmaßnahmen bzw. Preiszugeständnisse wird das Produkt „künstlich" in der Marktführerschaft gehalten. Das Produkt ist eigentlich schon ein Dying Dog, für den keine finanziellen Mittel mehr eingesetzt werden sollten, sondern der nur noch Überschüsse zu erbringen hätte.

Abweichung 4:
Ein als Dying Dog positioniertes Produkt erwirtschaftet einen untypisch hohen Deckungsbeitrag.

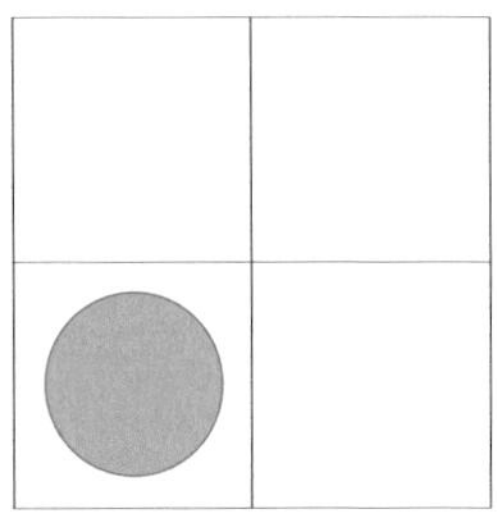

Eine mögliche Erklärung ist die Modifikation des Altproduktes zwecks neuer Verwendung. Dadurch beginnt ein **Folgezyklus** mit einem vorgeblich „neuen" Produkt. Ähnliches gilt für Nischenprodukte, die auf dem Gesamtproduktmarkt zweitrangig, in ihrem Nischenmarkt aber Marktführer sind und so überdurchschnittlich hohe Deckungsbeiträge erbringen können. Es stellt sich hier die Frage der richtigen Marktabgrenzung.

2.4 Gap-Analyse – Warum weicht der Gewinn von der Prognose ab?

Erreicht der Gewinn nicht die erwartete Höhe, ist sowohl nach dem Gehalt der Prognose als auch nach den Schwächen der Umsetzung zu forschen. Hier zeigt sich die Notwendigkeit strategisches und operatives Controlling einerseits säuberlich zu trennen, andererseits aber auch zu verzahnen. Hilfreich ist dabei die **Gap-Analyse.**
„Gap" bedeutet Lücke, und die Gap-Analyse untersucht eine mögliche Abweichung zwischen der Ziellinie und der Entwicklungslinie. Handelt es sich um eine Abweichung zwischen der strategischen Ziellinie und der operativen Entwicklungsgrenze, also dem, was aufgrund des gegebenen Erfolgspotenzials maximal erreichbar ist, so spricht man von einer **strategischen Lücke.**
Erreicht die erbrachte Leistung die operative Entwicklungsgrenze nicht, spricht man von der **operativen Lücke** oder Leistungslücke. Zielgrößen sind dabei Erfolgsgrößen (Gewinn, Umsatz).
Das Schaubild verdeutlicht, wie eine Lücke zu ermitteln ist. Beispielsweise wird als strategisches Ziel eine Verdopplung des Umsatzes innerhalb von 10 Jahren angenommen. Eine operative Planungsrechnung, die Budgetlinie, ergibt bei dem gegebenen Erfolgspotenzial einen maximalen Umsatzzuwachs von nur 50%, also eine **strategische Lücke** von 50 Mio. €. Wird dagegen im Verlauf der Realisierung, nachvollziehbar anhand der Ist-Werte, auch die operative Entwicklungsgrenze nicht erreicht, so ergibt sich eine **operative Lücke**, in diesem Fall 20 Mio. €.
Mögliche Erklärungen für eine strategische Lücke sind Veränderungen der Chancen und Risiken durch die Umwelt und/oder Stärken und Schwächen des Unternehmens, die eine immer größer werdende Diskrepanz zwischen der strategischen Ziellinie, die die ursprünglichen strategischen Annahmen beibehält, und der operativen Planungslinie, die auf die veränderten Bedingungen reagiert, entstehen lassen. Die strategische Lücke ist durch **strategische Maßnahmen**, z. B. eine Produktentwicklungs-, Marktentwicklungs- oder Diversifikationsstrategie, aufzufüllen.
Eine operative Lücke bedeutet mangelnde Ausnutzung des gegebenen Leistungspotenzials, also der bestehenden Produkte, vorhandenen Märkte oder gegebenen Ressourcen. Diese Lücke kann durch **operative Maßnahmen,** wie z. B. eine Umsatzforcierung, die bessere Motivation der Mitarbeiter oder auch Rationalisierungsmaßnahmen, geschlossen werden.
Aufgabe des Controllings ist, die Abweichungen deutlich aufzuzeigen. Dazu gehören die zahlenmäßige Aufbereitung durch Planungs-/Prognoserechnungen sowie die grafische Visualisierung. Die geeigneten Maßnahmen zur **Schließung vorhandener Lücken** sollten die betreffenden Fachabteilungen erarbeiten und durchführen.

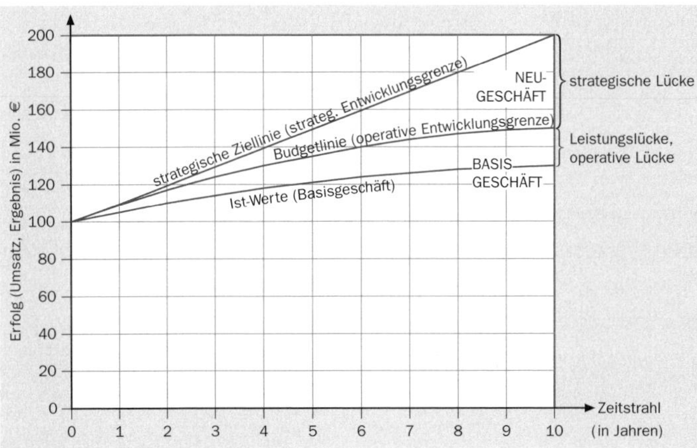

Jahr / Mio. in €	Budget	Ist
0	100	100
1	109	105
2	117	110
3	124	114
4	130	118
5	135	121
6	140	124
7	144	126
8	147	128
9	149	129
10	150	130

Schaubild 2.17: Die Gap-Analyse

Kritisch ist für den Controller die Frage, wann oder mit welcher Intensität er auf die Lücken aufmerksam macht. Gerade in der Anfangsphase einer Strategieumsetzung lassen sich Diskrepanzen mit tatsächlichen oder vermeintlichen Kinderkrankheiten erklären. Bei einer allzu raschen Strategieänderung sind die in den Aufbau von Erfolgspotenzialen gesteckten Ressourcen unwiederbringlich verloren. Ein allzu langes Hinauszögern kann dagegen die Verluste noch erhöhen und insbesondere neue Chancen verpassen.

Nicht zuletzt ist die **Bereitschaft zu Strategieänderungen** auch eine Frage der Mentalität: Empirische Studien im Fahrzeugbau ergaben, dass japanische Unternehmen eher bereit sind eingeschlagene Strategien trotz Anfangsproblemen durchzuhalten, meistens mit Erfolg. Amerikanische Unternehmen neigen schneller dazu, eine Strategie aufzugeben, wenn der erwartete Erfolg nicht sofort eintritt. Europäische Unternehmen bewegen sich zwischen diesen Extremen.

2.5 Erfahrungskurvenanalyse – Kosten senken durch Erfahrung

Marktführer erwirtschaften normalerweise überdurchschnittliche Deckungsbeiträge. Wann es sinnvoll ist, ein Neuprodukt zum Marktführer aufzubauen, und wie sich seine Deckungsbeiträge steigern lassen, erklärt die **Erfahrungskurven-Analyse**. Sie untersucht das nutzbare und das ungenutzte Kosteneinsparungspotenzial anhand eines „Gesetzes".

2.5.1 Erfahrungsgesetz zur Kosteneinsparung

Durch breit angelegte empirische Studien (PIMS) konnte eine Regelmäßigkeit des langfristigen Kostenverlaufs einzelner Produkte entdeckt werden. Diese gesetzmäßige Regel fand Eingang in das **Erfahrungsgesetz**:

Mit jeder Verdopplung der im Zeitablauf kumulierten Produktionsmenge sinken die realen Stückkosten der innerbetrieblichen Wertschöpfung potenziell um einen bestimmten Prozentsatz, die Erfahrungsrate (siehe Schaubild 2.21, insb. 3. Spalte). Allerdings gilt das Gesetz nur unter bestimmten Voraussetzungen:

(1) Das Einsparungspotenzial hängt von der **kumulierten Menge** ab, das heißt von der bis zum jeweiligen Stichtag aufsummierten Produktionsmenge. Bei gleich bleibender Produktionskapazität werden damit die Zeitintervalle bis zur nächsten Verdopplung immer länger. Für den Zusammenhang zwischen Produktionswachstumsrate und Zeitdauer bis zur nächsten Verdopplung bzw. Kosteneinsparungschance sei auf Kapitel 2.5.2 verwiesen.

(2) Es wird auf die **realen** Kosten abgestellt. Das heißt, die Kostengrößen müssen inflationsbereinigt berücksichtigt werden. Für praktische Anwendungen wird eine Preisbereinigung durch den Branchenindex ausreichen.

(3) Das Gesetz wurde nur für die **innerbetriebliche Wertschöpfung** ermittelt. Vorleistungen müssten eigentlich herausgerechnet werden. Geht man jedoch davon aus, dass Produkte der Lieferanten ähnlichen Kosteneinsparungen unterliegen, kann man bei hinreichender Produktionstiefe bzw. hinreichendem Wertschöpfungsbeitrag darauf verzichten.

(4) Die mögliche Kosteneinsparung ist auf empirische Erkenntnisse zurückzuführen, aber das Erfahrungsgesetz ist kein Naturgesetz. Es weist auf ein **Kosteneinsparungspotenzial** hin, das das Management aktiv zur tatsächlichen Kostensenkung nutzen muss.

(5) Der Prozentsatz ist eine **Erfahrungsrate für die potentielle Kosteneinsparung**, er ist nicht für alle Unternehmen gleich. Je nach Branche und Fertigungstechnologie sind unterschiedliche Prozentsätze anzunehmen:

– Einzel- bzw. Kleinserienfertigung	30%
– Gemischte Fertigung und Montage	20%
– Maschinelle Fertigung	10%
– Flexibel automatisierte Fertigung	5%

Möglichkeiten der Kosteneinsparung erwachsen aus Erfahrung, abhängig von vier Einflussfaktoren:

(1) **Lernprozesse durch praktische Anwendung** bzw. Übung: Mit zunehmender Ausübung von

regelmäßigen Tätigkeiten steigt die Fertigkeit der Belegschaft, was zu geringeren Durchlaufzeiten und damit zu geringeren Maschinen- und Lohnkosten führt.

(2) **Fixkostendegression**: Mit zunehmender Beschäftigung sinken die Fixkosten pro Stück, weil größere Produktionseinheiten einen günstigeren Wirkungsgrad aufweisen.

(3) **Technischer Fortschritt**: Durch laufende Verbesserung der Verfahren wird der Produktionsprozess wirtschaftlicher und damit natürlich kostengünstiger gestaltet.

(4) **Rationalisierung**: Durch kostensenkende Maßnahmen werden betriebliche Ressourceneinsätze, insbesondere im Materialbereich, laufend verbessert, ein Hilfsmittel dazu ist die Wertanalyse.

Die **Kostenentwicklung** lässt sich als Kurve grafisch darstellen:

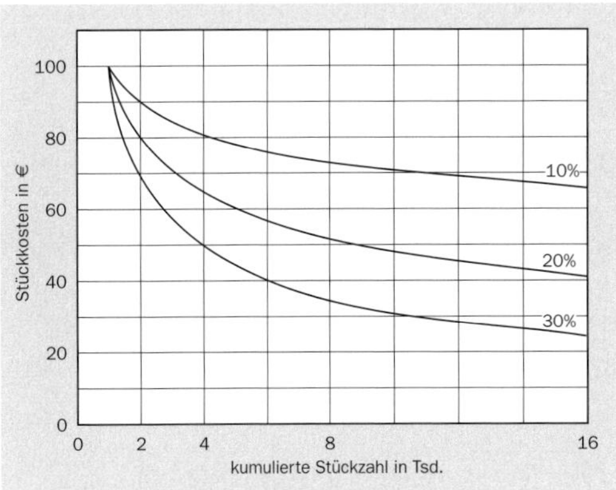

Schaubild 2.18: Erfahrungskurvenverlauf – linearer Maßstab

Sie hat im linearen Maßstab den Verlauf einer fallenden Hyperbel, die folgender Funktionsgleichung gehorcht:

$$k_x = k_1 \cdot \left(\frac{100 - p_k}{100}\right)^x \qquad (1)$$

Es bedeuten:

k_x = Stückkosten bei kumulierter Menge m_x, wobei gilt $m_x = m_1 \cdot 2^x$

k_1 = Stückkosten der ersten Produktion (Pilotproduktion)

m_x = kumulierte Produktionsmenge (– Stückzahl)

m_1 = Produktionsmenge der ersten Produktion (Losgröße der Pilotproduktion)

p_k = Prozentsatz der Kosteneinsparung

x = Anzahl der Verdopplungen der Pilotproduktion

Im doppelt-logarithmischen Maßstab werden die Erfahrungskurven dann zu Geraden:

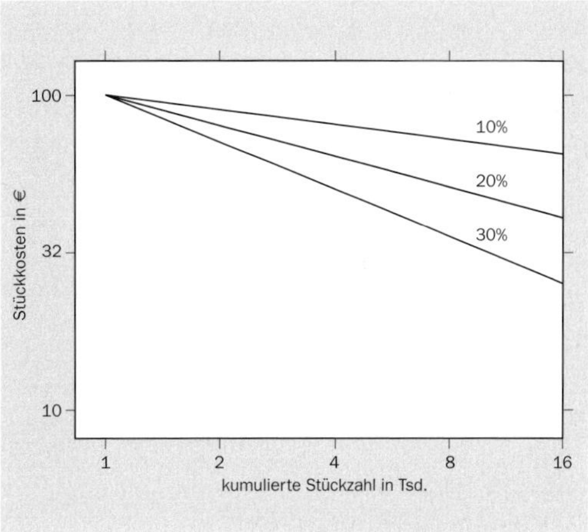

Schaubild 2.19: Erfahrungskurvenverlauf – doppelt-logarithmische Darstellung

Bei gleich bleibender Produktionskapazität wird der Abstand, in dem sich die kumulierte Produktionsmenge jeweils verdoppelt, mit der Zeit immer größer und das **Kostensenkungspotenzial** pro Zeiteinheit immer geringer. Wächst die Kapazität dagegen, kann dieser Zeitraum verkürzt und damit die Chance zur Kostensenkung – bezogen auf den gleichen Zeitraum – erhöht werden. Einen Anhaltspunkt gibt die Dauer bis zur Verdopplung der Produktionskapazität (t_d), in Abhängigkeit vom jährlichen prozentualen **Kapazitätswachstum** (p_w), die sich wie folgt berechnen lässt:

$$t_d = \frac{\log 2}{\log\left(1 + \frac{p_w}{100}\right)} \approx \frac{70}{p_w} \qquad (2)$$

t_d = Zeit bis zur Verdopplung der Kapazität in Jahren

p_w = jährliche Zuwachsrate der Produktionskapazität in Prozent

Jährliches Kapazitätswachstum in Prozent (p_x)	Zeit bis zur Verdopplung der Kapazität in Jahren (t_d)	Kumulierte Stückzahl nach 5 J. (Pilotjahr =100).	Kostensenkungschance nach 5 Jahren in % (p_5)		
			Einsparsatz (p_k) 10 %	Einsparsatz (p_k) 20 %	Einsparsatz (p_k) 30 %
0	–	500	22	40	56
1	69,7	510	22	41	57
5	14,2	553	23	42	59
10	7,3	611	24	44	61
15	5,0	674	25	46	63
20	3,8	744	26	48	64
25	3,1	821	27	49	66
30	2,6	904	28	51	68
40	2,1	1.095	30	54	71
50	1,7	1.319	32	56	73
100	1,0	3.100	41	67	83

Schaubild 2.20: Kostensenkung bei Kapazitätswachstum

Schaubild 2.20 zeigt, dass je nach Branchenzugehörigkeit bzw. Fertigungstechnologie (s. o.) die Chancen zur Kosteneinsparung umso höher sind, je größer der Kapazitätszuwachs ist.

Daraus ergeben sich Folgerungen für das **strategische Verhalten**:

(1) **Kosten- und Preispolitik:**
In der Einführungsphase soll mit Niedrigpreisen eine schnelle Marktdurchdringung angestrebt werden um zur Marktführerschaft zu gelangen, vgl. Star-Feld in der Portfolio-Matrix. Der Marktführer kann dann mit den geringsten Stückkosten die größte Gewinnspanne erzielen.

(2) **Wachstums- und Marktanteilspolitik**:
Bei der Marktorientierung sollen Wachstumsmärkte angestrebt werden, weil dort durch die schnellere Kumulierung von Produktionsmengen die Chancen zur Kostensenkung am größten sind. Außerdem ist die Marktführerschaft in wachsenden Märkten leichter zu erreichen als in schrumpfenden, die nur einen Verdrängungswettbewerb zulassen. Zumindest lässt sich mit dem Erfahrungsgesetz auch das Ziel begründen, wenigstens so schnell zu wachsen wie der Markt, weil sich sonst die Wettbewerbsposition durch die Kostensituation verschlechtert.

2.5.2 Wie die Erfahrungskurve einsetzen?

Das Konzept der Erfahrungskurve kann sowohl auf das **strategische** als auch auf das operative **Controlling** angewendet werden.

Beispiel

Die Forschungs- und Entwicklungsabteilung der Denta-Trada GmbH hat eine neue hochinnovative Elektrozahnbürste Typ Denta-Neuf kreiert. Das erste Los der Pilotproduktion beträgt 125 Stück und ergibt Stückkosten von € 100,–. Aufgrund der gemischten manuell-maschinellen Fertigung ist erfahrungsgemäß von einer Kostensenkungsrate von 20% auszugehen.

- Wie hoch muss die kumulierte Produktionsmenge bzw. Absatzmenge sein um **konkurrenzfähige Kosten** zu erreichen?

Dies ist eine strategische Fragestellung im Questionmark-Feld der Portfolio-Matrix. Die Antwort darauf, ob sich bei dem prognostizierten Markt bzw. Absatzvolumen die **Produkteinführung** lohnt, ist mit Hilfe des Erfahrungsgesetzes zu finden.

Nehmen wir für konventionelle Elektrozahnbürsten einen Marktpreis von € 25,– an. In diesem Fall wäre ein siebenmalige Verdopplung bei einer kumulierten Stückzahl von 16.000

Anzahl Verdopplungen	Kumulierte Produktionsmenge	Stückkosten in € (Einsparsatz 20 %)	Stückgewinn in €	Gewinn* pro Stufe in T€	Gewinn* kumuliert in T€
Startlos	125	100,00	– 75,00	– 9.375	– 9.375
1	250	80,00	– 55,00	– 6.875	– 16.250
2	500	64,00	– 39,00	– 9.750	– 26.000
3	1.000	51,20	– 26,20	– 13.100	– 39.100
4	2.000	40,96	– 15,96	– 15.960	– 55.060
5	4.000	32,77	– 7,77	– 15.540	– 70.600
6	8.000	26,21	– 1,21	– 4.840	– 75.440
7	16.000	20,97	+ 4,03	+ 32.240	– 43.200
8	32.000	16,78	+ 8,22	+ 131.520	+ 88.320
9	64.000	13,42	+ 11,58	+ 370.560	+ 458.880

* hier Kostenreduktion bei Losgrößen in Höhe der Verdopplung

Schaubild 2.21: Kosten- und Gewinnentwicklung in Abhängigkeit von der kumulierten Produktionsmenge

nötig, um mit Stückkosten von € 20,97 den Marktpreis von € 25,– zu unterschreiten (Schaubild 2.21).
Die Zahlenwerte der dritten Spalte gewinnt man aus der Gleichung (1) für k_x auf S. 47 beim Erfahrungssatz $p_k = 20\%$.
Jetzt ist das Produkt wettbewerbsfähig geworden, aber noch nicht erfolgreich. Die Voraussetzung dafür ist nämlich, dass der Totalgewinn über die Gesamtlebensdauer des Produktes ausreicht um die Renditenziele zu erfüllen und genügend Überschüsse zur Finanzierung von Nachwuchsprodukten zu erwirtschaften. Gemäß unserer Berechnung sind die Anfangsverluste spätestens nach der achten Verdopplung kompensiert (Vorzeichenwechsel in Spalte 6) und der kumulierte Gewinn beträgt rund € 88.000, was einer Umsatzrendite r_u von 11% bei einem Mindestabsatzvolumen von 32.000 Stück entspricht:

$$r_u = \frac{88.000\,€}{32.000 \cdot 25,–\,€} \cdot 100\% = 11\%$$

Ist dieses Absatzvolumen unrealistisch oder die Umsatzrendite nicht ausreichend, so müssen zusätzliche Absatzchancen aufgetan werden, wie z. B. Internationalisierung, oder die Einführung des Produktes wird sich nicht lohnen.

- Sind die Chancen für ein Absatzwachstum groß genug um bei begrenzter Marktlebensdauer des Produktes **rechtzeitig Gewinne** erwirtschaften zu können?

Auch dies ist eine strategische Fragestellung. Nehmen wir beispielsweise für das erste Jahr eine kumulierte Produktionsmenge von 2.000 Stück bei Stückkosten von € 40,96 an (vgl. Schaubild 2.21, Zeile 5, Spalte 3). Werden die Chancen für das Absatzwachstum mit ca. 25% jährlich prognostiziert, so ergibt sich nach dem Erfahrungsgesetz und bei einer entsprechenden Kapazitätserweiterung erstmals im Laufe des 4. Jahres ein positiver Stückgewinn (vgl. Schaubild 2.22). Nach dem Produktlebenszyklus-Konzept sollen schon in der Wachstumsphase des Produktes die Überschüsse positiv werden, damit in der Reifephase genug Cash-Flow erwirtschaftet wird um Nachwuchsprodukte zu finanzieren und Gewinne für die Kapitalgeber abzuschöpfen. Muss das Produkt Denta-Neuf dagegen schon nach fünf Jahren als veraltet angesehen werden, so ist eine **Markteinführung** unter diesen Voraussetzungen nicht zu empfehlen. Sind keine Absatzerweiterungen, z. B. Internationalisierung und/oder Produktmodifikationen, durch neue Kunden oder eine Kostenreduktion möglich, kann das Produkt nicht zur Existenzsicherung des Unternehmens beitragen. Es raubt

Produktions-jahr	Jahres-produktion	Kumulierte Produktions-menge	Anzahl Verdopplung	Stückkosten in €	Stückgewinn in €
1.	2.000	2.000		40,96	– 15,96
		4.000	1.	32,77	– 7,77
2.	2.500	4.500		31,55	– 6,55
3.	3.125	7.625		26,63	– 1,63
		8.000	2.	26,21	– 1,21
4.	3.906	11.531		23,30	+ 1,70
		16.000	3.	20,97	+ 4,03
5.	4.883	16.414		20,80	+ 4,20

Schaubild 2.22: Stückgewinnentwicklung bei einem Kapazitätszuwachs von 25% p. a . und 20% Erfahrungssatz

dagegen Finanzmittel, die dringend für rentable Nachwuchsprodukte benötigt werden.

• Wurde das **Kostensenkungspotenzial** genutzt? Dies ist eine typisch **operative Fragestellung**, die jedoch erst nach einigen Produktionsjahren greift. Die Anwort lässt sich aus dem Vergleich der aktuellen, tatsächlichen Stückkosten (Ist-Kosten) mit den nach dem Erfahrungsgesetz berechneten Stückkosten (Soll-Kosten) ableiten. Für unser Beispiel soll der Erfahrungssatz zur Kosteneinsparung branchenbedingt 20 % be-

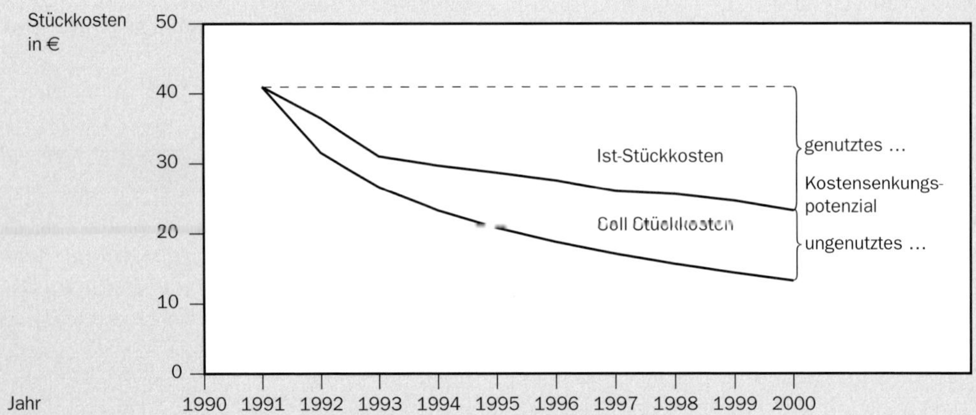

Produktion pro Jahr	2.000	2.500	3.125	3.906	4.883	6.104	7.629	9.537	11.921	14.900
Produktion kumuliert	2.000	4.500	7.625	11.531	16.414	22.518	30.147	39.684	51.605	66.506
Sollkosten pro Stück bei Verdopplung	40,96	32,77		26,21	20,97			16,78		13,42
Sollkosten pro Stück am Jahresende	40,96	31,55	26,62	23,30	20,80	18,79	17,10	15,65	14,39	13,26
Istkosten pro Stück	40,96	36,47	31,03	29,71	28,69	27,57	26,05	25,63	24,66	23,26
ungenutztes Potenzial	0,0	4,92	4,40	6,41	7,89	8,78	8,95	9,98	10,27	10,00

Schaubild 2.23: Genutztes und ungenutztes Kostensenkungspotenzial

tragen. Die kumulierte Produktionsmenge des ersten Produktionsjahres beträgt 2.000 Stück bei Ist-Stückkosten für das erste Produktionsjahr von € 40,96, die sich bis zum Jahr 2000 auf € 23,26 verringert haben.
Aus der grafischen Darstellung (Schaubild 2.23) lässt sich das ungenutzte Kostensenkungspotenzial ablesen. Für 2000 ergibt sich ein nicht genutztes Kostensenkungspotenzial von € 10 pro Stück (23,26 – 13,26 = 10,00). Bei einer Jahresproduktion von ca. 15.000 Stück errechnet sich eine versäumte Kosteneinsparung und damit ein entgangener Gewinn von € 150.000 allein für 2000 (15.000 Stück · € 10,00). Hier muss geprüft werden, warum Kosten nicht gesenkt wurden um die Chancen zukünftig besser zu nutzen.

2.6 Target-Costing – Kosten senken durch Kundenorientierung

Vorteilhafter als eine nachträgliche Analyse ist es, mit Maßnahmen zur **Kostensenkung** schon vor der Fertigung des Produktes anzusetzen. Die Erfahrung lehrt nämlich, dass durch die Entwicklung und Konstruktion eines Produktes bereits ca. 80% der gesamten Herstellkosten festgelegt werden. Um diese Kosten zu senken ist es sinnvoll, statt sich an dem technisch Machbaren an den Wünschen des Kunden zu orientieren. Dazu wurde ein Konzept entwickelt, das die Zielkosten, englisch Target-Costing, analysiert.
*Die **Zielkostenanalyse** ist eine marktorientierte Sollkosten- bzw. Zielkostenermittlung für ein Produkt sowie seine Komponenten. Der Vergleich mit den bisherigen Kosten gibt Hinweise für eine kundengerechtere Produktentwicklung.*

- Was darf ein Produkt kosten, das genau den Wünschen des Kunden entspricht?

Target-Costing (Genka Kikaku) wird in japanischen Unternehmen seit den 70er Jahren praktiziert. In den USA und Deutschland ist es erst seit kurzem als ein Element des **Lean Managements** eingesetzt worden. Target-Costing-Konzepte kursieren in zahlreichen Varianten. Das Markt- und kundenorientierte „Market-into-Company-Konzept" hat in deutschen Unternehmen die größte Beachtung erfahren. Es stellt die konsequente Umsetzung von Kundenwünschen in den Mittelpunkt.
Anders als beim vorgestellten Erfahrungskurven-Konzept beziehen sich die zu analysierenden Chancen zur Kostensenkung bei der **Zielkostenanalyse** nicht auf ein bestehendes Produkt, sondern auf ein **neues Produkt** bzw. ein **Nachfolgeprodukt**. Dieses soll schon während der Entwicklungsphase so konstruiert werden, dass es nur dem Kundennutzen folgt und auf technische Varianten verzichtet. Diese konsequente Orientierung kann die Produktrentabilität wesentlich verbessern. Obwohl das Konzept wegen seines konstruktionstechnischen Ansatzes ursprünglich für Serienprodukte eingesetzt wurde, findet es heute vielfältige analoge Anwendungen. Indem Target-Costing marktorientierte Ziele setzt, geht es über herkömmliche Verfahren wie die **traditionelle Wertanalyse** hinaus und überwindet undifferenzierte, rein lineare Kostensenkungsstrategien. Eine Zielkostenanalyse sollte mit aufeinander aufbauenden Fragestellungen arbeiten.

Beispiel
Ein Stadt-Auto Marke „City Car" soll neu eingeführt werden.

- Welcher Marktpreis ist zu erzielen?

Ausgehend von der Produktidee wird der als wettbewerbsfähig angesehene **Marktpreis** anhand der über die gesamte Lebensdauer des Neuproduktes erwarteten Stückzahlen möglichst realistisch prognostiziert.

Beispiel
Umfangreiche Marktstudien haben für die Produktidee „City Car" einen maximalen Marktpreis von € 10.000 ermittelt.

- Welche Kosten trägt der Marktpreis?

Vom erzielbaren Marktpreis wird die angestrebte Gewinnspanne bzw. Umsatzrendite abgezogen. Die Differenz zeigt die **vom Markt erlaubten Produktkosten**/Zielkosten:

erzielbarer Marktpreis		Target-Price
– Gewinnspanne	Soll-Gewinn	– Target-Profit
= Zielkosten	Zielkosten	= Target-Costs

Die ermittelten Zielkosten bilden die Obergrenze für eine wirtschaftliche Produktion.

Beispiel
Die Kapitalgeber fordern eine Umsatzrendite von 10%. Das sind € 1.000 von € 10.000. Man erhält Zielkosten von € 9.000.

• Was will der Kunde?
Die Zielkosten allein sind zu allgemein für eine kundengerechte Steuerung der Produktkosten. Deswegen müssen die Kundenerwartungen differenziert werden. Dies geschieht vorzugsweise durch ein dekompositorisches Verfahren zur Messung psychologischer Werturteile (**Conjoint-Analyse**), indem aus den Präferenzurteilen befragter Kunden die **Produkteigenschaften** (Funktionen) abgeleitet werden.

Beispiel
Die Marktstudie hat Wendigkeit (F1), Wirtschaftlichkeit (F2) und Umweltverträglichkeit (F3) als wichtigste Funktionen ermittelt.

• Wie bewertet der Kunde die Funktionen?
Die Marktforschung fragt weiter nach dem tatsächlichen **Nutzen der Funktionen**. Dabei wird zwischen Gebrauchsnutzen durch „harte" (technische Leistung) und Geltungsnutzen durch „weiche" Produkteigenschaften (Design, Image) unterschieden. Beide ergeben den Gesamtnutzen, aus dem der erzielbare Marktpreis abzuleiten ist.

Beispiel:
Laut Marktstudie haben die Kunden die Funktionen dem Gesamtnutzen wie folgt zugeteilt:

Funktionen	F1	F2	F3	Gesamt
Nutzenanteil	0,4	0,4	0,2	1,0

• Wie muss das entsprechende Produkt aussehen?
Die vom Kunden gewünschten Produktfunktionen werden durch verschiedene Teile oder Baugruppen/Komponenten realisiert. Um durch eine zu frühe Detaillierung nicht den Blick für das Wesentliche zu verlieren, sollte sich die Zielkostenfindung zunächst nur auf **Hauptkomponenten** des Produktes konzentrieren.

Beispiel
Das Produkt wird (stark vereinfachend) in die Komponenten Karosserieteile (K1) und Antriebsteile (K2) zergliedert.

• Was nutzen die Komponenten dem Kunden?
Wird nun die Bedeutung der Produktkomponenten für die jeweils vom Kunden gewünschten Funktionen bewertet, so erhalten wir die **Nutzenteilgewichte** der einzelnen Komponenten.

Beispiel
Der Anteil der einzelnen Komponenten an den Funktionen ist zu ermitteln:

Komponenten \ Funktionen	F1	F2	F3
K1	0,6	0,0	0,2
K2	0,4	1,0	0,8
Gesamt	1,0	1,0	1,0

Schaubild 2.24: Komponenten – Funktionsartenanteil

Verknüpft man die Komponentenanteile mit dem Kundennutzen der Funktionen, erhält man den **Komponentennutzen:**

Komp. \ Funkt.	F1	F2	F3	F1	F2	F3	Komp. nutzen
	0,4	0,4	0,2				
K1	0,6	0,0	0,2	0,24	0,00	0,04	0,28
K2	0,4	1,0	0,8	0,16	0,40	0,16	0,72
Gesamt	1,0	1,0	1,0	0,40	0,40	0,20	1,00

Schaubild 2.25: Komponentennutzen

- Was dürfen die einzelnen Komponenten kosten?

Die **Zielkosten** für die einzelnen Komponenten erhält man, indem man die vom Markt erlaubten Gesamtkosten unter Berücksichtigung des zuvor ermittelten Teilnutzens auf die Komponenten verteilt. Die Zielkosten können in einer **Zielkosten-Matrix** tabellarisch aufbereitet werden.

Beispiel
Durch Multiplikation des Komponentennutzens mit den erlaubten Produktkosten erhält man die Zielkosten der Komponenten.

Komponenten	Komponentennutzen	Zielkosten
K1	0,28	2.520
K2	0,72	6.480
Gesamt	1,00	9.000

Schaubild 2.26: Zielkosten der Komponenten

- Was kosten die Komponenten in der Standard-Fertigung?

Den Zielkosten der Komponenten werden nun die **Standardkosten** gegenübergestellt, die sich aufgrund herkömmlicher Konstruktion und Fertigung ergeben würden, engl. **drifting costs**. Diese können im Einzelfall über oder auch unter den Zielkosten liegen; auf das gesamte Produkt bezogen werden sie aber meist darüber liegen.

Beispiel
Eine Kalkulation der Komponenten anhand der Erfahrungsdaten ergibt folgende Standardkosten:

Komponenten	Standardkosten
K1	6.600
K2	4.400
Gesamt	11.000

Schaubild 2.27: Standardkosten der Komponenten

- Wie groß ist die Abweichung zwischen Ziel- und Standardkosten?

Die **Zielkostenabweichung** ist die Differenz zwischen den Zielkosten und den Standardkosten jeder Komponente. Sind die Standardkosten höher als die Zielkosten, so muss nach Möglichkeiten gesucht werden das Produkt bzw. die Komponente „schlanker" zu gestalten. Im umgekehrten Fall wäre ein finanzieller Spielraum gegeben, der für eine für den Kunden attraktivere Entwicklung oder zur Gewinnabschöpfung zu nutzen wäre. Die jeweilige Zielkostenabweichung kann durch ein **Zielkostenkontrolldiagramm** visualisiert werden (Schaubild 2.28).

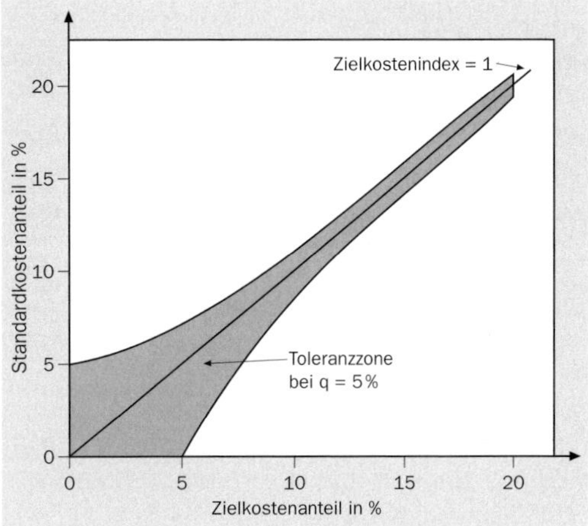

Schaubild 2.28: Zielkostenkontrolldiagramm

Die verschiedenen Komponenten werden entsprechend ihrem Anteil an den Zielkosten (Abzisse) und ihrem Anteil an den Standardkosten (Ordinate) in ein Koordinatensystem eingetragen. Liegt eine Komponente genau auf der Winkelhalbierenden, so entsprechen die Standardkosten in % gerade den Zielkosten in % einer Komponente, der **Kostenindex** als Verhältnis von Standardkostenanteil zu Zielkostenanteil ist genau 1:

(Ziel-) Kostenindex einer Komponente (anteilgemäß)

$$= \frac{\text{Standardkosten in \%}}{\text{Zielkosten in \%}}$$

Will man statt den Anteilen an den Produkt-(Ziel-)Kosten das Verhältnis der Komponenten-(Ziel-)Kosten darstellen, so wären die absoluten Beträge heranzuziehen (siehe Schaubild 2.29, letzte Spalte):

(Ziel-) Kostenindex einer Komponente (betragsmäßig)

$$= \frac{\text{Standardkosten in €}}{\text{Zielkosten in €}}$$

Ist der Kostenindex > 1, sind die Standardkosten zu hoch bzw. ist die Produktkomponente zu aufwendig konstruiert. Bei einem Kostenindex < 1 bleibt ein Spielraum zur Leistungsverbesserung der Komponente. Inwieweit Zielkostenabweichungen tolerierbar sind, kann durch eine **Zielkostenzone** festgelegt werden. Die akzeptable Abweichung vom Zielkostenindex 1 ist bei Komponenten mit geringem Zielkostenanteil relativ größer als bei bedeutenden und erfolgskritischen Positionen.
Die Begrenzung der Zielkostenzone wird durch zwei Funktionen bestimmt:

Obere Begrenzung: $S_o = (Z^2 + q^2)^{\frac{1}{2}}$
Untere Begrenzung: $S_u = (Z^2 - q^2)^{\frac{1}{2}}$

S_o, S_u = Standardkostenanteil in%
Z = Zielkostenanteil in%
q = Abweichungs-Toleranzparameter in%

Liegen die Kosten einzelner Komponenten oberhalb der Zielkostenzone, müssen sie reduziert werden. Liegen Komponenten unterhalb der Zielkostenzone, so wäre zu überprüfen, ob eine Funktionsverbesserung sinnvoll wäre. Ansonsten wäre auch ein kalkulatorischer Ausgleich für nicht zu senkende Kosten anderer Komponenten oder eine Gewinnverbesserung zu erwägen.

Beispiel
Für das City Car wurden folgende Zielkostenabweichungen ermittelt:

	Ziel-kosten	in%	Stan-dardk.	in%	Abw.	Kostenindex anteil.	betrag.
K1	2.520	28	6.600	60	-4.080	2,14	2,62
K2	6.480	72	4.400	40	+2.080	0,56	0,68
Σ	9.000	100	11.000	100	-2.000		

Schaubild 2.29: Zielkostenabweichungen

Im **Zielkostendiagramm** ist deutlich zu sehen, dass selbst bei einem großzügigen Toleranzparameter von 20% die Komponenten aufgrund der gravierenden Abweichungen erheblich

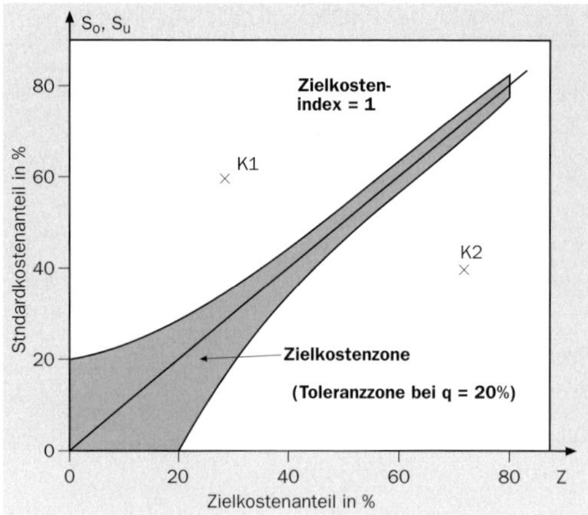

Schaubild 2.30: Zielkostenkontrolldiagramm

außerhalb der Zielkostenzone liegen (Schaubild 2.30).
Bei der Komponente 1 – Karosserieteile – sind dringend alternative, kundenorientierte Lösungen anzustreben. Der Standardkosten-Vorteil der Komponente 2 – Antriebsteile – sollte erst dann zu Funktionsverbesserungen genutzt werden, wenn ausreichende Kostensenkungen bei der Komponente 1 gelungen sind.
Die Kostensenkungsmaßnahmen beim Target-Costing sind produktlebensphasenbezogen auf die Kosten aller Unternehmensbereiche von der Produktentwicklung bis zur Entsorgung abgestellt. Dazu kann das **Benchmarking-Konzept** nützliche Hinweise zur Kostenreduktion geben. Durch direkten systematischen Vergleich oder über spezifische Kennzahlen (Benchmark) bestimmter betrieblicher Wertschöpfungsaktivitäten oder Abläufe mit anderen Problemlösungen in Unternehmen derselben oder insbesondere auch fremden Branchen sollen von den Besten neue Erkenntnisse und Verbesserungen gewonnen werden. Weil eine solche Vergleichsanalyse zur Verfeinerung und Konkretisierung auch nicht-finanzielle Kennzahlen einbezieht, wird das Benchmarking-Konzept an anderer Stelle dargestellt (Kap. 8.1).
Sind die Zielkosten verabschiedet, sind sie für die Fachabteilungen verbindliche Projektziele. Das operative Controlling muss überprüfen, inwieweit solche Vorgaben eingehalten werden.

Zusammenfassung

Rekapitulieren Sie:
Beschreiben Sie die Aufgabe des strategischen Controllings.
Hinweise zur Bearbeitung:
Strategisches Controlling prüft die Übereinstimmung zwischen der tatsächlichen oder der zu erwartenden Unternehmens- und Umweltentwicklung mit den strategischen Soll- und Normvorstellungen. Es benutzt strategische Abweichungsanalysen und Planungsrechnungen um die zukünftigen Gewinne zu steuern.

Rekapitulieren Sie:
Mit welchen Methoden können strategische Abweichungen analysiert werden?
Hinweise zur Bearbeitung:
- Potenzialanalyse
- Produktlebenszyklus-Analyse
- Portfolioanalyse
- Gap-Analyse
- Zielkostenabweichungsanalyse (Target-Costing)
- Benchmarking

Rekapitulieren Sie:
Wie heißen bei der Potenzialanalyse die Faktoren für den Markterfolg?
Hinweise zur Bearbeitung:
Schlüsselfaktoren zeigen in ihrer Ausprägung gegenüber dem stärksten Wettbewerber das Stärkenprofil des Unternehmens.

Rekapitulieren Sie:
Beschreiben Sie einen typischen Produktlebenszyklus.
Hinweise zur Bearbeitung:
Die theoretische Erklärung für den typischen Produktlebensverlauf erfolgt durch das logistische Diffusionsmodell. Danach werden potenzielle Kunden durch Mundpropaganda von Erstkäufern angeregt, das neue Produkt zu erwerben, sodass es sich via Schneeballsystem zunächst mit steigender Zuwachsrate verbreitet bzw. diffundiert. Mit zunehmender Marktsättigung sinken dann die Zuwachsraten, bis nach Erreichen des Adoptionsmaximums der Umsatz absolut abnimmt; es erfolgen nur noch Ersatzkäufe, und die Kunden wandern zu neuen Produkten ab.

Rekapitulieren Sie:
Welche strategische Lücke deckt eine Produktlebenszyklus-Analyse auf?
Hinweise zur Bearbeitung:
Die Lücke zwischen schwindendem Basisgeschäft und fehlendem neuen Erfolgspotenzial.

Rekapitulieren Sie:
Was ist die Portfolioanalyse?
Hinweise zur Bearbeitung:
Sie untersucht die Ausgewogenheit des Geschäftsfeldes eines Unternehmens hinsichtlich Marktwachstumschancen und Wettbewerbssituation, um die langfristige Lebensfähigkeit des Unternehmens zu überprüfen und strategische Empfehlungen aus der Gesamtunternehmenssicht zu entwickeln.

Rekapitulieren Sie:
Zeichnen Sie ein idealtypisches Umsatzportfolio.
Hinweise zur Bearbeitung:
Betrachten Sie noch einmal Schaubild 2.15.

Rekapitulieren Sie:
Wissen Sie, welches der häufigste Fehler bei der Einführung eines neuen Produktes ist?
Hinweise zur Bearbeitung:
Ein zu hoher Preis – die hohe Anfangsrentabilität

lockt den Wettbewerb mit Me-too-Produkten unter Einsparung von Entwicklungskosten und Produkteinführungskosten an. Der Marktanteil des Neuproduktes bricht ein, es wird das Cash-Cow-Feld nie erreichen können, sondern direkt in das Dying-Dog-Feld abrutschen (Cash-Falle).

Rekapitulieren Sie:
Was muss der Controller einem Unternehmen raten, das nur Starprodukte hat?
Hinweise zur Bearbeitung:
Er muss der Führungsspitze raten sich rechtzeitig um Neuprodukte zu kümmern. Denn dem typischen Produktlebenszyklus folgend werden die Starprodukte, die sich augenblicklich finanziell tragen und bald als Cash-Cows Überschüsse abwerfen, irgendwann einbrechen.

Rekapitulieren Sie:
Was beinhaltet die Gap-Analyse?
Hinweise zur Bearbeitung:
Sie untersucht eine mögliche Abweichung (englisch *gap*) zwischen der Ziellinie und der Entwicklungslinie des Unternehmens.

Rekapitulieren Sie:
Wie wird die strategische Lücke in der Gap-Analyse erklärt?
Hinweise zur Bearbeitung:
Mögliche Erklärungen sind Veränderungen der Chancen und Risiken durch die Umwelt sowie der Stärken und Schwächen des Unternehmens.

Rekapitulieren Sie:
Wie lautet das Erfahrungsgesetz zur Kosteneinsparung?
Hinweise zur Bearbeitung:
Mit jeder Verdopplung der im Zeitablauf kumulierten Produktionsmenge sinken die realen Stückkosten der innerbetrieblichen Wertschöpfung potenziell um einen bestimmten Prozentsatz, die Erfahrungsrate.

Rekapitulieren Sie:
Unter welchen Voraussetzungen gilt das Erfahrungsgesetz?
Hinweise zur Bearbeitung:
- Es hängt von der kumulierten Menge ab.
- Es ist auf die realen Kosten abzustellen.
- Es gilt nur für die innerbetriebliche Wertschöpfung.
- Es weist auf ein Potenzial zur Kosteneinsparung hin, das anschließend umzusetzen bleibt.
- Die Erfahrungsrate unterscheidet sich je nach Produktionsorganisation und -technologie des Unternehmens.

Rekapitulieren Sie:
Was ist Target-Costing?
Hinweise zur Bearbeitung:
Es ist eine marktorientierte Selbstkosten- bzw. Zielkostenermittlung für ein Produkt sowie dessen Bauteile/Komponenten. Der Vergleich mit den herkömmlichen Kosten gibt Hinweise für eine kundengerechte Produktentwicklung.

Rekapitulieren Sie:
Was darf eine Produktkomponente kosten, damit sie genau den Wünschen des Kunden entspricht?
Hinweise zur Bearbeitung:
Die Antwort auf diese Frage lässt sich mit Hilfe der Zielkostenanalyse ermitteln. Die mögliche Kostensenkung erfolgt nicht für ein bestehendes, sondern für ein neu zu entwickelndes Produkt. Die konsequente Orientierung am Kundennutzen verbessert bei der Konstruktion der Produktkomponente die Produktrentabilität wesentlich. Die dadurch bestimmten Zielkosten sind verbindliche Projektziele für die Fachabteilungen.

Rekapitulieren Sie:
Was ist Benchmarking?
Hinweise zur Bearbeitung:
Darunter versteht man den direkten systematischen Vergleich oder den über spezifische Kennzahlen als Benchmark-Indikatoren bestimmter betrieblicher Wertschöpfungsaktivitäten oder Abläufe mit Problemlösungen in Unternehmen derselben oder vorzugsweise fremder Branchen, um möglicherweise neue Impulse zu Verbesserungen auszulösen.

3 Vom strategischen Plan zum operativen Budget

Bevor die Verfahren des operativen Controllings im Einzelnen vorgestellt werden, ist es sinnvoll, sich die allgemeinen Grundlagen anzuschauen. *Rationalem Handeln geht ein gedanklicher Entwurf voraus, die **Planung.** Wird eine Planung in finanziellen Wertgrößen ausgedrückt und erhalten diese nach ihrer Verabschiedung Vorgabecharakter, so spricht man von der Budgetierung.*

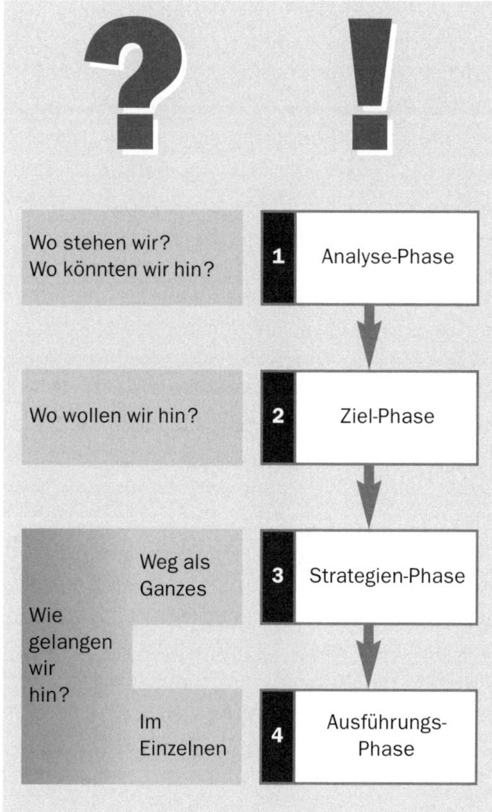

Schaubild 3.1: Leitfragen der Planung

3.1 Entwicklung planen

Die zunehmende Umweltdynamik, mit der Unternehmen heute konfrontiert sind, lässt kaum Voraussagen über **künftige Entwicklungen** zu. Doch nicht nur die Umwelt, sondern auch die Innenwelt des Unternehmens wird zunehmend komplexer. Dass Entwicklungen von einer Planung abweichen, wird zum Regelfall. Trotzdem wäre es mehr als voreilig, deshalb ganz auf die Planung zu verzichten. Im Laufe eines Planungsprozesses wird eine Vielzahl an Informationen über Handlungsvoraussetzungen und -konsequenzen zusammengetragen, die die Ungewissheit über zukünftige Ereignisse mindern. Und ohne Planung ist die Steuerung eines Unternehmens nahezu unmöglich. Kernaufgabe jeder Planung ist es dabei nicht, Risiken gänzlich auszuschalten, sondern das Gewinnziel durch **Risikosteuerung** besser „abzusichern".

Die **strategische Planung** gilt zukünftigen **Erfolgspotenzialen**, durch die ein Unternehmen Gewinne erwirtschaften will. Die Planung der gewinnmaximalen Ausnutzung gegenwärtig gegebener Erfolgspotenziale bezeichnet man als Ausführungs- oder **operative Planung**. Die einzelnen Planungsphasen lassen sich anhand der Leitfragen unterscheiden, die sie einleiten (Schaubild 3.1).

Soll ein neues Produkt als **Erfolgspotenzial** dienen, so sind die Materialbeschaffung, die Produktion, die erforderlichen Investitionen, das Personal, der Vertrieb, die Finanzierung und vieles mehr zu planen. Ist als Erfolgspotenzial eine regionale Markterweiterung, z. B. nach Osteuropa, angestrebt, so ist die vertriebliche Realisierung, sei es über den Handel, durch eine eigene Niederlassung oder über ein Joint-Venture mit einem lokalen Unternehmen zu planen. Sind einzelne Kundengruppen die Erfolgspotenziale, ist im Rahmen der Ausführungsplanung über kundenspezifische Produktmodifikationen und -präsentationen sowie kundenorientierte Vertriebslinien oder andere Marketingmaßnahmen nachzudenken.

In der Literatur unterscheidet man häufig zwischen strategischer, operativer und taktischer Planung. Da die **taktische Planung** nach gängiger Definition vorwiegend Maßnahmen beinhaltet, die sowohl im strategischen wie auch operativen Bereich liegen können, geht durch die begriffliche Zuordnung Trennschärfe verloren.

Und letztlich müssen alle Aktionen, ob als Umsetzung der strategischen oder der operativen Planung, mit ihrem finanziellen Niederschlag in der Budgetplanung enthalten sein, sie sind in der Unternehmenspraxis schwer zu trennen. Auch ist die taktische Planung in der Praxis als eine eigenständige Planungseinheit nicht institutionalisiert, sie ist noch Inhalt der Unternehmensplanung oder schon Gegenstand der Budgetplanung. Deswegen wird im Weiteren nur zwischen operativer und strategischer Planung unterschieden. Dieses **Strukturierungsprinzip** hat sich in der Planungspraxis der Unternehmen zunehmend durchgesetzt. Aufgrund der bisherigen Ausführungen lassen sich folgende Strukturierungsmerkmale differenzieren (Schaubild 3.2).

Die in beide Richtungen weisenden Pfeile sollen verdeutlichen, dass es sich nur um tendenzielle Aussagen handelt. Denn strategische Ziele werden natürlich auch für Teilbereiche eines Unternehmens formuliert, z. B. Spartenstrategien oder Beschaffungsstrategien. Andererseits wird die operative Planung auch auf Unternehmensebene zusammengefasst und abgestimmt, insbesondere im Gesamtgewinn- und Finanzplan. Dennoch kann die Differenzierung die hohe Komplexität der planerischen Gesamtaufgabe strukturieren und helfen sie überschaubarer und damit beherrschbar zu machen.

Durch die Planung wird festgelegt, wie und mit welchen Maßnahmen das **Gewinnziel** erreicht werden soll – **Dokumentation**. Mit diesen zusammengestellten Informationen erhalten die Fachabteilungen wichtige Arbeitsunterlagen um ihre Arbeitsgebiete zieladäquat auszuführen. Außerdem kann durch die **Information** über Planzahlen auch die Ungewissheit von Teilnehmern außerhalb des Unternehmens reduziert werden, wie z. B. Lieferanten oder Kapitalgeber.

Die Planung muss dafür sorgen, dass die Maßnahmen der einzelnen Abteilungen aufeinander abgestimmt werden. Diese **Koordinations-** und **Integrationsfunktion** verlangt eine Optimierung der jeweiligen Teilpläne. Beispielsweise muss der Materialbeschaffungsplan auf den Produktionsplan und dieser wiederum auf den Absatzplan so abgestimmt werden, dass diese Teilpläne in ihrer Kombination zum gewinnmaximalen Unternehmensgesamtplan führen.

Merkmale	Differenzierung		
	strategisch	↔	operativ
Planziel	Existenz des Unternehmens	↔	Unternehmensgewinn
Zielinhalt	Aufbau von Erfolgspotenzialen	↔	Ausnutzung von Erfolgspotenzialen
Zielbezug	Sachziele, z. B. neue Produkte, Märkte	↔	Formalziele, z. B. Gewinn, Umsatz, Kosten
Ziel-Mittel-Relation	generelle Zielplanung	↔	Ausführungsplanung
Fristigkeit	langfristig	↔	kurzfristig
Führungs-/Planungsebene	Top-Management	↔	Lower-Management
Ableitungsrichtung	Top-down-Prinzip	↔	Bottom-up-Prinzip
Aggregationsgrad	hoch	↔	niedrig
Differenziertheit	Gesamtplan	↔	Teilpläne
Detailliertheit	grober Rahmenplan	↔	feiner Detailplan
Formalisierungsgrad	qualitativ/verbal	↔	konkrete Größen/Werte
Philosophie	Umweltadaption	↔	Optimierung

Schaubild 3.2: Unterscheidungsmerkmale zwischen strategischer und operativer Planung

Im Gesamtplan wie in den Teilplänen werden Ziele gesetzt, die für die Führungskräfte verbindlich sind. Um das Unternehmen anhand der Planung und der Einzelziele steuern zu können, müssen die Ziele nicht nur weitgehend koordiniert, sondern auch realisierbar sein. Je realistischer sie sind und je intensiver die Ausführenden an der Zielsetzung für ihre Arbeitsbereiche beteiligt sind, desto höher ist der Grad der **Identifikation** mit den Zielen und die **Motivation** sie erfolgreich umzusetzen. Autoritär festgesetzte und/oder unrealistische Planziele wirken nicht motivierend.
Aber nur motivierte Mitarbeiter werden bei Abweichungen aufgrund von Umweltänderungen selbststeuernd Initiativen entwickeln. In dieser Chance, kreative Prozesse in Gang zu setzen, liegt die **innovative Kraft der Planung**.

3.1.1 Planziele festlegen

Durch die Planung sollen Ziele operationalisiert werden um **Steuerungsgrößen** zu erhalten. Angesichts der Komplexität der zu planenden Abläufe ist es hilfreich, sie in Planungsphasen zu gliedern.

• Was wollen wir?
Mit dieser Frage befasst sich die **Zielbildungsphase.** Für erwerbswirtschaftliche Unternehmen wird die Gewinnmaximierung das alles überragende Ziel des Gesamtunternehmens sein. Ferner können noch andere, beispielsweise soziale Ziele wie Arbeitsschutz und Arbeitsplatzerhaltung von Bedeutung sein. Aktuell gilt besonders der Umweltschutz als eigenständiges Unternehmensziel, das renommierte Unternehmen in ihr Leitbild schreiben. In einem solchen Geflecht können Ziele miteinander konkurrieren. Beispielsweise kann eine Expansion im Sinne der Arbeitsplatzerhaltung zu Lasten des Umweltschutzes gehen, und Maßnahmen im Interesse des Umweltschutzes wiederum können den Gewinn schmälern. In der Praxis löst man dies durch Prioritätenbildung. Entweder erstrebt man ein bestimmtes Gewinnziel, wie die geforderte Kapitalverzinsung der Kapitalgeber, und soweit möglich werden andere Ziele berücksichtigt. Hier wäre das Gewinnziel Nebenbedingung, unter der andere Ziele maximiert werden. Oder man setzt qua Unternehmensphilosophie ein ideales Niveau oder, orientiert an gesetzlichen Normen, ein Mindestniveau der Ziele voraus, etwa Umweltschutz, soziale Verpflichtungen o. Ä., und strebt darüber hinaus die Gewinnmaximierung an. Welches Ziel tatsächlich das höhere Gewicht hat, liegt an der Schärfe bzw. der Niveauhöhe der Nebenbedingungen. Das Hauptziel Gewinnmaximierung hat dann ein relativ geringes Gewicht, wenn es unter Nebenbedingungen mit sehr hohem Niveau anzustreben ist.
Zudem ist das **Ziel Gewinnmaximierung** für viele Entscheidungsträger im Unternehmen nicht operational. Der Meister in der Fabrik oder der Werbeleiter im Vertrieb können mit dem Planungsziel Gewinn wenig anfangen. Für sie sind Minimierung der Stückkosten im Fertigungsbetrieb oder Erweiterung des Absatzvolumens bzw. Marktanteils durch Werbemaßnahmen als Unterziel des Gewinnziels planbar und damit operational. Diese Unterziele des Gewinnziels können nun wiederum im Konflikt stehen. Plant der Vertrieb zwecks Umsatzmaximierung ein breites Produktsortiment, so widerspricht dies dem Ziel Stückkostenminimierung der Produktionsabteilung. Hier kann der Controller als ökonomischer Berater durch Wirtschaftlichkeitsrechnungen zur Konfliktlösung beitragen.

Beispiel
Die Gesellschaft Rad-Los m.b.H. hat durch zuverlässige Qualität und Termintreue stets einen zufrieden stellenden Gewinn erzielt.
Nun sind in letzter Zeit heftige Auseinandersetzungen im Unternehmen entflammt, weil der Kundenbedarf an Rädern nicht mehr ausreichend gedeckt werden kann. Der Vertrieb kann nur durch unrealistische Terminzusagen Räder verkaufen, was die Termintreue weitgehend in Frage stellt.
Dies veranlasst die Geschäftsführung schließlich eine Leitungssitzung einzuberufen, der folgende Führungskräfte angehören: Geschäftsführer Los, Controller Navigat, Einkaufsleiter Purch, Fertigungsleiter Prod, Vertriebsleiter Mark.

Wir belauschen das Gespräch:
Prod: Wir können den zunehmenden Bedarf mit der bestehenden Kapazität von 1 Mio. Stück nicht decken. Es müsste eine neue Großmaschine zu 5 Mio. € angeschafft werden, die den zukünftigen Bedarf abdecken und zudem die Stückkosten durch rationellere Fertigung um die Hälfte, auf € 10,00, reduzieren könnte.
Navigat: Diese Kostenreduzierung erzielen wir nur, wenn wir wirklich langfristig die 2,4 Mio. Stück verkaufen, die die neue Maximal-Kapazität zulässt. Aufgrund der Fixkostenbelastung von 80% führt eine halbe Kapazitätsauslastung dagegen zu 80% höheren Stückkosten.
Purch: Unsere Zulieferer könnten aber Räder zu € 6,00 unter unseren derzeitigen Stückkosten liefern, und außerdem zügiger als unsere Produktion.
Prod: Aber zu welchem „Preis"? Unsere Qualitätskontrolle muss jedes fünfte Rad zurückweisen! Diese zusätzlichen Kontrollen und Abwicklungen führen zu Mehrkosten von rund € 4,00 pro abgenommenem Rad.
Mark: Mir ist es egal, wer die Räder produziert. Hauptsache, die Lieferzeit stimmt und der Kunde erhält hochwertige Ware. Der Bedarf ist jedenfalls da: Bei gescheiten Lieferzeiten könnten wir um 10% höhere Preise erzielen oder locker 20% mehr verkaufen. Eine Kapazitätsreserve würde die Zuverlässigkeit und eine Option für zukünftiges Wachstum sichern.
Purch: Bei dem Fabrikanten der Großmaschine kann ich günstige Leasing-Konditionen vereinbaren, sodass keine zusätzlichen Finanzierungskosten entstehen und die Kapitalbindung entfällt.
Los: Letztlich interessiert mich nur, ob diese Vorschläge den derzeitigen Stückgewinn von € 1,00 verbessern können, ohne unser Imageziel „Zuverlässigkeit" zu gefährden. Deshalb müssen wir eine gemeinsame Planung erstellen, die Herr Navigat koordinieren und in der nächsten Sitzung zur Entscheidung vorstellen sollte.

Wir fassen zusammen: Die Ziele der Firma Rad-Los sind „Zuverlässigkeit" hinsichtlich Qualität und Termin sowie „Gewinn".

- Warum wollen wir es?

Die **Problemstellungsphase** befasst sich mit der Formulierung und Analyse von Planungsproblemen. Es geht dabei in erster Linie darum, die Ursachen für Probleme sauber zu analysieren. Kann zum Beispiel ein Fertigungsbetrieb den Bedarf nicht mehr decken, so wäre es unzureichend, das Problem nur in der beschränkten Produktionskapazität zu sehen und als Lösung eine Erweiterungsinvestition zu planen. Ist die eigentliche Ursache nämlich eine erhöhte Kundennachfrage, so wäre statt einer Mengenerhöhung auch eine Preiserhöhung in Erwägung zu ziehen.

Beispiel
Das Problem der Firma Rad-Los ist die erhöhte Nachfrage.

- Was können wir tun?

In der **Suchphase** forscht man nach Handlungsmöglichkeiten zur Problemlösung. Die besondere Schwierigkeit liegt dabei darin, einerseits alle relevanten Handlungsalternativen zu erkennen und zu erfassen und andererseits die Planung nicht mit unrealistischen Handlungsmöglichkeiten zu belasten. Zum Beispiel scheidet eine Erweiterungsinvestition sicherlich aus, wenn die erhöhte Nachfrage nur eine ganz kurzfristige Erscheinung ist. Hier wäre es realistischer, auf Fremdkapazitäten eines Zulieferers zurückzugreifen oder eine Preiserhöhung zu erwägen. Dagegen wäre eine Preiserhöhung auszuschließen, wenn der Marktanteil des Unternehmens zu klein ist um den Marktpreis beeinflussen zu können.

Beispiel
Die Führungsrunde der Firma Rad-Los berät über die Handlungsalternativen Investition, Fremdbezug oder Preiserhöhung.
Die Idee eine Großmaschine zu leasen ist hier keine Handlungsalternative. Sie ist lediglich eine Finanzierungsalternative, die eine Kapazitätserweiterung als Entscheidung voraussetzt. Wie die Großmaschine gegebenenfalls finanziert wird, ist eine separate Entscheidung von einem möglicherweise anderen Entscheidungsgremium.

• Was wird geschehen?

In der **Prognosephase** fragt man, wie sich alternative Handlungsmöglichkeiten auswirken können und wie hoch die Wahrscheinlichkeit ist, dass sie eintreten. Während es kreative Managementkunst ist, Handlungsalternativen zu entwickeln, wird die Prognoseintensität stärker durch wirtschaftliche Erwägungen bestimmt. Einzelne Handlungsalternativen und ihre Auswirkungen sollen zahlenmäßig realistisch erfasst werden um zu einer fundierten Entscheidung zu kommen. Oft ist es unmöglich oder zumindest unwirtschaftlich, alle potenziellen Detailprobleme einer Handlungsalternative vorab zu prognostizieren. Meist sind die Zusammenhänge im Unternehmen ohnehin so komplex, dass Problemlösungen nur schrittweise erfolgen können. So wäre zur präzisen Darstellung der zahlenmäßigen Auswirkung einer Erweiterungsinvestition auch deren Finanzierung schon vorab zu klären. Das heißt, das Finanzierungsproblem müsste mit Problemanalyse, Alternativensuche, Prognose usw. genau geplant werden, obwohl ungewiss ist, ob die Investition überhaupt benötigt wird. In der Praxis behilft man sich, indem man bei der Investitionsplanung die Finanzierungskosten durch einen bestimmten Kalkulationszinssatz berücksichtigt. Das Finanzierungsproblem kann dann später im Bedarfsfalle separat gelöst werden.

Beispiel

Die Aussagen der Fachkräfte ergeben für die Firma Rad-Los das in den Zeilen 1 bis 4 dargestellte Zahlengerüst. Der inakzeptable Ist-Zustand wird aus didaktischen Gründen mit aufgeführt.

• Wie tun wir es richtig?

Durch die **Bewertungsphase** werden die alternativen Handlungsmöglichkeiten nach ihren unterschiedlichen finanziellen Auswirkungen beurteilt. Dazu sind für Investitionsentscheidungen klassische Bewertungsverfahren wie die Kapitalwertmethode entwickelt worden, die anhand einer dynamischen Betrachtung die Handlungsalternative mit den günstigsten Überschüssen innerhalb des Planungshorizonts ermittelt. Solche Methoden sind grundsätzlich den Verfahren vorzuziehen, die die finanziellen Auswirkungen der Handlungsalternativen nicht explizit berücksichtigen, wie beispielsweise die Nutzwertmethode. Diese zieht man oft heran, weil es schwierig ist, alle Beurteilungskriterien hinsichtlich ihrer finanziellen Auswirkungen zu quantifizieren. Damit Werturteile gewinnorientiert erfolgen können, muss der Controller bei den notwendigen Datenaufbereitungs- und Bewertungsverfahren unterstützend mitwirken.

Beispiel

Die Bewertung erfolgt durch den errechneten Plangewinn (Zahlenzeilen 5 bis 7 in Tab 3.1).

Prognose	Ist-Zustand	Investition	Fremdbezug		Preiserhöhung
m (Verkaufsmenge) in T. Stück	1.000	1.200	1.200		1.000
p (Stückverkaufspreis) in €	21,–	21,–	21,–		23,10
k (Stückkosten) in €	20,–	var. 2,– fix 16,– } 18,–	für 1.000 20,–	für 200 18,–	20,–
g (Stückgewinn) in €	1,–	3,–	1,–	3,–	3,10
			Ø 1,33		
Bewertung (in T €)					
Umsatz	21.000	25.200	25.200		23.100
Kosten	20.000	21.600	20.000	3.600	20.000
			23.600		
Gewinn	1.000	3.600	1.600		3.100

Tab. 3.1: Planungszahlen der Rad-Los GmbH

• Was tun wir?

Der **Entscheidungsakt** für die Handlungsalternative, die realisiert werden soll, zählt zur Planung im weiteren Sinn und ist sowohl in der Theorie als auch in der Praxis ein eigenständiger Vorgang. Zwar scheint die Entscheidung durch die Ergebnisse der Bewertungsphase vorgegeben zu sein, meist zugunsten des höchstmöglichen Gewinns, doch bleibt sie, unter Abwägung aller dargelegten Informationen, ein eigenständiger Willensakt. In der Unternehmenspraxis wird die vorbereitende Planung im engeren Sinne von speziellen Planungsabteilungen oder auch vom Controlling als Service-Funktion erarbeitet. Die Entscheidung trifft dann meist eine übergeordnete Instanz, bei Großprojekten oder dem Gesamtplan die Geschäftsführung. So kann möglicherweise eine Revision der Zielgewichtung erforderlich sein, weil das Gewinnziel unter ehrgeizigen Umweltschutzzielen leidet oder weil die Annahmen über die Absatzentwicklung zu optimistisch erscheinen. Insbesondere wenn mit einer Handlungsalternative existenzbedrohende Risiken für das Unternehmen verbunden sind, muss die Unternehmensführung die Entscheidungsverantwortung unmittelbar übernehmen.

Beispiel

Unter den gegebenen Voraussetzungen fällt Herrn Los die Entscheidung zugunsten der Investition in eine neue Großmaschine leicht. Fremdbezug dagegen birgt in sich die Gefahr eines Know-How-Verlustes zum Vorteil des Lieferanten und eines Image-Verlustes beim Kunden. Außerdem muss die mangelnde Zuverlässigkeit des Lieferanten bedacht werden. Dem höheren Stückgewinn durch Preiserhöhung steht das Gewinnmaximum bei Kapazitätserweiterung entgegen.

3.1.2 Planungsverfahren

Selten erlaubt es die **Komplexität von Unternehmensstrukturen**, alle Aufgaben der Planung simultan zu lösen. In der Praxis wird deshalb unter inhaltlichen, zeitlichen und personellen Gesichtspunkten in Teilplanungen differenziert, die der Controller dann hinsichtlich der Unternehmensziele koordinieren muss. Dazu sind verschiedene **Planungsverfahren** entwickelt worden.

• Hierarchien miteinander abstimmen

Aufgabe der **hierarchischen Koordination** ist die Abstimmung zwischen den Hierarchieebenen im Unternehmen. Dies kann grundsätzlich von unten nach oben, im Bottom-up-Verfahren oder auch von oben nach unten, im Top-down-Verfahren erfolgen. Die unterschiedliche Vorgehensweise wird anhand der Umsatzplanung beispielhaft erläutert:

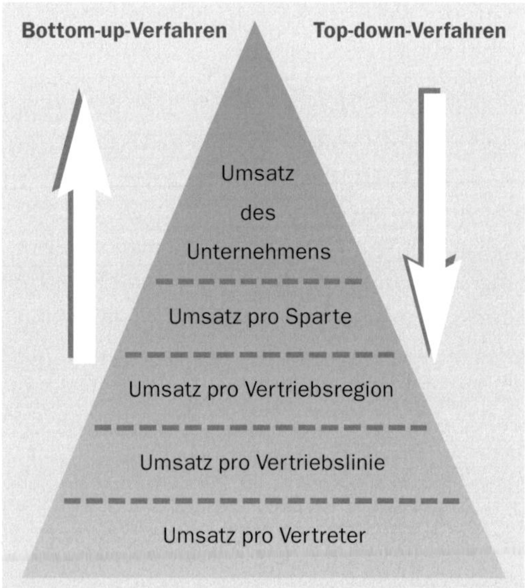

Schaubild 3.3: Hierarchiekoordination am Beispiel Umsatzplanung

Beim **Bottom-up-Verfahren** müssen die Vertreter aufgrund ihrer guten Kundenkenntnisse ihren zukünftigen Umsatz jeweils selbst prognostizieren und planen. Die Zusammenfassung aller geplanten Vertreterumsätze einer Vertriebslinie ergibt dann deren Umsatzplan. Darauf folgt die spartenweise Zusammenfassung, die, wiederum zusammengefasst, im Gesamtumsatz des Unternehmens mündet.

Der Ausgangspunkt beim **Top-down-Verfahren** ist der Gesamtumsatz. Er kann aus strategischen Zielen abgeleitet, aus Marktanalysen ermittelt oder auch von einer Konzernzentrale vorgegeben sein. Das Umsatzziel für das Gesamtunternehmen wird dann auf die Sparte und die anderen Ebenen heruntergebrochen, bis für jeden Vertreter ein Umsatzziel geplant ist.

Beide Verfahren haben **Vor- und Nachteile**.

Bei der Bottom-up-Planung stehen die Teilpläne im Vordergrund, die schrittweise zum Gesamtplan verdichtet werden, was zu einer besonders realitätsnahen Planung und hohen Motivation der Ausführenden führen kann. Nachteil dieses Verfahrens kann sein, dass das Gesamtzielniveau auf Gesamtunternehmensebene unbefriedigend ist. Insbesondere wenn durch ein Prämiensystem Planübererfüllungen belohnt werden oder wenn Planabweichungen nach unten sanktioniert werden, ist mit zu vorsichtigen Planzahlen zu rechnen. Die Planung beinhaltet dann nicht das maximale Gewinnpotenzial. Auch wird der Gesamtplan in der Regel nicht die gewünschte Zielgewichtung erreichen.

Diesen ganzheitlichen Gesichtspunkten trägt das Top-down-Verfahren Rechnung. Allerdings führen die „von oben" vorgegebenen Planziele zu einer weit geringeren Identifikation und Motivation auf unterer Ebene. Je unrealistischer die Planziele erscheinen, umso weniger wirkt die erhoffte Gewinnsteuerungsfunktion.

In der Praxis ist man bestrebt die Vorteile beider Prinzipien zu nutzen und deren Nachteile durch eine Planabstimmung und Zielvereinbarung zu vermeiden. Bei diesem als **Gegenstromprinzip** bezeichneten **Down-up-Verfahren** nimmt das Controlling eine zentrale Koordinationsfunktion innerhalb der Planung ein (Schaubild 3.4).

Globale Unternehmensziele werden auf dem Weg „nach unten" zunehmend konkretisiert und operationalisiert. Sie werden in Maßnahmen- und Mengenplanungen umgesetzt und dann wieder auf höheren Ebenen abgestimmt und bei Unstimmigkeiten zwecks Überarbeitung und Anpassung zurückgewiesen. Dieses Prinzip setzt sich fort über die Werte- und Finanzplanung bis zur Genehmigung der Gesamtplanung durch die Führungsspitze. Wie oft dabei die verschiedenen Ebenen durchlaufen werden und welche Hierarchiestufe dabei jeweils angesprochen wird, kann je nach Unternehmen unterschiedlich sein. Auch müssen diese Abstimmungsprozesse nicht streng geregelt sein. Insbesondere bei kleineren Unternehmen ist es praktikabler und wirtschaftlicher, Abstimmungen weitestgehend unbürokratisch vorzunehmen. Das Rückgrat dieses Verfahrens ist der Controller, der die Teilplanungen so koordinieren muss, dass sie zu einer Optimierung der Unternehmensziele führen.

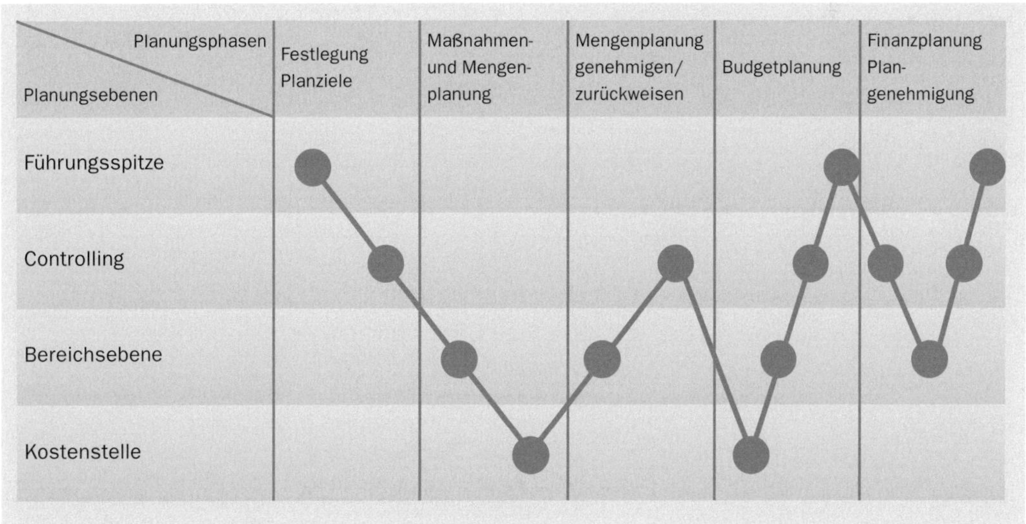

Schaubild 3.4: Down-up-Verfahren (Gegenstromverfahren)

• Teilpläne aufeinander abstimmen

Indem man Teilziele aus den Unternehmenszielen ableitet, können auch Teilpläne von Unternehmenszielen hergeleitet werden. Dieses **retrograde Verfahren** ist typisch für eine Top-down-Planung. Beispielsweise wird von der Geschäftsführung eine von den Kapitalgebern geforderte Rendite vorgegeben, und die nachfolgenden Ebenen müssen für ihre Arbeitsgebiete die entsprechenden Teilplanungen durchführen. Für die retrograde Gewinnplanung lässt sich sehr gut das **Du-Pont-Schema** heranziehen (vgl. Schaubild 3.5).

Ausgehend von einer Kapitalrendite von 10% wird eine Umsatzrendite von 5% und ein Kapitalumschlag von 2 geplant (5% · 2 = 10%). Bei einem Planumsatz von 2.000 beträgt das erforderliche Kapital 1.000 (2.000 ÷ 1.000 = 2) und der Plan-Gewinn 100 (100 ÷ 2.000 = 0,05 bzw. 5%). Von diesem und dem Planumsatz ausgehend erfolgt dann die Planung der Umsatzerlöse nach Vertriebseinheiten und der Faktorarten mit ihren Aufwendungen (Material, Personal usw.). Die ausgabewirksamen Faktorenarten und die Umsatzerlöse als Planeinnahmen werden in den Finanzplan übernommen. Unter Berücksichti-

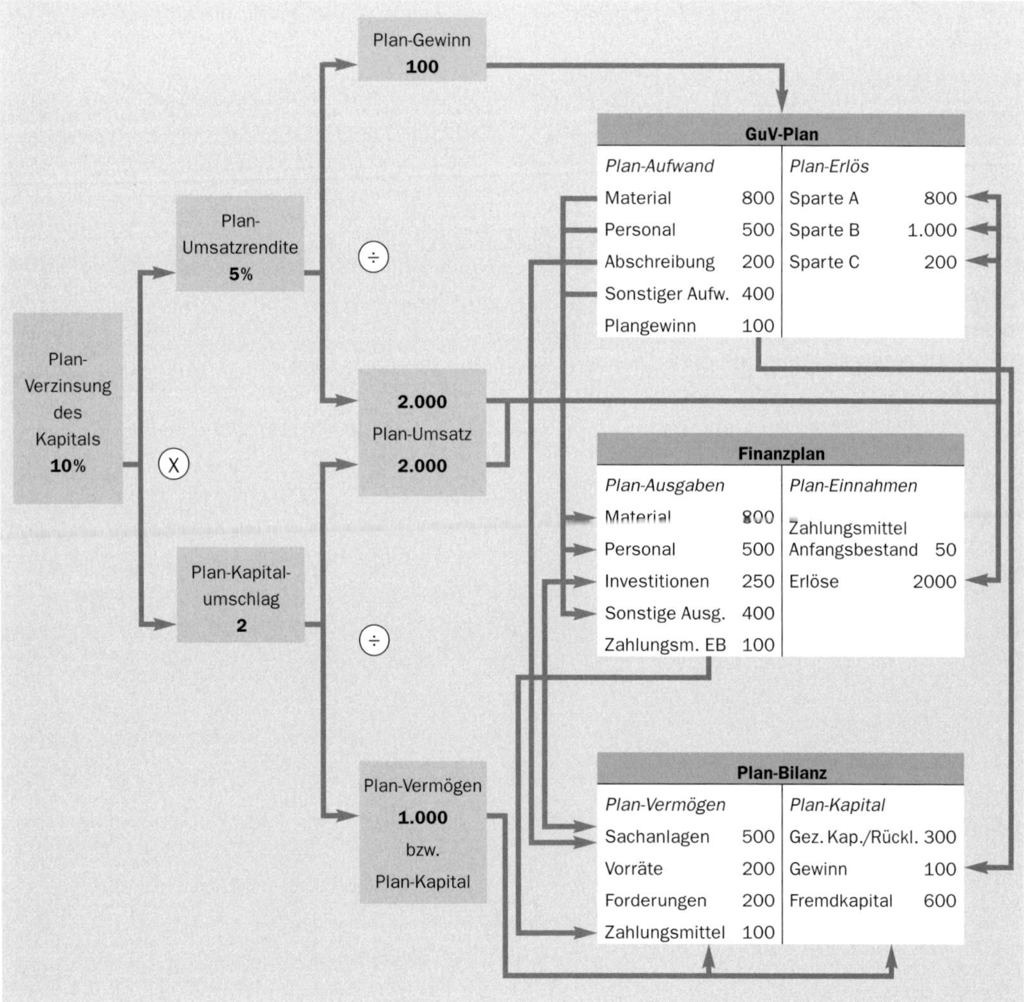

Schaubild 3.5: Retrograde Gewinnplanung (in Mio. €)

gung des Anfangsbestandes an Zahlungsmitteln und der geplanten Investitionsausgaben ergibt sich als Saldo des Finanzplans der geplante Endbestand an Zahlungsmitteln, der in die Plan-Bilanz übertragen wird. Aus dem geplanten Vermögen in der Plan-Bilanz lässt sich nun der Plan-Kapitalbedarf ermitteln.

In unserem Beispiel konnten die jeweiligen Teilpläne ohne Schwierigkeiten aus den übergeordneten Plänen abgeleitet werden. In der Praxis dagegen ist regelmäßig mit Realisierungsproblemen zu rechnen. Beispielsweise ist beim Planumsatz von 2.000 aufgrund der erforderlichen Aufwandsstruktur bzw. Kostenentwicklung der Plan-Gewinn von 100 oder aufgrund des erforderlichen Vermögens bzw. der Kapitalbindung der Kapitalumschlag von 2 nicht zu erzielen. Hier wäre dann im Rahmen des Gegenstromverfahrens eine **Planrevision** erforderlich. Eine Möglichkeit wäre, das Planziel mit 10% Rendite zu revidieren und den realen Verhältnissen anzupassen. Andererseits sind Renditen in der Marktwirtschaft keine absoluten Größen, sondern höhere Renditen nur mit größeren Risiken zu erklären. Beispielsweise könnte man auch riskantere Zusatzgeschäfte planen, wie z. B. Exportgeschäfte in unsichere Staaten, oder die Kapitalbindung, beispielsweise durch den Sicherheitsbestand bei Vorräten oder Liquiditätsreserven, reduzieren, um so auf einer höheren Risikoklasse das geforderte Renditeziel von 10% zu planen.

Auch wenn keine Realisierungsprobleme auftreten, ist bei der Top-down-Planung keineswegs sichergestellt, dass sie zum maximal möglichen Plangewinn führt. Von einem suboptimalen Anspruchsniveau ausgehend werden nämlich dann Teilpläne aufgestellt, die sich leicht verwirklichen lassen. Die Effizienz des Ressourceneinsatzes ist durch diese Planung nicht gewährleistet.

Diese Problematik versucht die **progressive Gewinnplanung** zu vermeiden, indem sie bei der Teilplanung ansetzt, die für die Gesamtplanung die stärkste Restriktion darstellt. Dabei kann grundsätzlich jeder Teilbereich zum Engpass werden. Bei Rohstoffverknappung der Materialbereich, bei Personalverknappung der Personalbereich, die Produktionskapazität oder möglicherweise die Finanzen. Diese Orientierung am Engpass als **„Minimumsektor“** ist schon von Gutenberg als das **Ausgleichsgesetz der Planung** bezeichnet worden, demzufolge sich alle Teilpläne an den Minimumsektor anpassen müssen.

Welche Bereiche zum Engpass werden, hängt sehr stark von der Fristigkeit der Planung ab, denn langfristig sollten alle Engpässe beseitigt werden. Bei operativen Planungen ist für unsere Marktverhältnisse im Regelfall der Umsatz als Minimumsektor anzunehmen. Denn wenn es sich lohnt, können wir mittelfristig die Kapazitäten, das Material, das Personal und die Finanzen bereitstellen; die Begrenzung ergibt sich regelmäßig durch die Absatzchancen.

Mit den gleichen Zahlen wie bei der retrograden Planung lässt sich eine stark vereinfachte progressive Gewinnplanung wie in Schaubild 3.6 (siehe Folgeseite) darstellen.

Ausgangspunkt ist hier die Umsatzplanung, die theoretisch als Top-down- oder Bottom-up-Planung oder gar im Gegenstromverfahren erfolgen könnte. Letztlich ist nur wichtig, dass der Umsatzplan das realisierbare Absatzvolumen enthält. Aus diesem Absatzvolumen wird der Produktionsplan und daraus wiederum der Beschaffungsplan abgeleitet. Würde hier bei einer Teilplanung ein Engpass auftreten, so wäre dieser Teilbereich statt des Umsatzbereichs als Minimumsektor neuer Ausgangspunkt der progressiven Planung. Aus der Beschaffungsplanung und der Anlagenplanung können die zu planenden Aufwendungen entwickelt werden. Die Saldierung mit den Planerlösen ergibt den Plangewinn von 100.

Wichtig ist nun, dass der Controller diesen Plangewinn mit der Führungsspitze abstimmt. Hält diese den Plangewinn für unbefriedigend, erübrigen sich zunächst alle Folgeplanungen. Vielmehr muss durch eine **Planrevision,** die eventuell zusätzliche Risiken in Kauf nimmt, der Plangewinn auf das von der Führungsspitze gewünschte Niveau verbessert werden.

Erst nach dieser Abstimmung der Gewinnerwartung wären dann die Liquidität, das Vermögen und der Kapitalbedarf zu planen.

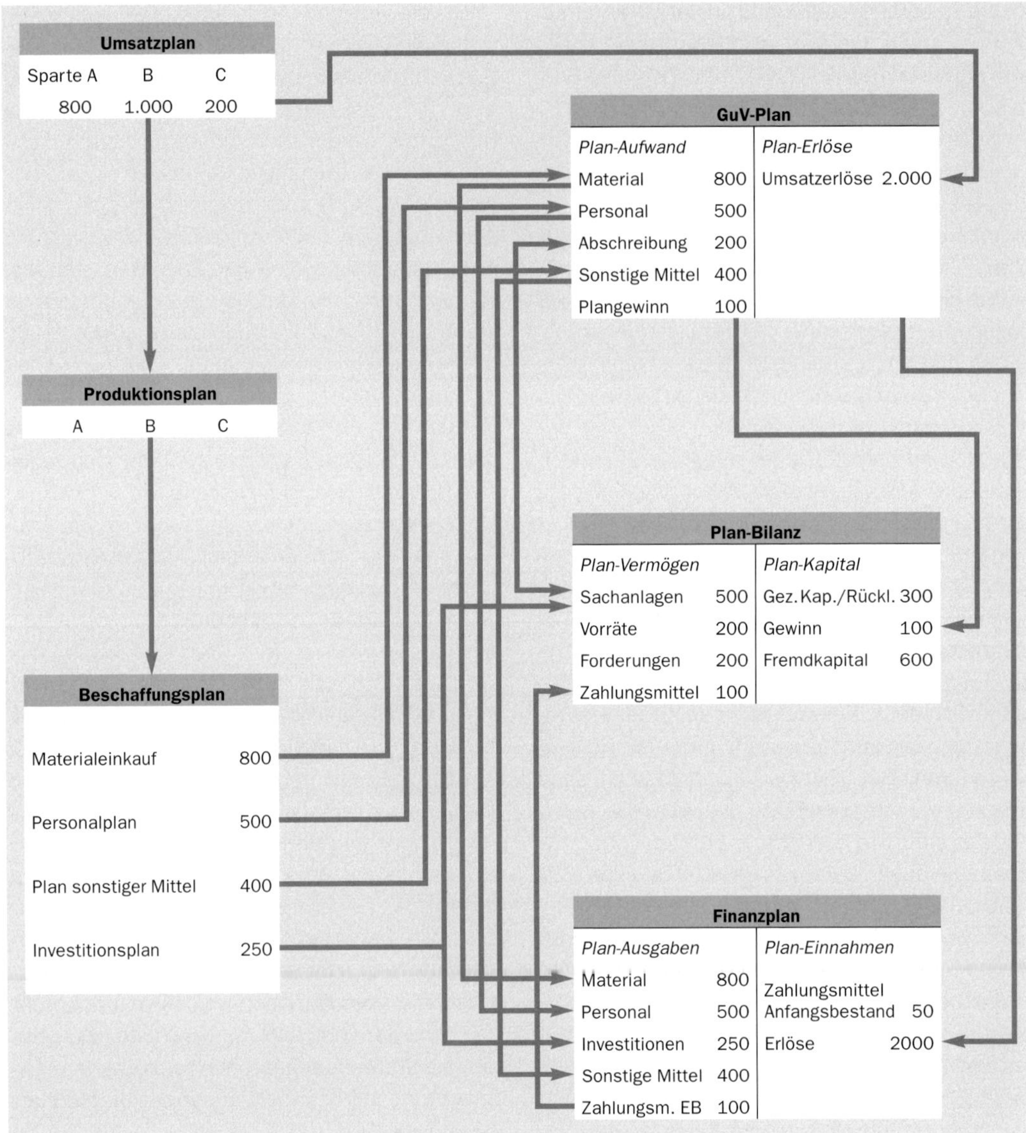

Schaubild 3.6: Progressive Gewinnplanung (in Mio. €)

- Planung zeitlich koordinieren

Aufgabe der **zeitlichen Planungskoordination** ist die Verknüpfung von Planungen für unterschiedliche Zeiträume. Mit fortschreitender Zeit erhält man neue Erkenntnisse und bei zunehmender zeitlicher Nähe des Planungsgegenstandes zuverlässigere Informationen, die eine überarbeitete und detaillierte Planung ermöglichen – deshalb als **flexible Planung** bezeichnet.

Die starrste Form der Planung ist die **Anschlussplanung:**

Beispiel

Zunächst werden vier Jahre möglichst genau geplant und anschließend werden im vierten Jahr die nächsten vier Jahre (Jahr 5 bis 8) möglichst genau geplant. Eine Koordination der beiden Planungsabschnitte findet nicht statt.

Planperioden:		1	2	3	4	5	6	7	8
Periode der	0	1	2	3	4				
Planung	4					5	6	7	8
	…								

Tab. 3.2: Anschlussplanung

Bei der **rollenden Planung** werden die Planungsabschnitte verknüpft, indem für jede abgelaufene Planperiode wieder eine weitere neu dazugeplant wird.

Planperioden:		1	2	3	4	5	6	7	8
Periode der	0	1	2	3	4				
Planung	1		2	3	4	5			
	2			3	4	5	6		
	…								

Tab. 3.3: Rollende Planung

Meist sind bei der rollenden Planung die einzelnen Perioden eines Planungsabschnittes unterschiedlich detailliert (Tab. 3.4).

Beispielsweise wird das erste Jahr wegen der zeitlichen Nähe so detailliert wie möglich geplant, die Jahre 2 bis 4 dagegen nur grob. Bei der nächsten Planung (im Jahr 1) wird dann das Jahr 2 ganz genau und zusätzlich das Jahr 5 grob geplant.

Diese rollende Planung mit unterschiedlicher Detailliertheit nennt man auch **rollierende Planung.** Werden nun noch die grob vorgeplanten Planperioden bei jedem Planungsanlass aufgrund des aktuelleren Informationsstandes neu überarbeitet, so spricht man von der **revolvierenden Planung** (Tabelle 3.5).

Jedes zu planende Jahr wird z. B. viermal geplant: dreimal grob und einmal ganz detailliert.

Planperioden:		1	2	3	4	5	6	7	8
Periode der	0	░	2	3	4				
Planung	1		░	3	4	5			
	2			░	4	5	6		
	…								

Tab. 3.4: Rollierende Planung

In der **Unternehmenspraxis** kommen alle Planungsvarianten je nach Zweckmäßigkeit bei spezifischen Planungen zur Anwendung. Muss eine Planung kurzfristig Änderungen der Um- und Innenwelt berücksichtigen, ist sie flexibel zu gestalten, wie z.B. die laufende Umsatzplanung als revolvierende Planung. Stehen langfristige, strategische Ziele im Vordergrund und hat die Planung Vorgabecharakter, wie z.B. das Budget, so ist eher an den einmal festgelegten Zielen festzuhalten.

Die Gesamtunternehmensplanung als strategische Planung in Verbindung mit der Budgetplanung ist meist als rollierende Planung gestaltet. Solange die Strategie erfolgreich ist und sich keine strategische Lücke ergibt, wird der (Grob-) Plan beibehalten und fortgeschrieben. Im Rahmen der operativen Planung und Budgetierung erfolgt jährlich eine detaillierte Durchführungsplanung für das nächstliegende Strategiejahr.

Die laufende Liquiditätsplanung erfolgt in einer Kombination von rollierender und revolvierender Planung. In einer Dreimonatsplanung müssen die erwarteten Einnahmen des ersten Planungsmonats wegen des Illiquiditätsrisikos sehr detailliert und mit Blick auf den Forderungsbestand geplant werden. Dabei wären die Zahlungsgewohnheiten von Großkunden und Exportkunden individuell und die von Kleinkunden pauschal nach einem Erfahrungssatz zu berücksichtigen. Die Einnahmen der

Planperioden:		1	2	3	4	5	6	7	8
Periode der	0	1	2	3	4				
Planung	1		22	33	44	5			
	2			333	444	55	6		
	3				4444	555	66	7	
	4					5555	666	77	8
	…								

Tab. 3.5: Revolvierende Planung in Kombination mit rollierender Planung

weiteren Monate werden jeweils neu und gröber aufgrund der aktuellen Umsatzerwartungen geplant.
Die einfache rollende Planung findet Anwendung in der Produktionsplanung. Beispielsweise wird dort für die nächsten vier Produktionswochen das Produktionsprogramm mit allen Detailplanungen und Dispositionen verbindlich festgelegt. In der nächsten Woche wird dann das Produktionsprogramm lediglich um eine weitere Woche mit der gleichen Detailliertheit und Verbindlichkeit ergänzt usw.
Das starre Anschlussverfahren findet dagegen dort Anwendung, wo Planzahlen auch als Maßstab für die Zielerreichung dienen. So werden im Rahmen der Budgetierung Jahreszahlen auf Quartals-, Monats- und auch Wochenpläne heruntergebrochen, die dann für das ganze Geschäftsjahr unverändert als Zielvorgabe dienen. Für das folgende Geschäftsjahr wird dann anschließend auch wieder für das ganze Jahr verbindlich geplant usw. Wenn man hier die Pläne der aktuellen Situation anpassen würde, würde sich der Maßstab für die Zielerreichung, die Soll-Vorgabe, nicht an den Zielen, sondern am aktuell Erreichten orientieren.

Beispiel
Ein Intercity soll laut Fahrplan von Köln (Abfahrt 12.00 Uhr) kommend in Mannheim um 14.22 Uhr eintreffen. Angenommen, dieser Zug hätte regelmäßig 10 Minuten Verspätung. Wäre es nun sinnvoll, den Fahrplan auf 14.32 Uhr Ankunftszeit umzustellen? Entweder würde man bei gleicher Abfahrtzeit in Köln das Fahrzeitziel von 2 Stunden und 22 Minuten auf 2 Stunden und 32 Minuten verschlechtern oder man würde bei Abfahrt Köln um 12.10 Uhr, wenn sonst keine Maßnahmen außer der Fahrplanänderung erfolgen, mit der gleichen Verspätung um 10 Minuten rechnen müssen.

Der häufig geforderten **Flexibilisierung von Budgetzahlen** ist deshalb aus Controllinggesichtspunkten eine eindeutige Absage zu erteilen. Die von der Planung erhofften gewinnsteuernden Funktionen gingen weitgehend verloren, wenn das durch den Plan vorgegebene Ziel variabel wäre. Insbesondere ist von den einzelnen Abteilungen keine hohe Planungsintensität zu erwarten, wenn sich „sowieso alles ändert". Werden dagegen die Planzahlen im Rahmen der Zielvereinbarung als Maßstab für die Zielerreichung für das ganze Geschäftsjahr aufrechterhalten, so wird jeder Planungsbereich sich bemühen die Zukunft möglichst gut zu prognostizieren und in der Planung einzufangen, um die Zielabweichungen möglichst gering zu halten.
In der Unternehmenspraxis muss beiden Gesichtspunkten Rechnung getragen werden: Die Dispositionsplanung muss sich so flexibel wie möglich an die aktuellen Datenkonstellationen anpassen. Die Planzahlen der Budgetierung müssen dagegen als vereinbarte Ziele festgehalten werden, damit eine weitestgehende Adaption und Prognose der zukünftigen Datenkonstellation gewährleistet ist. Daraus ergibt sich die **zentrale Bedeutung der Budgetierung** für den Controller.

3.2 Wie wird budgetiert?

Wird eine Planung in finanzielle Wertgrößen umgesetzt, spricht man von **Budgetierung**. Dazu zählt der gesamte zeitliche und sachlogische Prozess der Budgetplanung, Budgetvorgabe und Budgetüberwachung zwecks Gewinnsteuerung. *Ein Budget ist dabei ein zielorientierter, in wertmäßigen Größen formulierter Plan, der einer Entscheidungseinheit für eine bestimmte Zeitperiode mit einem bestimmten Verbindlichkeitsgrad vorgegeben wird.*
Wegen der großen Bedeutung von Budgets für den Controller wird in amerikanischen Unternehmen häufig „Controllership" mit **„Budgeting"** gleichgesetzt bzw. wird in Deutschland die Funktionsbezeichnung „Leiter Planung und Budgetierung" für den Controller, meistens als Inhaber einer Stabsstelle, verwendet.

3.2.1 Budgetarten

Die Merkmale, nach denen Budgets unterschieden werden, lassen sich unmittelbar aus der obigen Definition entnehmen.

• Merkmal Wertgröße

Das besondere Charakteristikum von Budgets ist die Darstellung der Plandaten in **finanziellen Wertgrößen.** Entsprechend der jeweiligen Planungs- und Rechnungsebene kommen dann unterschiedliche Wertgrößen zum Ausdruck.

Im Vordergrund der Betrachtung stehen **Kostenbudgets.** Sie enthalten als Einzelbudgets die Kosten, die für eine Einheit, sei es Abteilung oder Kostenstelle, geplant werden und über die nach der Budgetgenehmigung verfügt werden darf. Die Gliederung der Kosten ist durch den Kostenstellenbogen vorgegeben und hat sich nach betriebsindividuellen Gesichtspunkten zu orientieren. Wie genau die einzelnen Kosten geplant werden, richtet sich entsprechend der Bedeutung der jeweiligen Kostenart nach dem Wirtschaftlichkeitsprinzip. Für Planungs- und Kontrollzwecke ist eine Mindestgliederung in fixe und variable Kosten sowie ausgabenwirksame und nicht ausgabenwirksame Kosten erforderlich. Auch wird man wichtige Kostenarten, wie Material- und Personalkosten, Abschreibungen und sonstige Gemeinkosten unterscheiden.

Bei der überragenden Bedeutung von Kostenbudgets wird häufig übersehen, dass auch Pläne mit anderen Wertkategorien Budgets darstellen. Den Kosten als **negative Gewinnkomponente** stehen die Umsatzerlöse als **positive Komponente** gegenüber. Ihre Planung erfolgt in **Umsatzbudgets,** die für die einzelnen Verantwortungsbereiche, z. B. Sparten oder Vertriebsbereiche, separat erarbeitet werden.

Eine Mindestdifferenzierung in produktbezogene Umsatzbudgets ist für die Produktionsplanung erforderlich. Weitere Aufgliederungen, vielleicht in Kundengruppen-Umsatzbudgets oder regionale Umsatzbudgets, richten sich nach Planungs- und Kontrollzwecken.

In der Wertkategorie **„Ausgaben"** spielen **Investitionsbudgets** eine überragende Rolle, weil in der Planung ein unterschiedlicher Zeitraum zwischen der Investitionsausgabe, also der Anschaffungsperiode, und den Kosten der Investition, der Abschreibung über die Nutzungsdauer, zu berücksichtigen ist. Außerdem geht es hier regelmäßig um erhebliche Beträge, mit denen sich der Betrieb langfristig bindet und die zudem als Anschaffungsausgabe punktuell diskontinuierlich anfallen und die deshalb gesondert geplant werden müssen.

Des Weiteren gibt es Budgets für alle Planungsschritte, die in Wertkategorien zu planen sind; in der Gewinnplanung sind es **Ertrags- und Aufwandsbudgets**, in der Liquiditätsplanung **Einnahmen- und Ausgabenbudgets**, in der Bilanzplanung **Vermögens- und Kapitalbudgets**. Entsprechend der jeweiligen Unternehmensorganisation können noch spezifische Budgets zur Gewinnsteuerung geplant werden. Beispielsweise wäre in einer Spartenorganisation das Spartenergebnis als **Deckungsbeitragsbudget** für das Gesamtunternehmen zu planen.

• Merkmal Entscheidungseinheit

Durch die Budgetierung wird die Verantwortung auf einzelne Unternehmensbereiche übertragen, im Rahmen eines eigenen Budgets die gesetzten Ziele zu realisieren. In **vertikaler Richtung** kann man die Verantwortungsbereiche nach den Ebenen in der Unternehmenshierarchie differenzieren. Auf jeder **Verantwortungsebene** werden Budgets gebildet.

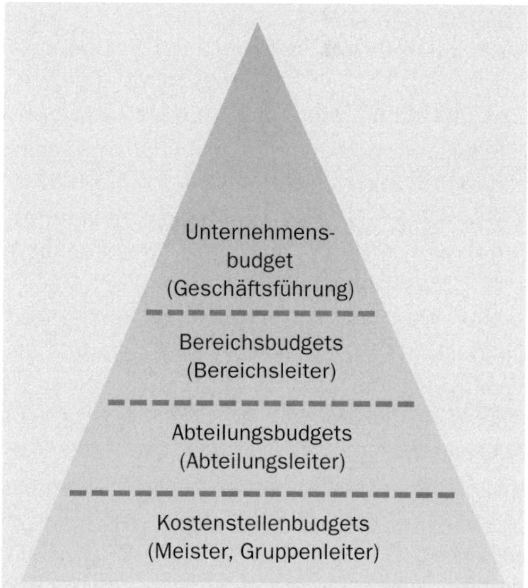

Schaubild 3.7: Differenzierung von Budgets nach Verantwortungsebenen

Auf unterster Ebene finden sich die Kostenstellenbudgets, die von Meistern oder Gruppenleitern verantwortet werden. Die Zusammenfassung der Kostenstellenbudgets einer Abteilung ergibt das Abteilungsbudget, das der Abteilungsleiter zu verantworten hat. Entsprechendes gilt für den Bereichsleiter und die ihm unterstehenden Abteilungen. Die Gesamtverantwortung trägt schließlich die Geschäftsführung für das sich aus der Gesamtplanung ergebende Unternehmensbudget.
In **horizontaler Richtung** lassen sich Budgets in **Verantwortungsbereiche** entsprechend der gegebenen Organisationsstruktur unterscheiden:

(1) Funktionsbereiche (Beschaffungs-, Produktions-, Vertriebs- usw. budgets)
(2) Produktbereiche (z. B. Spartenbudgets)
(3) Regionen (z. B. Gebietsbereichsbudgets)

Falls Projekte wegen ihrer Einmaligkeit und ihrem übergeordneten Charakter nicht in einem etablierten Unternehmensbereich geplant werden, so wären **Projektbudgets** auch hier einzuordnen. Budgetverantwortung hätte der Projektleiter.

• Merkmal Zeitperiode
In der Praxis ist die Budgetierung als Gewinnplanung meistens als **Jahresplanung** angelegt. Dies legt schon das Handelsgesetz nahe, demzufolge jeder Kaufmann für jedes Geschäftsjahr bilanzieren und den Gewinn oder Verlust ermitteln muss (§ 242 HGB). In Großunternehmen arbeitet man teilweise auch mit Zweijahresbudgets. Dabei haben die Budgetzahlen des zweiten Jahres aber häufig mehr vorausschauenden Charakter und nicht die Verbindlichkeit des Jahresbudgets.
Für viele Bereiche ist es nicht ausreichend, zum Jahresende auf befriedigende Budgetplanwerte zu kommen, da auch während des laufenden Jahres verschiedene Ziele erfüllt werden müssen.
So reicht es beispielsweise nicht aus, am Jahresende im Finanzplan Liquiditätsüberschüsse auszuweisen. Wenn diese nämlich überwiegend durch Einnahmen aus dem Weihnachtsgeschäft geplant sind, fehlen unter Umständen vorher Einnahmen um laufende Ausgaben begleichen zu können. Die Zahlungsfähigkeit muss nämlich jederzeit sichergestellt sein, denn sonst wird das Unternehmen wegen vorheriger Illiquidität in Konkurs gehen und das Weihnachtsgeschäft gar nicht mehr erleben. Deswegen müssen durch eine **unterjährige Liquiditätsplanung** Saisoneffekte und diskontinuierliche Ausgaben, insbesondere Investitionen, explizit zeitpunktbezogen berücksichtigt werden.
Weiter ist es Aufgabe des Controllings, Zielabweichungen so früh wie möglich zu erkennen. Dies macht es erforderlich, die **Jahresbudgetziele auf kleinere Zeitabschnitte herunterzubrechen**, um so noch rechtzeitig vor Ablauf des Geschäftsjahres auf Zielabweichungen reagieren zu können – bevor „das Kind in den Brunnen gefallen ist". Wie stark bzw. bis auf welche Zeitperiode Jahresbudgets herunterzubrechen sind, hängt sehr stark von der Budgetart, von der Unternehmensbranche und von der Diskontinuierlichkeit des Geschäfts ab.
Für Industrieunternehmen wird es ausreichen, die Bilanzen **quartalsweise** zu planen. Kreditinstitute unterliegen dagegen sehr strengen gesetzlich vorgeschriebenen Bilanzstrukturregeln und müssen deshalb ihre Bilanzstruktur viel kurzfristiger planen und überwachen. Die Umsatzplanung muss in jedem Fall kurzfristiger erfolgen, entsprechend der Dynamik des jeweiligen Geschäfts. Im Handel werden Umsätze sogar **tagesgenau** geplant und überwacht; in der Industrie kann eine Monatsplanung ausreichen.
Für die Kostenplanung ist es im Regelfall nicht sinnvoll, weiter als bis zur **Monatsplanung** zu differenzieren, weil bedeutende Ausgaben nur monatlich erfolgen, insbesondere Gehälter, Mieten oder Leasingraten. Aus dem gleichen Grund ist auch eine kurzfristige Erfolgsplanung nur monatlich und bei größeren Abgrenzungsproblemen der unfertigen Erzeugnisse in der Produktion sogar nur quartalsweise sinnvoll. Allenfalls kann hier eine Artikelergebnisplanung auf Umsatzkostenbasis monatlich oder **wöchentlich** erfolgen. Die Liquiditätsplanung dagegen muss

wegen der jederzeit zu gewährleistenden Zahlungsfähigkeit mindestens eine **Monatsplanung** sein. Bei diskontinuierlichen Zahlungen ist eine kurzfristigere Planung nötig, und bei Kreditinstituten muss die Liquidität sogar tagesgenau geplant werden, damit der Sparer im vertraglichen Rahmen jederzeit über sein Geld verfügen kann. Abhängig von der Geschäftsart und dem Planungsinhalt werden Jahresbudgets somit differenziert in:

(1) **Quartalsbudgets**,
(2) **Monatsbudgets**,
(3) **Wochenbudgets** und sogar
(4) **Tagesbudgets**.

• Merkmal Verbindlichkeitsgrad

Den **Verbindlichkeitsgrad** von Budgets unterscheidet man danach, ob Planungsziele unbedingt eingehalten werden sollen oder ob sie, abhängig von bestimmten Kriterien, variieren. Flexible Budgets sehen beispielsweise bei geringerer Beschäftigung auch geringere Kostenziele vor und lassen bei höherer Beschäftigung höhere Kostenziele zu. Dazu erfolgt eine Aufteilung in fixe und variable Kosten, und für verschiedene Beschäftigungsstufen werden die Budgetbeträge je Kostenart oder Kostenartengruppe vorgegeben.

Flexible Budgets können für Kostenarten und für Kostenstellen aufgestellt werden. Voraussetzung ist, dass sie von der Beschäftigung abhängig sind und/oder dass ihre Leistungen einigermaßen messbar sind. Das gilt in erster Linie für die Kostenarten Fertigungslöhne und Rohstoffe und den Produktionsbereich als Kostenstelle insgesamt. Hier finden flexible Budgets Verwendung als Kostenplanungs- und überwachungsinstrument:

- Kostenarten eines Bereichs werden für verschiedene **Beschäftigungsstufen** in 10%- oder auch 5%-Abständen vorgegeben.
- **Tabellarische Kostenbudgets** für bestimmte Planbeschäftigungen.
- Anwendung des **Variators** zur Berücksichtigung unterschiedlicher Beschäftigungsgrade (der Variator gibt an, um wie viel Prozent sich bestimmte Kosten ändern, wenn sich die Beschäftigung um 10% ändert).
- **Sollkosten des Beschäftigungsgrades** werden aus den budgetierten Fixkosten plus den proportionalen Kosten des Beschäftigungsgrads als Produkt aus proportionalen Stückkosten mal der Beschäftigung ermittelt.

Starre Budgets dagegen sind für die Planung von Kosten geeignet, die von der Beschäftigung weitestgehend unbeeinflusst sind und deswegen in einer bestimmten Höhe fest vorgegeben werden. Typisch ist dies für die Forschungs- und Entwicklungskosten, die sich nach strategischen Maßnahmen und nicht nach der aktuellen Beschäftigung richten. Starre Budgets werden auch für Bereichskosten herangezogen, die zwar von der Beschäftigung beeinflusst werden, deren Grad der Abhängigkeit aber nur schwer zu messen ist. So sind starre Budgets besonders im Verwaltungsbereich anzutreffen. Basierend auf den Vergangenheitszahlen wird den Abteilungsleitern für das Budgetjahr ein fester Betrag zur Disposition gestellt, der nicht überschritten werden darf.

Die **Kostensteuerung** von starren Budgets wird in der Beschränkung der Kosten auf das genehmigte Niveau gesehen. Diese insbesondere in der öffentlichen Verwaltung vorherrschende Ausgabensteuerung führt aber in der Praxis gerade zu unwirtschaftlichem Verhalten, dem **Etatdenken**. In dem Bewusstsein, dass sich die zukünftigen Budgets nach dem Verbrauch des Vorjahres richten, werden möglichst alle Mittel verbraucht, ob es wirtschaftlich ist oder nicht. Zur Steuerung von starren Budgets und zur Beeinflussung des Etatdenkens werden in der Unternehmenspraxis folgende Maßnahmen herangezogen:

- Die zu budgetierenden Mittel werden jedes Jahr erneut in Frage gestellt (**Zero-Base-Budgeting**).
- Prüfungen sollen eine sparsame Mittelverwendung sicherstellen (**Innenrevision**).
- Kennzahlen und andere Indikatoren werden zur Budgetbegrenzung herangezogen (**Cost-Benchmarking**).
- Abbau von budgetorientiertem Prestigedenken (**Schulung**).

- Budgets werden um bestimmte Prozentzahlen gekürzt (z.B. 10%), um so einen **Kostendruck** auszuüben.
- Es erfolgt zunächst nur eine **Teilfreigabe des Budgets** (z.B. 40%), und die Restfreigabe (hier 60%) erfolgt erst im Laufe des Geschäftsjahres, abhängig von bestimmten Entwicklungen.

Der Vorteil der starren Budgets liegt darin, mit **festen Größen** zu planen, was insbesondere die horizontale Planabstimmung wesentlich erleichtert. Der ohnehin sehr komplexe Budgetierungsprozess würde durch die Planung in alternativen Beschäftigungsgraden noch zusätzlich belastet. Zwar ließe er sich datentechnisch mit der heute verfügbaren Computertechnologie bewältigen, aber mental sind die Entscheidungsträger mit variablen Budgetzielen überfordert. Insbesondere wird der Einkauf kaum verbindliche Konditionen vereinbaren können, wenn er nur variable Einkaufsvolumina angeben kann.
Deshalb wird die Beschäftigungsabhängigkeit nur bei einem bestimmten Beschäftigungsgrad zur Planung und Kontrolle der Kosten herangezogen. Das Budget ist dann auf die geplante Beschäftigung mit den entsprechenden Kosten „festgelegt". Auch wenn im Laufe der Realisierung während des Geschäftsjahres die Budgetwerte durch neue Erkenntnisse überholt sein sollten, was bei der festgestellten zunehmenden dynamischen Umweltentwicklung durchaus normal ist, bleiben sie das ganze Geschäftsjahr über als „Steuerkurs auf das Gewinnziel" fixiert. In der Regel lässt die Unternehmenspraxis im Gegensatz zur öffentlichen Verwaltung auch für starre Budgets in gewissem Ausmaß Überschreitungen ohne „Sondergenehmigung" zu, wenn es wirtschaftlich sinnvoll ist. Die Gestaltung und Überwachung dieser **„Flexibilisierung"** ist eine wichtige Aufgabe des Controllers im Rahmen der Budgetkontrolle und Abweichungsanalyse.

3.2.2 Wie erstellt man ein Budget?

Die Erstellung der einzelnen Budgets erfolgt schrittweise in einer logischen Reihenfolge. Der Ausgangspunkt wird durch die angewandten **Planungsverfahren** und unternehmensindividuelle Gesichtspunkte bestimmt. So sind Branchenzugehörigkeit, Unternehmensgröße und -organisation sowie die Organisation des Rechnungswesens wesentliche Bestimmungsmerkmale für die Gestaltung des **Budgetierungsprozesses** im Einzelnen.
Die weiteren Ausführungen beschränken sich beispielhaft auf den typischen **Budgetierungsablauf** in einem kleineren Industriebetrieb, der eine traditionelle Betriebsabrechnung und die Ergebnisrechnung nach dem Gesamtkostenverfahren durchführt (Schaubild 3.8).
Dieser Budgetierungsablauf kann unternehmensspezifisch modifiziert werden. Die Sachverhalte sind im Beispiel stark vereinfacht, damit man die Übersicht und die Zusammenhänge der komplexen Struktur nicht verliert. Auf die Einzelproblematik wird bei jedem Budgetierungsschritt hingewiesen.

- Ausgangslage bestimmen

Beispiel
Ein Industriebetrieb vertreibt drei Artikel, von denen er zwei selbst herstellt und einen als Handelsware zukauft. Da die Budgets möglichst vor Beginn des Geschäftsjahres festliegen sollten, ist die Ausgangssituation für das Budgetjahr bei der Budgeterstellung- und verabschiedung noch nicht definitiv bekannt; die Ausgangssituation muss geschätzt werden. Sie wird bezüglich Vermögen und Kapital in der **Ausgangsbilanz** wie folgt prognostiziert (in T€):

Prognostizierte Bilanz zum 1.1.2001			
Anlagevermögen	20.000	Gez. Kapital u. Rücklagen	16.000
Fertigungsmaterial	1.060	Rückstellungen	5.468
Fertigerzeugnisse	3.187	Darlehen	6.000
Handelsware	700	Lieferantenverbindl.	5.532
Forderungen	5.972		
Liquide Mittel	2.081		
Gesamtvermögen	33.000	Gesamtkapital	33.000

Tab 3.6: Ausgangsbilanz

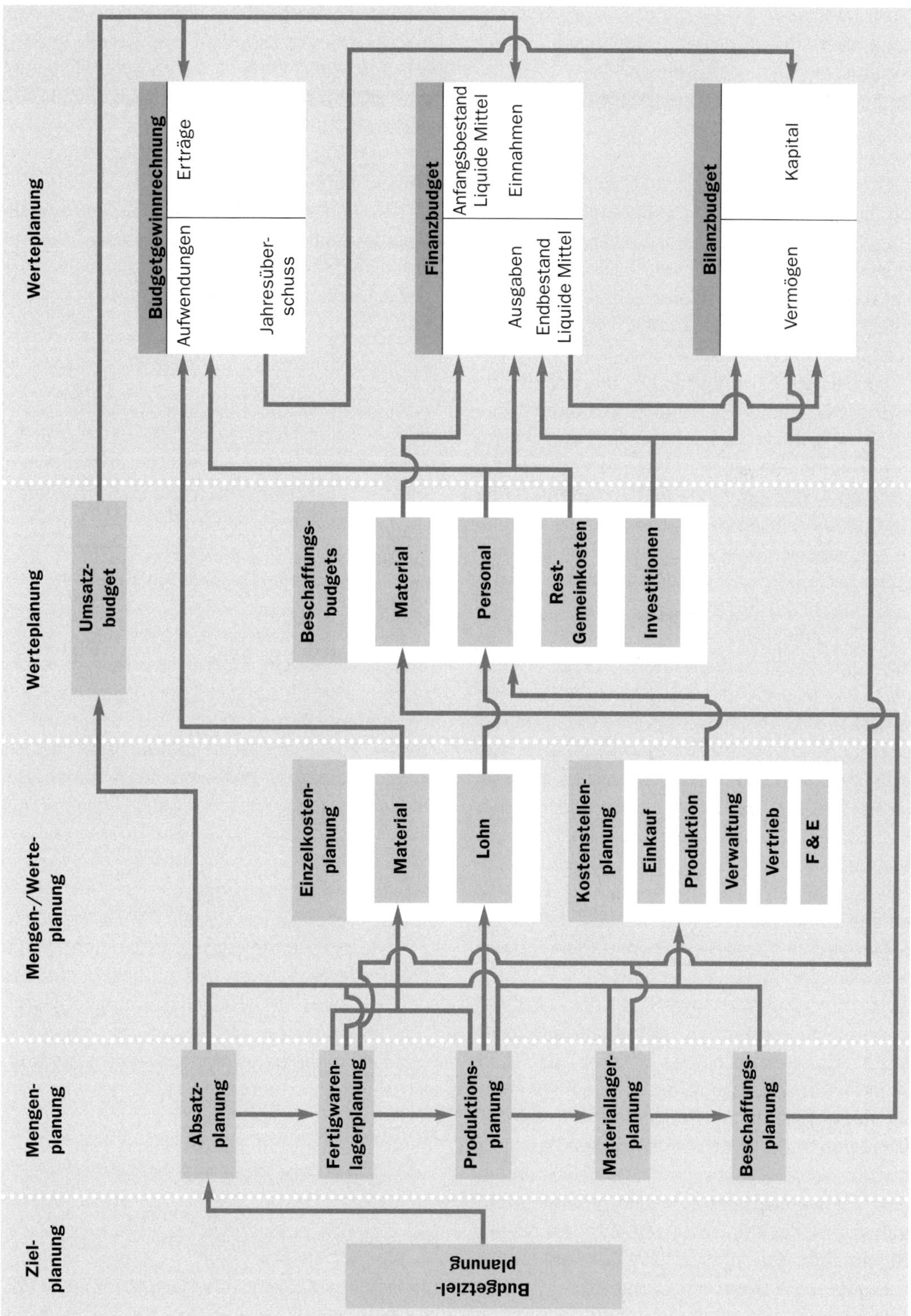

Schaubild 3.8: Ablaufschema der Budgetierung

Die Detaillierung der Positionen erfolgt bei der Behandlung der jeweiligen Einzelbudgets. Geldbeträge sind hier und im weiteren Beispiel durchgehend in T€ (€ 1.000) ausgedrückt.

• Budgetziele planen

Dem Budgetierungsablauf in Schaubild 3.8 liegt die für die Praxis typische **progressive Planung** mit der Absatzplanung als Ausgangspunkt zugrunde. Dies legt nahe Absatz- bzw. Umsatzziele vorzugsweise aus der strategischen Planung abzuleiten. Komplizierter gestaltet sich das Budgetziel, wenn auch noch Rentabilitäts- bzw. Gewinnziele geplant werden sollen. Hier scheint die **retrograde Planung** geeigneter, die aber zu unrealistischen oder zu suboptimalen Teilbudgets führen kann. Bei der progressiven Budgetplanung wird dagegen zunächst das aufgrund des gegebenen Erfolgspotentials operativ „machbare" geplant und dabei abgecheckt, ob der budgetierte Gewinn zufrieden stellend ist bzw. mit den Rentabilitätszielen übereinstimmt.

Für das Beispiel wird aus der strategischen Planung ein Umsatzziel von 80.000 und eine geforderte Eigenkapitalrentabilität der Gesellschafter von 12% angenommen. Falls nun eine progressive Budgetplanung mit einem Umsatz von 80.000 nicht das Renditeziel von 12% erreicht, so wären die Ziele zu überdenken oder in einer höheren Risikoklasse zu planen. Beispielsweise könnte, soweit die Unternehmensrendite höher ist als die Fremdkapitalzinsen, Eigenkapital durch Fremdkapital ersetzt werden, **Leverage-Effekt** genannt, was bei höherem Risiko die Eigenkapitalrentabilität verbessert.

Erheblich schwieriger wird der Budgetierungsprozess, wenn zusätzlich **nichtfinanzielle Ziele** anzustreben sind, wie Umweltschutz oder soziale Ziele. Es ist nicht möglich, alle Ziele gleichzeitig und optimal in der Budgetierung zu berücksichtigen. In der Unternehmenspraxis löst man dieses Problem, indem man Standards als Planungsnebenbedingungen, auch: **Planungsprämissen,** für die Teilplanung vorgibt. Lassen sich **Budgetziele** und -nebenbedingungen nicht gemeinsam realisieren, so wären diese von der Geschäftsführung neu festzulegen.

Das Beispiel konzentriert sich auf die finanziellen Ziele Umsatz (80.000) und Rendite (12%). **Nichtfinanzielle Ziele** sollen in den Teilplanungen implizit als Planungsprämissen berücksichtigt sein.

• Absatz planen

Aus dem Budgetziel (Umsatz 80.000) ist das **Absatzprogramm** mit den erforderlichen Marketingaktivitäten wie Werbung oder Vertriebswege von der Vertriebsabteilung zu planen.

Artikelart	Absatziel in Stück		Planpreis		Umsatzerlöse
A1	3.500	·	8,00	=	28.000
A2	2.500	·	12,00	=	30.000
A3	2.000	·	11,00	=	22.000
Budgetziel					80.000

Tab. 3.7: Absatzplanung und Umsatzbudget

Eine weitere Aufteilung nach Artikeln und Absatzmärkten, diese differenziert nach Kundengruppen, Vertriebswegen oder Regionen, kann zweckmäßig sein.

Um das Absatzprogramm abzusichern wird mit einer Lieferbereitschaft von 36,5 Tagen Bestandsreichweite als Sollvorgabe für das Fertigwarenlager geplant.

• Fertigwarenlager planen

Die **Lagerplanung** beinhaltet die Sollbestände sowie den geplanten Lagerzugang aufgrund des Absatzprogramms und des Anfangsbestandes nach Artikelart und Menge. Weiter sind das erforderliche Personal und die Lagereinrichtung zu planen. Die geplanten Endbestände errechnen sich wie folgt:

Soll-Endbestand

$$= \frac{\text{Planabsatz}}{365} \cdot \text{Planreichweite (in Tagen)}$$

z. B. für A 1:

$$\text{gepl. Endbestand} = \frac{3.500}{365} \cdot 36{,}5 = 350$$

Die Endbestände sind das Mengengerüst für das budgetierte Vorratsvermögen der Fertigerzeug-

Artikel-art	Absatzziel Stück	+ geplanter Endbestand (Planlager-umschlag 10)	– voraussicht. Anfangs-bestand	Planzugang in Stück	Bedarfs-deckung	Planbestands veränderung
A1	3.500	+350	–450	3.400	Produktions-planung	–100
A2	2.500	+250	–150	2.600		+100
A3	2.000	+200	–100	2.100	Einkauf Ware	+100

Tab. 3.8: Fertigwarenlagerplanung

nisse. Die Differenz zu den prognostizierten Anfangsbeständen ergibt die Bestandsveränderungen (Tab. 3.8). Die geplanten Lagerzugänge sind die Grundlage für die Produktionsplanung und die Handelswarenbeschaffungsplanung.

• Produktion planen

Die **Produktionsplanung** umfasst das Produktionsprogramm, die Bereitstellung von Arbeitskräften, Maschinen und Material sowie den Produktionsablauf. Sie hat erhebliches Datenmaterial zu verarbeiten, was ohne Computerunterstützung mit vertretbarem Aufwand nicht zu bewältigen ist. Wegen der Übersicht beschränkt sich das Beispiel auf zwei Fertigungskostenstellen und drei wesentliche Materialsorten (A-Teile) als Fertigungsmaterial. Aus den **Maschinen- und Arbeitsplänen** wird der Bedarf an Maschinenkapazität und Lohnarbeit je Produktart und insgesamt je Fertigungskostenstelle generiert.

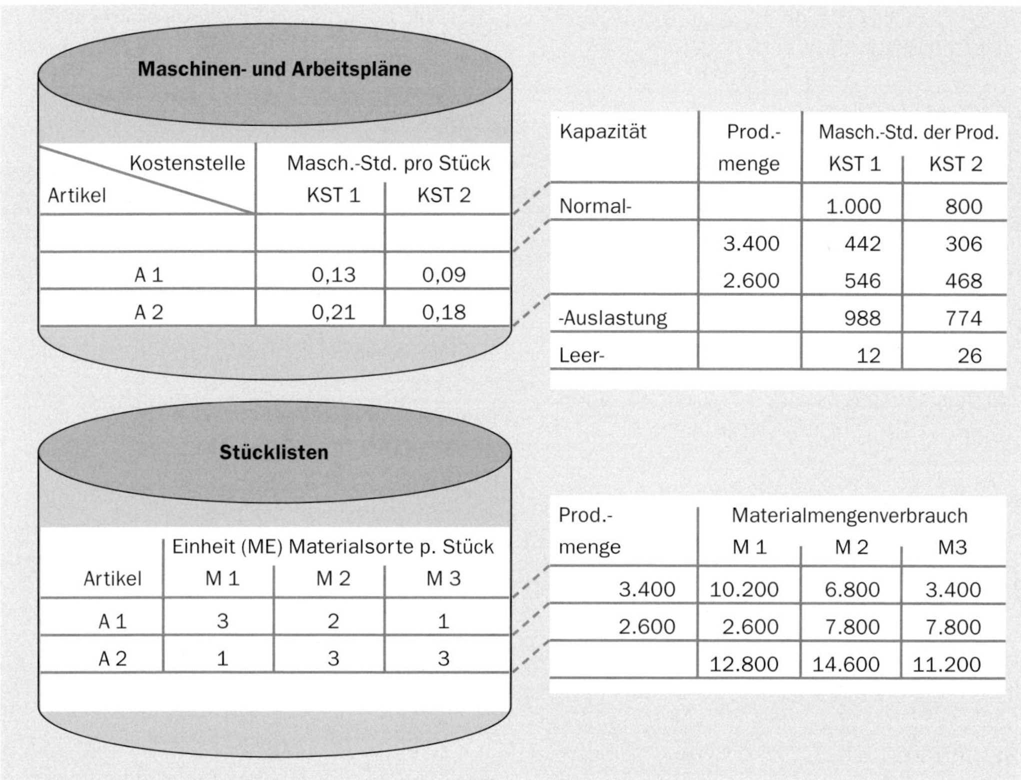

Kostenstelle / Artikel	Masch.-Std. pro Stück KST 1	KST 2
A 1	0,13	0,09
A 2	0,21	0,18

Kapazität	Prod.-menge	Masch.-Std. der Prod. KST 1	KST 2
Normal-		1.000	800
	3.400	442	306
	2.600	546	468
-Auslastung		988	774
Leer-		12	26

Artikel	Einheit (ME) Materialsorte p. Stück M 1	M 2	M 3
A 1	3	2	1
A 2	1	3	3

Prod.-menge	Materialmengenverbrauch M 1	M 2	M3
3.400	10.200	6.800	3.400
2.600	2.600	7.800	7.800
	12.800	14.600	11.200

Schaubild 3.9: Produktionsplanung

Reicht die Kapazität in einzelnen Fertigungsstellen nicht aus, so sind Kapazitätserweiterungen bei den Investitionen vorzusehen. Bei bedeutenden **Kapazitätserweiterungen** wäre vor Übernahme in das Investitionsprogramm die Wirtschaftlichkeit dieser langfristigen Maßnahmen zu überprüfen. Insbesondere wenn die erweiterte Kapazität in Zukunft nicht ausreichend ausgelastet ist, können andere Maßnahmen, z.B. Fremdleistungen, wirtschaftlicher sein.
Die **Stücklistenauflösung** ergibt den Materialverbrauch je Produktart und den Verbrauch der verschiedenen Materialsorten, der Grundlage für die Materiallagerplanung ist.

• Materiallager planen
Die **Materiallagerplanung** erfolgt analog zur Planung im Fertigwarenlager. Aus dem Verbrauch der Produktion plus dem Soll-Endbestand (geplanter Lagerumschlag 10) unter Berücksichtigung des prognostizierten Anfangsbestandes errechnet sich der Planbedarf je Materialsorte sowie die Bestandsveränderung (Tab. 3.9).

• Beschaffung planen
Das **Beschaffungsvolumen** des **Fertigungsmaterials** ergibt sich als geplanter Lagerzugang unmittelbar aus der Materiallagerplanung (vgl. Tab. 3.9). Das **Gemeinkostenmaterial** und die sonstigen zu beziehenden Leistungen werden in der Regel nicht mengenmäßig einzeln geplant. Sie sind wertmäßig von nur geringer Bedeutung, lassen sich mengenmäßig nur schwer erfassen und/oder knüpfen weitgehend an Wertgrößen an, wie z.B. Versicherungen oder Rechtsanwaltshonorare. Deshalb erfolgt ihre Ermittlung im Beispiel ausschließlich über Wertgrößen in den und durch die in Anspruch nehmenden Kostenstellen.
Als Einzelmengenplanung ist nur das direkt beschäftigungsabhängige Fertigungsmaterial vorgesehen.

• Einzelkosten planen
Für die **Ermittlung der Materialeinzelkosten** werden die Einsatzmengen an Fertigungsmaterial (Verbrauch der Produktion) und an Handelswaren mit dem jeweiligen Standardpreis multipliziert. Dies ist der für das Budgetjahr vom Einkauf geschätzte bzw. vereinbarte **Nettoeinstandspreis**. Sind erhebliche Preisschwankungen zu erwarten, vielleicht wegen des Rohstoffmarktes, so ist dies bei den Materialausgaben in der Liquiditätsplanung explizit zu berücksichtigen.
Die **Errechnung der Fertigungslohnkosten** kann über die aufgrund der Arbeitspläne ermittelte Standardzeit zur Erstellung einer Produktionseinheit je Kostenstelle erfolgen. Sind für das Budgetjahr Verfahrensänderungen vorgesehen, so sind diese bei den Standardstunden zu berücksichtigen. Werden beim Vorliegen eines **Akkordlohn-Systems** die Vorgabezeiten herangezogen, so ist zu beachten, dass die tatsächlichen Arbeitszeiten normalerweise niedriger sind:

$$\text{Plan-Arbeitszeit} = \frac{\text{Vorgabezeit}}{\text{erwarteter Leistungsgrad}}$$

$$\text{z. B.} \quad \frac{0{,}216}{120\%} = 0{,}18$$

Materialsorte	Verbrauch der Produktion	+ geplanter Endbestand (geplanter Lagerumschlag 10)	– voraussichtlicher Anfangsbestand	Beschaffungsvolumen	Bestandsveränderung
M1	12.800	+ 1.280	– 2400	11.680	– 1.120
M2	14.600	+ 1.460	– 800	15.260	+ 660
M3	11.200	+ 1.120	– 2.200	10.720	– 1.080

Tab. 3.9: Materiallager- und Beschaffungsplanung in Mengeneinheiten

Beträgt die Vorgabezeit in einem Akkordlohnsystem 0,216 Stunden und der voraussichtliche Leistungsgrad 120%, so ist eine Arbeitszeit von 0,18 Stunden pro Produktionseinheit zu planen. Aus den insgesamt zu planenden Lohnstunden können die Fertigungslohnkosten und die Anzahl der benötigten Arbeiter ermittelt werden. Der Übersicht in Tab. 3.10 liegt das vereinfachte Beispiel zugrunde, wo die Fertigungslohnkosten in Maschinenstunden kalkuliert werden. Das Produkt aus den Maschinenstunden und dem Lohnkostensatz pro Maschinenstunde einer Fertigungsstelle ergibt die zu planenden Fertigungslöhne. Bei dem Lohnkostensatz sind eventuelle Tariferhöhungen vorwegzunehmen.
Alle anderen Lohnkosten, die nicht beschäftigungsabhängig sind, wie z. B. Reinigung, Reparatur etc., werden als Gemeinkosten in den Kostenstellen geplant.

- Kostenstellenkosten planen

Die **Gemeinkosten** sind von den verantwortlichen Fachabteilungen zu planen. Dabei muss die Differenzierung der zu planenden Kostenarten exakt dem Aufbau des Kostenstellenbogens entsprechen, damit die spätere Kostenüberwachung frei von Zuordnungsfehlern ist. Entsprechende **Budgetierungsrichtlinien,** die die Zuordnung von Kostenarten regeln und Hilfen für deren Planung enthalten, sollte der Controller zur Verfügung stellen. Eine unterschiedliche Beschäftigungsabhängigkeit einzelner Kostenarten kann durch spezifische Variatoren berücksichtigt werden. Bedeutende Kostenarten sind auf jeden Fall detailliert nach dem voraussichtlichen, konkreten Bedarf zu planen, damit Unwirtschaftlichkeiten nicht fortgeschrieben werden. Die Ermittlung der zu budgetierenden Kosten erfolgt typischerweise überwiegend direkt über Wert-

	Verbrauch der Produktion	Preis je Mengeneinheit	Materialkosten
M 1	12.800	0,1	1.280
M 2	14.600	0,2	2.920
M 3	11.200	0,3	3.360
∑ Fertigungsmaterial			**7.560**
	Handelswareneinsatz		
A 3	2.000	7,0	14.000
∑ Materialeinzelkosten			**21.560**
	Fertigungsstunden	Lohnkosten pro Fertigungsstunde	Fertigungslöhne
KST 1	988	8,0	7.904
KST 2	774	5,0	3.870
∑ Fertigungslöhne			**11.774**
∑ Einzelkosten			**33.334**

Tab. 3.10: Einzelkostenplanung

größen, nach voraussichtlichen Ausgaben. Dabei ist es zweckmäßig, zwischen laufendem und speziellem Bedarf zu unterscheiden. So wäre beispielsweise bei den Werbekosten zwischen Normal-(Erinnerungswerbung) und Sonderaktionen (Einführungswerbung) zu unterscheiden.

Eine besondere Beachtung erfahren die **Personalkosten** bei der Gemeinkostenbudgetierung, weil sie dem Betrag nach von erheblicher Bedeutung und nicht ohne weiteres abbaufähig sind. Der Bedarf und die Notwendigkeit von Personalstellen muss deshalb besonders kritisch untersucht werden. Hier ist das Einfühlungsvermögen und die Überzeugungskraft des Controllers besonders gefordert.

Die **Ermittlung der zu budgetierenden Kosten** selbst ist dann relativ einfach: Zu den bisherigen Personalkosten der verbleibenden Personalstellen werden die voraussichtliche durchschnittliche Gehaltserhöhung und die geplanten Neueinstellungen anteilig dazugerechnet. In der Unternehmenspraxis wird die prognostizierte Gehaltserhöhungsrate häufig erst auf höherer Ebene im Gesamtpersonalkostenbudget berücksichtigt, um keinen Prozentsatz für die Gehaltserhöhungen zu präjudizieren und weil insbesondere über Gehälter außertariflicher Angestellter Stillschweigen gewahrt wird.

Bestimmte Kostenarten, wie z. B. Abschreibungen oder Zinsen, können somit auch außerhalb der Kostenstellen ermittelt und dann pauschal in die **Kostenstellenbudgets** übernommen werden. Zum Verantwortungsbereich der Kostenstellen zählen auch die **Investitionen,** die sie langfristig mit Abschreibungen und Zinsen belasten. Bei der Produktionsplanung wurde schon auf die Bedeutung des Investitionsprogramms hingewiesen. Es ist nicht nur maßgeblich für die Kapazität, sondern kann bei **Veränderung der Produktionsfunktion** durch Rationalisierungsinvestitionen geringeren Personaleinsatz, kürzere Maschinenzeiten, verminderten Ausschuss und günstigere Ausbeute der Rohstoffe bewirken. Die Kapazität muss also sowohl quantitativ wie qualitativ festliegen, damit der sonstige Faktoreinsatz richtig berechnet werden kann.

In der Unternehmenspraxis löst man das Problem, indem man **Großinvestitionen** separat vorab plant und entscheidet. Viele Großinvestitionen haben lange Vorlaufzeiten, so z. B. Baumaßnahmen oder Sonderanfertigungen von Spezialmaschinen. Ihr enormer Kapitalbedarf kann Kapitalerhöhungen erfordern, die langfristig vorzubereiten sind. Einer sorgfältigen Investitionsentscheidung müssen aufwendige Wirtschaftlichkeitsrechnungen und Analysen vorausgehen, die den Budgetierungsprozess zeitlich stark belasten. Außerdem sind Großinvestitionen überwiegend strategisch bedingt und ergeben sich häufig gar nicht aus dem aktuellen Produktionsprogramm.

Sofern Großinvestitionen bereits geplant und genehmigt sind, werden sie den betroffenen Kostenstellen zugerechnet. Auch sonstige Investitionen, insbesondere für die Betriebs- und Geschäftsausstattung, werden in die Planung einbezogen und im Rahmen des Gesamtbudgets genehmigt.

Kostenstellen	Einkauf	Produktion	Verwaltung	Vertrieb	F & E	Summe Kostenstellen
Mitarbeiter	18	332 (davon 32 Angest.)	110	30	10	500
Personalgemeinkosten	1.030	1.700	6.900	2.080	850	12.560
übrige Gemeinkosten	610	14.700	9.257	6.240	1.700	32.507
Gesamtgemeinkosten	1.640	16.400	16.157	8.320	2.550	45.067
Investitionen	80	1.800	890	780	850	4.400

Tab. 3.11: Kostenstellenplanung

Obige **Kostenstellenplanung** (Tab. 3.11) ist stark vereinfacht. Sie beschränkt sich auf die fünf Hauptkostenstellen Einkauf, Produktion, Verwaltung, Vertrieb und Forschung & Entwicklung. Die Personalkosten sowie die Investitionen sind separat erfasst und den einzelnen Kostenstellen zugeordnet. Die übrigen Gemeinkosten wurden hier der besseren Übersicht wegen nicht weiter differenziert.

• Umsatzbudget planen

Das **Umsatzbudget** ergibt sich aus dem Produkt der geplanten Absatzmengen und den vom Vertrieb prognostizierten Verkaufspreisen (vgl. Tab. 3.7). Hier sind die Nettopreise nach **Erlösschmälerungen** herangezogen worden. Es kann auch zweckmäßig sein, zunächst mit Bruttowerten zu rechnen und dann die Erlösschmälerungen bei den Sondereinzelkosten des Vertriebs zu erfassen. Das Umsatzbudget wird als Umsatzerlös im Ertragsbudget der Gewinnplanung und als Einnahme im Finanzbudget berücksichtigt.

• Beschaffungsbudgets planen

In den **Beschaffungsbudgets** wird der Faktorbedarf wertmäßig geplant. Analog dem Gesamtkostenverfahren wird in Material-, Personal-, Restgemeinkosten- und Investitionsbudgets unterschieden.

Das **Material- und Wareneinkaufsbudget** ergibt sich aus dem Produkt der Beschaffungsmengen des Materials sowie der Handelsware und den vom Einkauf prognostizierten Einstandspreisen (Tab. 3.12).

Für die Berechnung wurde vereinfachend nur das Einzelkostenmaterial berücksichtigt. In der Unternehmenspraxis wäre das gesamte vom Einkauf zu disponierende Einkaufsvolumen zu erfassen. Das Materialbeschaffungsbudget unterscheidet sich vom Materialkostenbudget um die Bestandsveränderung (Tab. 3.9).

Im **Personalbudget** werden die gesamten Personalkosten, also Fertigungslöhne und Gehälter, zusammengefasst. Sie gehen als geplanter Personalaufwand in die Gewinnplanung ein. Für die Finanzplanung muss der Teil des Personalaufwandes ausgesondert werden, der nicht zu

	Beschaffungsmengen		Anschaffungspreis		Einkaufsvolumen
M 1	11.680	·	0,1	=	1.168
M 2	15.260	·	0,2	=	3.052
M 3	10.120	·	0,3	=	3.036
A 3	2.100	·	7,0	=	14.700
Gesamt Material- u. Wareneinkauf					21.956
Arbeiter	300	Fertigungslöhne		=	11.774
Angestellte	200	Gehälter		=	12.560
Gesamt Personalaufwand					24.334
davon Zuführung zu Pensionsrückst. (als Erfahrungssatz 2% der Personalausgabe)					– 477
Gesamt Personalausgaben					23.857
übrige Gemeinkosten der Kostenstellen					32.507
davon Abschreibung lt. Abschreibungsplan					2.880
Restgemeinkosten (ausgabenwirksam)					29.627
Investitionen der Kostenstellen					4.400

Tab.3.12: Beschaffungsbudgets

Ausgaben in der Budgetperiode führt. In der Übersicht sind die Personalausgaben um die Zuführung zu den Pensionsrückstellungen (angenommen 2% der Personalausgaben) gekürzt und somit niedriger als die Personalaufwendungen.

Analog muss bei den **Restgemeinkosten** sämtlicher Kostenstellen der nicht ausgabenwirksame Teil berücksichtigt werden. Im Wesentlichen sind das die **Abschreibungen.** Sie werden von der **Anlagenwirtschaft** datenmaschinell errechnet. Falls die Anlagenverwaltungs-Software Investitionen im Budgetjahr zeitanteilig nicht berücksichtigen kann, müssen die Abschreibungen dafür durch eine Hilfsrechnung manuell ergänzt werden.

Anlagevermögen	Ausgangsbetrag	Abschreibungssatz	budgetierte Abschrbg.	Plan-Buchwert 31.12.
Altbestand	20.000	10%	2.000	18.000
Investitionen	4.400	20%	880	3.520
Gesamt	24.400		2.880	21.520

Tab. 3.13 Anlagevermögensplanung

Für den Altbestand sind vereinfachend 10% und für die Neuanschaffungen 20% als durchschnittlicher Abschreibungssatz angenommen worden. Die Abschreibungen und die **verbleibenden Gemeinkosten**, als sonstige betriebliche Aufwendungen, gehen in die Plangewinnrechnung. Die ausgabewirksamen Restgemeinkosten gehen als Restgemeinausgaben in die Finanzplanung ein. Als Pendant zu den Abschreibungen in der Aufwandsrechnung sind die **Investitionen** in der Ausgabenrechnung bei den Finanzen zu planen.

- Gewinn planen

In die **Budgetgewinnrechnung** sind alle geplanten Erträge und Aufwendungen einzubringen.

Umsatzerlöse	80.000
Bestandsveränderung Erzeugnisse	+ 321
Materialaufwand	– 21.560
Personalaufwand	– 24.334
Abschreibungen	– 2.880
Sonstige betriebliche Aufwendungen	– 29.627
Jahresüberschuss	1.920

Tab. 3.14: Budgetgewinnrechnung: 01.01.-31.12.2001

Bei dem hier angewandten Gesamtkostenverfahren ist neben der Umsatzleistung noch die Bestandsveränderung bei den Erträgen zu berücksichtigen. Die mengenmäßige Bestandsveränderung ist aus der Fertigwarenlagerplanung zu entnehmen (vgl. Tab. 3.8). Für die Bewertung sind noch die Plan-Herstellungskosten zu ermitteln (Tab. 3.15).

Weitere zu berücksichtigende betriebsneutrale Erträge und Aufwendungen wurden der besseren Übersicht halber vernachlässigt. Wichtig ist es nun festzustellen, ob der sich aus der **Gewinnplanung** ergebende Jahresüberschuss mit dem Renditeziel in Einklang steht. Ansonsten sind alle weiteren Planungen möglicherweise umsonst, weil eine **Planrevision** fällig wird. Ausgehend von einer angestrebten Eigenkapitalrendite von 12% lässt sich der aus dem Eigenkapital erzielte Jahresüberschuss folgendermaßen berechnen:

$$r_{EK} = \frac{\text{Jahresüberschuss}}{\text{Eigenkapital}} \cdot 100$$

Plan-Eigenkapitalrendite:

$$r_{EK} = \frac{1.920}{16.000} \cdot 100 = 12\%$$

Hier wird die geforderte Rendite erreicht, anderenfalls wären Einsparungen oder eine Revision der **Budgetziele** zu erwägen.

Kostenpos. / Kostenträger	Kosten pro Mengeneinheit	A 1	A 2	Gesamt
Material				
M1	0,1	· 3 = 0,3	· 1 = 0,1	
M2	0,2	· 2 = 0,4	· 3 = 0,6	
M3	0,3	· 1 = 0,3	· 3 = 0,9	
Materialkosten pro Stück		1,00	1,60	
Fertigungslöhne				
KST1	8,00	· 0,13 = 1,04	· 0,21 = 1,68	
KST2	5,00	· 0,09 = 0,45	· 0,18 = 0,90	
Lohnkosten pro Stück		1,49	2,58	
Fertigungsgemeinkosten				
KST1	10,00	· 0,13 = 1,30	· 0,21 = 2,10	
KST2	8,00	· 0,09 = 0,72	· 0,18 = 1,44	
Fertigungsgemeink. pro Stück		2,02	3,54	
Herstellungskosten pro Stück		4,51	7,72	
Bestandsveränderung		· –100 = – 451	· + 100 = + 772	= + **321**

Tab. 3.15: Ermittlung der Plan-Herstellungskosten und -Bestandsveränderung

• Finanzbudget planen

Im **Finanzbudget** werden alle geplanten **Einnahmen** den **Ausgaben** des Jahres gegenübergestellt. Unter Berücksichtigung des Anfangsbestandes ergibt sich der Endbestand liquider Mittel aus den Stromgrößen des geplanten Budgetjahres.

Finanzbudget: 01.01.–31.12.2001	
Anfangsbestand Liquide Mittel	2.081
Umsatzeinnahmen	+ 80.000
Materialausgaben	– 21.956
Personalausgaben	– 23.857
Investitionen	– 4.400
Restgemeinausgaben	– 29.627
Endbestand Liquide Mittel	2.241

Tab. 3.16: Finanzbudget vom 01.01.–31.12.2001

Die Berechnung weist einen Liquiditätsüberschuss der Budgeteinnahmen über die -ausgaben aus. Ob dieser **Planliquiditätsbestand** ausreicht oder ob ein weiter gehender Finanzierungsbedarf besteht, muss anhand der Planbilanz beurteilt werden.

• Vermögen- und Kapitalbudget planen

In der **Planbilanz** wird, vom budgetierten Vermögen ausgehend, der **Kapitalbedarf** geplant.

Das Anlagevermögen ergibt sich aus dem Anfangsbestand und den Investitionen unter Abzug der budgetierten Abschreibungen (vgl. Tab. 3.13). Der Plan-Bestand an Fertigungsmaterial ist der Materiallagerplanung zu entnehmen. Die mit den Anschaffungskosten bewerteten Planmengen ergeben das Vorratsbudget (Tab.3.18).

Die Plan-Vorratsbestände für die Fertigerzeugnisse und Handelswaren ergeben sich aus den Endbestandsmengen der Fertigwarenlagerplanung, bewertet zu Anschaffungs- bzw. Herstellungskosten (Tab. 3.18).

Vorräte	Sorte/ Artikel	Plan-End-bestand	Anschaffungs- oder Herstellungs-kosten	Bestands-wert
Materialsorte	M 1	1.280	0,1	128
	M 2	1.460	0,2	292
	M 3	1.120	0,3	336
Fertigungs-material				756
Artikelsorte	A 1	350	4,51	1.578
	A 2	250	7,72	1.930
Fertig-erzeugnisse				3.508
Handelsware	A 3	200	7,00	1.400

Tab. 3.18: Vorratsbudget, Fertigerzeugnisse und Handelswaren

	1.1.2001	31.12.2001		1.1.2001	31.12.2001
Budgetvermögen			**Budgetkapital**		
Anlagevermögen	20.000	21.520	Gezeichnetes Kapital		
Fertigungsmaterial	1.060	756	und Rücklagen	16.000	16.000
Fertigerzeugnisse	3.187	3.508	Jahresüberschuss		1.920
Handelsware	700	1.400	Rückstellungen	5.468	5.945
Forderungen	5.972	6.575	Darlehen	6.000	6.000
Liquide Mittel	2.081	2.241	Verbindlichkeiten	5.532	6.135
Gesamtvermögen	33.000	36.000	**Gesamtkapital**	33.000	36.000

Tab. 3.17: Bilanzbudget 2001

Die zu planenden Forderungen sind sowohl von aktiver Kundenpolitik, d. h. Zahlungsziel, Skontogewährung etc., als auch vom Kundenverhalten, so z. B. Zahlungsfähigkeit und Zahlungsmoral bestimmt. Die Plan-Forderungen lassen sich bei Annahme einer **Kreditgewährung** von 30 Tagen mit folgender Formel errechnen:

Kreditgewährung in Tagen

$$= \frac{\text{Forderungsbestand}}{\text{Jahresumsatz}} \cdot 365$$

Forderungsbestand

$$= \frac{\text{Kreditgewährung} \cdot \text{Jahresumsatz}}{365}$$

$$= \frac{30 \cdot 80.000}{365}$$

$$= \underline{\underline{6.575{,}30}}$$

Wird nun der vorläufige Endbestand an liquiden Mitteln aus dem Finanzbudget (vgl. Tab. 3.16) übernommen, ist das **Planvermögen** ermittelt. Das **Plankapital** wird zunächst vorläufig aufgestellt um einen eventuellen Kapitalbedarf zu ermitteln. Dazu wird der Anfangsbestand des gezeichneten Kapitals und der Rücklagen übernommen. Der Jahresüberschuss ergibt sich aus der Gewinnplanung. Rückstellungen sind für ungewisse Verbindlichkeiten, drohende Verluste und bestimmte unterlassene Aufwendungen zu bilden, die am Ende des Budgetjahres zu berücksichtigen sind und deren **Schätzung bei der Budgetierung** besonders schwierig ist. Unsere Beispielrechnung geht bis auf die Zuführung zu den Pensionsrückstellungen (vgl. Tab. 3.12) von einem gleich bleibenden Rückstellungsbedarf aus. Das bestehende Darlehen wird zunächst übernommen, soweit es nicht zu tilgen ist. Die Verbindlichkeiten aus Lieferungen und Leistungen ergeben sich aus dem **Lieferantenziel,** das mit durchschnittlich 40 Tagen auf die gesamten Vorleistungen prognostiziert wird.

Lieferantenziel in Tagen

$$= \frac{\text{Lieferantenverbindlichkeiten}}{\text{Vorleistungen}} \cdot 365$$

Bestand an Lieferantenverbindlichkeiten

$$= \frac{\text{Vorleistungen} \cdot \text{Lieferantenziel}}{365}$$

Vorleistungen		Lieferantenziel	Verbindlichkeiten aus Lieferung und Leistung
Material	21.956		
Investitionen	4.400		
Gemeinausgaben	29.627		
Gesamt	55.983	· 40	$\cdot \frac{1}{365} = \underline{\underline{6.135{,}10}}$

Tab.3.19: Budgetierte Verbindlichkeiten

Auf der Grundlage des vorläufig geplanten Kapitals ist das budgetierte Vermögen hier abgedeckt. Um die Kapitalstruktur zu überprüfen und zu beurteilen, welche Kapitalart gegebenenfalls disponiert werden soll, können **Bilanzstrukturkennzahlen** herangezogen werden. Dies wird beispielhaft anhand der Liquiditätsgrade 1 und 2 gezeigt:

Liquiditätsgrad 1

$$= \frac{\text{Liquide Mittel}}{\text{Kurzfristige Verbindlichkeiten}} \cdot 100$$

Liquiditätsgrad 2

$$= \frac{\text{Liquide Mittel + Forderungen}}{\text{Kurzfristige Verbindlichkeiten}} \cdot 100$$

	01.01.2001	31.12.2001
Liquiditätsgrad 1	37,6%	36,5%
Liquiditätsgrad 2	145,6%	140,7%

Tab. 3.20: Liquiditätsgrade

Beide **Liquiditätsgrade** haben sich verschlechtert, sind aber noch akzeptabel. Will man die Verschlechterung vermeiden, muss man entweder höhere liquide Mittel (hier 117) oder niedrigere kurzfristige Verbindlichkeiten (hier 80) durch die Erhöhung von langfristigem Kapital planen.
Weiter reichen die liquiden Mittel und das Kapital nur aus, wenn der Jahresüberschuss thesauriert wird. In dem Umfang, in dem Gewinn ausgeschüttet wird, muss langfristiges Kapital aufgenommen werden. Dies lässt sich durch das Wachstum des Anlagevermögens gut rechtfertigen. Inwieweit Eigenkapital in Form einer Kapital-

erhöhung oder Fremdkapital als Darlehen herangezogen wird, hängt vom angestrebten Verschuldungsgrad und den Konditionen ab. Eine systematische Beurteilung der **budgetierten Bilanz** kann durch **Expertensysteme** erfolgen. Dabei werden aufgrund der Daten der Bilanz- und Gewinnplanung relevante Kennzahlen gebildet. Diese sind dann in der Entwicklung zu interpretieren und zu begutachten. Aus den Aussagen können sich Hinweise für Budgetänderungen ergeben.

• Budget überarbeiten
Anlass einer **Budgetrevision** kann eine Restriktion, z. B. zu geringe Kapazität, oder eine Zielverletzung sein, z. B. mangelnde Rentabilität, die sich bei einem Budgetierungsschritt zeigt. Auch kann eine Budgetrevision erforderlich werden, wenn die Geschäftsführung das vorgelegte Gesamtbudget nicht genehmigt. Dies kann an der mangelnden Zielerreichung oder auch an den der Budgetierung zugrunde gelegten Annahmen, den Prognosen, liegen, die die Geschäftsführung für unrealistisch hält. Je nach kritisiertem Budgetschritt kann das zu erheblicher Mehrarbeit führen. Wird beispielsweise die Absatzplanung verworfen, müssten sämtliche Teilbudgets überarbeitet werden. Deshalb ist es für den Controller wichtig, kritische Eckwerte wie Umsatz oder Gewinn entweder formell, im Rahmen des Gegenstrom-Verfahrens, oder zumindest informell mit der Geschäftsführung abzustimmen, damit eine umfangreiche Budgetrevision entbehrlich ist. Die **Budgetpräsentation** sollte mehr der Interpretation und Erläuterung dienen. Ein **guter Controller** wird die Ablehnung seines Budgets zu vermeiden wissen.
Wenn im Rahmen der Budgetüberarbeitung Teilbudgets neu errechnet werden müssen, empfiehlt sich die Anwendung der computergestützten **Tabellenkalkulation.** Dort werden Teilbudgets in miteinander verknüpfte Tabellen übertragen, englisch **spread sheets**, wodurch die Auswirkung der Änderung einer Variablen wie Menge oder Preis auf die Budgetgröße unmittelbar errechnet werden kann. Damit können auch die **Jahresbudgetwerte** als Zielvorgabe auf Quartals-, Monats- und Wochenwert **heruntergebrochen** werden. Auch lassen sich Trends und saisonale Schwankungen berücksichtigen. Die Federführung des Controllers bei der Budgetierung beinhaltet allerdings nicht nur die Beachtung der zielkonformen Planung, sondern auch ihre termingerechte Erstellung.

3.2.3 Budgetierung mittels Netzplantechnik

Auch wenn es die Aufgabe der Fachabteilungen ist, Teilbudgets zu erstellen, muss der Controller diese dabei beraten und für eine termingerechte Erledigung sorgen. Er muß den **Budgetierungsprozess „managen“**. Insbesondere ist er dafür verantwortlich, dass das Gesamtbudget rechtzeitig zum vereinbarten Termin der Geschäftsführung vorgestellt wird.
Je größer das Unternehmen ist und je vielfältiger damit die Teilplanungen sind, umso schwieriger wird es, die Teilplanung zu koordinieren und die Übersicht zu wahren. In besonders komplexen Unternehmensstrukturen kann es sinnvoll sein, bewährte Hilfsmittel heranzuziehen. Sieht man den gesamten Budgetierungsprozess als ein Projekt, so kann die dort erfolgreich praktizierte Netzplantechnik auch für die Planung und Überwachung der Budgetierung eingesetzt werden.
Die **Netzplantechnik** empfiehlt sich dort,
- wo viele Arbeitsvorgänge in ihrer zeitlichen und logischen Reihenfolge gut aufeinander abgestimmt werden müssen;
- wo die Arbeitsvorgänge im Zeitverlauf hinsichtlich der Einhaltung eines Endtermins überwacht werden sollen und
- wo die zeitlich kritischen Arbeitsvorgänge erkannt werden sollen.

Zu den verschiedenen Verfahren der Netzplantechnik sei auf Spezialliteratur verwiesen (vgl. in „Praktische Betriebswirtschaft“: Birker, K.: Projektmanagement). Hier soll nur beispielhaft in vereinfachter Form die Anwendungsmöglichkeit der Netzplantechnik zur Unterstützung des Budgetierungsprozesses gezeigt werden. Zur Anwendung kommt dabei das gebräuchlichste CPM-Verfahren (CPM = **Critical Path Method**).
Zweckmäßigerweise geht man bei der Erstellung eines **Budgetnetzplanes** (zum Budgetierungsablauf sei auf Schaubild 3.8 verwiesen) in vier Schritten vor.

• Schritt 1: Arbeitsvorgänge analysieren

Zunächst ist der Budgetierungsprozess durch die **Strukturanalyse** in einzelne Arbeitsvorgänge zu zerlegen. Dabei sind nur die wichtigsten Arbeitsvorgänge zu berücksichtigen. In sich geschlossene Arbeitsvorgänge sind zusammenzufassen um die Übersicht zu erhalten. Da der zeitliche Aspekt im Vordergrund steht und nicht alle Arbeitsvorgänge berücksichtigt werden müssen, ist die Zeitintensität eines Arbeitsvorgangs für dessen separate Erfassung maßgeblich. Danach sind die Arbeitsvorgänge in eine logische Reihenfolge zu bringen. Manche Arbeiten sind zeitgleich zu erledigen, andere wiederum können erst begonnen werden, wenn zuvor bestimmte Arbeiten beendet sind. Diese Verknüpfungen werden auch Anordnungsbeziehungen oder Abhängigkeiten genannt, die durch einen **Ablaufplan** dargestellt werden. Welche Arbeitsvorgänge aufeinander aufbauen müssen, wird in einer **Vorgangsliste** vermerkt. Den Ablauf der Budgetierung zeigt die vereinfachte Vorgangsliste:

Strukturanalyse			Zeitanalyse
Nr.	Arbeitsvorgang	Vorgänger	Dauer in Wochen
1	Zielplanung	–	2
2	Absatzplanung	1	4
3	Fertigwarenlagerplanung	2	1
4	Produktionsplanung	3	3
5	Personalbedarfplanung	4	4
6	Gemeinbedarfplanung	4	6
7	Materiallagerplanung	4	1
8	Umsatzplanung	2	3
9	Personalkostenplanung	5	2
10	Fertigungsmaterialkostenplg.	4	3
11	Gemeinkostenplanung	6	1
12	Investitionsplanung	4	8
13	Materialbeschaffungsplg.	7	2
14	Gewinnplanung	8,9,10,11	2
15	Finanzplanung	12,13,14	2
16	Bilanzplanung	15	2
17	Budgetgenehmigung	16	2

Schaubild 3.10: Vorgangsliste

Beispiel

Der Plangewinn kann erst durch die Gewinnplanung (Vorgang Nr. 14) ermittelt werden, wenn der Umsatz, die Materialaufwendungen, der Personalaufwand und die Restgemeinkosten geplant sind (Vorgänge Nr. 8, 9, 10 und 11 als **Vorgänger**).

• Schritt 2: Arbeitsvorgänge zeitlich festlegen

Sind die Arbeitsschritte in ihrer Abfolge festgehalten, ist ihre Abwicklungsdauer mittels **Zeitanalyse** zu ergänzen. Dafür muss eine einheitliche Zeitdimension gewählt werden, für den Budgetierungsnetzplan empfiehlt sich die „Woche“. Kleinere Einheiten, etwa in Werktagen wie in der Produktionsplanung, würden die Arbeitskapazitäten der Fachabteilungen sprengen, die diese Teilplanungen meist zusätzlich zum Tagesgeschäft bewältigen müssen. Die Vertriebsabteilung sollte nicht durch tagesgenaue Budgetplanungen blockiert werden, wenn wichtige Kundentermine anstehen. Auch für die zu ermittelnde realistische **Vorgangsdauer** sollte nicht die effektive Arbeitszeit angenommen werden, sondern die voraussichtliche Dauer parallel zum Tagesgeschäft.

Problematisch wird es, wenn die Zeiten von den Fachabteilungen zu großzügig geschätzt werden und sich der Budgetierungsprozess folglich unakzeptabel in die Länge ziehen würde. Andererseits sollte der Controller ohne unmittelbaren Einblick in die Tätigkeit der Fachabteilung die Vorgangsdauer nicht eigenwillig festlegen. Unrealistische Vorgaben führen letztlich zur Gefährdung des Endtermins, der Präsentation vor der Geschäftsführung.

Besser ist es, Erfahrungswerte heranzuziehen und bei Umstrukturierungen oder Erstplanungen den Angaben der Fachabteilungen zu vertrauen. Erst wenn der Gesamtbudgetierungsablauf zu lang gerät, sollte man die **zeitkritischen Vorgänge** hinterfragen. Die Vorgangsliste (Schaubild 3.10) ist um die Zeitwerte zu ergänzen.

• Schritt 3: Den kritischen Weg bestimmen

Nachdem die Strukturanalyse und die Zeitanalyse abgeschlossen sind, kann der **Netzplan** vollständig dargestellt werden (Schaubild 3.11).

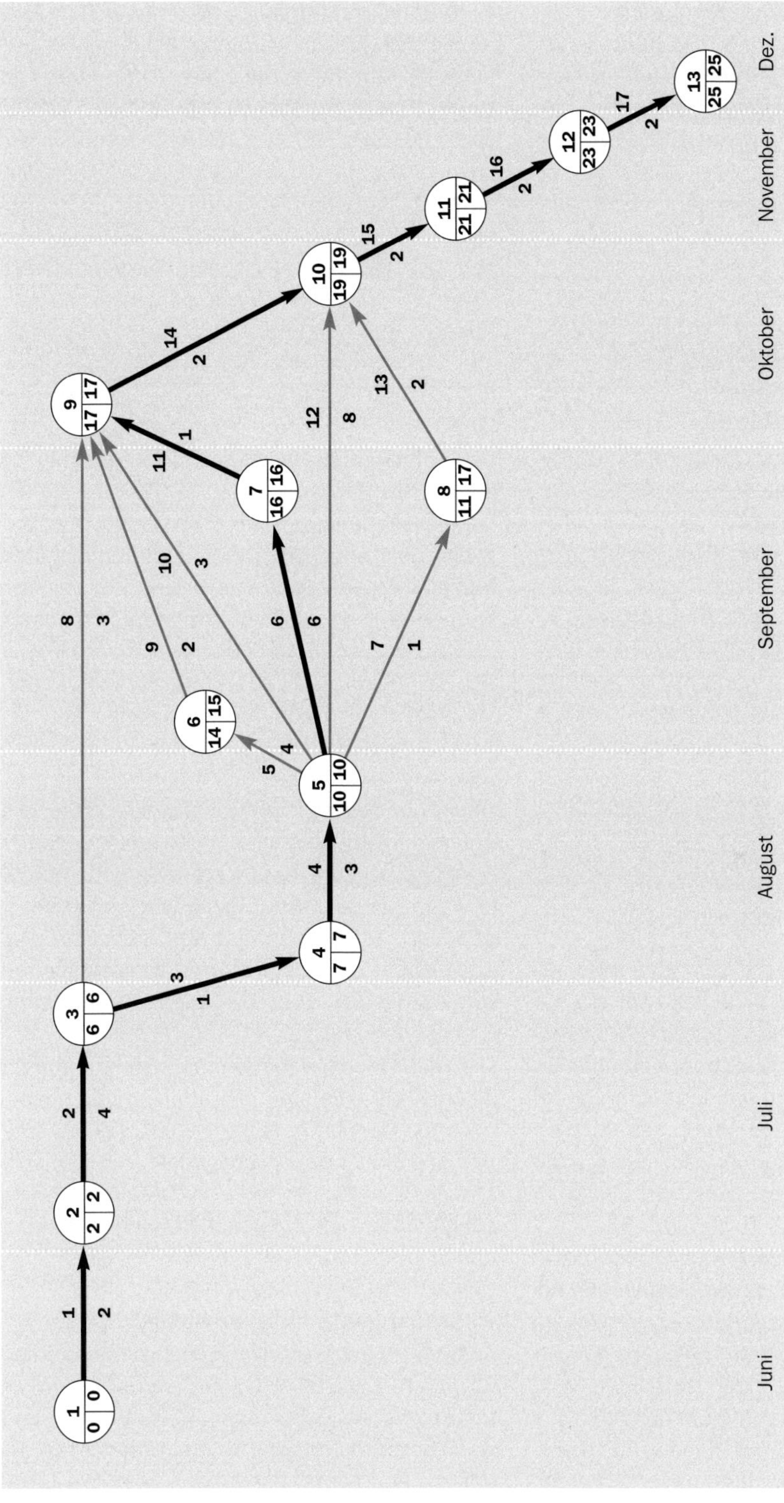

Schaubild 3.11: Netzplan des Budgetierungsprozesses

Die Elemente des CPM-Netzplans sind Knoten und linear ausgezogene Pfeile. Die **Knoten** symbolisieren Ereignisse. Die Pfeile sollen den zeitlichen **Ablauf eines Vorgangs** darstellen. Sie sind durch ein Anfangsereignis und ein Endereignis begrenzt. Über dem Pfeil steht die Vorgangsbezeichnung bzw. -nummer und unter dem Pfeil die Vorgangsdauer.

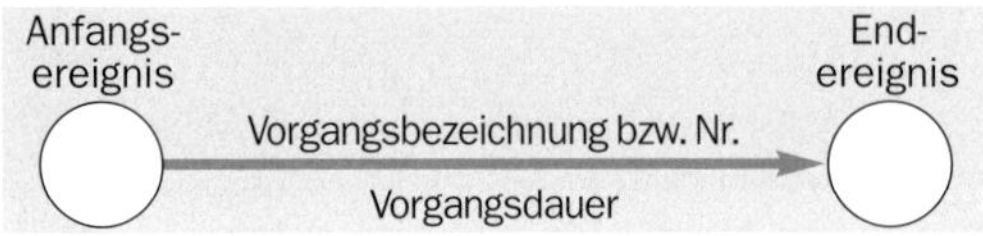

Beispielsweise braucht der Vorgang Nr. 9 (Personalkostenplanung) laut Vorgangsliste 2 Wochen. Das Anfangsereignis ist „Personalbedarfsplanung (Vorgänger Nr. 5) beendet", das Endereignis ist „Abschluss der Personalkostenplanung". Die **Ereignisse** sind durch **Kreise** oder alternativ Rechtecke abgebildet, die von links nach rechts nummeriert werden. Die Ereignisnummer steht oben im Kreis. Sie darf nicht mit der Vorgangsnummer verwechselt werden.

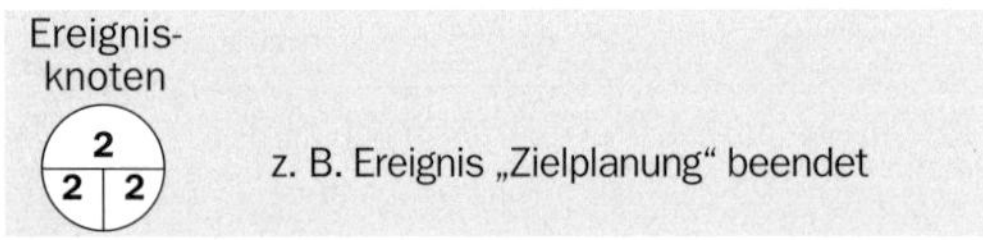

Ein Kreis kann für mehrere Vorgänge Anfangs oder auch Endereignis sein. In den zwei unteren Sektoren des Kreises sind zusätzlich Zeiten angegeben. Die linke Zahl sagt aus, wann das Ereignis frühestens eintritt, und die rechte, wann es spätestens eingetreten sein muss. Man erhält die Zeiten durch Vorwärtsrechnung nach rechts und Rückwärtsrechnung nach links im Netzplan.

Die **Vorwärtsrechnung** geht vom Anfangsereignis aus, dem Beginn der Budgetierung, und addiert die Zeiten für die folgenden Arbeitsvorgänge. Da die Budgetzielplanung 2 Wochen dauert, ist das Ereignis „Budgetziel festgelegt" erst nach 2 Wochen möglich (linke Eintragung). Dies ist dann der früheste Start für die Absatzplanung, die wiederum 4 Wochen dauert usw. Bei der **Rückwärtsrechnung** geht man von dem Endtermin aus (Ereignis: „Budget genehmigt"). Von diesem Termin rechnet man die Vorgänge zurück. Die Budgetgenehmigung dauert 2 Wochen, deshalb müssen alle Teilbudgets 2 Wochen vorher vorliegen. Das Ereignis „Planbilanz erstellt" als Endereignis des letzten Planungsaktes muss somit spätestens 2 Wochen vorher sein (23. Woche im Netzplan). Führen mehrere Vorgänge mit unterschiedlichen Zeiten zu einem Ereignis, so wird immer die längste Zeit als frühester Zeitpunkt im linken Sektor eingetragen. Analog wird bei der Rückwärtsrechnung mit dem längsten Vorgang (bzw. Vorgangsfolge) gerechnet, wenn mehrere Vorgänge einem Ereignis folgen.

Die zusammenhängende Folge beteiligter Vorgänge nennt man Weg. Aus dem dargestellten Netzplan ergeben sich sechs Wege. Auf dem **kritischen Weg** gilt, dass der früheste Start eines Vorgangs plus der Dauer dieses Vorgangs immer den spätesten Start des Folgevorgangs ergibt. Verzögerungen irgendeines Vorgangs auf diesem Weg würden die Gesamtdauer um diese Verzögerung verlängern.

Der **kritische Weg** ist der längste aller Wege vom Anfangsereignis bis zum Endereignis, denn der Budgetierungsprozess ist erst beendet, wenn alle Vorgänge, auch der längste Weg, abgeschlossen sind. Somit kann man den kritischen Weg auch durch die Addition aller Vorgangsdauern von oben nach unten für jeden Weg ermitteln (Schaubild 3.12).

Der Weg 4 ist mit der maximalen Summe von 25 Wochen als kritischer Weg im Netzplan besonders markiert. Die Vorgänge auf diesem Weg muss der Controller besonders aufmerksam zeitlich überwachen, will er nicht den Genehmigungstermin bei der Geschäftsführung gefährden.

• Schritt 4: Pufferzeiten ermitteln

Aus den Angaben in den Ereigniskreisen kann für jeden Vorgang errechnet werden, wann er frühestens abgeschlossen werden kann und wann er spätestens begonnen werden muss, damit der Endtermin eingehalten wird. Die Diffe-

Weg 1 = 2 + 4 + 3 + 2 + 2 + 2 + 2 = 17

Weg 2 = 2 + 4 + 1 + 3 + 4 + 2 + 2 + 2 + 2 + 2 = 24

Weg 3 = 2 + 4 + 1 + 3 + 3 + 2 + 2 + 2 + 2 = 21

Weg 4 = 2 + 4 + 1 + 3 + 6 + 1 + 2 + 2 + 2 + 2 = 25 Maximum ← Kritischer Weg

Weg 5 = 2 + 4 + 1 + 3 + 8 + 2 + 2 + 2 = 24

Weg 6 = 2 + 4 + 1 + 3 + 1 + 2 + 2 + 2 + 2 = 19

Schaubild 3.12: Rechnerische Ermittlung des kritischen Wegs

renz zwischen frühestmöglichem und spätestzulässigem Beginn bzw. Ende eines Vorgangs nennt man **Pufferzeit**. Es sind **Zeitreserven,** um die ein Vorgang später beginnen oder bei frühzeitigstem Beginn durch Verzögerungen verlängert werden darf, ohne dass sich der Endtermin dadurch verschiebt.

Beispiel

Der Vorgang Nr. 8 (Umsatzplanung) kann frühestens in der 6. Woche beginnen und muss spätestens in der 14. Woche begonnen werden, damit die Umsatzplanung (Dauer 3 Wochen) in der 17. Woche rechtzeitig zur Gewinnplanung abgeschlossen ist. Die Pufferzeit ergibt:

$$14 - 6 = 8 \text{ Wochen}$$

Bei der Umsatzplanung sind somit im Gegensatz zur Absatzplanung Verzögerungen bis zu 8 Wochen „unkritisch".

Die Pufferzeiten kann man für alle Vorgänge ausrechnen oder aus dem Netzplan ablesen. Keine Verzögerungen dürfen auf dem kritischen Weg auftreten, dort gibt es keine Zeitreserven.

• Probleme der Zeitanalyse in der Praxis

Wie schon angesprochen, kann ein erstes Durchrechnen eine unerwünscht lange **Gesamtbudgetierungsdauer** ergeben. Möglicherweise haben die Fachabteilungen die Vorgangsdauer zu großzügig bemessen oder ein Vorgang dauert eben realistischerweise zu lange. Das Gesamtbudget würde entweder erst sehr spät genehmigt, womöglich erst nach Beginn der Ausführungsperiode „Budgetjahr", oder der Budgetierungsprozess müsste angesichts des fixierten Endtermins schon so früh beginnen, dass die zu verwendenden Daten bis zum Beginn des Budgetjahres schon stark veraltet sein können. Um zugleich möglichst aktuelle Planungsgrundlagen und einen rechtzeitigen Genehmigungstermin der Budgets zu berücksichtigen, muss die Gesamtbudgetierungsdauer möglichst kurz gehalten werden.

Dies kann dadurch geschehen, dass die Vorgänge einer **erneuten Zeitanalyse** unterzogen werden, um so die Gesamtbudgetierungsdauer zu verkürzen. Dies darf keinesfalls zu unrealistisch knappen Vorgangsdauern führen, die dann wiederum den Endtermin gefährden. Zweckmäßiger kann es sein, kritische Vorgänge von Teilaktivitäten zu entlasten, die schon vorab geleistet werden können.

Beispiel

Der Netzplan in Schaubild 3.11 ergibt mit dem 4. Weg eine Gesamtbudgetierungsdauer von 25 Wochen. Wenn das Gesamtbudget rechtzeitig Anfang Dezember genehmigt sein soll, muss daher der Budgetierungsprozess schon Mitte Juni beginnen. Die Absatzplanung ist bei Budgetgenehmigung schon fast ein halbes Jahr alt. Will der Controller keine Planrevision wegen veralteter Absatzprognosen riskieren, so muss er Maßnahmen einleiten, die einen späteren Budgetierungsbeginn zulassen. Insbesondere der Juli ist als Ferienmonat ein ungünstiger Absatzplanungsmonat. Wir wollen deshalb die Gesamtbudgetierungsdauer des Beispiels durch Vorver-

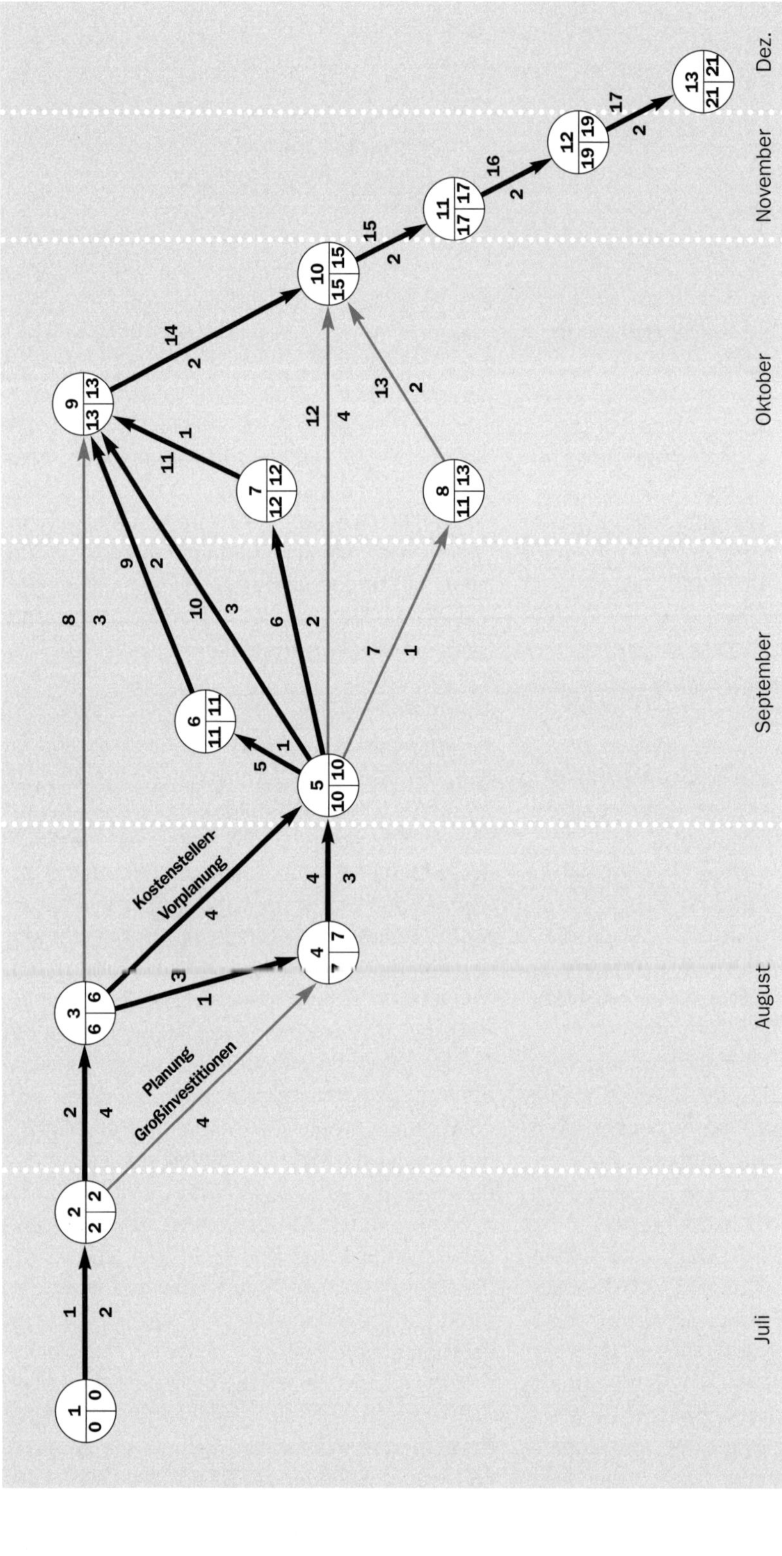

Schaubild 3.13: Netzplan mit Vorplanungen

lagerung von Teilaktivitäten um 4 Wochen verkürzen (Schaubild 3.13).

Auf dem kritischen Weg bietet sich die Gemeinbedarfsplanung innerhalb der Kostenstellenplanung an, die in großen Teilen unabhängig von der Produktionskapazität vorgenommen werden kann. Dieser beschäftigungsunabhängige Bereich kann nun als Kostenstellenvorplanung nach Kenntnis des Absatzprogramms die Gemeinbedarfsplanung entsprechend entlasten. Falls die Entlastung mit 4 Wochen angenommen werden kann, werden jetzt Weg 2 und Weg 5 mit 24 Wochen zu kritischen Wegen. Um auf 21 Wochen zu kommen, wären noch der beschäftigungsunabhängige Personalbedarf in der Kostenstellenplanung (3 Wochen) und die strategischen Investitionen als Großinvestitionsplanung (4 Wochen) vorzuziehen (Schaubild 3.13.).

Die Verkürzung der Gesamtbudgetierungsdauer führt zu mehreren kritischen Wegen. Dies zeigt eine wesentliche Tendenz: Je kürzer die **Budgetierungsdauer** ist, umso intensiver muss der Controller die Arbeitsvorgänge terminlich überwachen.

Tritt dann tatsächlich eine **Verzögerung auf dem kritischen Weg** auf, so wird sich in der Unternehmenspraxis nicht automatisch der Endtermin verschieben, weil der Controller alle erforderlichen Kräfte einsetzen wird (Unterstützung, Überstunden) um die verlorene Zeit wieder einzuholen. In mittelständischen Unternehmen kann die Unterstützung so weit führen, dass der Controller die Budgetierungsarbeiten weitestgehend übernimmt. Der Input an Prognosen sollte aber unbedingt von den Fachabteilungen kommen.

Die Ergebnisse der sachlichen und zeitlichen Koordination der einzelnen Budgetierungsaktivitäten werden vom Controller in einem **Budgetierungskalender** festgelegt. Darin sind die Budgetierungsschritte terminlich und verantwortungsmäßig aufgezeigt, sodass die Fachabteilungen rechtzeit „ihre“ Budgetierungsarbeiten in ihrem Terminkalender vorsehen können.

Die terminliche Überwachung kann mit der Dateneingabe gekoppelt mittels DV-System erfolgen, wo entsprechende Prüfstellen auf Datenvollständigkeit eingebaut sind.

Zusammenfassung

Rekapitulieren Sie:
Was kennzeichnet rationales Handeln?
Hinweise zur Bearbeitung:
Rationalem Handeln geht die Planung als gedanklicher Entwurf voraus.

Rekapitulieren Sie:
Was hat sich als Strukturierungsprinzip in der Planungspraxis durchgesetzt?
Hinweise zur Bearbeitung:
Die hohe Komplexität der planerischen Gesamtaufgabe kann durch die Differenzierung in strategische und operative Planung besser überschaut und damit beherrschbar werden.

Rekapitulieren Sie:
Benennen Sie die Phasen des Planungsprozesses im weiteren Sinne!
Hinweise zur Bearbeitung:
- Zielbildungsphase
- Problemstellungsphase
- Suchphase
- Prognosephase
- Bewertungsphase
- Entscheidungsakt

Rekapitulieren Sie:
Welches Planabstimmungsverfahren würden Sie wählen?
Hinweise zur Bearbeitung:
Gegenstromverfahren / Down-up-Verfahren

Rekapitulieren Sie:
Wie unterscheiden sich retrograde und progressive Gewinnplanung?
Hinweise zur Bearbeitung:
Betrachten Sie noch einmal Schaubild 3.5 u. 3.6!

Rekapitulieren Sie:
Was besagt das Ausgleichsgesetz der Planung?
Hinweise zur Bearbeitung:
Um eine effiziente Ressourcennutzung zu gewährleisten sollte man bei derjenigen Teilplanung ansetzen, die für die Gesamtplanung die stärkste Restriktion bildet. Alle Teilpläne müssen sich diesem Minimumsektor anpassen.

Rekapitulieren Sie:
Welche Planungsvariante würden Sie für die Liquiditätsplanung einsetzen?
Hinweise zur Bearbeitung:
Da die Liquiditätsplanung immer wieder aktualisiert werden muss, ist eine revolvierende Planung sinnvoll.

Rekapitulieren Sie:
Wie ist das Budget definiert?
Hinweise zur Bearbeitung:
Ein Budget ist ein zielorientierter, in wertmäßigen Größen formulierter Plan, der einer Entscheidungseinheit für eine bestimmte Zeitperiode mit einem bestimmten Verbindlichkeitsgrad vorgegeben wird.

Rekapitulieren Sie:
Was unterscheidet Plan und Budget?
Hinweise zur Bearbeitung:
Ein Budget ist ein zielorientierter, in Wertgrößen umgesetzter Plan. Allgemein können Pläne auch qualitativ bzw. verbal formuliert sein.

Rekapitulieren Sie:
Welche Budgets lassen sich nach der Wertkategorie unterscheiden?
Hinweise zur Bearbeitung:
- Ertrags- und Aufwandsbudgets
- Einnahmen- und Ausgabenbudgets
- Vermögens- und Kapitalbudgets, insbesondere
- Kosten-, Umsatz-, DB- und Investitionsbudgets

Rekapitulieren Sie:
Was sagt Ihnen der Begriff „Etatdenken"?
Hinweise zur Bearbeitung:
Bei starren Budgets werden die Kosten häufig aufgrund der Ausgaben der Vergangenheit bestimmt. Dies verleitet zu unwirtschaftlichem Verhalten.

Rekapitulieren Sie:
Weshalb sollte der Controller Budgetierungsrichtlinien erstellen?
Hinweise zur Bearbeitung:
Die Gemeinkosten sind von den verantwortlichen Fachabteilungen zu planen. Dabei muss die Differenzierung der zu planenden Kostenarten exakt dem Aufbau des Kostenstellenbogens entsprechen, damit die spätere Kostenüberwachung frei von Zuordnungsfehlern bleibt. Budgetierungsrichtlinien regeln die Zuordnung der Kostenarten und bieten Hilfen für deren Planung an.

Rekapitulieren Sie:
Wer verabschiedet die Budgets?
Hinweise zur Bearbeitung:
Der Controller trägt alle Teilbudgets zu einem Gesamtbudget zusammen, das er der Führungsspitze des Unternehmens zur Genehmigung vorlegt.

Rekapitulieren Sie:
Was ist der „kritische Weg"?
Hinweise zur Bearbeitung:
Für die Ablaufplanung eines Budgets empfiehlt sich die Netzplantechnik. Diese zerlegt den Budgetierungsprozess zunächst in Arbeitsvorgänge und deren einzelne Dauer. Indem man alle Vorgangsdauern addiert, wird der „kritische Weg" als der längste aller Wege vom Anfangsereignis bis zum Endereignis errechnet. Der Budgetierungsprozess ist erst beendet, wenn alle Vorgänge, auch der längste, der „kritische Weg", abgeschlossen sind. Deshalb müssen dort alle Arbeitsgänge vom Controller besonders kritisch auf Termineinhaltung überwacht werden, weil es dort keine Zeitreserven (Pufferzeiten) gibt.

4 Operative Steuerung durch Budget-Controlling

*Die **Hauptaufgaben des Budget-Controllings** sind die Budgetziele zu überwachen, Abweichungen festzustellen und, falls diese auftreten, ihre Ursachen zu analysieren um Korrekturmaßnahmen anregen zu können.*

4.1 Budgetziele überwachen

Hat die Geschäftsleitung das Budget genehmigt, sind die geplanten Maßnahmen im nachfolgenden Geschäftsjahr, auch Budgetjahr genannt, zu realisieren. Um Durchführung und Erfolg der Maßnahmen zu „kontrollieren", muss die Einhaltung der Budgetziele überwacht werden.
Alle Budgetwerte sollten so aufgebaut sein, dass sie auch mit dem realisierten Istzustand auf Abweichungen hin verglichen werden können. Zunächst müssen **Kontrollmaßstäbe** anhand von erfassbaren Istgrößen festgelegt werden um die Zielerreichung messbar zu machen. Nur so kann der Planungs- und **Kontrollprozess** im Rahmen des Controllings operationalisiert werden.
Der vom Controller aufzubauende Soll-Ist-Vergleich muss dabei nach einem festen Grundschema ablaufen, damit die Budgetkontrolle in das Informationssystem des Unternehmens integriert werden kann. Ein geregelter Kontrollprozess sollte in aufeinander folgende Arbeitsschritte gegliedert werden:

(1) Zielbildung und Budgetierung
(2) Plan-Vorgabe durch Budgetwerte (Plan-Werte)
(3) Festlegung der Kontrollmaßstäbe (Soll-Werte)
(4) Erfassung der tatsächlichen Ergebnisse (Ist-Werte)
(5) Feststellung von Abweichung (Soll-Ist-Vergleich)
(6) Analyse der Abweichungsursachen
(7) Veranlassung korrigierender Maßnahmen (Nachsteuerung) zur Erreichung des im Budget festgelegten Ziels oder
(8) Zielneubildung aufgrund neuer Erkenntnisse oder Datenkonstellationen

Das Ergebnis des Zielbildungs- und Budgetierungsprozesses sind **Plan-Werte** als Vorgabe für die Realisierung. Im Budgetkontrollprozess werden sie Kontrollmaßstäbe für die Zielerreichung. **Kontrollmaßstäbe** können dabei sowohl die Kontrollobjekte, also Strom- und Bestandsgrößen, als auch deren Erscheinungsformen wie Mengen, Qualitäten, Zeiten, Werte sein. Der **Kontrollumfang** wird bei der Abweichungsermittlung und der Analyse der Abweichungsursachen nach Aspekten der Wirtschaftlichkeit bestimmt. Möglich sind: Voll- oder Teilkontrolle, ABC-Gewichtung, Konzentration auf Schlüsselgrößen, Hitlisten, zeitliche Häufigkeit etc. Für die Kontrolle von flexiblen, beschäftigungsabhängigen Budgets kann es sinnvoll sein, statt (Budget-)Plan-Werten beschäftigungsabhängige Soll-Werte, z. B. Sollkosten, zur Analyse heranzuziehen.
Die Ermittlung der **Ist-Daten** erfolgt grundsätzlich durch das Rechnungswesen, d. h. durch die Betriebsabrechnung, Finanzbuchhaltung, Artikelergebnisrechnungen, Materialbestands- und Anlagenverwaltung, Debitorenbuchhaltung etc. Dabei müssen die Inhalte der Ist-Daten der jeweiligen Kontrollobjekte mit denen der Plan-Daten übereinstimmen, damit sie vergleichbar sind. Dies ist schon bei der Planung durch Richtlinien sicherzustellen, z. B. durch den Kostenartenplan.
Auf dieser Grundlage kann in Zusammenarbeit mit der routinemäßigen Abrechnung im Rechnungswesen eine Datenbasis geschaffen werden, die als Primärinformation von allen Verantwortlichen als Beurteilungsgrundlage anerkannt wird. Moderne DV-Software kann nun routinemäßig Abweichungen ermitteln, und sie lässt im Dialogsystem spezifische Abfragen zur Abweichungsanalyse zu. Leitfragen und -begriffe der **Abweichungsanalyse** sind der Medizin entlehnt:

Fragestellung	Begriff
1. Wo sind Anormalitäten (Abweichungen) aufgetreten? ➔ Feststellung von Abweichungen	Anamnese
2. Was ist die Krankheit (Abweichungsursache)? ➔ Ursachenforschung	Diagnose
3. Wie kann geheilt werden? ➔ Korrekturmaßnahmen	Therapie

4.2 Anamnese

Eigentlich soll das Betriebsgeschehen durch die Verpflichtung der Mitarbeiter auf Budgets so gesteuert werden, dass **Abweichungen** möglichst erst gar nicht auftreten. Andererseits kann die beste Planung nicht verhindern, dass die prognostizierten Ereignisse oder Umweltkonstellationen anders eintreten. Aufgrund der dynamischen Umweltentwicklung einer lebendigen Marktwirtschaft mit offenen Auslandsmärkten werden die tatsächlichen Verhältnisse nur ausnahmsweise mit den geplanten übereinstimmen.
Erfolgsunternehmen können sich keine Erstarrung leisten. Sich neu ergebende, ungeplante Marktchancen sollen genutzt werden können, oder bei unerwartet ungünstigen Entwicklungen eine Verschlechterung der Kosten-Leistungs-Relation möglichst vermieden werden. Selbst wenn sich bei plankonformer Geschäftsentwicklung in Einzelbudgets ungeplant – und ungenehmigt — Mehrausgaben als unumgänglich ergeben, so muss auch dies möglich sein um das Leistungsziel Gewinn nicht zu gefährden. Es kann festgehalten werden, dass Abweichungen in erwerbswirtschaftlichen Unternehmen nicht nur normal und möglich, sondern bei bestimmten Entwicklungen sogar erwünscht sind.

4.2.1 Abweichungen feststellen

Grundsätzlich können bei allen Größen Abweichungen auftreten, die im Budget enthalten sind und für die entsprechende Ist-Größen erfasst wurden. Die **Unterscheidung der möglichen Abweichungen** orientiert sich an der Differenzierung in unterschiedliche Budgets:

Merkmal Wertgröße
Kosten-, Umsatz-, Ausgaben- und Einnahmen-, Ertrags- und Aufwands- bzw. Gewinn-, Vermögens- und Kapital-, DB-Abweichung

Merkmal Entscheidungseinheit
Kostenstellen-, Sparten-, Unternehmens-, Beschaffungsbereichs-, Produktionsbereichs-, Vertriebsbereichs-, Gebietsbereichs-, Projektbudgetabweichung usw.

Merkmal Zeitperiode
Tages-, Wochen-, Monats-, Quartals-, Jahres-Budgetabweichungen

Merkmal Verbindlichkeitsgrad
Abweichung flexibler Budgets (Beschäftigungs- und Verbrauchsabweichung) und starrer Budgets (Etats)

Es ist zweckmäßig, die Abweichungen auf verschiedene Weise darzustellen. Folgende **Abweichungsarten** lassen sich unterscheiden (Schaubild 4.1):

• Absolute Abweichungen
Die durch Subtraktion zweier Größen ermittelte Differenz vermittelt den Eindruck von der Größenordnung eines bestimmten Sachverhalts. Bei Kenntnis der betrieblichen Zusammenhänge kann auf die Bedeutung der **absoluten Abweichung** für den Gewinn geschlossen werden.
Ein besonderes Problem stellt dabei das Vorzeichen bei Abweichungen dar. Um eine gewinnorientierte Beurteilung der Abweichungen zu ermöglichen, werden Abweichungen mit positiven Vorzeichen als günstig und Abweichungen mit negativen Vorzeichen als ungünstig in ihrer Auswirkung auf den Gewinn gesehen. Für die verschiedenen Gewinnkomponenten ergeben sich daraus folgende Rechenverfahren:
Für positive Gewinnkomponenten (Umsatz)
Ist-Größe minus Vergleichsgröße
z. B.: Ist-Umsatz 130 – Budget-Umsatz 120
= Abweichung +10
Für negative Gewinnkomponenten (Kosten)
Vergleichsgröße minus Ist-Größe
z. B.: Budget-Kosten 48 – Ist-Kosten 44
= Abweichung +4

Abweichungen am 31.7.2001		Monatswerte (pro)								kumulierte (aufgelaufene) Monatswerte (per)						Jahreswerte					
						Abweichungen zum							Abweichungen zum						Abweichungen zum		
	Budget-postionen	Ist-Vorjahrsmonat (pro Juli 2000)	Ist-Vormonat (pro Juni 2001)	Budget Monat (pro Juli 2001)	Ist-Monat (pro Juli 2001)	Ist-Vorjahr (Juli 2000)	Ist-Vormonat (Juni 2001)	Budget (pro Juli 2001)	Ist-Umsatz (pro Juli 2001)	Ist-Vorjahr (per Juli 2000)	Budgetmonate (per Juli 2001)	Ist-Monate (per Juli 2001)	kum. Vorjahresmonate (per Juli 2000)	kum. Budgetmonate (per Juli 2001)	kum. Ist-Umsatz (per Juli 2001)	Ist-Vorjahr (2000)	Jahres-Budget (2001)	Jahres-Vorschau/ Prognose (2001)	Vorjahr (2000)	Budget (2001)	Vorschau-Umsatz (2001)
						abs. / %	abs. / %	abs. / %	in %				abs. / %	abs. / %	in %				abs. / %	abs. / %	in %
Zeilen / Spalten		2	3	4	5	6	7	8	9	10	11	12	13	14	15	16	17	18	19	20	21
1	Umsatz	8	12	10	10	+2 / +25,0	–2 / –16,6	0 / 0	0	45	60	51	+6 / +13,3	–9 / –15,0	17,6	90	120	108	+18 / +20,0	–12 / –10,0	–11,1
⋮	⋮																				
4	Materialkosten	3	4	4	5	[-]2 / [-]66,7	[-]1 / [-]25,0	[-]1 / [-]25,0	10,0	18	24	22	[-]4 / [-]22,2	[+]2 / [+]8,3	3,9	36	48	46	[-]10 / [-]2,8	[-]2 / [+]2	[+]1,9
⋮	⋮																				
Δ	Gewinn															9	12	10	+1 / +11,1	–2 / –16,7	-1,9

Schaubild 4.1: Darstellungsarten von Abweichungen

Obwohl sich die Kosten gegenüber der Planung verringert haben, wird die entsprechende Abweichung positiv dargestellt, weil sie sich positiv auf den Gewinn auswirkt. In der Unternehmenspraxis führt diese Darstellung allerdings zu Missverständnissen bei Fachleuten überwiegend mathematischer Denkrichtung, z. B. Ingenieuren oder Naturwissenschaftlern, insbesondere wenn in einer Tabelle sowohl positive als auch negative Komponenten mit ihren Abweichungen in der gleichen Spalte aufgeführt werden (vgl. Schaubild 4.1, insbesondere Spalten 6 bis 8). Dann ist bei einer Komponentenart das Vorzeichen „mathematisch nicht korrekt“, die Rechnung somit „falsch“ mit entsprechenden Akzeptanzproblemen beim Adressaten. Deswegen findet auch in der Praxis die mathematische statt der gewinnorientierten Darstellung Verwendung, die Umsatzerhöhungen positiv und Kostenverringerung negativ zeigt.
Da bei isolierten, absoluten Zahlen der Vergleich mit anderen Werten fehlt, sind deren Aussagen allerdings beschränkt.

• Relative Abweichungen
Hier werden die Abweichungen in Relation zu anderen Größen gesetzt. Um auf die Bedeutung der absoluten Abweichung hinzuweisen kann sie zunächst auf den Minuenden, die Ausgangsgröße, bezogen und die Abweichung in Prozent ausgedrückt werden. Einen höheren Aussagewert über die einzelne absolute Abweichung erhält man durch den Bezug auf eine andere, meist übergeordnete Größe.
Beispielsweise kann als **relative Abweichung** die Bedeutung einer Materialkostenabweichung im Verhältnis zu den Gesamtkosten oder in Prozent vom Umsatz ausgedrückt werden, um eine bessere Vergleichbarkeit, besseres Erkennen von Veränderungen und das Herstellen von Zusammenhängen zu erreichen (vgl. Schaubild 4.1, insbesondere Spalten 9, 15 und 21).

• Selektive Abweichungen
Bei **selektiven Abweichungen** werden die Abweichungen bestimmter zeitlicher Ausschnitte (Quartal, Monat, Woche oder sogar Tage) ermittelt, um aus den jeweiligen Unterschieden bessere Hinweise auf mögliche Abweichungsursachen und Folgerungen für die weitere zukünftige Entwicklung zu erlangen. So sind je nach Bedeutung Abweichungen in sehr kleinen Zeitabschnitten zu erfassen, im Handel z. B. Tagesumsätze, um Trends rechtzeitig zu erkennen. Insbesondere bei Saisongeschäften müssen kleinere Zeitabschnitte herangezogen werden um die Saisoneffekte einfangen zu können. Hier ist es sinnvoller, statt der Budgetgröße oder der Ist-Größe der Vorperiode, die Ist-Größe der entsprechenden Periode des Vorjahres als Vergleichsgröße heranzuziehen (Ist-Ist-Vergleich, vgl. Schaubild 4.1, insb. Spalten 2, 3 und 6, 7).

• Kumulative Abweichungen
Die **kumulierten,** d. h. aufgelaufenen Zahlen und deren **Abweichungen** erlauben eine Aussage darüber, wie weit das Ziel über mehrere Zeitabschnitte verfehlt wurde und wie hoch die Diskrepanz zum Jahresende voraussichtlich sein wird (vgl. Schaubild 4.1, Spalten 10 bis 15).
Außerdem werden eventuelle Schwankungen, die zufällig oder geschäftsbedingt durch Großaufträge in einzelnen Zeitabschnitten zu erheblichen Abweichungen führen können, durch die Kumulation der Abweichungen über mehrere Zeitabschnitte kompensiert. Dadurch sind eindeutige Trends erkennbar. Insbesondere bei Geschäften mit starken Schwankungen wird deshalb der Jahreskumulation die Kumulation der letzten zwölf Monate vorgezogen – z. B. April des Vorjahres bis März des Geschäftsjahres, statt nur Januar bis März des Geschäftsjahres –, um besonders am Jahresanfang aufgrund der kleinen Basiszahlen große Verzerrungen zu relativieren, die sonst zu falschen Schlüssen führen könnten.

• Zeitorientierte Abweichungen
Typisch für das Controlling ist der **Soll-Ist-Vergleich.** Die Abweichung ergibt sich aus dem Vergleich der Budgetwerte, d. h. der Soll- bzw. Plan-Werte, mit den bisher realisierten Ergebnissen, den Ist-Werten. Zu Analysezwecken kann es auch interessant sein, die realisierten Ist-Werte per

Ist-Ist-Vergleich mit Ist-Werten von entsprechenden Vorperioden (Vormonat, Monat des Vorjahres o. Ä.) zu vergleichen (vgl. Schaubild 4.1, Spalten 2, 3 u. 10). Dadurch erhält man insbesondere bei negativen Planabweichungen Hinweise auf die tatsächlich realisierte Geschäftsentwicklung, denn hier besteht der Vergleichsmaßstab in „harten" Ist-Werten statt in womöglich „weichen" Plan-, also Wunsch-Zahlen. Beide Vorgehensweisen sind vergangenheitsorientiert. Aus der Analyse von Abweichungen oder Fehlentwicklungen in der Vergangenheit sollen Erkenntnisse gewonnen werden, die Abweichungen in der Zukunft möglichst verringern helfen. Aufgrund neuer Erkenntnisse wird dann das Jahresendergebnis als Wird-Wert neu prognostiziert. Im Vergleich zu den Jahresendbudgetwerten erhalten wir die **Soll-Wird-Abweichungen,** auf die die **zukunftsorientierte Ursachenforschung** (Feed-forward-Analyse) vertieft eingeht. Die **Wird-Werte** erfahren in der Unternehmenspraxis unterschiedliche Bezeichnungen: Prognose, Erwartung, Vorschau, Forecast, Preview, Hochrechnung. Bis auf „Hochrechnung" sind die Begriffe gleichwertig, letztere besagt nämlich, dass vergangene Entwicklungen einfach extrapoliert (hochgerechnet) werden, was zu erheblichen Fehlmaßnahmen führen kann.
Schaubild 4.2 zeigt die unterschiedlichen Abweichungen in der Übersicht.

4.2.2 Abweichungen bewerten

Wie gezeigt, können vielfältige Abweichungen auftreten. Es kann jedoch nicht die Hauptaufgabe des Controllers sein, all diese Abweichungen zu analysieren. Es ist wegen der begrenzten Kontrollkapazitäten weder möglich noch wirtschaftlich sinnvoll, jede mögliche Abweichung zu jedem möglichen Zeitabschnitt zu ermitteln und womöglich bei jeder festgestellten Abweichung eine Analyse durchzuführen. Manche Abweichungen entspringen den „natürlichen", nicht planbaren Schwankungen der Geschäftsdynamik, andere wiederum sind hinsichtlich des Gewinnziels von so geringer Bedeutung, dass sich ihre Analyse in kurzen Zeitabständen nicht lohnt. Dies würde einen zu hohen Arbeitsaufwand hervorrufen, der in keiner Relation zur Entscheidungsrelevanz der Ergebnisse steht. Auftretende **Abweichungen müssen** nach bestimmten Kriterien **gewichtet werden**, z. B. sinnvollerweise entsprechend ihrer Größenordnung.

• Gewichtung durch Toleranzschwellen
Danach ist eine Abweichungsanalyse immer dann durchzuführen, wenn für eine einzelne Größe, z. B. Löhne pro Monat, oder für eine kumulierte Größe, z. B. Löhne per Quartal, oder für eine aggregierte Größe, z. B. sämtliche Personalkosten, eine vorgegebene **Toleranzschwelle** über- oder unterschritten wird. Zur Gewichtung von selektiven Abweichungen (in Schaubild 4.3: Monate) verwendet man üblicherweise lineare Toleranzgrenzen, die in Prozent- oder auch in absoluten Abweichungen bestimmt werden können (in Schaubild 4.3: +10 und –10).
Im Beispiel wäre für den Monat Mai und den Monat Oktober jeweils eine Abweichungsanalyse durchzuführen. Wichtig ist hierbei, dass sowohl negative als auch positive Abweichungen untersucht werden. Stellen negative Abweichungen Risiken für mögliche Fehlentwicklungen dar, so

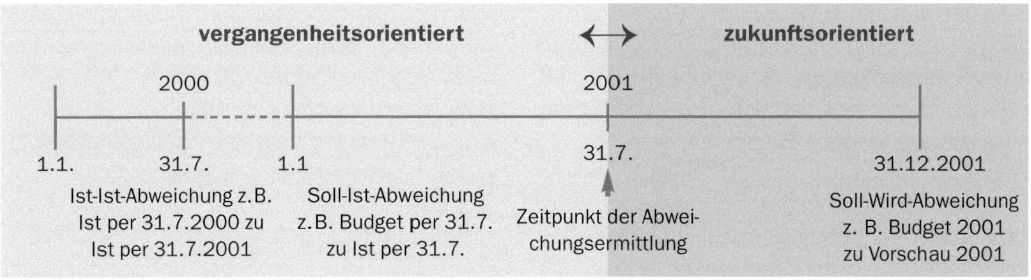

Schaubild 4.2: Übersicht über die zeitorientierten Abweichungen

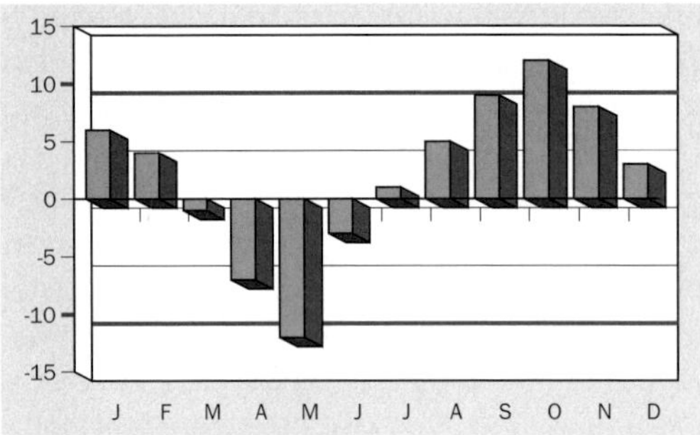

Schaubild 4.3: Beispiel für die Fixierung von Toleranzgrenzen

können positive Abweichungen Gewinnchancen enthalten. In der betrieblichen Praxis werden die Toleranzschwellen für Abweichungen, die sich negativ auf das Ergebnis auswirken, oft kleiner angesetzt und damit näher an den Sollwert als solche, die sich positiv auswirken. Würde die Toleranzschwelle für negative Abweichungen im Beispiel auf –5 verengt, so müsste auch noch der Monat April analysiert werden.

Bei kumulativen Abweichungen werden dagegen **nichtlineare Toleranzgrenzen** eingesetzt, die sich trichterförmig zum Jahresende hin verengen.

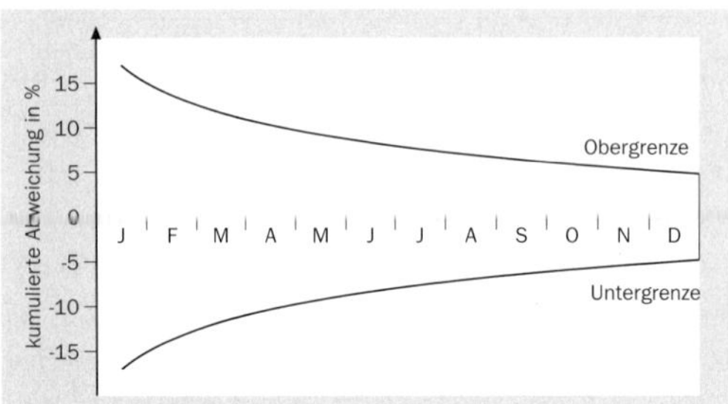

Schaubild 4.4: Nichtlineare Abweichungstoleranzgrenzen

Die Begründung liegt darin, dass einzelne Monatsschwankungen sich gewichtsmäßig umso geringer auswirken, je mehr Monate kumuliert sind, wodurch zunehmend eine „feinere“ Steuerung notwendig wird.

Wenn man davon ausgehen kann, dass die Werte Zufallsschwankungen unterliegen, können zur Festlegung von Toleranzschwellen statistische Signifikanztests verwendet werden. Hierbei wird die Standardabweichung der Differenzen von vergangenen Perioden nach statistischen Methoden ermittelt. Diese Standardabweichung kann nun als Richtwert für die Festlegung von Toleranzschwellen herangezogen werden. Allgemein ist die Spannweite abhängig von

- der durchschnittlichen Abweichungsstärke,
- der relativen Bedeutung für das Gewinnziel,
- der Planungsgüte (Prognoseintensität) und
- der Beeinflussbarkeit der Abweichung (durch Nachsteuerung).

Die Toleranzgrenzen müssen nicht starr vorgegeben sein. Sie können mit zunehmender Vertrautheit und Prognostizierbarkeit des Planungsobjektes reduziert oder **nach verschiedenen Verantwortungsbereichen** differenziert werden. Im Sinne eines Management by Exception kann hier eine **Hierarchie** festgelegt werden, wann sich wer mit welchen Abweichungen zu beschäftigen hat.

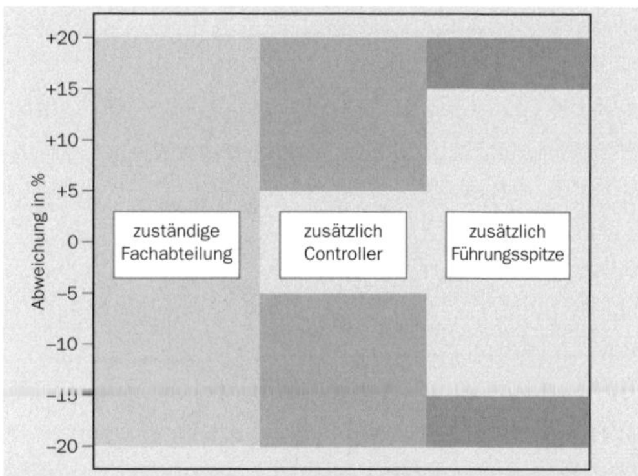

Schaubild 4.5: Verantwortungshierarchie für Abweichungen

Bei hinreichend großen Toleranzgrenzen muss sich der Controller bzw. die Führungsspitze nur mit wenigen Ausnahmen befassen. Je enger die Toleranzgrenzen sind, umso mehr Abweichungen sind zu untersuchen. Damit man sich nicht im Detail verliert, sind Abweichungen hinsichtlich ihrer Gewinnwirkung zu gewichten.

- Gewichtung nach Gewinnwirkung

So wie die Höhe der Prozentabweichung einer Einzelabweichung etwas über die Güte der Planung (Prognose) und der Budgetdisziplin bei der Realisierung aussagt, so sagt sie noch nichts über die Auswirkung auf die Gewinnhöhe aus. Die Intensität der Abweichungsanalyse bestimmter Einzelabweichungen sollte sich daher nach deren Bedeutung (Einfluss) für das Gewinnziel richten.

Eine 20%ige Erhöhung bei der Einzelposition Büromaterial ist, für sich gesehen, gravierend. Allerdings wird eine Umsatzverringerung um nur 5% den Gewinn viel stärker beeinträchtigen. Deshalb gewichtet man in der Unternehmenspraxis die Einzelabweichungen nach ihrem **Gewinnwirkungsgrad.**

Im einfachsten Falle geht man von der absoluten Höhe der Abweichungen aus und bildet eine Rangfolge für die Dringlichkeit der Abweichungsanalyse. Bei beschäftigungsabhängigen Positionen ist dies allerdings problematisch: Im Falle von höherer Beschäftigung ist eine Erhöhung der variablen Kostenpositionen sachlogisch und somit prinzipiell unkritisch, ob allerdings das Ausmaß der Erhöhung durch die Beschäftigungsänderung gerechtfertigt ist, lässt sich nicht unmittelbar erkennen. Bei solchen Positionen sind deshalb Gewinnwirkung und Beschäftigungsgrad zu berücksichtigen (Schaubild 4.6).

Eine Umsatzabweichung wegen Absatzänderungen wirkt sich nicht in voller Höhe auf den Gewinn aus, weil sich die variablen Kosten dazu definitionsgemäß proportional verändern. Der Gewinnwirkungsgrad von solchen Umsatzabweichungen entspricht somit nur dem Deckungsbeitragsanteil am Planumsatz (32% in Schaubild 4.6). Kostenpositionen können entsprechend ihrem Prozentanteil am Umsatz gewichtet werden. Der Beschäftigungsgrad wird nun bei den variablen Kosten dadurch berücksichtigt, dass die Abweichungen nicht aus der Änderung der Absolutbeträge, sondern aus den geänderten Prozentanteilen am jeweiligen Umsatz errechnet werden. Beispielsweise haben sich die variablen Vertriebskosten nur absolut um 0,2 Mio. DM oder 2,8% verschlechtert (0,2 bezogen auf 7,2); bei Berücksichtigung der ungünstigeren Beschäftigung beträgt die Abweichung aber 6,7% (3,2% – 3,0% bezogen auf 3,0). Die Abweichungswirkung erhält man, indem man alle Abweichungen mit dem entsprechenden Gewinnwirkungsgrad multipliziert. Für die Analyseintensität kann dann gemäß der Abweichungsbedeutung eine **Rangfolge** aufgestellt werden. Im Beispiel wurde zwischen gewinnverbessernden und gewinnverschlechternden Abweichungen unterschieden. Ergänzend zur Rangfolge kann man hier auch Toleranzschwellen berücksichtigen.

• Abweichungen fallweise feststellen

Eine andere Art der Begrenzung von Abweichungsanalysen besteht darin, dass Abweichungen nur zu bestimmten Anlässen ermittelt und untersucht werden. Beispielsweise kann man die Abweichung der Herstellkosten regelmäßig, vielleicht durch monatliche „Muss"-Kontrolle, ermitteln und nur bei überschrittenen Toleranzwerten Einzelabweichungen wie Materialausbeute oder Fertigungsleistung durch „Kann"-Kontrolle untersuchen, die ansonsten nur quartalsweise zu analysieren wären.

Statt einer regelmäßigen, kalendarischen Abweichungsfeststellung können auch **fallweise Analysen** vorgenommen werden. Insbesondere bei Budgets mit Projektcharakter sind fallweise Abweichungsermittlungen geraten, z. B. bei Erreichen eines kritischen Kontrollzeitpunktes, wegen der Ergebnisse früherer Analysen, der Vermutung einer möglichen Abweichung oder auch einem grundsätzlichen Interesse an der Entwicklung. Besondere, fallweise Kontrollen gelten in der Praxis Folgendem: Investitionen, Forschungs- und Entwicklungsprojekten, Großaufträgen, Werbefeldzügen, Bildungsmaßnahmen, DV-Implementierungen oder Vorhaben zur Beseitigung von Schwachstellen und Engpässen.

Ein typischer Praxisfall ist die **Teilfreigabe von Budgets**. Z.B. wird für die Einführung eines neuen Produkts von dem beantragten Budget nur ein Teilbetrag (z. B. 40%) zur Ausgabe freigegeben. Die restlichen 60% dürfen erst dann ausgegeben werden, wenn bei Erreichen eines bestimmten Kontrollzeitpunktes keine wesentlichen Abweichungen, sei es bei Umsätzen oder Kosten, gegenüber den geplanten Entwicklungen eingetreten sind.

Monat Januar – Juni 2001 (kumuliert)	Budget		Gewinnwirkung		Ist		Abweichung	Abweichungswirkung		Bedeutung von	
	Mio €	%	Basis	Grad	Mio €	%	%	–	+	Negativabweichungen	Positivabweichungen
Brutto–Umsatz	240.0	100.0	Deckungsbeitrag	32,0	230.0	100.0	– 4.2	134		1	
– Erlösschmälerungen	12.0	5.0		5,0	13.8	6.0	– 20.0	100		2	
= Netto–Umsatz	228.0	95.0			216.2	94.0					
– variable Vertriebskosten	7.2	3.0		3,0	7.4	3.2	– 6.7	20		6	
– variable Herstellkosten	144.0	60.0		60,0	133.2	57.9	+ 3.5		210		1
= Deckungsbeitrag Artikel	76.8	32.0			75.6	32.9	– 1.6				
– Fixkosten Vertriebsweg	12.0	5.0		5,0	12.5		– 4.2	21		4	
= Deckungsbeitr. Vertriebsweg	64.8	27.0			63.1		– 2.6				
± Kostenabweichungen					+3.0		+ 2.3				
• Einkauf: Preis	–	–	Rohstoffanteil	37,0	(+ 1.0)		+ 1,2		44		4
• Produktion: • Ausbeute	–	–	Rohstoffanteil	37,0	(+ 1.5)		+ 1,8		67		2
• Fertigungsleistung	–	–	Fertigungskosten	20,9	(– 0.5)		– 1,0	21		5	
• sonstiges:	–	–	variable Herstellkosten	57,9	(+ 1.0)		+ 0,8		46		3
– Fixkosten Werke	24.0	10.0		10,0	25.3		– 5.4	54		3	
– Fixkosten Verkauf/Werbung	12.0	5.0		5,0	11.4		+ 5.0		25		5
– Fixkosten Warendistribution	7.2	3.0		3,0	6.9		+ 4.2		13		7
– Fixkosten Verwaltung	16.8	7.0		7,0	16.6		+ 1.2		8		8
± sonst. Aufwend./Erträge	+ 2.0	0.8		0,8	+ 2.6		+ 30.0		24		6
± Zinsaufwendungen/Erträge	– 2.4	1.0		1,0	– 2.8		– 16.7	17		7	
= Betriebsergebnis	+ 4.4	1.8		100,0	+ 5.7		+ 29,5				

Schaubild 4.6: Abweichungsgewichtung nach der Gewinnwirkung

So soll sichergestellt werden, dass man den Misserfolg eines Projektes oder Produktes frühzeitig erkennt und nicht die gesamten geplanten Ausgaben „in den Sand setzt“.
Bei projektartigen Vorhaben können auch mehrere Kontrollzeitpunkte ereignisorientiert vorgesehen werden, sogenannte **„Meilensteine“**.

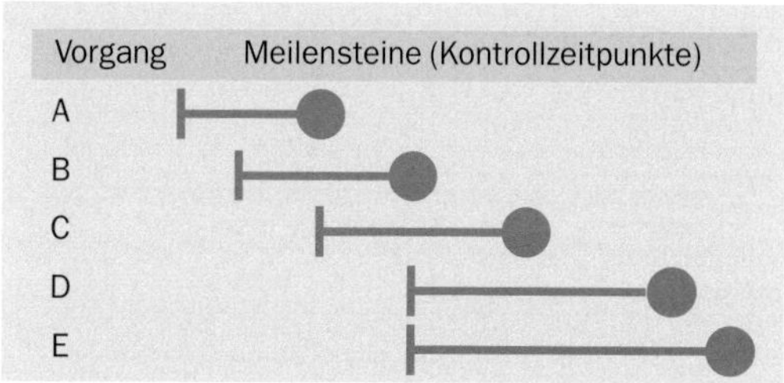

Schaubild 4.7: Meilensteinplanung

Die Abweichungsanalyse zum Kontrollzeitpunkt kann dazu führen, dass man ein Projekt zurückstellt oder gar abbricht. Diese Entscheidung kann im Einzelfall aufwendige Wirtschaftlichkeitsberechnungen erfordern. Analysen zum Endereignis (vgl. in Schaubild 4.7: Endpunkt von Vorgang E) können helfen zukünftige Planungen zu verbessern.

• Abweichungsanalysen abwägen
Um Abweichungsanalysen wirtschaftlich durchführen zu können sollten sie nicht allzu schematisch gehandhabt werden. Detaillierte Untersuchungen können dort unterbleiben, wo die Gründe für Abweichungen offensichtlich sind. Dagegen kann es durchaus sinnvoll sein, eine unerklärliche, zunächst unbedeutende Abweichung näher zu untersuchen, weil sie ein Anzeichen für gravierende zukünftige Fehlentwicklungen sein kann, die man frühzeitig vermeiden sollte.
Im Rahmen der **Verantwortungshierarchie** (vgl. Schaubild 4.5) ist es zunächst Aufgabe der zuständigen Fachabteilung, sich im Sinne des **Selfcontrolling** um Abweichungen zu kümmern. Die Aufgabe des Controllers besteht vorrangig darin, für die Aufbereitung des abweichenden Zahlenmaterials zu sorgen und sicherzustellen, dass notwendige Analysen auch durchgeführt werden. Nur bei gravierenden Abweichungen (Toleranzschwellen, Gewinnwirkungsgrad) wird er sich für diese interessieren und sollte sich bei unbefriedigenden Erklärungen der zuständigen Fachabteilung in die Abweichungsanalyse einschalten. Die Zuständigkeit für Abweichungen kann nach Verantwortungsbereichen differenziert werden.
Die Marketingabteilung ist für die Abweichungen beim Deckungsbeitrag der Produkte und den Fixkosten des Vertriebswegs, der Verkaufswerbung und der Warendistribution verantwortlich; die Produktionsabteilung für die der Materialausbeute, der Fertigungsleistung und sonstige Kostenabweichungen sowie der Werksfixkosten; die Einkaufsabteilung für die Einkaufspreisabweichungen und die Verwaltung für Abweichungen bei den Verwaltungsfixkosten und den sonstigen Aufwendungen und Erträgen einschließlich Zinsen und aller betriebsneutralen Einzelabweichungen. Für Betriebsergebnis und Gewinn sind letztlich alle gemeinsam verantwortlich.
Siehe Schaubild 4.8.
Die **Zuständigkeit für die Abweichungen** sollte sich möglichst danach richten, wie weit eine Abteilung tatsächlich Einfluss darauf nehmen kann. Meist ist das über die **Budgetverantwortung** möglich. Häufig verursachen aber auch andere Stellen die Abweichungen. Beispielsweise kann der Vertrieb seine Umsatzziele (bzw. DB-Ziele) wegen Produktionsstörungen nicht realisieren. Oder die Materialausbeute in der Produktion ist schlecht, weil der Einkauf Rohstoffe minderer Qualität beschafft hat um seine Einkaufspreisziele einhalten zu können.

4.3 Diagnose

Allgemein gesagt liegt die Ursache für das Auseinanderklaffen zwischen Plan- und Istwerten meist in der unvollkommenen Information bei der Planerstellung, was für ein Unternehmen in der Marktwirtschaft ganz normal ist. Ergründet man die **Ursache der Abweichung**, verbessert man damit zugleich den Informationsstand des Entscheidungsträgers.

Monat Januar – Juni 2001 (kumuliert)	Budget		Ist		Abweichung		Verantwortung			
	Mio. €	%	Mio. €	%	Mio. €	%	Vertrieb	Produktion	Einkauf	Verwaltung
Brutto–Umsatz	240.0	100.0	230.0	100.0	– 10.0	– 4.2				
– Erlösschmälerungen	12.0	5.0	13.8	6.0		– 20.0				
= Netto–Umsatz	228.0	95.0	216.2	94.0						
– variable Vertriebskosten	7.2	3.0	7.4	3.2		– 6.7				
– variable Herstellkosten	144.0	60.0	133.2	57.9		+ 3.5				
= Deckungsbeitrag Artikel	76.8	32.0	75.6	32.9	– 1.2	– 1.6	– 1.2			
– Fixkosten Vertriebsweg	12.0	5.0	12.5		– 0.5	– 4.2	– 0.5			
= Deckungsbeitr. Vertriebsweg	64.8	27.0	63.1		– 1.7	– 2.6	– 1.7			
± Kostenabweichungen			+3.0		+ 3.0	+ 2.3				
• Einkauf: Preis	–	–	(+ 1.0)						+ 1.0	
• Produktion: • Ausbeute	–	–	(+ 1.5)					+ 1.5		
• Fertigungsleistung	–	–	(– 0.5)					– 0.5		
• sonstiges:	–	–	(+ 1.0)					+ 1.0		
– Fixkosten Werke	24.0	10.0	25.3		– 1.3	– 5.4		– 1.3		
– Fixkosten Verkauf/Werbung	12.0	5.0	11.4		+ 0.6	+ 5.0	+ 0.6			
– Fixkosten Warendistribution	7.2	3.0	6.9		+ 0.3	+ 4.2	+ 0.3			
– Fixkosten Verwaltung	16.8	7.0	16.6		+ 0.2	+ 1.2				+ 0.2
± sonst. Aufwend./Erträge	+ 2.0	0.8	+ 2.6		+ 0.6	+ 30.0				+ 0.6
± Zinsaufwendungen/Erträge	– 2.4	1.0	– 2.8		– 0.4	– 16.7				– 0.4
= Betriebsergebnis (Kalk.)	+ 4.4	1.8	+ 5.7		+ 1.3	+ 29.5	– 0.8	+ 0.7	+ 1.0	+ 0.4
± Beteiligungsergebnis	+ 0.6		+ 0.8		+ 0.2	+ 33.3				+ 0.2
± Gewerbeertragssteuer	– 0.8		– 1.0		– 0.2	– 25.0				– 0.2
= Operatives Ergebnis	+ 4.2		+ 5.5		+ 1.3	+ 31.0				
± Neutrales Ergebnis	+ 0.2		+ 0.3		+ 0.1	+ 50.0				+ 0.1
= Gewinn	+ 4.4	1.8	+ 5.8		+ 1.4	+ 31.8	– 0.8	+ 0.7	+ 1.0	+ 0.5

Schaubild 4.8: Verantwortungsbereiche für Abweichungen (Anamnese)

Bei der Analyse der Abweichungen wird zunächst unterschieden, ob die Abweichungsursachen vom Unternehmen kontrollierbar sind oder nicht. Bei den **nicht kontrollierbaren Abweichungen** handelt es sich um zufällige, nicht beeinflussbare Ursachen, die sich durch unvorhersehbare Veränderungen der Umweltbedingungen oder Störungen im Unternehmensprozess ergeben.
Demgegenüber gelten **kontrollierbare Abweichungsursachen** als systematisch und damit vom Unternehmen mehr oder weniger beeinflussbar. Dabei wird zwischen Planungsabweichungen und Ausführungsabweichungen unterteilt, die aber in der Praxis schwierig voneinander zu trennen sind. Bei den planungsbedingten Abweichungen unterscheidet man wiederum zwischen Prognosefehlern und unzweckmäßiger Methodenwahl.
Planungsabweichungen können häufig auf folgende Gründe zurückgeführt werden:

• Fehlende Informationen
Beispiel: Im Budgetjahr vorgenommene Änderungen der Stückliste oder des Produktionsverfahrens wurden in der Planung nicht berücksichtigt.

• Falsche Entwicklungsprognosen
Beispiel: Es wurden sinkende Rohstoffpreise prognostiziert, tatsächlich sind sie gestiegen.

• Ungeeignete Planungsmethoden
Beispiel: Die Absatzmengen wurden anhand von Trendberechnungen geplant, obwohl zwischenzeitlich Strukturveränderungen eingetreten sind.

• Fehlerhafter Formelaufbau
Beispiel: Relevante Einflussgrößen wurden vernachlässigt.

• Fehlerhafte Durchführung oder Istwertermittlung
Beispiel: Unstimmigkeiten bei Anweisungen aufgrund von Abstimmungs- oder Verfahrensfehlern oder ganz allgemein Unzulänglichkeiten im Vollzug durch fehlende Motivation, Einsatz etc.

Abweichungen haben in der Praxis regelmäßig vielfältige Ursachen. Ist die Ermittlung ihrer Bestimmungsfaktoren schon schwierig genug, so ist die Quantifizierung der Bedeutung einer einzelnen Ursache an einer (Gesamt-)Abweichung noch viel schwieriger.

4.3.1 Abweichungsursachen herausfinden

Will man Ursachen ermitteln, ist es kaum machbar und sinnvoll, alle möglichen Bestimmungsfaktoren einzubeziehen. Man wird sich notwendigerweise auf die bedeutendsten beschränken, die mit Hilfe von statistischen Methoden bestimmt werden können, so z. B. mittels Varianzanalyse, Regressionsanalyse, Korrelationsanalyse, Faktorenanalyse oder Clusteranalyse.
Wenn zwischen den Bestimmungsfaktoren multiplikative Beziehungen bestehen, tauchen **Abweichungen höheren Grades** auf, die eine Aufspaltung der Gesamtabweichung in Teilabweichungen von Bestimmungsfaktoren problematisch machen.

Beispiel
Der Planwert 10.000 sei das Produkt aus Menge (10.000) und Preis (1,00). Man kann sich das als Umsatzerlös im Umsatzbudget oder auch als Rohstoffkosten im Materialbudget vorstellen. Der realisierte Istwert ergibt sich mit 13.200 bei einem Ist-Preis von 1,20 und einer realisierten Menge von 11.000.

Wie ist die Gesamtabweichung von 3.200 auf die Bestimmungsfaktoren Menge und Preis zuzurechnen?

Dazu gibt es grundsätzlich zwei Vorgehensweisen:
• Alternative Abweichungsanalyse
Man vergleicht den Planwert mit einem Wert, bei dem von der Ist-Größe nur die realisierte Größe des zu untersuchenden Bestimmungsfaktors berücksichtigt wird. Die Abweichung dieses Wertes zum Planwert ergibt die Teilabweichung des berücksichtigten Bestimmungsfaktors. Das gleiche Prozedere gilt nun für den nächsten Bestimmungsfaktor und so fort. Wenn für alle Einfluss-

faktoren die Teilabweichungen ermittelt sind, bleibt allerdings eine Restabweichung, die **Abweichung höheren Grades,** übrig, soweit sich nicht zufällig positive und negative Abweichungen aufheben (± Null). Für das Beispiel soll zunächst die Preis- und dann die Mengenabweichung errechnet werden:

(a) *Preisabweichung*
(10.000 · 1,00) – (10.000 · 1,20) = – 2.000

(b) *Mengenabweichung*
(10.000 · 1,00) – (11.000 · 1,00) = – 1.000

(c) *Restabweichung* (Abweichung höh. Grades)
– (3.200 – 2.000 – 1.000) = – 200

Gesamtabweichung – 3.200

Die **Restabweichung** ist das Produkt aus Mengen- und Preisdifferenz, wie die grafische Darstellung gut zeigt:

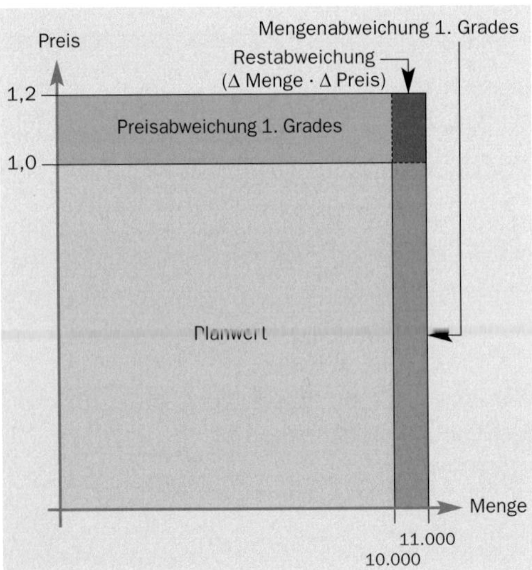

Schaubild 4.9: Abweichung höheren Grades (Restabweichung)

Die Zurechnung der Restabweichung ist hier nicht gelöst.
Deshalb wird bei vielfältigen Einflussfaktoren, deren Teilabweichungen sich womöglich noch teilweise aufheben, die kumulative Abweichungsanalyse herangezogen.

• Kumulative Abweichungsanalyse
Vom Planwert subtrahiert man im ersten Schritt einen Wert, bei dem nur die Ist-Größe des zu untersuchenden Bestimmungsfaktors berücksichtigt wird. Die Differenz rechnet man als Teilabweichung, wie bei der alternativen Abweichungsanalyse, diesem Bestimmungsfaktor zu. Im zweiten Schritt, zur Ermittlung der zweiten Teilabweichung, wird nun aber nicht vom Planwert, sondern vom zweiten Wert ausgegangen. Von diesem subtrahiert man einen Wert, bei dem nun zusätzlich (kumulativ) die Ist-Größe des zweiten Bestimmungsfaktors eingesetzt ist. Die Differenz rechnet man als Teilabweichung dann diesem Bestimmungsfaktor zu. Dies wird so lange fortgesetzt, bis man für alle Einflussfaktoren die Teilabweichungen ermittelt hat und der letzte Vergleichswert dem realisierten Ist-Wert entspricht. Die Summe der Teilabweichungen ergibt dabei die Gesamtabweichung, sodass keine Restabweichung auftritt.
Wie bei der alternativen Abweichungsanalyse soll zunächst die Preis- und dann die Mengenabweichung ermittelt werden:

(a) *Preisabweichung*
(10.000 · 1,00) – (10.000 · 1,20) = – 2.000

(a) *Mengenabweichung*
(10.000 · 1,20) – (11.000 x 1,20) = – 1.200

∑Teilabweichungen = Gesamtabweichung ∑ – 3.200

Die Abweichung höheren Grades ist hier zwar verteilt, aber willkürlich in Abhängigkeit von der Reihenfolge der Ermittlung von Teilabweichungen. Um dies zu zeigen wird jetzt im ersten Schritt die Mengenabweichung ermittelt:

(a) *Mengenabweichung*
(10.000 · 1,00) – (11.000 · 1,00) = – 1.000

(b) *Preisabweichung*
(11.000 · 1,00) – (11.000 · 1,20) = – 2.200

Gesamtabweichung – 3.200

Hier beträgt die Mengenabweichung nur –1.000 und die Abweichung höheren Grades wird im letzten Rechenschritt der Preisabweichung zugerechnet. Um diesen Zuordnungsfehler möglichst klein zu halten spaltet man zuerst die weniger bedeutsamen Bestimmungsfaktoren und zuletzt die wichtigsten ab. In unserem Falle wäre zuerst die Mengenabweichung zu ermitteln und dann die Preisabweichung aufgrund ihrer größeren Bedeutung.

4.3.2 Vergangenheitsorientierte Abweichungsanalysen

Die Expost-Untersuchungen von Abweichungen können natürlich an den eingetretenen Zielabweichungen im Nachhinein nichts ändern. Aber sie bieten die Chance für zukünftige Planungen und Durchführungen zu lernen (Feedback). Dabei ist die Frage des „Warum?" so lange zu stellen, bis man zu den Wurzeln der jeweiligen Abweichungen vorgedrungen ist. Werden die Ursachen einer Abweichung in vor- oder nachgelagerten Verursachungskomplexen vermutet, so sind sämtliche Kontrollobjekte entlang der **Abweichungsverursachungskette** zu analysieren.

• Diagnose mit Hilfe von Analyseketten

Unter den Hilfsmitteln zur Unterstützung von Planungs- und Kontrollaufgaben im Unternehmen haben die **Kennzahlen** und Kennzahlensysteme eine zentrale Bedeutung. Das schon vorgestellte **Du-Pont-Schema**, das die Spitzenkennzahl Return on Investment (Gesamtkapitalverzinsung) schrittweise in Bestimmungsfaktoren aufspaltet, kann hier auch zur Abweichungsanalyse eingesetzt werden.

Im Mittelpunkt steht dabei die Frage, welche Faktoren die Abweichung der Spitzenkennzahl (Kapitalrendite) erklären können. Dazu wird im ersten Schritt nur die Entwicklungstendenz für jede Kennzahl angegeben (steigend, fallend, gleich bleibend), was durch Vorzeichen oder Pfeile sym-

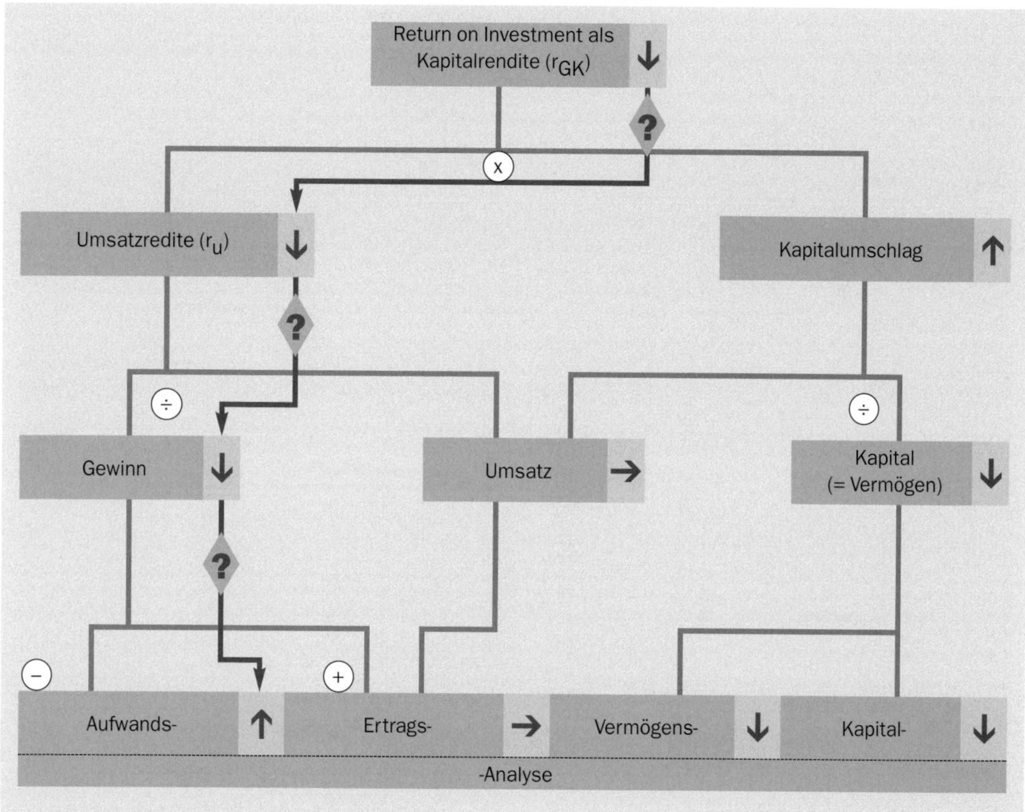

Schaubild 4.10: Diagnose mit Analyseketten

bolisiert werden kann (+↑,–↓,=→). Man prüft anschließend, von der Spitzenkennzahl ausgehend, kaskadenförmig für die Kennzahlen auf jeder Stufe, ob ihre Tendenz auf eine positive **Ursachen-Wirkungs-Beziehung** hindeutet (Grundprinzip verkürzt in Schaubild 4.10).

Renditediagnose

Die **Ursachen** für die Verschlechterung der Kapitalverzinsung (ROI) sind zu **untersuchen.** Dazu werden die Abweichungen der durch das Du-Pont-Schema vorgegebenen Kontrollobjekte in ihrer Tendenz angegeben. Danach wird kaskadenförmig untersucht, welche für die Verschlechterung der Spitzenkennzahl verantwortlich sind. Eine Erhöhung des Kapitalumschlags wirkt sich günstig aus, die Verschlechterung der Umsatzrentabilität dagegen nachteilig. Da der Umsatz sich nicht verändert hat, ist die verschlechterte Umsatzrentabilität auf die Gewinnabnahme zurückzuführen, die bei gleich bleibendem Umsatz durch die Aufwandszunahme verursacht ist. Dies gilt es in der Aufwandsanalyse zu untersuchen.

Anhand des bei der Anamnese verwendeten Zahlenbeispiels (vgl. Schaubild 4.8) soll die **Analysekette** konkret angewendet werden. Die Ursachen für die dort verbesserte Umsatzrendite sind zu ergründen (vgl. Schaubild 4.11). Sowohl die Umsatzverringerung als auch die Gewinnerhöhung haben zur Verbesserung der Umsatzrendite beigetragen. Die Gewinnerhöhung wiederum ist auf günstige Kostenabweichungen und sonstige Positionen zurückzuführen: Preis, Ausbeute und sonstige Kostenabweichungen sowie sonstige Aufwendungen/Erträge, Beteiligungsergebnis und neutrales Ergebnis haben zur Gewinnverbesserung beigetragen.

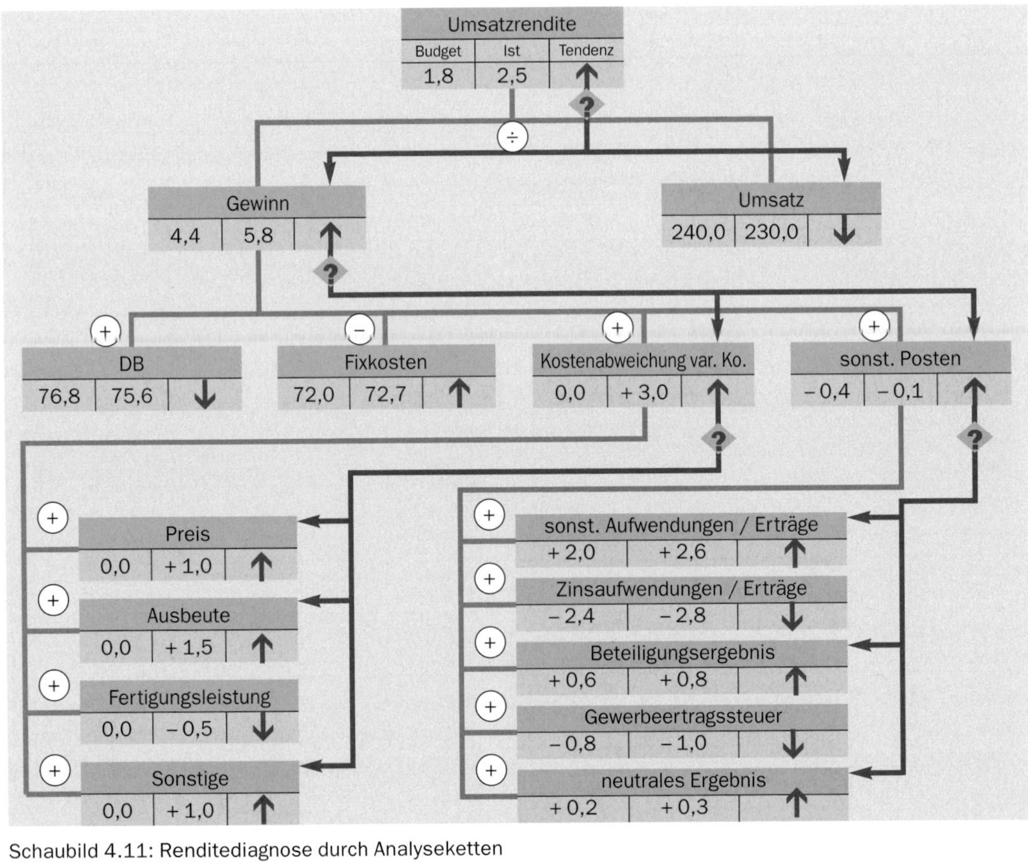

Schaubild 4.11: Renditediagnose durch Analyseketten

Umsatzdiagnose

So interessant es ist, die Ursachen für den Erfolg oder den Misserfolg mit Hilfe von Analyseketten zu ermitteln, auch bedeutende Abweichungen, die nicht dazu beigetragen haben, sind zu analysieren. Die Analyse ihrer Ursachen kann zukünftige Prognosen verbessern und damit die zukünftige Zielerreichung begünstigen.

So muss jeder Verantwortungsbereich seine Abweichungen analysieren. Für die Abweichungen im Vertriebsbereich können das Produkt, der Kunde, der Verkaufsbezirk oder sonstige „Verursacher" in Frage kommen (Schaubild 4.12).

Im Vertriebsbereich ist die produktbezogene **Umsatzabweichungsanalyse** besonders wichtig. Die Vorgehensweise zeigt die folgende Rechnung (Mengen in 1.000 Stück, Umsätze in Mio. €).

Beispiel

	Planwerte/Budget			Ist-Werte		
	Menge in Td.	Preis €	Umsatz Mio.€	Menge in Td.	Preis €	Umsatz Mio. €
A 1	10.500	8,—	84	12.000	7,—	84
A 2	7.500	12,—	90	8.000	10,—	80
A 3	6.000	11,—	66	5.000	13,20	66
Σ	24.000	10,—	240	25.000	9,20	230

Die Mengen- und Preisabweichungen errechnen sich entsprechend der **kumulativen Abweichungsanalyse** wie folgt:

Mengenabweichung

Istmenge · Planpreis – Planumsatz = Mengenabweichung

25.000 · 9,20 – 24.000 · 10,– = + 10

Preisabweichung

Istumsatz – Istmenge · Planpreis = Preisabweichung gesamt

25.000 · 9,20 – 25.000 · 10,– = – 20

Die Preisabweichung lässt sich jetzt noch in die Sortimentsstruktur- und die effektive Preisabweichung aufspalten:

Strukturabweichung des Sortiments

Istsortiment zu Planpreisen – Istmenge · Plansortimentspreis

$$\left.\begin{matrix} 12.000 \cdot 8,- \\ 8.000 \cdot 12,- \\ 5.000 \cdot 11,- \end{matrix}\right\} -25.000 \cdot 10,- = -\ 3$$

Effektive Preisabweichung

Istumsatz – Istsortiment zu Planpreis

$$25.000 \cdot 9,20 - \left\{\begin{matrix} 12.000 \cdot 8,- \\ 8.000 \cdot 12,- \\ 5.000 \cdot 11,- \end{matrix}\right\} = -17$$

Preisabweichung gesamt Σ – 20

Anhand der Zahlen lässt sich zusammenfassen, dass der Umsatzrückgang ausschließlich auf das verringerte Verkaufspreisniveau zurückzuführen ist, weil das Absatzvolumen sogar gestiegen ist.

Monat: Jan. – Juni 2001	Budget		Ist		Ursachenanalyse nach			
	Mio. €	%	Mio. €	%	Produkt	Kunde	Bezirk	sonst.
Brutto-Umsatz	240,0	100,0	230,0	100,0	●	●	●	
– Erlösschmälerungen	12,0	5,0	13,8	6,0	●	●	●	
= Netto-Umsatz	228,0	95,0	216,2	94,0				
– variable Vertriebskosten	7,2	3,00	7,4	3,2	●			
– variable Herstellkosten	144,0	60,0	133,2	57,9		●	●	
= Deckungsbeitrag Artikel	76,8	32,0	75,6	32,9	●	●	●	
– Fixkosten Vertriebswege	12,0	5,0	12,5				●	
= Deckungsbeitr. Vertriebsw.	64,8	27,0	63,1				●	
– Fixkosten Werbung	12,0	5,0	11,4					●
– Fixkosten Verkehr/Distrib.	7,2	3,0	6,9					●
= Marketingergebnis	45,6	19,0	44,8		●	●	●	●

Schaubild 4.12: Ursachenanalyse in Vertriebsbereich

Die Preisabweichung wurde nur geringfügig durch Verkaufssortimentsabweichungen und überwiegend durch gefallene Verkaufspreise bei den Artikeln 1 und 2 verursacht.

Kostendiagnose
Abweichende Kosten haben traditionell im industriellen Produktionsbereich die größte Bedeutung. Die **Kostenanalyse** ist heute für Unternehmen jeglicher Größen zu einem unverzichtbaren Instrument zielgerichteter Betriebsführung geworden.
Dabei reicht es nicht, die Kosten durch eine Zeitreihenanalyse in ihrer Entwicklung aufzuzeigen oder durch einen Soll-Ist-Vergleich Abweichungen der realisierten Kosten von den budgetierten Kosten festzustellen. Wichtiger ist es, die Ursachen für die Veränderungen aufzudecken, um so steuernd eine zielgerechtere Planung und eine wirtschaftlichere Durchführung erreichen zu können.
Allerdings kann die Fachabteilung Produktion oder eine einzelne Kostenstelle nur die ihr unmittelbar „eigenen" Kosten steuern. Deshalb sind Kostenabweichungen außerhalb ihres Einflussbereiches abzuspalten. Es sind dies in erster Linie die **Beschäftigungs-** und die **Einkaufs-Preisabweichung**. Die Auslastung bzw. Beschäftigung einer Produktionskostenstelle wird regelmäßig vom Absatzvolumen bestimmt, worauf der Produktionsbereich normalerweise keinen direkten Einfluss hat. Die Einstandspreise werden vom Einkauf geplant, ausgehandelt und vereinbart. Auch deren Abweichung liegt somit außerhalb der Verantwortung des Produktionsbereichs. Die verbleibende dem Produktionsbereich anzulastende Abweichung ist die **Verbrauchsabweichung.**
Sind die Kosten perioden- und verursachungsgerecht zugeordnet, können die Abweichungen bei einer unterplanmäßigen Beschäftigung einer Kostenstelle grafisch folgendermaßen dargestellt werden (siehe Schaubild 4.13).
In der Kostenstellenabrechnung ergibt sich die **Beschäftigungsabweichung** als Differenz zwischen den Kosten, die auf andere Kostenstellen oder Kostenträger als Stückkosten verrechnet werden (K_{verr}), und den Kosten, die unter Differenzierung in fixe und variable Teilen beim Ist-Beschäftigungsgrad eintreten sollten (K_{soll}) als

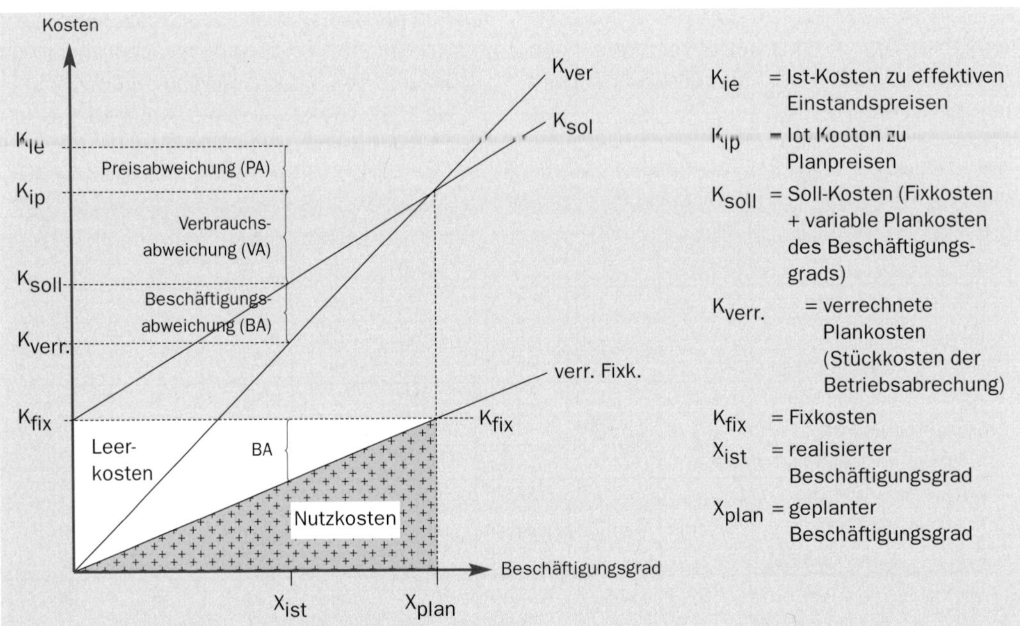

Schaubild 4.13: Kostenabweichungsanalyse

Sollkosten. Die **Leerkosten** sind der ungenutzte Teil der Fixkosten beim Beschäftigungsgrad. Da in der Betriebsabrechnung üblicherweise mit Standardpreisen gerechnet wird, taucht die Preisabweichung zum effektiven Einstandspreis in der Produktionskostenstelle gar nicht auf. Die **Preisabweichung** ergibt sich als Differenz der Werte der Bestandsverwaltung zu Einstandspreisen (K_{ie}) zu den Wertansätzen der Kostenrechnung (K_{ip}). Preisabweichungen lassen sich nur für solche Kostenarten feststellen, für die das Mengen- und Preisgerüst einzeln geplant wird. Dies gilt aus wirtschaftlichen Gründen nur für bedeutende Kostenarten wie das Fertigungsmaterial und die Fertigungslöhne.

Im Zentrum der Betrachtung steht die von der Kostenstelle zu vertretende **Verbrauchsabweichung**. Sie lässt sich bei der kumulativen Abweichungsanalyse in Teilabweichungen aufspalten. Je nach Verursacher kann man zwischen Verfahrens-, Programm- (Auftrags-), Einsatz- (Qualitäts-), Losgrößen-, Intensitäts- und Restabweichung unterscheiden. Die Ermittlung von Verbrauchsabweichungen wird umso schwieriger, je mehr Produktionsprozesse automatisiert sind.

Entsprechend unserem Beispiel (vgl. Schaubild 4.8) soll zwischen Materialausbeute, Fertigungsleistung und Restabweichung (Sonstiges) unterschieden werden (Schaubild 4.14):

Kostenpositionen	Sollkosten bei Ist-Beschäftigung	Ist-Kosten	Kosten-abweichung
var. Herstellk.	133,2	131,2	+ 2,0
Material	85,0	83,5	+ 1,5
Fertigungs-leistung	48,2	48,7	– 0,5
Sonstiges (Restabweichg.)	—	– 1,0	+ 1,0

Schaubild 4.14: Verbrauchsabweichungen (in Mio DM)

Weil hier Budgetierung und Abrechnung auf Teilkostenbasis nach dem Beschäftigungsgrad als **Grenzplankostenrechnung** erfolgten, entsteht rechnerisch keine Beschäftigungsabweichung. Variable Kosten werden nach Beschäftigungsgrad und Fixkosten en bloc verrechnet. Somit werden die Sollkosten unmittelbar gemäß der Beschäftigung verrechnet. Die **Verbrauchsabweichung** ergibt sich jeweils als Differenz zwischen diesen Soll-Kosten und den bei den Kostenstellen angefallenen Ist-Kosten. Aus wirtschaftlichen Gründen werden nur die bedeutendsten Verbrauchs-Teilabweichungen systematisch erfasst, die verbleibende Rest-Verbrauchsabweichung wird je nach Ausmaß fallweise analysiert.

Abweichungsverantwortung kommt dem Kostenstellenleiter nur für die Abweichungen zu, die er auch beeinflussen kann, also z. B. die Einsatzplanung, die Einhaltung von Qualitätsstandards (Ausschuss und Nacharbeit) oder die Mitarbeiterleistung. Verbrauchsabweichungen können allerdings auch auf Ursachen zurückgeführt werden, die keiner Unwirtschaftlichkeit der jeweiligen Kostenstelle entspringen:

- Sonderwünsche von Kunden führen zu Änderungen der Arbeitsabläufe;
- Betriebsstörungen werden von außen verursacht (Ausfall der EDV-Anlage, Maschinenstillstände durch Stromausfall, Unfälle etc.);
- Engpässe verzögern den Betriebsablauf (Material, Personal etc.).

Bei den definitionsgemäß beschäftigungsunabhängigen Fixkosten werden die Abweichungen nach Kostenarten untersucht (Schaubild 4.15):

Kostenart	Budget		Ist		Abweichung	
	T€	%	T€	%	T€	%
Hilfslöhne	3.200	13,3	3.450	13,6	–250	–7,8
Gehälter	4.100	17,1	3.950	15,6	+150	+3,7
Fremdwartung	1.866	7,8	1.900	7,5	– 34	–1,8
Abschreibungen	6.000	25,0	5.950	23,5	+ 50	+0,8
Raumkosten	2.500	10,4	2.640	10,4	–140	–5,6
...	...	...	...	...	...	...
Ges. Fixkosten	24.000	100,0	25.300	100,0	– 1.300	– 5,4

Schaubild 4.15: Fixkostenabweichung in der Produktion

Monat: Jan. – Juni 2001	Budget		Ist		Ursachenanalyse		
	Mio. €	%	Mio. €	%	Produkt	Kostenstelle	Kostenart
Variable Herstellkosten	144,0	60,0	133,2	57,9	●	●	
Kostenabweichungen							
Ausbeute			+1,5		●	●	
Fertigungsleistung			–0,5		●	●	
Sonstiges			+1,0			●	
Fixkosten	24,0	10,0	25,3			●	●
Herstellkosten	168,0	70,0	156,5		●	●	●

Schaubild 4.16: Abweichungsanalyse im Produktionsbereich

Aber auch die **Fixkosten** sind nicht gänzlich beschäftigungsunabhängig. So werden Schmierstoffe und Verschleißreparaturen bei höherer Leistung steigen. Auch Kostenarten, die man aus wirtschaftlichen Gründen nicht in den variablen Kosten erfasst, sondern pauschaliert, wie z. B. die Stromkosten, schwanken mit der Beschäftigung. Erhöhte Fixkosten der Produktion können ebenso durch die in der Umsatzabweichungsanalyse festgestellten Zunahme des Absatzvolumens begründet sein.

Die Ursachen für **Abweichungen im Produktionsbereich** können also im Produkt, in der Kostenstelle oder der Kostenart gesucht werden (Schaubild 4.16).

Eine weitere Ursache für Soll-Ist-Abweichungen sind **Preisabweichungen** im Material, im Lohn- und im Finanzbereich. Preisänderungen bei den Gemeinkosten, die nur geringen Preisschwankungen unterliegen, werden vernachlässigt bzw. in der **Verbrauchsabweichung**, weitestgehend unerkannt, implizit „erfasst“.

Preisabweichungen im Materialbereich entstehen durch zu hoch oder zu niedrig geplante Einstandspreise oder durch mangelnde Umsetzung der budgetierten Einkaufsziele. Zu Controllingzwecken werden die Abweichungen der einzelnen Materialpositionen nach bedeutenden Material- bzw. Sortimentsgruppen zusammengefasst und entsprechend ihrer Größenordnung in einer Rangfolge geordnet, um die Schwerpunkte der Preisabweichungen im Einkaufsbereich aufzuzeigen.

Preisabweichungen im Lohn- bzw. Gehaltsbereich können sich durch ungeplante Tariferhöhungen oder durch autonome Maßnahmen, insbesondere im außertariflichen Bereich, ergeben. Arbeitsmarktbedingte freiwillige Lohn- und Gehaltsaufstockungen während des Budgetjahres rechnet man als Verbrauchsabweichung den jeweiligen Verantwortungsbereichen zu. Auch unterschiedliche Lohnniveaus aufgrund betriebstypischer Tarife im Arbeitseinsatz zählen zu den Verbrauchsabweichungen.

Als **Preisabweichungen im Finanzbereich** kann man Abweichungen in den Zinskonditionen ansehen. Sie wären nicht in den kalkulatorischen

Materialsorten	Beschaffungsmenge in kg	Planpreis €/kg	Istpreis €/kg	T€			Ursachenanalyse		
				Verbrauch zu Planpreis	Verbrauch zu Istpreis	Abweichung	Materialart	Disposition	Sonstiges
1	3.580.000	1,50	1,35	5.370	4.833	+537	●	●	●
2	1.500.000	2,80	2,47	4.200	3.705	+495	●	●	●
3	457.150	3,10	3,17	1.417	1.449	– 32	●	●	●
...									
Gesamt				83.500	82.500	1.000	●	●	●

Schaubild 4.17: Analyse der Preisabweichungen nach Materialsorten

Kosten den kapitalnutzenden Kostenstellen, sondern dem Finanzmanagement anzulasten.
Die **bedeutendste Preisabweichung**, die der Materialkosten, hat der **Einkauf zu verantworten**. Sie wird für wichtige Materialsorten (A-Teile) im Einzelnen analysiert (Schaubild 4.17).
Im Beispiel stimmen Beschaffungs- und Verbrauchsmenge überein. Da in der Praxis, insbesondere bei einer unterjährigen Abweichungsanalyse, erhebliche Unterschiede auftreten können, wird man das zugrunde gelegte Mengengerüst von der **Erfassung der Preisdifferenz** abhängig machen. Werden die Preisdifferenzen beim Lagerzugang/Einkauf erfasst, so wird die **Beschaffungsmenge** herangezogen, und im Falle der Erfassung bei der Entnahme für die Produktion/Verbrauch wird die Lagerabgangsmenge als **Verbrauchsmenge** genommen.
Für die meisten Kostenstellen außerhalb des Produktionsbereichs lassen sich keine exakten **Bezugsgrößen für das Mengengerüst** angeben. Dort werden deshalb die Kosten größtenteils wertmäßig geplant: Werbung, Honorare, Telefonkosten etc. Selbst wenn sie über ein Mengengerüst geplant werden, beispielsweise Gehälter über die Anzahl der Personalstellen, so steht dies in keiner direkten Beziehung zum Beschäftigungsgrad. Die Soll-Kosten im Soll-Ist-Vergleich entsprechen dann den für jede Kostenstelle budgetierten Kosten. Typisch ist das für den **Verwaltungsbereich,** wo Abweichungen nach folgenden Schwerpunkten analysiert werden könnten (Schaubild 4.18).
Bei diesen Kostenstellen handelt es sich um die Gemeinkostenbereiche, für die zur Verbesserung der Kostensteuerung die **Prozesskostenrechnung** entwickelt wurde. Grundlage dieser Kostenzurechnung sind Bezugsgrößen für die Kostenstellen-individuellen Beschäftigungsverursacher (Cost-Driver), deren Mengengerüst die Basis für die Abrechnung der Kosten von Leistungen (Prozessen) der jeweiligen Kostenstellen ist. Erfolgt nun auch die Budgetierung von einzelnen Kostenstellen aufgrund von Prozessen, so lässt sich durch das unterschiedliche Plan- und Ist-Mengengerüst auch hier die Kostenabweichung in eine Beschäftigungs- und eine Verbrauchsabweichung abspalten.
Sind die Ursachen für die Abweichungen der vergangenen Abrechnungsperioden erkannt, so können allerdings die Fehlentwicklungen im Nachhinein nicht mehr verhindert werden. Der **Nutzen der Ursachenanalyse** liegt vielmehr darin, solche Abweichungen durch entsprechende Korrekturmaßnahmen in Zukunft zu vermeiden oder sich – falls Ursachen durch das Unternehmen selbst nicht beeinflusst werden können – zumindest auf die sich abzeichnende Entwicklung besser einzustellen.

4.3.3 Zukunftsorientierte Abweichungsanalysen

Auch wenn keine zahlenmäßig wesentlichen Abweichungen aufgetreten sind, können sich anbahnende Entwicklungen in der nahen Zukunft zu bedrohlichen Abweichungen führen, die es zu prognostizieren und zu untersuchen gilt. Entwicklungen können sich überlagern und so negative durch positive Abweichungen aufheben, also einen **Kompensationseffekt** haben. Letztlich gilt

Monat: Jan. – Juni 2001	Budget		Ist		Ursachenanalyse nach	
	Mio. €	%	Mio. €	%	Kostenstelle	Ergebnis
– Fixkosten Verwaltung	16,8	7,9	16,6		●	
± Sonst. Aufwend./Erträge	+ 2,0	0,8	+ 2,6			●
± Zinsaufwend./ Erträge	– 2,4	1,0	– 2,8			●
± Beteiligungsergebnis	+ 0,6		+ 0,8		●	
± Gewerbeertragssteuer	– 0,8		– 1,0			●
± Neutrales Ergebnis	+ 0,2		+ 0,3			●

Schaubild 4.18: Abweichungsanalyse in der Verwaltung

es auch unerwartete positive Abweichungen zu analysieren, weil sie Chancen für zukünftige Gewinnverbesserungen sein können. So lässt sich feststellen, dass schließlich alle Bereiche, unabhängig von dem Ausmaß ihrer Abweichung, Gegenstand von **Vorschaurechnungen** sein sollten:

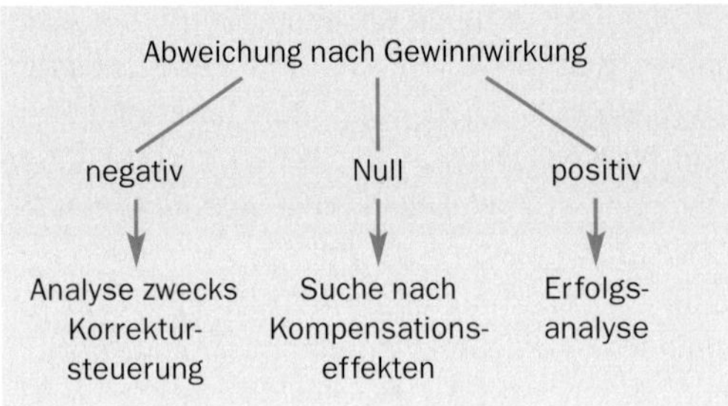

Schaubild 4.19: Ziel zukunftsorientierter Abweichungsanalysen

Die augenscheinlich einfachste Methode, Entwicklungen vorauszuberechnen, die **Hochrechnung**, ist zugleich die risikoreichste (Schaubild 4.20).
Es ist sehr gefährlich, bisher eingetretene Entwicklungen einfach zu extrapolieren, d. h. auf das Ende des Geschäftsjahres hin hochzurechnen. Erstens werden Reaktionen, wie z. B. Korrekturmaßnahmen des Unternehmens, vernachlässigt, und zweitens können vergangene Abweichungen je nach Ursache ganz unterschiedliche Konsequenzen zeitigen, wie das nachfolgende Beispiel anhand einer positiven Umsatzabweichung verdeutlicht.

Beispiel
Im ersten Quartal des Jahres liegt der Ist-Umsatz 10% über dem Plan-Umsatz. Dies kann unterschiedliche Ursachen haben:

(1) Trend
➜ Erwartung: Nachhaltiges Wachstum.

(2) Signaleffekt (z. B. MWSt-Erhöhung)
➜ Erwartung: Vorweggenommener Umsatz führt zu entsprechenden Umsatzminderungen in der Zukunft (nach der MWSt-Erhöhung).

(3) Einmalige Sondereffekte (z. B. Großauftrag, Exportauftrag)
➜ Erwartung: Aufgrund der Einmaligkeit sind keine Auswirkungen auf die zukünftigen Umsätze zu erwarten.

Wie sich diese unterschiedlichen Erwartungen auf die **Vorschaurechnung** auswirken, soll das folgende einfache Zahlenbeispiel für vier Umsatzquartale zeigen:

Mio. €	Quartal				Jahr
	I	II	III	IV	
Budgetumsatz	100	100	100	100	400
Ist-Umsatz	110				
Vorschau-Umsatz:					
1. Fall		110	110	110	440
2. Fall		90	100	100	400
3. Fall		100	100	100	410

Schaubild 4.21: Vorschaurechnung

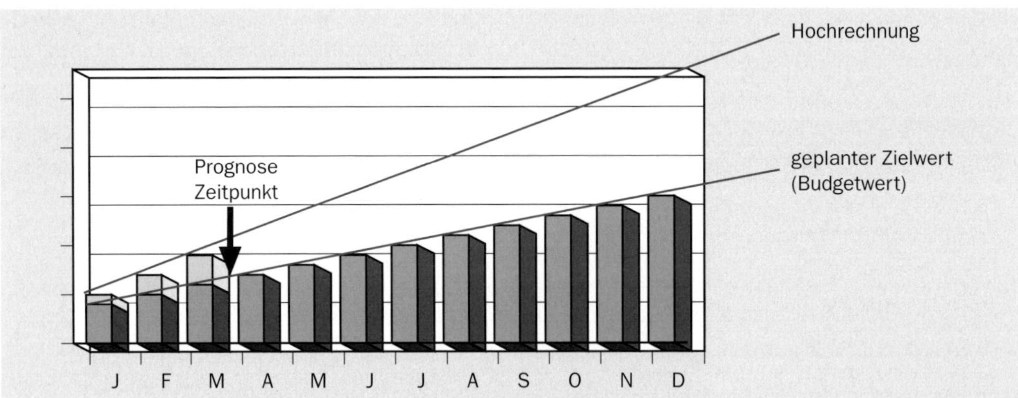

Schaubild 4.20: Hochrechnung von Abweichungen

Im ersten Fall müssten alle Maßnahmen getroffen werden um die Umsatzchancen dieser Trendentwicklung möglichst vollständig zu nutzen. Wird der erste Fall aber mangels eingehender Analyse einfach nur unterstellt, obwohl beispielsweise der zweite Fall zutrifft, so führt das zu fatalen Fehldispositionen. Statt sich auf geringere Umsätze im II. Quartal einzustellen, würden unnötige Beschaffungen und Kapazitätserweiterungen vorgenommen. Richtig wäre vielmehr im zweiten Fall entsprechend dem Mehrumsatz im I. Quartal im II. Quartal weniger zu disponieren und im III. und IV. Quartal wie geplant vorzugehen. Im dritten Fall wäre vorzugehen wie ursprünglich budgetiert. Wie sich die Unterschiede voraussichtlich auf den Jahresumsatz auswirken, ist aus den Jahresvorschauwerten zu ersehen.

Weil die **vergangenheitsorientierte Analyse** der Abweichungsursachen wertvolle Erkenntnisse für die **zukunftsorientierte Erwartungsrechnung** bringen kann, sollte diese der Vorschaurechnung immer vorausgehen. Die regelmäßigen Vorschaurechnungen in der **Unternehmenspraxis** sind deshalb immer der Abweichungsanalyse einer bestimmten Abrechnungsperiode nachgeschaltet (Schaubild 4.22).

Beispielsweise ist für eine quartalsweise Vorschaurechnung die Abrechnung und Analyse des I. Quartals Voraussetzung für die im April zu erstellende 1. Vorschau, die des II. Quartals für die 2. Vorschau im Juli usw. Die 4. Vorschau betrifft dann schon das Folgejahr. In sie können sowohl Erkenntnisse aus der selektiven Analyse des IV. Quartals als auch der kumulierten vier Quartale eingehen. Häufig wird aber diese Vorschau wegen Arbeitsüberlastung durch die Jahresabschlussarbeiten und die Geschäftsberichterstattung weggelassen und dafür die Vorschau im April auf vertieften Analysen des Vorjahres und ersten Erkenntnissen aus dem I. Quartal des neuen Geschäftsjahres sehr fundiert erstellt.

Die quartalsweise Vorschau enthält alle Werte, die nach den Budgetzielen anzustreben sind. Ihr Vergleich führt zur **Soll-Wird-Abweichung**, die als Warnung vor einer mangelnden Erreichung des Budgetziels am Jahresende verstanden werden und Korrekturmaßnahmen bewirken sollte. (Schaubild 4.23)

Vorschauen über kürzere Zeitabstände werden nur in dem Umfang erstellt, der zur Gewinnsteuerung sinnvoll ist. So können gravierende Abweichungen Anlass sein durch aktuelle Vorschauen die neuere Entwicklung aufzuzeigen.

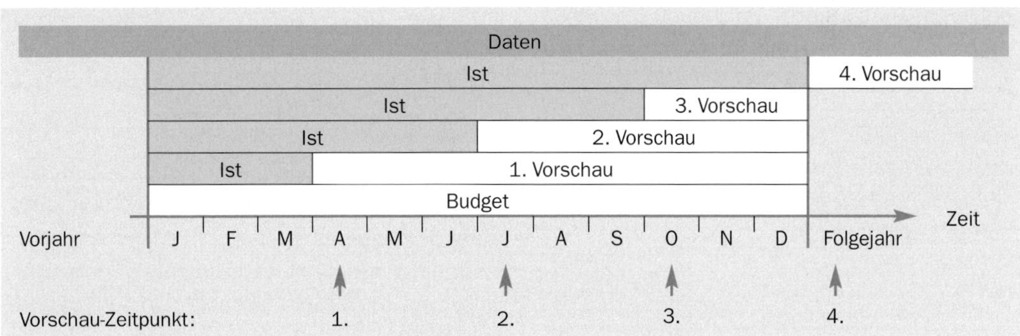

Schaubild 4.22: Quartalsweise Vorschaurechnung

Mio. €	2001 Budget	2001 Vorschau	Abweichung absolut	Abweichung %	Ursache
Umsatz	120	108	– 12	– 10,0	Konjunktur
...					

Schaubild 4.23: Soll-Wird-Vergleich

Regelmäßige Vorschauen über kürzere Zeitabstände werden in den Bereichen erstellt, die eine **sensiblere Steuerung** erfordern.
Dies gilt insbesondere für die Finanz- und die Umsatzvorschau. Weil die Zahlungsfähigkeit des Unternehmens jederzeit gegeben sein muss (Konkursgefahr), sind entsprechend der Dynamik der Zahlungsströme des jeweiligen Geschäfts Finanz-Vorschaurechnungen in sehr kurzen Zeitabständen erforderlich, z. B. bei Kreditinstituten. Bei Unternehmen mit langwieriger Auftragsfertigung kann dagegen eine monatliche Finanzvorschau ausreichen. Auf jeden Fall sollte die **Finanzvorschau** als rollende bzw. revolvierende Planung ausgeführt werden, weil das Liquiditätsziel kein Jahresziel ist, sondern jederzeit, d. h. auch über das Budgetjahr hinaus, erfüllt sein muss.
Ähnliches gilt für die **Umsatzvorschau.** Bei relativ stabilen Geschäften reicht eine monatliche Umsatzvorschau um sich auf die voraussichtliche Beschäftigungsentwicklung auszurichten. Im Handel dagegen werden bis zu täglich Umsatzprognosen erstellt um sich immer wieder neu auf die aktuellen Marktentwicklungen einstellen zu können.
Die Vorschauen signalisieren auch, ob sich geänderte **Planungsprämissen** in einer voraussichtlichen Budgetunter- oder auch -übererfüllung oder aber – in den seltensten Fällen – in

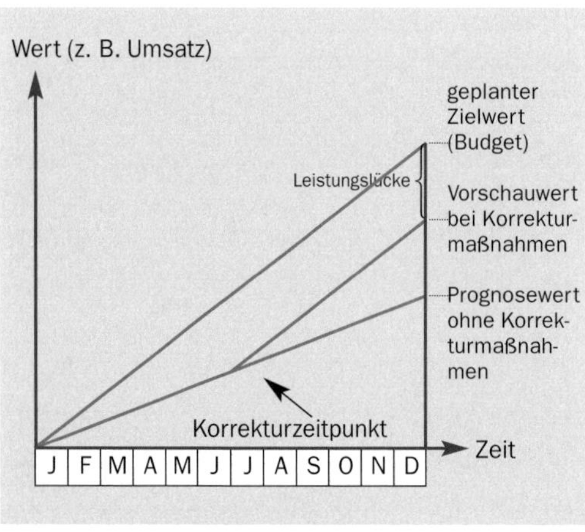

Schaubild 4.24: Vorschaurechnung mit Korrekturmaßnahmen

einer exakten Budgetzielerfüllung niederschlagen.
Können die **Gegensteuerungsmaßnahmen** die durch die bisherigen Abweichungen entstandene Lücke nicht mehr schließen, muss das Controlling auch dies aufzeigen (Schaubild 4.24).
Obwohl damit die im Budget geplanten **Zielwerte** nicht mehr zu erreichen sind, werden die Budgetwerte nicht durch die Vorschauwerte ersetzt. Würde man mit jeder Vorschaurechnung das Budget anpassen, so würde man es seiner wichtigen **Zielsteuerungsfunktion** berauben: Statt das erreichte Ergebnis am Ziel/Budget zu messen, würde sich das Ziel zunehmend am realisierten Ergebnis orientieren (Schaubild 4.25).

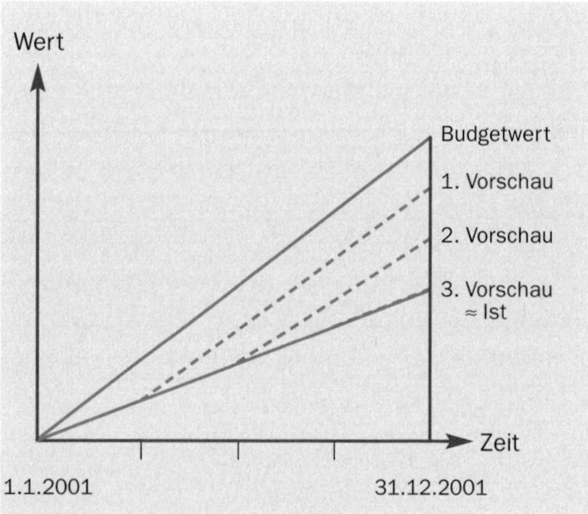

Schaubild 4.25: Vorschauänderung aufgrund Ist-Entwicklung

Neben der motivierenden Wirkung von Budgetvorgaben ginge bei einer derartigen **Flexibilisierung der Budgets** auch ein wichtiger Anreiz zur sorgfältigen Planung von Budgets verloren. Als Folge würden die Abweichungen in den zukünftigen Jahren noch viel größer werden.
Wichtig sind also sowohl **fixierte Budgetziele** um in der Planung und Durchführung die maximal möglichen Ziele anzustreben, als auch aktualisierte Vorschauen, um das Unternehmen bestmöglich auf neue Entwicklungen einzustellen.
Ein ganz einfaches Hilfsmittel zur laufenden Vorschaurechnung ist beispielsweise das **Treppchen-Formular** (Schaubild 4.26).

Ist 1999	Ist 2000	Monat	Budget 2001	Januar	Februar	März	April	Mai	Juni	Juli	August	Sept.	Okt.	Nov.	Dez.
Absatz kumuliert 1998 (%)															
Absatz kumuliert 1999 (%)															
Absatz kumuliert 2000 (%)															
Absatz kumuliert 2001 (%)															
		Januar	**48**	Ist 56	Ist kum. 56			2002		Plan 48	Plan 48	Plan 52	Plan 52	Plan 52	Plan 52
		Februar	**44**	Plan 36	Ist 44	Ist kum. 100					52	52	56	56	56
		März	**56**	56	Plan 56	Ist 64	Ist kum. 164					56	56	60	56
		April	**32**	32	40	Plan 32	Ist 44	Ist kum. 208					48	52	48
		Mai	**44**	44	48	52	Plan 40	Ist 32	Ist kum. 240					40	40
		Juni	**40**	40	40	44	44	Plan 36	Ist 44	Ist kum. 284					36
		Juli	**32**	32	32	36	40	36	Plan 40	Ist 36	Ist kum. 320				
		August	**24**	24	24	24	28	28	24	Plan 24	Ist 32	Ist kum. 352			
		Sept.	**44**	44	44	44	44	44	44	44	Plan 40	Ist 44	Ist kum. 396		
		Okt.	**44**	44	44	12	12	12	44	44	40	Plan 40	Ist 48	Ist kum. 444	
		Nov.	**32**	32	32	40	40	40	40	40	36	36	Plan 36	Ist 36	Ist kum. 480
		Dez.	**40**	40	40	40	40	40	36	36	36	36	32	Plan 32	Ist 28
		◄Summe►	**480**	480	500	524	532	512	512	508	504	508	512	512	508
Erwartungswerte				1. Vorschau		524	2. Vorschau		512	3. Vorschau		508	4. Vorschau		508
Absatz kumuliert 1998															
Absatz kumuliert 1999															
Absatz kumuliert 2000															
Absatz kumuliert 2001				56	100	164	208	240	284	320	352	396	444	480	508

Schaubild 4.26: Monatliche Vorschaurechnung

Hier wird jeden Monat neu die Absatzerwartung eines Produktes für die folgenden Monate ermittelt. Die Orientierung erfolgt anhand der Absatzzahlen der Vorjahresmonate, der bisher abgesetzten Menge und der aktuellen Markteinschätzung. Durch die Addition von kumuliertem Absatz und den Absatzerwartungen für die restlichen Monate des Jahres erhält man eine monatliche Vorschaurechnung. Die **Absatzvorschau** per März geht dann in die 1. Vorschau, die per Juni in die 2. Vorschau usw. ein. Als rollende Sechsmonatsplanung wird zusätzlich ab Juli der Januarabsatz, ab August der Februarabsatz usw. monatlich neu für das Folgejahr prognostiziert. Mit diesem einfachen Hilfsmittel kann somit nicht nur der aktuelle und der voraussichtliche Zielerreichungsgrad aufgezeigt werden, sondern es werden zusätzlich aktualisierte Plandaten für die **Disposition** in Produktion, Beschaffung etc. zur Verfügung gestellt.

Die Abweichungsanalyse wird heutzutage weitgehend durch die elektronische Datenverarbeitung unterstützt. Insbesondere die ganzen Rechenvorgänge und Darstellungen von Abweichungen lassen sich routinemäßig abwickeln oder fallweise über ein dialogorientiertes EDV-System abrufen, sodass zunehmend Freiraum für den eigentlich kreativen Teil der Abweichungsanalyse verbleibt: die Ursachenforschung.

Schaubild 4.27 stellt die Grundstruktur einer **datenmaschinellen Abweichungsanalyse** dar.

4.4 Therapie

Der Diagnose muss die **Therapie** folgen. Dies ist die **Nachsteuerung,** die im Rahmen der Budgetkontrolle dafür sorgen soll, dass für bereits eingetretene oder erwartete Abweichungen erforderliche Korrekturmaßnahmen eingeleitet werden. Dazu steht die Vorschaurechnung in einem ambivalenten Verhältnis. Einerseits soll sie auf abweichende Entwicklungen und den entsprechenden Korrekturbedarf hinweisen, andererseits soll sie schon die erforderlichen Korrekturmaßnahmen antizipieren um den letztlich zu erwartenden Zielerreichungsgrad aufzuzeigen. Auch wirken sich Korrekturmaßnahmen regel-

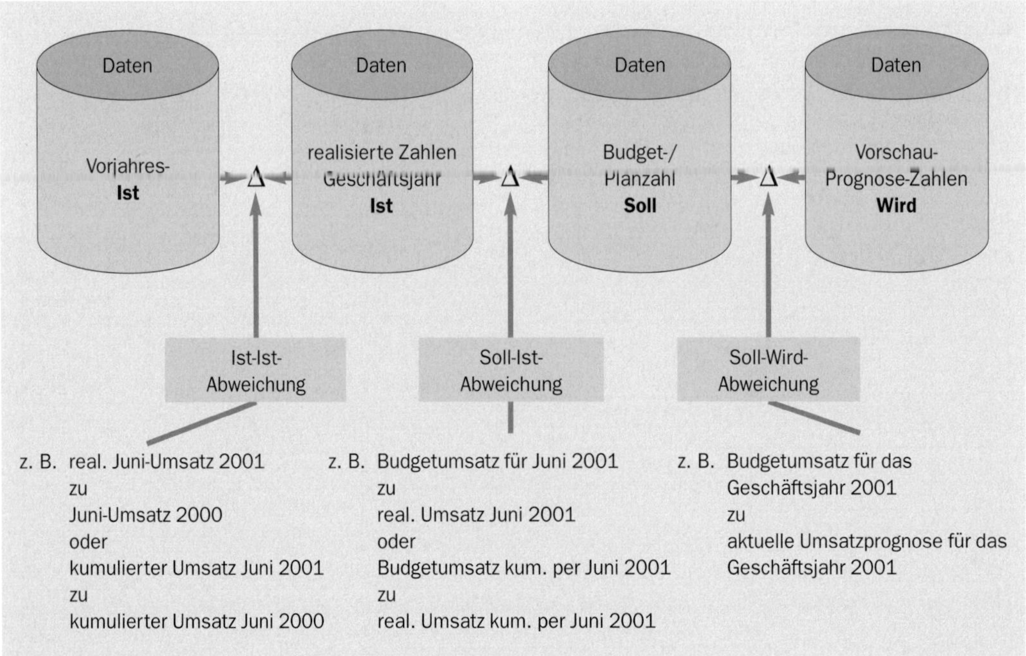

Schaubild 4.27: Grundschema der EDV-unterstützten Abweichungsanalyse

mäßig bei komplexen Vorgängen auf mehrere Bereiche und Größen aus, sodass bei einer Planungsrevision die gleichen Abstimmungsprobleme wie bei der Budgetierung auftreten.

Beispielsweise ist einem drohenden Absatzeinbruch mit Marketingmaßnahmen zu begegnen. In der neuen Umsatzvorschau müssen diese Maßnahmen antizipiert sein, die nun wiederum Grundlage für Korrekturmaßnahmen und anschließende Vorschaurechnungen von betroffenen Abteilungen sind, z. B. Produktion, Beschaffung, Finanzen etc.

Deshalb dürfen **Korrekturmaßnahmen** nicht von quartalsweisen Vorschaurechnungen abhängig sein, sondern sie sind im Bedarfsfall unverzüglich einzuleiten, unabhängig von routinemäßigen Analysen- und Vorschauterminen. Diese stellen allerdings einen heilsamen Zwang dar sich tatsächlich auch mit der Prognose der zukünftigen Entwicklung zu befassen. Deswegen müssen besonders kritische Größen, wie Umsatz oder Liquidität, in besonders kurzen Zeitabständen regelmäßig prognostiziert werden.

Die Abweichungen von den Zielvorstellungen sind dabei Ausgangspunkt für neue **unternehmerische Impulse,** mit denen es gelingen soll, Chancen noch besser zu nutzen und Risiken früher zu erkennen und zu vermindern. Die Nachsteuerung kann somit sowohl flankierende Maßnahmen zur Verstärkung von gewinnbegünstigenden Abweichungen als auch gegensteuernde Maßnahmen zur Reduzierung von gewinnbelastenden Abweichungen beinhalten. Damit stellt die Abweichungsanalyse ein wichtiges Führungsinstrument dar um die Unternehmensentwicklung rechtzeitig gewinnsteuernd zu beeinflussen und die Überlebensfähigkeit des Unternehmens zu sichern. Schaubild 4.28 zeigt Beispiele für gewinnsteuernde Korrekturmaßnahmen.

Zur Festlegung der Zuständigkeit für die Einleitung von Nachsteuerungsmaßnahmen empfiehlt sich folgende Vorgehensweise:

Bei **kleineren Abweichungen**, die insbesondere keine bedeutenden Auswirkungen auf andere Bereiche haben (z. B. Gegensteuerung bei Kostenstellenprimärkosten), liegt die Analyse und

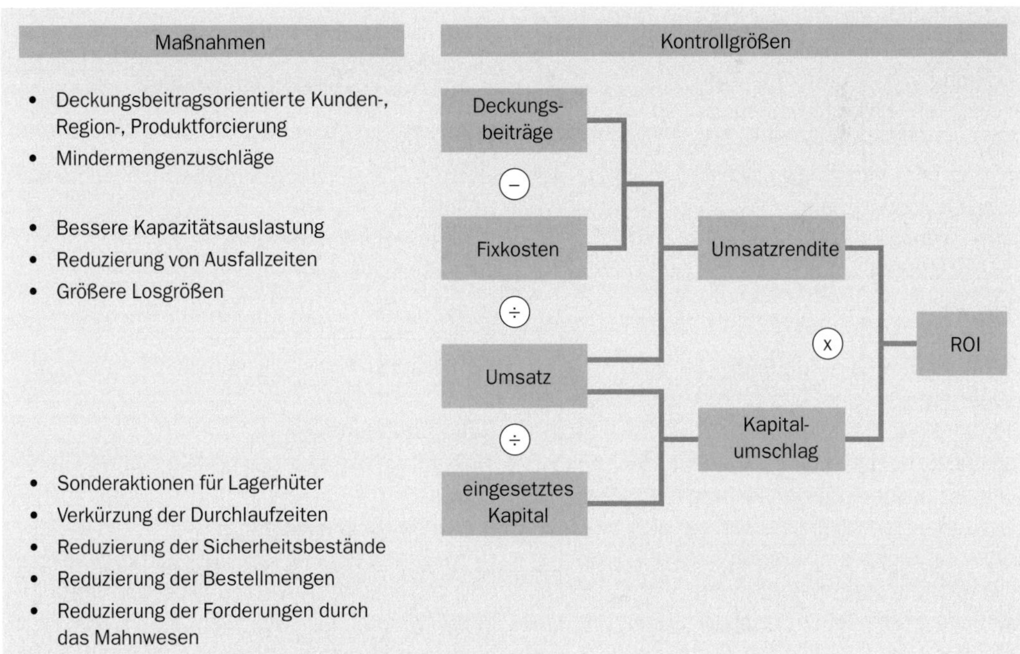

Schaubild 4.28: Korrekturmaßnahmen zur Gewinnsteuerung

Nr.	Bezeichnung der Maßnahme	Zweck der Maßnahme	Durchführungs-verantwortung	Termin	Gewinnwirkung in T€		Finanz-bedarf in T€
					2001	2002	
1	Mindermengen-zuschläge	Erhöhung des Deckungs-beitrags von Kleinaufträgen	Vertrieb Dipl.-Kfm. Mark	Preisliste zum 1.7.01	+ 25	+ 60	evtl. Desinvest.
2	...						
3	...						

Schaubild 4.29: Aktionenübersicht zur Nachsteuerung

die Initiative zur Gegensteuerung ausschließlich bei der betroffenen Kostenstelle, ohne daß der Controller oder gar die Geschäftsführung mitwirken muss (Self-Controlling).

Bei **mittleren Abweichungen**, die insbesondere auch wesentliche Auswirkungen auf andere Fachabteilungen haben, muss der Controller eingeschaltet werden um nötige Korrekturmaßnahmen zu koordinieren. Gegebenenfalls muss er bei unzulänglichen Korrekturmaßnahmen die Geschäftsführung einschalten (Management by Exception).

Bei **größeren Abweichungen** ist in jedem Fall die Geschäftsführung einzubeziehen. Dies sollte aber in einem kooperativen Unternehmen nicht unbedingt zu Sanktionen führen, sondern sicherstellen, dass Abweichungen in ihrer Tragweite rechtzeitig erkannt werden. Dies ermöglicht darüber hinaus Maßnahmen im Sinne der Gesamtunternehmung, z. B. eine Strategierevision, die ohne die hierarchische Zuständigkeit der Geschäftsführung nicht zu verantworten und durchzusetzen wäre.

Es ist sinnvoll, die Zuständigkeit für die Nachsteuerung mit den entsprechenden Maßnahmen in einer Aktionenübersicht zu konkretisieren und zu dokumentieren (Schaubild 4.29).

Sind die dokumentierten Aktionen ausreichend operational formuliert, lassen sie sich hinsichtlich Ausführung und Ergebnis vom Controlling überwachen, englisch **Follow-Up** genannt. Nur in Ausnahmefällen ist der Controller selbst für die Durchführung von Aktionen zuständig, z. B. bei der Verbesserung von Controllingsystemen.

Zusammenfassung

Rekapitulieren Sie:
Nennen Sie die Hauptaufgaben der Budgetkontrolle.

Hinweise zur Bearbeitung:
1. Budgetziele überwachen.
2. Anamnese – Abweichungen feststellen.
3. Diagnose – Ursachen analysieren.
4. Therapie – Korrekturmaßnahmen anregen.

Rekapitulieren Sie:
Was ist die Voraussetzung jeder Abweichungsanalyse?

Hinweise zur Bearbeitung:
Um eine Abweichung feststellen zu können ist es unerlässlich, Ist-Größen zu erfassen und aufzubereiten, was grundsätzlich durch das Rechnungswesen erfolgt. Diese können dann mit den Plan- bzw. Soll-Werten abgeglichen werden.

Rekapitulieren Sie:
Können Sie einen Wird-Wert durch eine Hochrechnung ermitteln?
Hinweise zur Bearbeitung:
Der Wird-Wert ist eine Prognose – meist ein Jahresendwert des Unternehmens.
Er wird ermittelt, indem man aus vergangenheitsorientierten Ist-Ist-Vergleichen und Soll-Ist-Vergleichen Erkenntnisse für die Zukunft ableitet. Eine reine Hochrechnung extrapoliert dagegen vergangene Entwicklungen ohne Wertung und kann zu erheblichen Fehlmaßnahmen führen.

Rekapitulieren Sie:
Muss sich der Controller mit jeder Abweichung gleichermaßen befassen?
Hinweise zur Bearbeitung:
Anhand von unternehmensintern festzulegenden Toleranzschwellen und der Unterscheidung zwischen gewinnverbessernden und -verschlechternden Abweichungen kann man Prioritäten festlegen, die eine zeitintensive und unwirtschaftliche Auseinandersetzung mit unerheblichen Abweichungen verhindern.

Rekapitulieren Sie:
Führen Sie die häufigsten Gründe für Planungsabweichungen auf.
Hinweise zur Bearbeitung:
- Fehlende Informationen,
- falsche Entwicklungsprognosen,
- ungeeignete Planungsmethoden,
- fehlerhafter Formelaufbau,
- fehlerhafte Durchführung oder
- fehlerhafte Istwertermittlung.

Rekapitulieren Sie:
Was sagt Ihnen der Begriff „Kennzahl“ bzw. „Kennzahlensystem“ im Zusammenhang mit Analyseketten?
Hinweise zur Bearbeitung:
Unter den Hilfsmitteln zur Unterstützung von Planungs- und Kontrollaufgaben im Unternehmen haben die Kennzahlen und Kennzahlensysteme eine zentrale Bedeutung. Im Mittelpunkt steht die Frage, welche Faktoren die Abweichung von Spitzenkennzahlen erklären können. Dazu wird im ersten Schritt nur die Entwicklungstendenz für jede Kennzahl angegeben (steigend, fallend, gleich bleibend), was durch Vorzeichen oder Pfeile symbolisiert werden kann. Anschließend prüft man, von der Spitzenkennzahl ausgehend, kaskadenförmig für die Kennzahlen auf jeder Stufe, ob ihre Entwicklungstendenz auf eine positive Ursachen-Wirkungs-Beziehung hindeutet.

Rekapitulieren Sie:
Zeichnen Sie ein Du-Pont-Schema.
Hinweise zur Bearbeitung:
Schauen Sie sich noch einmal Schaubild 1.9 an!

Rekapitulieren Sie:
Wann würden Sie nach festgestellten Abweichungen Korrekturmaßnahmen einleiten?
Hinweise zur Bearbeitung:
Korrekturmaßnahmen dürfen nicht von quartalsweisen Vorschaurechnungen abhängig sein, sondern sie sind im Bedarfsfall unverzüglich einzuleiten, unabhängig von routinemäßigen Analysen- und Vorschauterminen. Diese Termine sind allerdings ein heilsamer Zwang sich tatsächlich auch mit der Prognose der zukünftigen Entwicklung zu befassen. Deswegen müssen besonders kritische Größen, wie Umsatz oder Liquidität, in besonders kurzen Zeitabständen regelmäßig prognostiziert werden.

Rekapitulieren Sie:
Skizzieren Sie die Grundstruktur einer DV-gestützten Abweichungsanalyse.
Hinweise zur Bearbeitung:
Betrachten Sie noch einmal Schaubild 4.27!

Rekapitulieren Sie:
Wie kann man sinnvoll die Zuständigkeit von Nachsteuerungsmaßnahmen (Therapie) regeln?
Hinweise zur Bearbeitung:
Kleinere Abweichungen, die insbesondere keine bedeutenden Auswirkungen auf andere Bereiche haben, bei der betroffenen Kostenstelle (Selfcontrolling); mittlere Abweichungen unter Einschaltung des Controllers; und bei bedeutenden Abweichungen ist in jedem Fall die Geschäftsführung einzubeziehen.

5 Berichten und informieren

Im Alltag eines Unternehmens fallen vielfältige Daten an, die die unterschiedlichsten Adressaten interessieren. Es muss also zunächst unterschieden werden, welche Daten zu ermitteln sind und wer sie erhalten soll. Eine Werkszeitung beispielsweise wird vornehmlich Daten von allgemeinem Interesse enthalten, also dem allgemeinen betrieblichen Berichtswesen zuzuordnen sein. Jahresabschlüsse, Konzernrechnungslegungen oder Pressekonferenzen haben zwar in der Regel einen ökonomischen Inhalt, richten sich jedoch an Adressaten außerhalb des Unternehmens, so z. B. Gläubiger, Aktionäre oder die Öffentlichkeit im Allgemeinen. Sie sind eher als externes Berichtswesen zu bezeichnen.

Die spezielle Aufgabe des Controllers ist es nun, alle ***zur Gewinnsteuerung notwendigen Informationen*** *nicht nur zu ermitteln, sondern den internen Entscheidungsträgern auch zur Verfügung zu stellen, englisch: Management Reporting. Diese Funktion wird als* ***internes Berichtswesen*** *bezeichnet.*

Informationsentstehung und -verwendung fallen in der Unternehmung je nach Grad der Kompetenz- und Arbeitsteilung organisatorisch auseinander. Zwischen den Stellen der Entstehung von Informationen und ihrer Verwendung muss das interne Berichtswesen vermitteln. Je größer und komplexer das Unternehmen ist, desto umfangreicher und notwendiger wird auch der zu **institutionalisierende Informationsfluss**. So bekommen Entscheidungsträger in kleineren Unternehmen Veränderungen von Markt- und Geschäftsentwicklungen noch „hautnah" mit bzw. erhalten diese Informationen innerhalb eines **informellen Berichtssystems** auf „Zuruf". Dagegen können Fachabteilungen größerer Unternehmen den Umfang von Kleinunternehmen annehmen, die insbesondere bei einer funktionalen Organisationsstruktur ganz mit sich selbst und ihren fachspezifischen Problemstellungen beschäftigt sein können. Hier muss das interne Berichtssystem sicherstellen, dass diese im notwendigen Ausmaß über Rahmen- und Maßnahmenänderungen informiert werden.

Ein zweiter wichtiger Aspekt für das Berichtswesen ergibt sich aus der Delegation von Verantwortung, dem Management by Delegation. Je weniger sich Führungsinstanzen mit dem Verlauf von konkreten Geschäftsvorgängen befassen und in diese einmischen, umso mehr müssen sie mangels eigener Anschauung über den Vollzug bzw. insbesondere Nichtvollzug oder Abweichungen unterrichtet werden. Für die Führungsspitze leitet sich diese **Informationspflicht** schon aus der Gesetzeslage ab (AktG, GmbHG). Die Verantwortung für die Einrichtung eines solchen Berichtssystems liegt beim Controller. Er hat sicherzustellen, dass alle Entscheidungsträger optimal mit Informationen versorgt werden. Dabei muss das Berichtswesen **selektiv** gestaltet sein. Die Begrenzung der „Informationsflut" ergibt sich nicht nur aus Gesichtspunkten der Wirtschaftlichkeit, sondern auch aus der „Erstickungsgefahr" des Informationsempfängers, insbesondere durch irrelevante Informationen. Ein optimal gestaltetes Berichtssystem orientiert sich an Leitfragen.

5.1 Berichtszweck – Wozu soll berichtet werden?

Die zentrale Aufgabe des internen Berichtswesens ist die optimale Ausstattung aller Stellen im Unternehmen mit denjenigen Informationen, die ihnen gewinnmaximales Handeln ermöglichen. Daran haben sich alle anderen Fragestellungen zum Berichtswesen auszurichten.

Aus den im Einzelnen unterschiedlichen Anforderungen leiten sich in der Unternehmenspraxis eine Vielzahl von **Berichtszwecken** ab, die nach folgenden Schwerpunkten unterschieden werden können:

- Dokumentation von Ereignissen: Sitzungsprotokolle, Budgetgenehmigungen
- Kontrolle des Betriebsablaufs: Verkaufsberichte, Besuchsberichte
- Korrektur von betrieblichen Vorgängen: Planrevision nach Budgetkontrollbericht

- Vorbereiten von Entscheidungen: Liquiditätsbericht für die Finanzentscheidung im Cash-Management.

Dabei bestimmt der jeweilige Berichtszweck den Umfang und die Art der Informationen. Der **Informationsbedarf** ist der Informationsumfang, den ein Stelleninhaber für seine Aufgabenstellung objektiv benötigt, englisch: Must-Have-Information. Wird dieser Informationsbedarf vom institutionalisierten Berichtssystem nicht gedeckt, kann das zur Demotivation der Leistungsträger, zu Fehlentscheidungen mangels ausreichender Information oder zu aufwendigen, isolierten Alternativen zur Informationsbeschaffung führen. Welcher Informationsbedarf adäquat ist, sollte nicht allein nach der durchaus subjektiv geprägten Informationsnachfrage des Stelleninhabers bestimmt werden: Ein hoher Innovationsdruck verändert den echten Informationsbedarf entgegen lieb gewonnenen Gewohnheiten laufend, die Kenntnis über mögliche Informationsbeschaffung und -aufbereitung ist oft unvollkommen und außerdem kann der Besitz über das nötige Maß hinausgehender Informationen Prestige und Sicherheit vermitteln, englisch: Nice-To-Have-Information.

Eine **optimale Informationsversorgung**, die dem jeweiligen Berichtszweck haargenau entspricht, wird in der Unternehmenspraxis schwerlich zu erreichen sein. Da Informationsdefizite zu gravierenden Fehlentscheidungen führen können, sollte im Zweifel lieber eine leichte Informationsüberversorgung in Kauf genommen werden, die zudem zu höherer Motivation und Arbeitszufriedenheit führen wird. Auch hält die Nachfrage nicht mit den sich ständig neu ergebenden Informationsmöglichkeiten Schritt. Die so entstehenden Lücken als „Mangel im Überfluss“ bilden ein Informationsdilemma. Es erfordert eine laufende Überprüfung und Anpassung des internen Berichtssystems an die jeweiligen Möglichkeiten und Berichtszwecke. Andererseits dürfen Verbesserungen des Berichtswesens den Zugang zur vertrauten Informationsquelle nicht durch ständige Änderungen hemmen, sondern ihn möglichst fördern.

5.2 Berichtsinhalt – Was soll berichtet werden?

Mit dem **Berichtsinhalt** ist das Sachgebiet angesprochen, über das zu berichten ist. Grundsätzlich ist über alle Inhalte zu informieren, deren Kenntnis zur Gewinnsteuerung nötig ist. So kann man schon die verabschiedete Strategie und das Budget als ein Stück Berichtswesen auffassen, nämlich als Information darüber, was in Zukunft bzw. im Budgetjahr erreicht werden soll und welche Mittel dazu zur Verfügung stehen.

Im Zentrum des Controlling-Berichtswesens steht die laufende Information über die Entwicklung des Unternehmens. Dabei sind grundsätzlich auch all die Inhalte interessant, die im Rahmen der Budgetierung geplant wurden, nämlich Umsatz, Kosten, Investitionen oder Vertrieb, Produktion, Einkauf, Finanzen usw.

Allerdings werden nicht alle Informationen von allen Stellen gebraucht. Die einzelne Kostenstelle benötigt sehr detaillierte Informationen über ihre Kosten um sie gewinnmaximal zu steuern. Die Bereichsleitung oder Geschäftsführung dagegen würde mit Detailinformationen unnötig belastet; sie ist eher an globalen Informationen über Gewinn, Umsatz, Deckungsbeitrag, wichtige Kostenarten oder Bestände interessiert. Insbesondere wenn die Geschäftsentwicklung planmäßig verläuft und es keine gravierenden Abweichungen gibt, sind detaillierte „Vollzugsmeldungen“ in Einzelbereichen entbehrlich.

Die differenzierte Relevanz von Berichtsinhalten erfordert unterschiedliche Berichtsarten mit daraus abgeleiteten verschiedenen Informationssystemen.

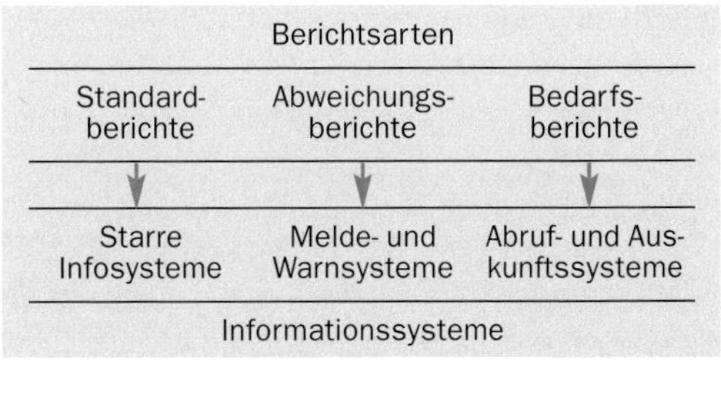

5.2.1 Standardberichte

Kennzeichnend für **Standardberichte** ist ihre routinemäßige Erstellung und ihr weitestgehend festgelegter Inhalt. Sie geben dem jeweiligen Empfänger, z. B. dem Kostenstellenleiter oder der Geschäftsführung, wichtige Informationen über seinen Verantwortungsbereich. Daraus entsteht ein heilsamer Zwang zu berichten und andererseits Informationen auch zur Kenntnis zu nehmen. Aus letzterem Grunde werden diese Berichte automatisch zugestellt, gleich ob traditionell als „Hard Copy" oder modern als „Electronic Mail".

Zu den Standardberichten gehören die gesamten **Routineauswertungen** des betrieblichen Rechnungswesens, die Betriebsabrechnung, die Kalkulation und die Erfolgsrechnung. Dazu zählen aber auch Berichte in spezifischen Bereichen, z. B. Besuchsberichte des Vertriebs oder auch Globalinformationen aus dem Finanzbereich, wie die Quartalsbilanz. Zum Informationsinhalt gehören dabei nicht nur Grundzahlen der Kostenstellenabrechnung, sondern schon Auswertungen durch bedeutende Kennzahlen wie Rentabilität oder Verschuldungsgrad.

Der Vorteil von Standardberichten liegt darin, dass klar **festgelegt ist, wer, was, wann, von wem** erhält. Dies verhindert Doppelarbeiten und stellt sicher, dass die potenziellen Empfänger die notwendigen Informationen in kürzester Zeit erhalten. Weitere Vorteile liegen im vertrauten Berichtsbild, das die schnelle Orientierung insbesondere bei **Tagesberichten** erleichtert, und den ungefilterten Informationen, die es dem Empfänger überlassen zu beurteilen, welche Abweichungen für seinen Fachbereich wesentlich sind (Schaubild 5.1).

Nachteilig ist, dass der Empfänger nicht in den standardisierten Berichtsrhythmus und die sachliche Aussagefähigkeit des Berichts eingreifen kann.

Insbesondere kann die gesicherte Übermittlung aller relevanten Informationen dazu führen, dass der Empfänger ein Überangebot an Informati-

Tagesbericht für die Sparte Büroartikel, vom 19.12.2001

	Umsatz	DB in %	Auftrags-bestand	Lager-bestand	Bestell-bestand	offene Kommissio-nierbelege
...						
10.00						
11.00						
12.00						
Summe 2000						
...						
09.01						
10.01						
11.01						
Summe 2001						
...						
17.12.01						
18.12.01						
19.12.01						
Summe 12.01						

Schaubild 5.1: Tagesbericht im Handel

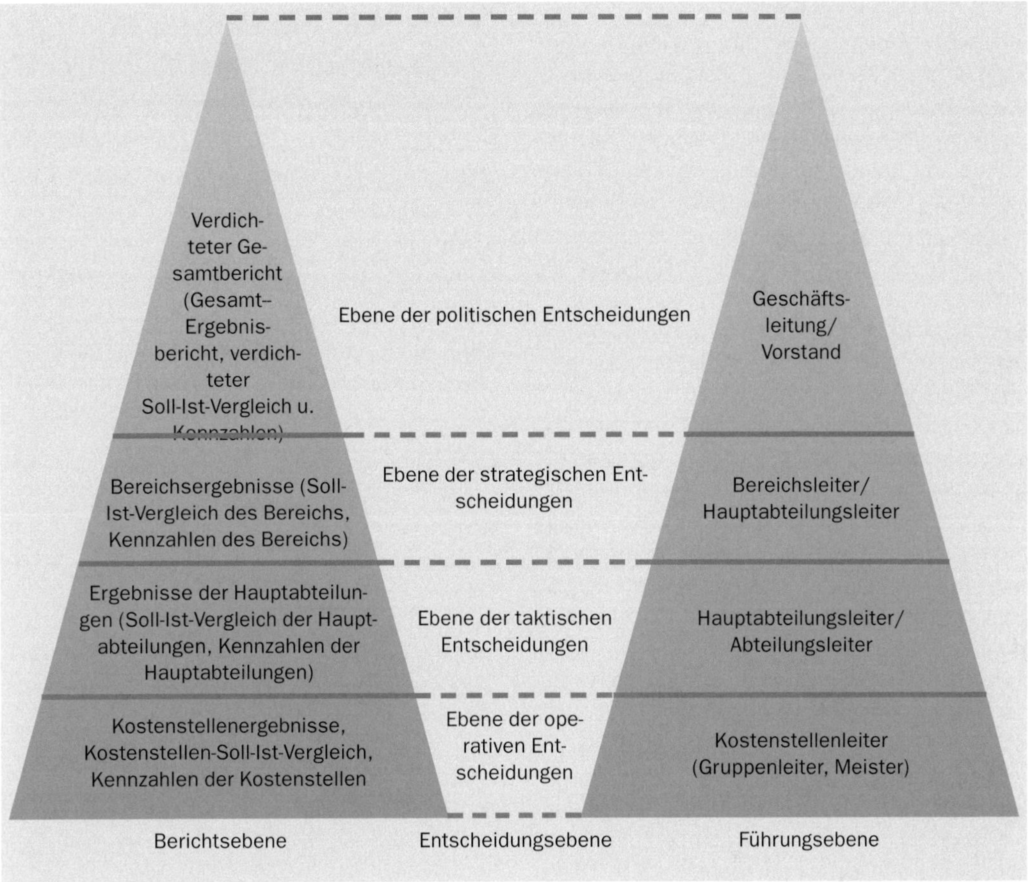

Schaubild 5.2: Berichtshierarchie

onen erhält, die er aktuell nicht verwerten kann. Dies kann ebenso zu einer mangelnden Akzeptanz des „Zahlenfriedhofs" führen wie zu einer „pflichtgemäßen" Beschäftigung mit irrelevanten Informationen.

Die Gefahr des Überangebots von Informationen ist umso größer, je globaler der Verantwortungsbereich des Empfängers ist. In der Unternehmenspraxis werden die Berichtsinhalte deshalb mit steigender Entscheidungskompetenz und Verantwortung des Berichtsempfängers verdichtet.

Die Differenzierung der Berichtsinhalte erfolgt dabei in zweierlei Hinsicht:

(1) Das Management erhält nur Berichte zu seinem jeweiligen Verantwortungsbereich (z. B. Produktionsberichte an Produktionsleitung, Vertriebsberichte an Vertriebsleitung usw.).

(2) Jede Managementebene erhält immer die verdichteten Berichtsinhalte der ihr direkt unterstellten Ebene (z. B.: Verkaufsleiter erhält Einzelumsätze der Vertreter; Vertriebs- oder Spartenleiter erhält Umsätze von Produktgruppen und Regionen usw.).

Diese Konzentration des Berichtsinhalts auf den „eigenen" Verantwortungsbereich birgt aber die Gefahr, dass Abweichungen in anderen Bereichen nicht rechtzeitig erkannt werden und deshalb die notwendigen Gegensteuerungsmaßnahmen zu spät eingeleitet werden.

Beispielsweise können Abweichungen im Absatzbereich aufgrund erhöhter Nachfragen wichtige Informationen für Maßnahmen im Produktions-, Einkaufs- und Personalbereich sein.

5.2.2 Abweichungsberichte

Abweichungsberichte werden im Gegensatz zu Standardberichten nicht regelmäßig erstellt, sondern nur für die Sachgebiete, die eine bedeutende Abweichung aufweisen. Dies gewährleistet eine besonders wirtschaftliche Gestaltung des Berichtswesens. Der Berichtsempfänger erhält nur dann die Detail-Informationen, wenn sie zur Gewinnsteuerung notwendig sind.

Abweichungsberichte werden erstellt, sobald festgelegte Toleranzschwellen überschritten werden. Bleiben die Abweichungen darunter, unterbleibt die Berichterstattung. Diese ökonomische Vorgehensweise bei Abweichungen wurde schon im Kapitel zur Abweichungsanalyse vorgestellt. Zusätzlich lenken Abweichungsberichte die Aufmerksamkeit auf Sachverhalte, die einen besonderen Handlungsbedarf erfordern oder auf Fehlentwicklungen hindeuten – Management by Exception.

In der **Unternehmenspraxis** werden beide Berichtsarten nebeneinander angewandt: die Standardberichte gleichermaßen als „Vollzugsmeldung" einer planmäßigen Realisierung von Globalinhalten und die Abweichungsberichte mit detaillierten Informationen eben bei Abweichungen. Dabei kann man mehrstufig vorgehen (Schaubild 5.3).

Demnach erhält die Unternehmensführung entsprechend ihrer globalen Verantwortung im Unternehmensbericht **Globalinformationen als Mussbericht**. Nur bei bedeutenden Abweichungen erhält sie **Abweichungsberichte – Kannberichte** aus den betroffenen Bereichen. In dem Beispiel in Schaubild 5.3 sind es bei der Umsatzabweichung die Sparte A, in der Region I, mit den Mengen-, Preis- und Devisenkursabweichungen.

Eine andere Möglichkeit der Selektion von Berichten besteht darin, dass man **Routineberichte mit Warnpunkten** bei gravierenden Abweichungen – gemäß ihrer Wertigkeit – versieht und es dem Berichtsempfänger überlässt, erforderlichenfalls zusätzliche Bedarfsberichte anzufordern, statt automatisch möglicherweise überflüssige Abweichungsberichte zu erzeugen.

Mussbericht (Globalbericht)

Unternehmensbericht Monat: Jan.–Juni 2001	Abweichung Mio €	%	Warnpunkt
Brutto-Umsatz	– 10	– 4,2	①
– Erlösschmälerung	– 1	– 2,0	②
– var. Vertr.kosten			
– var. Herst.kosten			
…			

Kannberichte (Abweichungsanalyse)

Sparte A	Abweichung Mio €	%	Warnpunkt
Umsatz	– 6	– 25,0	•
– Erlösschmälerung	– 0,1	– 10,0	•
…			

Region I	Abweichung Mio €	%	Warnpunkt
Umsatz	– 5	– 75,0	•
– Erlösschmälerung	+ 0,2	+ 30,0	
…			

Region I	Abweichung Mio €	%	Warnpunkt
Menge	– 2		
Preis	– 2		
Devisenkurs	– 1		

Schaubild 5.3: Gestuftes Berichtssystem mit Abweichungsberichten (Analyseketten)

5.2.3 Bedarfsberichte

Bedarfsberichte werden fallweise angefordert und unterliegen keiner besonderen Regelung, sondern sind von aktuellen Informationsbedürfnissen geprägt. **Bedarfsberichte** können ergänzende Analysen zu Sachverhalten beinhalten, deren vertiefte Untersuchung Abweichungsberichten zufolge angezeigt ist. Die Erstellung von Bedarfsberichten kann aber auch von Entwicklungen außerhalb des Unternehmens veranlasst sein, die sich zahlenmäßig noch nicht im Unternehmen niedergeschlagen haben. So können aufgrund sich abzeichnender Marktverschiebungen **What-If-Untersuchungen** Gegenstand eines **Prognoseberichts** sein.

Bedarfsberichte können sowohl von den Fachabteilungen zur Erläuterung und Begründung von Abweichungen in ihrem Verantwortungsbereich erstellt werden als auch vom Controlling, dann

zur Unterstützung der Fachabteilung durch wirtschaftliche Auswertungen bei Problemlösungen.
Der fallweise Informationsbedarf wird zukünftig immer mehr durch **Datenbankabfragen** im Dialogsystem befriedigt werden können, soweit die Informationsinhalte gespeichert sind. Bei den Dialogsystemen wird zwischen Herren- und Sklavensystemen unterschieden.
Beim **Herrensystem** bestimmt der Benutzer den Ablauf der Informationsgewinnung. Er ruft die benötigten Daten aus der Datenbank ab, legt die Bearbeitungsprozeduren fest und delegiert arithmetische bzw. logische Operationen an die EDV-Anlage. Beim **Sklavensystem** übernimmt das EDV-System die Prozessführung und den menügesteuerten Dialogablauf. Der Mensch wird eingeschaltet, wenn der Computer Daten benötigt, die noch nicht gespeichert sind, wenn Zwischenergebnisse beurteilt werden müssen, wenn nicht programmierte Fälle oder besondere Konstellationen eintreten, bei denen der Anwender unterrichtet werden will. Durch diesen schnellen Datenzugriff können einfache Sachverhalte leicht und schnell aufgeklärt werden, ohne dass dazu eine aufwendige Untersuchung von anderen Stellen angefordert werden muss, die sich womöglich hinterher als unnötig herausstellt.

5.3 Wer berichtet wem und wann?

• Berichtsersteller – wer soll berichten?
Grundsätzlich unterliegt das interne Berichtswesen der **Verantwortung des Controllings**, das auch für die **Erstellung der Berichte** zu sorgen hat. Dadurch wird sichergestellt, dass das Berichtswesen mit einer Zunge spricht und keine widersprüchlichen Informationen kursieren. Da die Berichte auch über das Ausmaß der Zielerreichung informieren, kann eine Berichterstattung durch den betreffenden Verantwortungsbereich sehr stark subjektiv gefärbt sein. Insbesondere wenn bezüglich der Verursachung von Abweichungen Widersprüche zwischen verschiedenen Abteilungen auftreten, muss der Controller als neutrale Instanz die Aussage objektivieren. Dies schließt aber nicht aus, dass innerhalb eines Fachbereichs oder einer Sparte direkt an vorgesetzte Stellen berichtet wird. Dies ist besonders bei einer räumlichen Trennung notwendig oder wenn, z. B. in einer Matrixorganisation, Diziplinarvorgesetzte und Fachvorgesetzte verschiedene Personen sind.
So erstellen beispielsweise alle Einkaufsabteilungen eines Unternehmens oder Konzerns Berichte an den Fachleiter Materialwirtschaft, damit er die Beschaffung optimieren kann, z. B. durch die Standardisierung von Teilen, Lieferbedingungen oder Mengenrabatt.
Bereichsübergreifende und insbesondere globale Informationen wie über Gesamtumsatz oder Gewinn sollten immer vom Controlling zentral erstellt werden. Die Flexibilisierung kann dann erfolgen, indem diese Standardinformationen fallweise auf Anforderung durch die Geschäftsführung oder den Controller um Bedarfsberichte der Fachabteilungen ergänzt werden. Dabei muss der Controller das Berichtswesen so koordinieren und organisieren, dass keine Doppelarbeiten auftreten.

• Berichtsempfänger – wem soll berichtet werden?
Die **Berichtsempfänger** sind durch den Berichtszweck vorgegeben. Wenn man die „Vollzugskontrolle“ und die Information zur Gewinnsteuerung als die beiden zentralen Berichtszwecke ansieht, so sind die Empfänger in der Regel Vorgesetzte aus dem Mittel- oder Top-Management sowie Entscheidungsträger, die Informationen von anderen Bereichen brauchen, um ihre Dispositionen entsprechend dem gemeinsamen Gewinnziel optimal treffen zu können.
Die Vorgesetzten sind durch die Organisationsstruktur des Unternehmens vorgegeben. Je höher die Ebene in der Unternehmenshierarchie ist, umso verdichteter und globaler sind die Berichtsinhalte für sie. Die bereichsübergreifende Information von Führungskräften betont die Gesamtverantwortung, neben seiner Kontrollfunktion erhält das Berichtswesens so auch eine Integrationsfunktion.

Schwierig ist es, den **Empfängerkreis/Verteiler** von Informationen zur Gewinnsteuerung festzulegen. Da sich der Informationsbedarf im Regelfall aus ungeplanten Ereignissen ergibt, stehen die betroffenen Stellen nicht von vornherein fest. Würden immer alle Entscheidungsträger über alle Abweichungen informiert, wären sie überfordert und die Informationen würden ihren Zweck verfehlen. Die Differenzierung kann entsprechend der bei der Abweichungsanalyse angesprochenen Verantwortungshierarchie für Abweichungen erfolgen:

Der Gesamtverteiler wird nur in größeren Abständen und/oder im Falle von gravierenden Abweichungen durch Standard- oder Abweichungsberichte angesprochen. Für die **Feinsteuerung** ist dies zu schwerfällig und aufwändig. Viele kleinere Berichte lassen sich im direkten Informationsaustausch den Bedarfsprofilen der Empfänger leichter anpassen und können schneller sowie wirtschaftlicher übermittelt werden.

Beispiel

Der Vertrieb kann über Umfang und Struktur des Auftragseingangs täglich direkt an die Produktionsabteilung berichten, damit diese sich frühzeitig der Auftragsentwicklung anpassen kann. Für die Forschungs- oder Personalabteilung sind Tagesabweichungen uninteressant, denn sie sind nur von gravierenden Änderungen betroffen.

- Berichtstermine – wann soll berichtet werden?

Die **Berichtstermine** werden von der Bedeutung der Informationen für die Gewinnsteuerung bestimmt. Je dynamischer die Sachverhalte sich entwickeln und je größer ihre Auswirkungen auf den Gewinn sind, umso rechtzeitiger, also öfter, ist darüber zu berichten, z. B. Umsatzberichte öfter als Investitionsberichte.

Weiter muss berücksichtigt werden, dass zwischen der Feststellung einer Abweichung und der Wirkung von Gegensteuerungsmaßnahmen eine oftmals nicht unerhebliche **Reaktionszeit** liegt (siehe Schaubild 5.4).

Dieser Zeitverlust schränkt die Wirkung der Abweichungsanalyse erheblich ein. Je eher **Nachsteuerungsmaßnahmen** veranlasst werden können, umso früher können sie greifen und umso mehr Zeit bleibt das Budgetziel möglichst zu erreichen. Die zunehmende Dynamik der Umweltentwicklung sowie der immer härtere Wettbewerb erfordern eine immer raschere Reaktion des Unternehmens auf Veränderungen.

Für Controlling-Berichte zur Gewinnsteuerung gilt daher der Grundsatz: **Schnelligkeit vor Genauigkeit**. Dies soll aber keine Aufforderung zu oberflächlichen Analysen sein. Vielmehr sollen insbesondere Richtungsänderungen so frühzeitig wie möglich aufgezeigt werden, auch wenn sie noch nicht vollständig erklärt oder quantifiziert werden können.

Beispielsweise werden Abweichungen in Monats- oder Quartalsberichten als Ergebnis eines Soll-Ist-Vergleichs datenmaschinell ermittelt und in Standardberichten schnellstmöglich mitgeteilt. Die Information über die Abweichungsursachen, die Maßnahmen zur Gegensteuerung und deren zahlenmäßige Auswirkung auf den

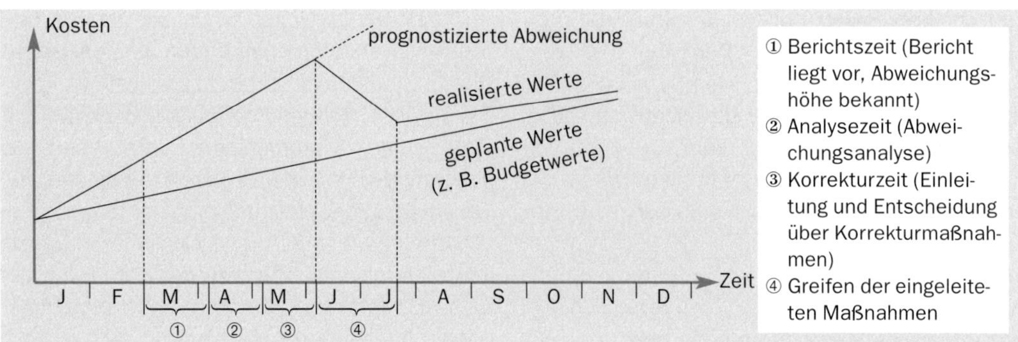

Schaubild 5.4: Reaktionszeitraum bei Abweichungen

Verschiedene Standardberichte	Vergleichszahlen		
Budget (Bericht über Jahresziele) (Dezember vor Geschäftsjahr) enthält sämtliche operativen Pläne	Erwartung lfd. Jahr	Budget- Jahr	Plan (Budget Folgejahr)
Monatsberichte (nach 5. Arbeitstag) Umsätze Liquidität Finanzvorschau auf 3 Monate (für wichtige Finanzentscheidungen auch 6 oder mehr Monate)	Vorjahr bzw. Vormonat	Budget	Ist
Quartalsberichte (nach 20. Arbeitstag) Betriebsergebnisrechnung auf Spartenebene Bilanz Gewinn- und Verlustrechnung Personalstand / Personalkosten Investitionen	Vorjahr	Budget	Ist
Vorschaurechnung (aufbauend auf Quartalsberichte) (z.B am 15. Feb., Mai, Aug., Nov.) Umsätze Betriebsergebnisrechnung auf Spartenebene	Vorjahr	Budget	Vorschau
Jahresabschluss und Geschäftsbericht nach Bilanzstichtag im Januar wie Quartalsberichte sowie ausführlicher Kommentar insbesondere bezüglich des Geschäftsverlaufs der Lage der Gesellschaft der voraussichtlichen Entwicklung	Vorjahr	Budget	Ist

Schaubild 5.5: Terminierung von Standardberichten

Zielerreichungsgrad erfolgt dann entsprechend zeitversetzt im Abweichungs- oder Vorschaubericht (Schaubild 5.5).

Die hier vorgestellte Vorgehensweise führt in der **Unternehmenspraxis** häufig zu dem Problem, dass der Empfänger einen Informationsbedarf zu Ursachen und Wirkung sowie den beabsichtigten Gegensteuerungsmaßnahmen hat, den der Analyst bzw. Verantwortliche aber noch nicht ausreichend befriedigen kann. Deshalb findet man in der Praxis auch den Soll-Ist-Vergleich und die Vorschaurechnung in einem Berichtstermin. Um lästige Rückfragen zu vermeiden nimmt man die Zeitverzögerung in Kauf. Dies gilt umso mehr, je kurzfristiger der Dispositionshorizont ist. So werden zum Cash-Management regelmäßig Liquiditätsbericht und Finanzvorschau zu einem gemeinsamen Termin erstellt.

5.4 Berichtsform – Wie soll berichtet werden?

Die Berichtsform ist in erster Linie empfängerorientiert. Berichte müssen so gestaltet sein, dass der Empfänger sie akzeptiert. Im Prinzip ist eine persönliche Berichterstattung, z. B. als Vortrag zur Budgetvorstellung oder als Projektbericht, ebenso denkbar wie ein schriftlicher Bericht oder ein Bericht via Bildschirm-Dialog-System.

Dabei sollte die einmal gewählte Form einer gewissen **Kontinuität** unterliegen, damit das vertraute Berichtsbild den Zugang zu den nötigen Informationen möglichst erleichtert. Oft kann ein vorangestellter **Kurzbericht** den Blick auf die wesentlichen Inhalte lenken, um dann im Bedarfsfalle auf Detailberichte zu verweisen (Schaubild 5.6).

LAND: GESELLSCHAFT:		FORMULAR: XY DATUM:		
ENTWICKLUNG DER GESELLSCHAFT/KURZBERICHT		VORJAHR– **IST**	BERICHTSPERIODE **BUDGET**	**IST**
1	GESAMTERLÖSE			
2	ZUWACHSRATE			
3	BETRIEBSERGEBNIS			
4	ERGEBNIS NACH STEUERN			
5	CASH FLOW			
6	EIGENKAPITAL			
7	EIGENKAPITAL IN % DER BILANZSUMME			
8	VERBINDLICHKEITEN GEGENÜB. KREDITINSTITUTEN			
9	FLÜSSIGE MITTEL			
10	DARLEHEN VON KONZERNUNTERNEHMEN			
11	VORRÄTE INSGESAMT			
11.1	LAGERDAUER : ROH-, HILFS-, BETRIEBSSTOFFE			
11.2	PACKMATERIAL			
11.3	UNFERTIGE ERZEUGNISSE			
11.4	FERTIGE ERZEUGNISSE			
11.5	VORRÄTE GESAMT			
12.	FORDERUNGEN AUS LIEFERUNG- U. LEISTUNG AN DRITTE			
13.	KREDITGEWÄHRUNG			
14.	MITARBEITER			
15.	PERSONALKOSTEN IN % VOM GESAMTERLÖS			
16.	INVESITIONEN IN SACHANLAGEN			
17.	KALKULATORISCHER ZINSSATZ P.A.			

Schaubild 5.6: Kurzbericht

Berichtsinhalte können auf verschiedene Weise dargestellt werden. Dabei muss nicht nur Zahlenmaterial anschaulich aufbereitet werden, sondern es geht oft auch darum, Sachverhalte möglichst verständlich zu vermitteln.

5.4.1 Tabellen

Datenmaterial lässt sich am übersichtlichsten in Tabellenform darstellen. Damit durch die Datenfülle die Übersicht nicht verloren geht, müssen die **Tabellen** klar gegliedert und möglichst nach immer wiederkehrendem Muster aufgebaut sein.

Eine **zweidimensionale Tabelle** besteht aus einer Inhaltsbezeichnung in der Überschrift sowie einer Kopfzeile und einer Vorspalte zur Bezeichnung des Zahlenteils.

Tabelleninhalt

Kopfzeile / Vorspalte	Inhalt 1. Spalte	Inhalt 2. Spalte	...	...
Inhalt 1. Zeile				
Inhalt 2. Zeile		Zahlenteil		
...				
...				

Schaubild 5.7: Tabellenaufbau

Zugunsten einer besseren Übersichtlichkeit bieten sich verschiedene Verfahren an die **Daten zu strukturieren:**

- Zerlegung von großen Datenmengen in Teilmengen, die dann in Nebentabellen dargestellt werden.

- Klare Trennung von Globalgrößen und Details, durch Überblick und Zeilen für Zwischensummen zu erreichen.
- Relativierung, d. h. Gewichtung der Informationen durch Vergleichsgrößen, z. B. % vom Umsatz.
- Ausweis der Wertdimension entsprechend den Größenverhältnissen: T € bzw. Mio €.
- Nachkommastellen durch Rundung möglichst vermeiden, z. B. Prozentzahlen bis auf eine Nachkommastelle runden.

Auf der Grundlage von Tabellen lassen sich Schaubilder erstellen, die helfen die Sachverhalte zu veranschaulichen.

5.4.2 Schaubilder

Schaubilder können Grafiken, Charts oder Diagramme sein, die den Empfänger beim Verständnis von Sachverhalten unterstützen sollen. Visuell aufbereitete Informationen werden schneller verarbeitet und sind deshalb besonders geeignet bei Vorträgen oder in langen Berichtstexten einer Überforderung entgegenzuwirken.

Wissenschaftlichen Untersuchungen zufolge halten Empfänger Schaubilder im Vergleich zu numerischen oder verbalen Darstellungen für interessanter. Sie fühlen sich stärker aktiviert, die Information wird besser wahrgenommen und in Erinnerung behalten.

Deshalb sollte jede **Datenpräsentation** durch grafische Aufbereitung ausgewählter Daten unterstützt werden.

In modernen Softwaresystemen sind grafische Präsentationsfunktionen installiert, und es gibt getrennte **Grafik-Software** (Anleitung dazu z. B. in Wolfgang Weber, Aufbereiten – Präsentieren, Cornelsen Verlag 1996). Auch bei der grafisch unterstützten Berichterstattung ist auf die einheitliche Gestaltung zu achten, damit sich der Betrachter schnell zurechtfinden kann. Außerdem erhöhen schon vertraute Muster die Akzeptanz.

Bei Schaubildern werden Kartogramme, Piktogramme und geometrische Diagramme unterschieden.

• Kartogramme

Kartogramme arbeiten mit den Methoden der Landkartendarstellung. Sie bilden anschaulich die unternehmensspezifische Gebietsstruktur ab und helfen Beziehungen zu unternehmensindividuellen Größen zu verdeutlichen, als da sind: Umsätze, regionale Marktanteile, Außendienstmitarbeiter, Besuchshäufigkeiten, Kundendichte, Verkaufsniederlassungen, Kundendienstdichte, Wettbewerbssituation, Logistikstruktur sowie sonstige Infrastrukturen und Potenziale (vgl. Schaubild 5.10).

• Piktogramme

Piktogramme ersetzen wortreiche Erklärungen durch eine symbolische Darstellung und erleichtern bzw. beschleunigen somit den Zugang zu Berichtsinhalten. In Verbindung mit Kartogrammen helfen sie Größenverhältnisse zu visualisieren, z. B. von Produktionsstandorten, Lagerkapazitäten, der Kundendichte etc. Die Einsatzmöglichkeiten von Piktogrammen sind allerdings beschränkt, denn wegen ihrer starken Vereinfachung können komplexe betriebswirtschaftliche Sachverhalte nicht adäquat oder nur verfälschend abgebildet werden. Beispiele für Piktogramme sind in Schaubild 5.8 und 5.14 wiedergegeben.

• Diagramme

Diagramme verstärken die Aussagekraft von Zahlenmaterial durch die geometrisch aufbereitete, optische Darstellung wesentlich. Da es in Controlling-Berichten vorwiegend um Zahlen geht, sind sie hier das wichtigste Darstellungsmittel.

Um dies zu erreichen müssen einige **Grundregeln** beachtet werden:

- Die Segmentierung der darzustellenden Inhalte sollte begrenzt sein, damit die Wahrnehmung nicht leidet; unwesentliche Segmente können unter „Sonstiges“ zusammengefasst werden.
- Gleiche und unterschiedliche Segmente sind durch Schraffuren, Punktierung, Graustufungen oder Farben kenntlich zu machen. Letzteres schränkt jedoch die Kopierfähigkeit ein.

- Bei Achsendiagrammen sollte möglichst einheitlich die Merkmalsausprägung, d. h. zeitlich, sachlich oder örtlich, auf der horizontalen Achse (Abzisse) abgetragen und die Wertausprägung auf der vertikalen Achse (Ordinate) dargestellt werden.
  Falls das Niveau von Wertausprägungen von Bedeutung ist, kann dies durch Gitterlinien angezeigt werden. Sie erstrecken sich von den Achsen ausgehend für bestimmte Skalen als gestrichelte, gepunktete oder durchgezogene Linien über die Diagrammfläche.
  Von der proportionalen Dimensionierung der Achse kann abgewichen werden, wenn entweder sehr große absolute Wertunterschiede darzustellen sind, z. B. logarithmische Skalierungen, oder sehr geringe Wertunterschiede, z. B. unterbrochene Skalierungen.
- Die Beschriftung sollte auf das unbedingt notwendige Maß beschränkt werden und bezüglich Größe, Art, Symbolik und Anordnung einheitlich sein. Zur besseren Übersicht sollten im Diagramm Zeichen, Symbole oder Farben verwendet werden, die einheitlich im Bericht oder Unternehmen üblich sind. Anderenfalls sind sie durch eine Legende zu erklären.

Der jeweils gewählten zeichnerischen Umsetzung in geometrische Formen folgend lassen sich folgende Diagramm-Formen unterscheiden:

Rechteckdiagramme
Bei den Rechteckdiagrammen sind zur Darstellung Rechtecke in vertikaler Richtung als Säulen oder in horizontaler Richtung als Balken angeordnet. Durch die Länge der Rechtecke kann die Entwicklung von Größen und durch die Aufteilung deren Struktur abgebildet werden.

Säulendiagramme (Schaubild 5.8) sind besonders für die Darstellung von Umsatz- und Kostenentwicklungen geeignet.

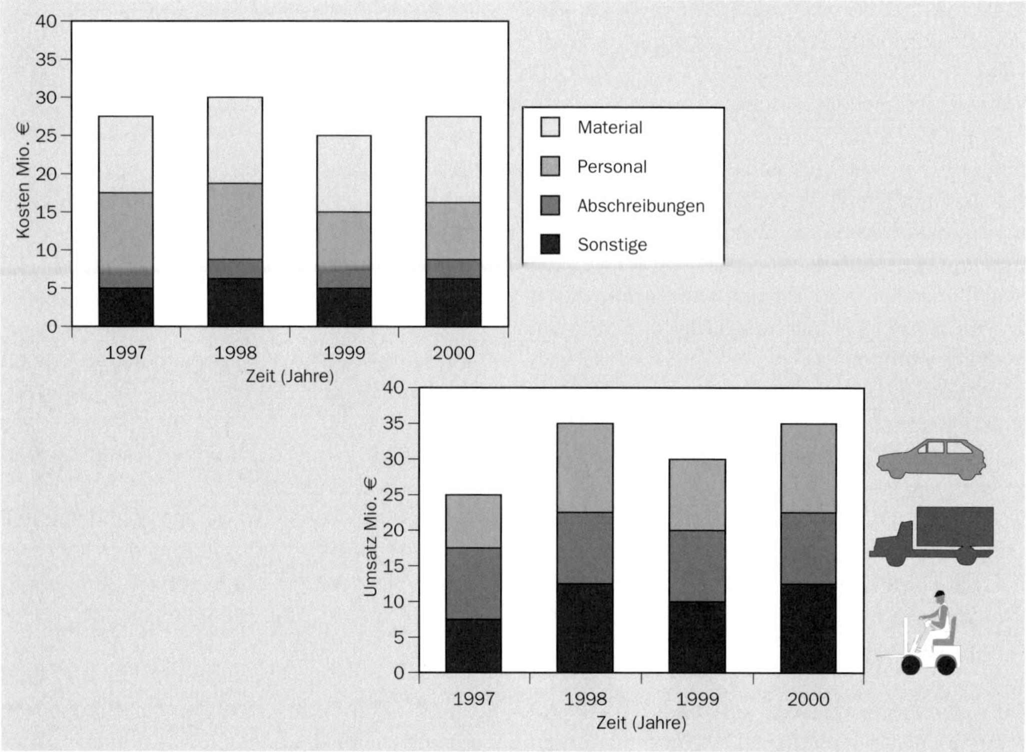

Schaubild 5.8: Säulendiagramme mit Piktogramm

Zweiseitige Säulendiagramme (Schaubild 5.9) bieten sich an, die Zu- und Abnahmen einer Größe oder Abweichungen von einem Vorgabewert zu veranschaulichen. Angewendet werden sie bevorzugt bei Darstellungen der Ergebnisentwicklung, von Umsatzwachstumsraten oder auch Budgetzielabweichungen.

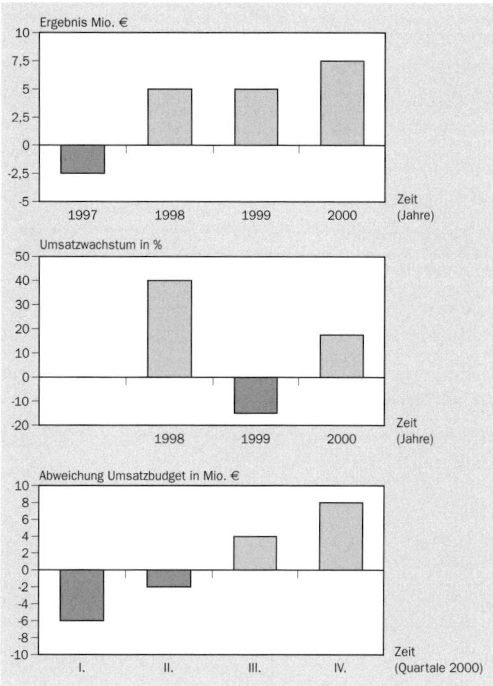

Schaubild 5.9: Zweiseitige Säulendiagramme

Zweiseitige Balkendiagramme zeigen die Merkmalsausprägung vertikal und die Wertausprägung horizontal. Diese Darstellungsform eignet sich besonders um gegenüberstellende Rangfolge-Vergleiche zu zeigen. Ein weiterer Vorzug ist die einfachere Beschriftungsmöglichkeit bei Darstellungen im Hochformat (Schaubild 5.10).

Punktdiagramme

Punktdiagramme zeigen Beziehungen oder den Grad von Beziehungen zwischen verschiedenen Größen auf. Ein Beispiel dafür ist das beim Target-Costing behandelte Zielkostenabweichungsdiagramm (vgl. Schaubild 2.30). Als **Streudiagramme** können Punktdiagramme auch Regelmäßigkeiten erkennen lassen, die auf Abhängigkeiten hindeuten, wie z. B. denkbar bei einer Regressions- und Korrelationsanalyse.

Liniendiagramme, auch **Kurvendiagramme** genannt, kommen vorzugsweise dann zur Anwendung, wenn mehrere unterschiedliche Merkmalsgrößen in ihrer zeitlichen Entwicklung im Zusammenhang dargestellt werden sollen. Beispielsweise lassen sich im Mehrlinienkurvendiagramm die Umsatz-, Kosten-, Personal- und Investitionsentwicklung im Zusammenhang abbilden (Schaubild 5.11).

Hier wären Säulendiagramme zu unübersichtlich. Da sich Linien auch überschneiden können, muss durch Farbgebung und/oder Markierung von Punkten und Linien für eine klare Unter-

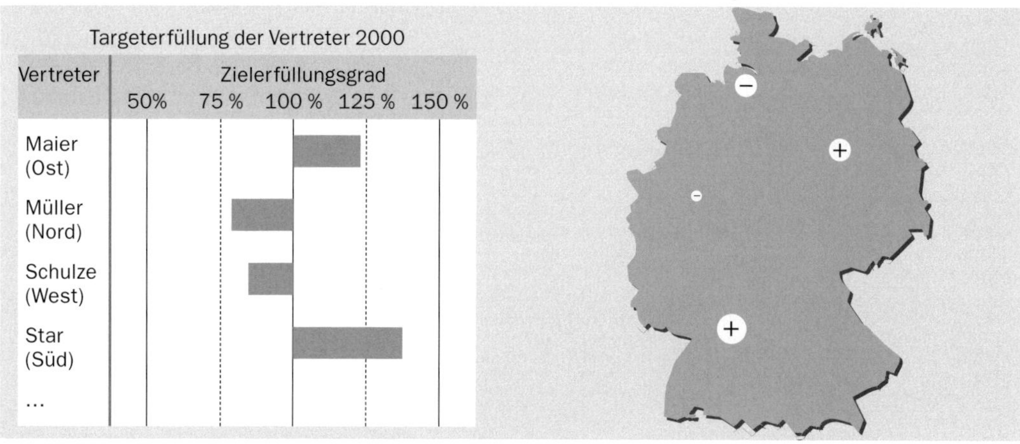

Schaubild 5.10 : Zweiseitiges Balkendiagramm sowie Kartogramm

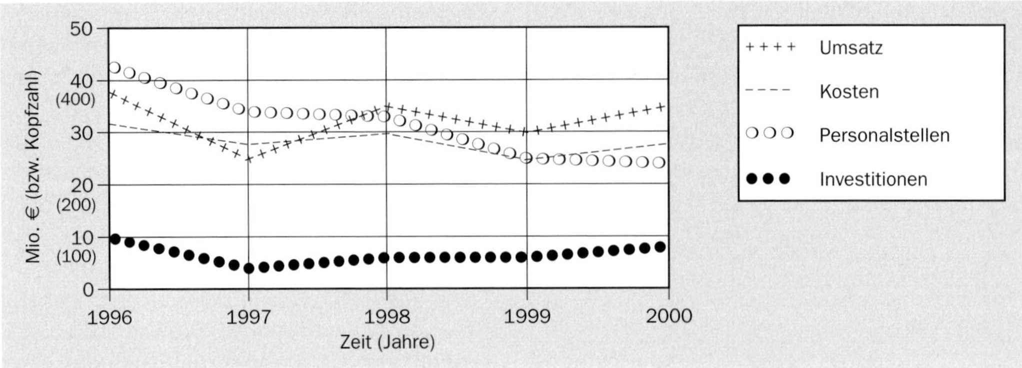

Schaubild 5.11: Mehrlinienkurvendiagramm

Kennzahl	Bewertungsmaßstab	Soll	Ist-Wert laufender Monat	Entwicklung seit Jahresbeginn J F M A M J J A S O N D	Skala
Material-anforderung erstellt	innerhalb von 3 Arbeitstagen	75%	79%		80 70 60
Verspätete Anlieferung	Terminversprechen der Lieferanten	12,5%	13%		15 10 5
Auftrags-überhang	In Fertigungsmonaten	5,0	7,5		6 4 2
Lager-bestände	Verbrauch an Einzelteilen	12,5%	20%		15 10 5
Maschinen-ausnutzung	Kapazitätsbeschäftigungsgrad	75%	83%		80 70 60
Personal-fluktuation	Kündigung durch Mitarbeiter	35	42		40 30 20

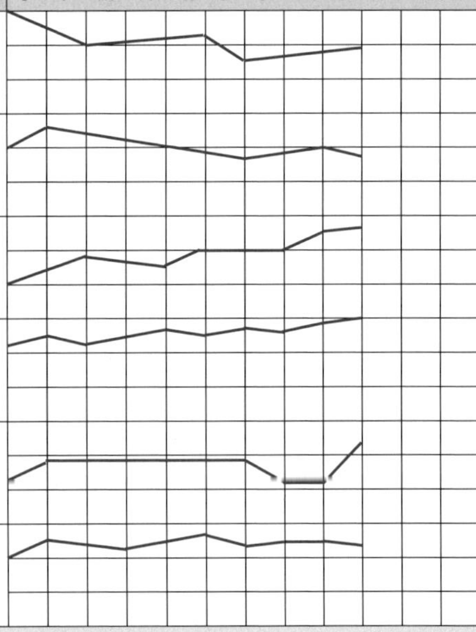

Schaubild 5.12: Liniendiagramm zur laufenden Berichterstattung

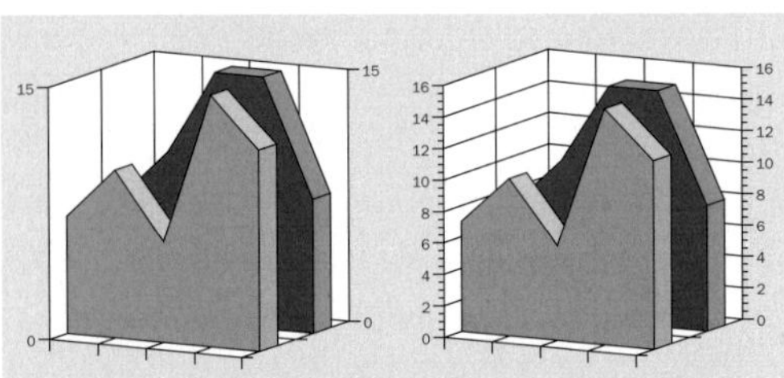

Schaubild 5.13: Flächendiagramme

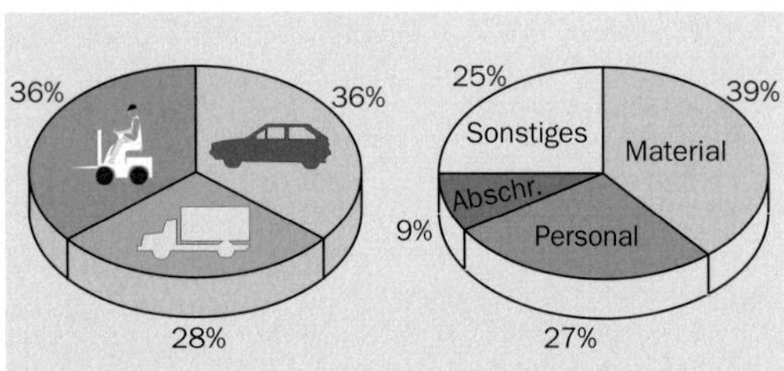

Schaubild 5.14: Kreis-, Tortendiagramme

scheidung gesorgt werden, z. B. +, –, ❍, ● wie in Schaubild 5.11. Ideal eignen sich Liniendiagramme auch für Indexzahlen, bei denen alle abzubildenden Merkmale den gleichen Basiswert (Basisjahr = 100%) im Ursprung haben. Liniendiagramme lassen sich zwecks regelmäßiger Berichterstattung so aufbauen, dass die aktuellen Daten laufend nachgetragen werden können (Schaubild 5.12).

Flächendiagramme
Sie können bei zahlreichen Merkmalen alternativ zu Liniendiagrammen oder, alternativ zu Säulendiagrammen, für die Abbildung von Gesamtgrößen mit ihrer Struktur, in der Regel Teilgrößen, und ihrer zeitlichen Wirkung eingesetzt werden. Bei dreidimensionaler Darstellung und farblicher Gestaltung sind **Flächendiagramme** optisch sehr vorteilhaft (Schaubild 5.13).

Kreis- bzw. Tortendiagramme bieten sich an, wenn statt der zeitlichen Entwicklung die Struktur einer Merkmalsgröße besonders veranschaulicht werden soll. Typischerweise werden sie angewendet, wenn die Umsatz- und Kostenstruktur eines Unternehmens gezeigt werden soll (Schaubild 5.14) .

Tabellierte Zahlenreihen und Schaubilder zeigen Entwicklungen und Strukturen anschaulich, ihre inhaltliche Beurteilung ist jedoch meist nur anhand von Vergleichsgrößen möglich, auch Kennzahlen genannt.

5.4.3 Kennzahlen

*Kennzahlen sind **nummerische Informationen**, die eine Aussage über betriebswirtschaftliche Sachverhalte zulassen.* Sie haben von jeher eine überragende Bedeutung für den Controller. Als Soll-Größen sind sie ein wichtiges Hilfsmittel für die Planung und die Abweichungsanalyse. Als Ist-Größen können sie im Kontrollprozess Schwachstellen aufzeigen, Abweichungen signalisieren und als Beurteilungsmaßstab für die Entwicklung von einzelnen betrieblichen Zahlen dienen. **Kennzahlen** ermöglichen darüber hinaus Vergleiche zu anderen Unternehmen oder einer ganzen Branche, um die erreichten Zahlen einer vergleichenden Beurteilung zu unterziehen. Kennzahlen haben somit eine dreifache Bedeutung:
– Sie bilden Maßstäbe ab.
– Sie ermöglichen eine Kontrollfunktion.
– Sie ermöglichen Vergleiche.

Die Aufgabe des Controllers besteht nun darin, geeignete Kennzahlen zur Verfügung zu stellen, die in möglichst komprimierter Form Urteile über betriebswirtschaftliche Sachverhalte zulassen. Dabei muss ein **System von Kennzahlen** geschaffen und analysiert werden, damit man Unternehmen insgesamt beurteilen kann. Kennzahlen können nach **statistisch-methodischen Aspekten** unterschieden werden:

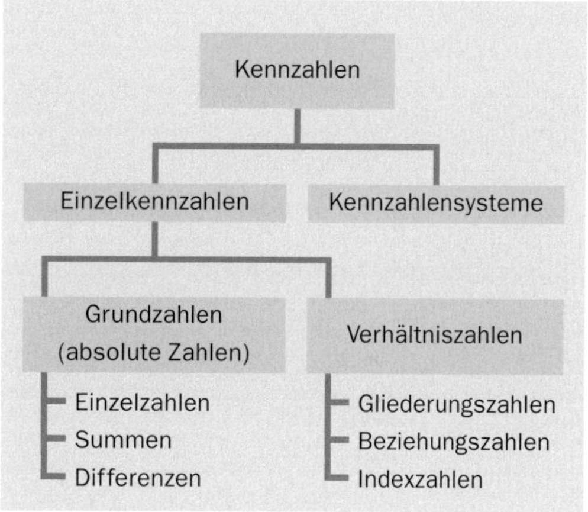

Schaubild 5.15: Kennzahlen

• Einzelkennzahlen
Nur wenige **Grundzahlen** haben für sich genommen eine Aussagekraft über bedeutende betriebswirtschaftliche Sachverhalte. So können das Investitions- und Umsatzwachstum in Einzelzahlen oder Summen den Expansionsumfang des Unternehmens beschreiben oder die Differenz „Jahresüberschuss“ den möglichen Umfang an Dividendenausschüttung ausdrücken. Eine Beurteilung wird aber erst durch Vergleichsgrößen möglich, durch Verhältniszahlen, zu denen diese Grundzahlen ins Verhältnis gesetzt werden.

Verhältniszahlen sind in Gliederungs-, Beziehungs- und Indexzahlen zu unterscheiden.
Gliederungszahlen ergeben sich als Quotient aus einer Teilgröße im Verhältnis zu einer Gesamtgröße (oder andere Teilgröße), z. B.:

$$\text{Eigenkapitalquote} = \frac{\text{Teilgröße Eigenkapital}}{\text{Gesamtgröße Gesamtkapital}} \cdot 100$$

Die Multiplikation mit 100 ist sachlich nicht notwendig. Die Kennzahl hat aber als Prozentzahl optische Vorteile gegenüber einer Dezimalzahl, weil dadurch die wesentlichen Ziffern vor dem Komma stehen, z. B. 32,5% statt 0,325.
Durch **Beziehungszahlen** werden Größen verschiedener Merkmale, die aber in einer sachlogischen Beziehung stehen, ins Verhältnis gesetzt, z. B.:

$$\text{Kapitalumschlag} = \frac{\text{Merkmal Umsatz}}{\text{Merkmal Kapital}}$$

Hier wird eine Stromgröße (Umsatz) auf eine Bestandsgröße (Kapital) bezogen. Zusätzlich zu den Wertgrößen können auch Mengengrößen herangezogen werden. So kann beispielsweise die Arbeitsproduktivität in drei Versionen ausgedrückt werden:

$$\text{Arbeitsproduktivität} = \frac{\text{Wertmerkmal Umsatz}}{\text{Wertmerkmal Personalaufwand}} = \frac{\text{Wertmerkmal Umsatz}}{\text{Zahl der Mitarbeiter}} = \frac{\text{Produktionsmenge}}{\text{Zahl der Mitarbeiter}}$$

Die **Indexzahlen** beschreiben die zeitliche Entwicklung eines Merkmals, wobei eine Basisgröße mit 100 gleichgesetzt wird, z. B.:

$$\text{Umsatzentwicklung} = \frac{\text{Merkmal Umsatz in } t_1}{\text{Merkmal Umsatz in } t_0} \cdot 100$$

Wenn man Zeitreihen durch Indexzahlen ausdrückt (z. B. die Umsatzentwicklung der letzten Jahre), sollte als Basisperiode eine möglichst normale, keine extreme Periode gewählt werden. Ist nämlich bei einer Umsatzjahresreihe die Basisperiode ein Rezessionsjahr, so wird das Umsatzwachstum extrem hoch, bei einem Boomjahr als Basisperiode dagegen extrem niedrig dargestellt.

- Kennzahlensysteme

*Ein **Kennzahlensystem** ist eine geordnete Gesamtheit von mehreren Einzelkennzahlen, die in einer sachlich sinnvollen Beziehung zueinander stehen,* sich gegenseitig ergänzen und erklären und so als Gesamtheit über einen Sachverhalt vollständig informieren. Nach der Art der Beziehung zwischen den Einzelkennzahlen unterscheidet man Rechensysteme und Ordnungssysteme.
Rechensysteme verknüpfen die Einzelkennzahlen mathematisch miteinander. Veränderungen einer Kennzahl wirken sich auf vor- und nachgelagerte Kennzahlen aus. Das international bekannteste und älteste ist das schon mehrmals erwähnte **Du-Pont-Schema,** auch ROI (Return On Investment)-System genannt.

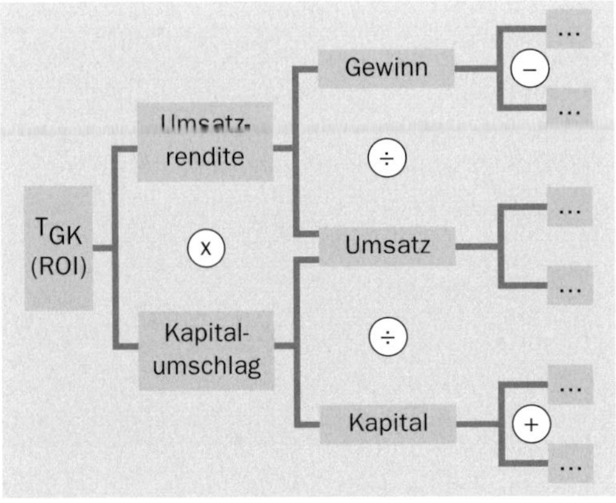

Schaubild 5.16: Grundschema des Du-Pont-Schemas/ROI-Systems

Hier ergibt sich die Spitzenkennzahl Gesamtkapitalrentabilität (Return on Investment) als Produkt aus Umsatzrentabilität und Kapitalumschlag. Die Umsatzrentabilität ist ein Quotient aus Gewinn und Umsatz, und der Kapitalumschlag ist ein Quotient aus Umsatz und Kapital. Eine weitere rechentechnische Auflösung ist entsprechend der jeweiligen Definition der Einzelkennzahlen bis zu Ursprungs-Grundzahlen möglich.

Ein weiteres, praktisch bewährtes Rechensystem ist das vom British Institute of Management 1956 entwickelte Pyramid-Structure-Of-Ratios, das auch von der Spitzenkennzahl ROI ausgeht, diese aber durch andere Rechenoperationen aufspaltet.

Der Vorteil von Rechensystemen liegt in der Programmierbarkeit der mathematischen Verknüpfung, denn jede einzelne Kennzahl zeigt als rechnerisches Ergebnis die Wirkung von vorgelagerten Kennzahlen als Einflussfaktor einer Ursache. Dies erlaubt eine systematische Analyse der Haupteinflussfaktoren nachgelagerter Kennzahlen bzw. der Ursache für die Unternehmensrentabilität, wie wir es bei der Abweichungsanalyse mit dem Du-Pont-Schema schon gezeigt haben.

Ordnungssysteme weisen bestimmten Sachverhalten Kennzahlen zu. Rechentechnische Verknüpfungen sind in Teilbereichen möglich, aber nicht das dominierende Zuordnungskriterium. Das bekannteste deutsche Ordnungssystem ist das vom Zentralverband Elektrotechnik und Elektroindustrie erstmals 1969 veröffentlichte und zwischenzeitlich verbesserte **ZVEI-Kennzahlensystem** (Schaubild 5.17).

Es umfasst die beiden Bereiche **Wachstumsanalyse** und **Strukturanalyse.** In der Wachstumsanalyse soll durch den Vergleich von wichtigen Grundzahlen mit der Vorperiode ein erster Überblick über Veränderungen im Unternehmen vermittelt werden. Durch die Strukturanalyse soll die Unternehmenseffizienz beurteilt werden. Bei den Hauptkennzahlen wird zwischen Ertragskraft-Kennzahlen, wie z.B. Rentabilität oder Beschäftigung, und Risikokennzahlen, so z.B. Liquidität oder Kapital, unterschieden. Die Verknüpfung dieser Hauptkennzahlen erfolgt rechentechnisch durch Hilfskennzahlen, denen aber keine Aussagekraft zugemessen wird. Diese eigentlich bedeutungslosen Hilfskennzahlen bergen die Gefahr das System mit Informationen zu überladen. Deshalb kann das ZVEI-Kennzahlensystem statt zum gewünschten besseren Un-

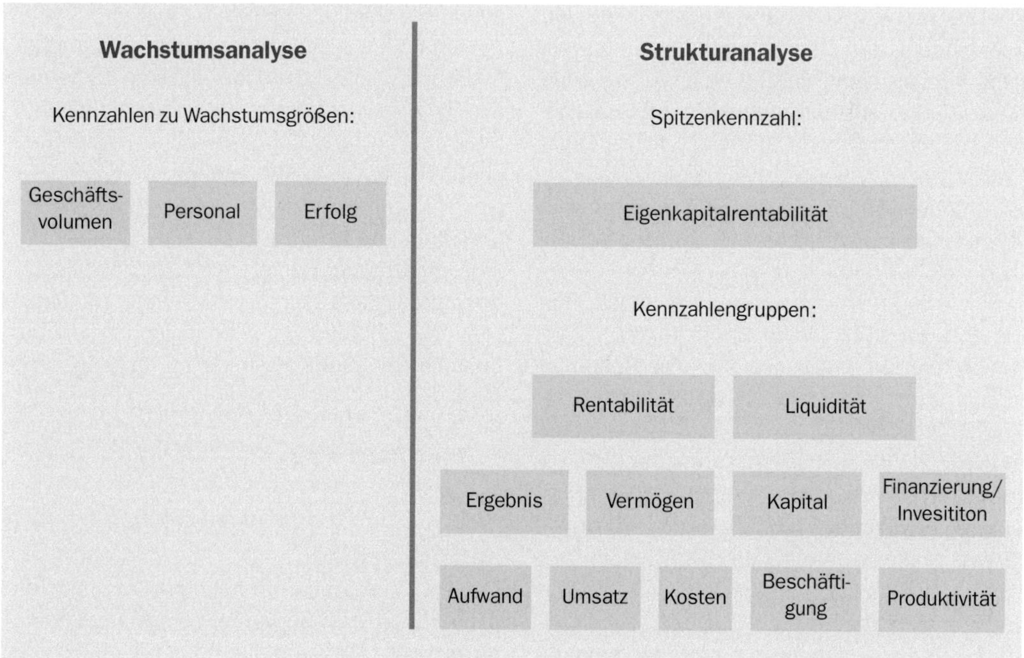

Schaubild 5.17: Aufbau des ZVEI-Kennzahlensystems

ternehmensüberblick zur Unübersichtlichkeit führen.

Das **RL-Kennzahlensystem** von Reichmann und Lachnit vermeidet diese Schwäche, es ist ein anwendungsorientiertes Ordnungssystem. Hinsichtlich der Aufbauprinzipien unterscheidet es durch eine duale Kennzahlenhierarchie die Bereiche „Retabilität" und „Liquidität" und unterscheidet zwischen einem „allgemeinen Teil" zur laufenden Unternehmenssteuerung und einem „Sonderteil", wo definitorisch ungebunden unternehmensindividuelle Informationsbedürfnisse der Unternehmensleitung berücksichtigt werden können.

Die Gestaltung eines anpassungsfähigen **Informations-Versorgungs-Systems** durch Kennzahlen gehört zu den wichtigsten Aufgaben des Controllers. Dabei sind die gegebenen Unternehmensstrukturen zu beachten, auf die sich ein Kennzahlensystem bezieht:

(1) Zielsystem

(2) Organisationsstruktur: Aufbauorganisation, Erfolgsverantwortung, Führungsprozess

(3) Planungs-, Steuerungs- und Kontrollsystem

Weiter ist zu beachten, dass betriebswirtschaftliche Kennzahlen nicht nur vom Controlling und Management zur Beurteilung des Unternehmens herangezogen werden. Auch für sonstige Interessenten am Unternehmen sind Kennzahlen eine entscheidende Grundlage für ihr Engagement, so für Aktionäre, Kreditgeber, Lieferanten, Kunden, Arbeitnehmer, Konkurrenten, die Öffentlichkeit etc. Sie entnehmen ihre Informationen im Wesentlichen dem Externen Rechnungswesen, also dem Jahresabschluss, mittels **Bilanzanalyse** (siehe Baus: Bilanzpolitik). Obwohl der Controller anhand von Kostenrechung, Auftragsbeständen oder Liquiditätsplanung bessere Grundlagen für die Kennzahlenbildung hat, ist es auch wichtig zu bedenken, wie das Unternehmen durch „externe" Kennzahlen auf Außenstehende wirkt.

Für den Controller stellt sich das Problem, aus dieser Vielfalt möglicher Kennzahlen die für sein Unternehmen geeigneten auszuwählen und berichtsmäßig aufzuarbeiten. Gute Hilfen sind dabei von Wirtschaftsverbänden herausgegebene **Branchenkennzahlen,** die dann auch zu Branchenvergleichen herangezogen werden können.

• Wichtige Kennzahlen der Controlling-Praxis

Die nachfolgenden betrieblichen Kennzahlen stellen nur eine Auswahl der wichtigsten in der **Controllingpraxis** eingesetzten Kennzahlen dar. Sie sind natürlich hinsichtlich der jeweils unternehmensspezifischen Erfordernissen zu ergänzen.

Erfolgskennzahlen

(1) Return on Investment (ROI)

Es ist die Spitzenkennzahl des ROI-Kennzahlensystems und ergibt sich als Produkt aus Umsatzrendite und Kapitalumschlag:

$$ROI = \frac{\text{Gewinn}}{\text{Umsatz}} \cdot \frac{\text{Umsatz}}{\text{Kapital}}$$

Durch Kürzung des Umsatzes erhält man die

$$Gesamtkapitalrendite = \frac{\text{Gewinn}}{\text{Eigen- + Fremdkapital}} \cdot 100$$

Mit der Gesamtkapitalrendite lässt sich beurteilen, wie erfolgreich das Management mit dem gesamten überlassenen Kapital gewirtschaftet hat, unabhängig davon, wer es zur Verfügung gestellt hat. Deshalb wird hier auch im Zähler der Gewinn der Eigenkapitalgeber und der Fremdkapitalgeber einbezogen (Gewinn = Jahresüberschuss + Fremdkapitalzinsen).

(2) Eigenkapitalrendite

Wenn speziell der Erfolg für die Eigenkapitalgeber ermittelt werden soll, so wird der den Eigenkapitalgebern zustehende Periodengewinn (Jahresüberschuss) dem Eigenkapital gegenübergestellt.

$$Eigenkapitalrendite = \frac{\text{Jahresüberschuss}}{\text{Eigenkapital}} \cdot 100$$

(3) Umsatzrendite

Um den Erfolg des Unternehmens im Branchenvergleich zu messen wird die Umsatzrendite herangezogen. Hier wird das Betriebsergebnis als der Gewinn aus dem „eigentlichen Geschäft" auf die Erträge aus dem „eigentlichen Geschäft“ (Umsatzerlöse) bezogen:

$$\textit{Umsatzrendite} = \frac{\text{Betriebsergebnis}}{\text{Umsatzerlöse}} \cdot 100$$

(4) Cashflow-Rendite
Da in den Gewinn auch Bewertungsunterschiede bzw. -manipulationen bei den Abschreibungen und den langfristigen Rückstellungen eingehen, wird zur Erfolgsbeurteilung zusätzlich der betriebliche Cashflow als Einnahmeüberschuss herangezogen:

	Betriebsergebnis
+	betriebliche Abschreibungen (– Zuschreibungen)
+	Zuweisung langfr. Rückstellungen (– Auflösung)
=	betrieblicher Cashflow

$$\textit{Cashflow-Rendite} = \frac{\text{Cashflow}}{\text{Umsatzerlöse}} \cdot 100$$

(5) Kapital- oder Vermögensumschlag
Der Kapital- bzw. Vermögensumschlag gibt an, wie viel Umsatz durch das Vermögen (bzw. Kapital) erzeugt wurde:

$$\textit{Kapital- bzw. Vermögensumschlag} = \frac{\text{Umsatzerlöse}}{\text{Kapital (bzw. Vermögen)}}$$

Risikokennzahlen

(1) Anlagenintensität
Mit der Anlagenintensität wird die Dispositionselastizität ermittelt, d. h. der Anteil des langfristig gebundenen Vermögens.

$$\textit{Anlagenintensität} = \frac{\text{Anlagenvermögen}}{\text{Gesamtvermögen}} \cdot 100$$

(2) Statischer Verschuldungsgrad
Zur Beurteilung der Schuldenbelastung wird die Eigenkapital-Quote herangezogen.

$$\textit{Eigenkapital-Quote} = \frac{\text{Eigenkapital}}{\text{Gesamtkapital}} \cdot 100$$

Alternativ:

$$\textit{Anspannungsgrad} = \frac{\text{Fremdkapital}}{\text{Gesamtkapital}} \cdot 100$$

(3) Anlagendeckungsgrad
Ob das langfristige Vermögen ausreichend durch langfristiges Kapital abgedeckt ist, wird mit dem Anlagendeckungsgrad untersucht:

$$\textit{Anlagendeckungsgrad} = \frac{\text{Eigenkapital + langfristiges Fremdkapital}}{\text{Anlagevermögen}} \cdot 100$$

(4) Liquiditätsgrad
Die Zahlungsfähigkeit des Unternehmens wird durch die Fristenkongruenz zwischen bestehendem monetären Vermögen und demnächst fälligem Fremdkapital beurteilt:

$$\textit{Liquiditätsgrad} = \frac{\text{Liquide Mittel + Forderungen}}{\text{kurzfristiges Fremdkapital}} \cdot 100$$

(5) Dynamischer Verschuldungsgrad
Ein Zusammenhang zwischen der Erfolgskennzahl „Cashflow“ und der Effektivverschuldung wird durch den dynamischen Verschuldungsgrad hergestellt. Er gibt die Entschuldungsdauer in Jahren an, wenn man den Zahlungsmittelüberschuss (Cashflow) ausschließlich zur Schuldentilgung verwenden würde:

$$\textit{Dynamischer Verschuldungsgrad} = \frac{\text{Effektivverschuldung}}{\text{Cashflow}}$$

wobei gilt:

$$\textit{Effektivverschuldung} = \text{Schulden – monetäres Umlaufvermögen}$$

(6) Sicherheitskoeffizient
Die Abhängigkeit von Beschäftigungsschwankungen kann durch den Sicherheitskoeffizienten angegeben werden. Er zeigt, um wie viel Prozent der Umsatz maximal sinken darf um nicht in die Verlustzone zu kommen.

$$\textit{Sicherheitskoeffizient} = \frac{\text{Gewinn}}{\text{Deckungsbeitrag}} \cdot 100$$

(7) Konzentrationskennziffern
Die Abhängigkeit von Kunden oder bestimmten Artikeln können Konzentrationskennziffern zeigen. Leitfragen zu ihrer Ermittlung sind z. B.:

- Wie viel Prozent der Kunden entfallen auf 80% des Umsatzes?
- Wie viel Prozent der Artikel erzielen 80% des Umsatzes?
- Wie viel Prozent der Kunden erbringen 80% des Deckungsbeitrags?
- Wie viel Prozent der Artikel erzielen 80% des Deckungsbeitrags?

(8) Exportquote
Die Exportquote gibt die Abhängigkeit des Umsatzes von Währungs-, Handelsbeschränkungs- und politischen Risiken an:

$$\textit{Exportquote} = \frac{\text{Auslandsumsatz}}{\text{Umsatzerlöse}} \cdot 100$$

Eine weitere Differenzierung nach entsprechenden Risikoländern ist sinnvoll.

Bereichskennzahlen
(1) Lagerdauer
Die Beurteilung der Lagerbestände kann als Umschlagsziffer erfolgen.

$$\textit{Lagerumschlag} = \frac{\text{Umsatz}}{\text{Lagerbestand}}$$

Viel anschaulicher ist aber die Lagerbestandsreichweite in Tagen:

$$\textit{Lagerdauer} = \frac{\text{Lagerbestand}}{\text{Umsatz}} \cdot 365$$

Eine Differenzierung in Warenlagerdauer und Materiallagerdauer ist sinnvoll, wobei der „Umsatz“ des Materiallagers durch den Materialverbrauch angegeben wird:

Materiallagerdauer

$$= \frac{\text{Bestände Roh-, Hilfs- und Betriebsstoffe}}{\text{Materialverbrauch}} \cdot 365$$

Warenlagerdauer

$$= \frac{\text{Bestand Fertigerzeugnisse, Waren}}{\text{Umsatzerlöse}} \cdot 365$$

(2) Materialintensität
Die Aufwendungen für Material und bezogene Leistungen werden auf die betriebliche Leistung bezogen:

Materialintensität

$$= \frac{\text{Materialaufwendungen}}{\text{Umsatzerlöse + Bestandsveränderungen}} \cdot 100$$

(3) Arbeitsproduktivität
Die Arbeitsproduktivität wird allgemein wie folgt errechnet:

$$\textit{Arbeitsproduktivität} = \frac{\text{Arbeitsleistung}}{\text{Arbeitseinsatz}}$$

Als Größen können sowohl Mengen, z. B. Stück, Mitarbeiterzahl, Arbeitsstunden etc., als auch Werte, wie Umsatz oder Personalkosten, eingesetzt werden, z. B.:

Pro-Kopf-Leistung

$$= \frac{\text{Umsatzerlöse + Bestandsveränderung}}{\text{Anzahl Mitarbeiter}}$$

Solche Kennzahlen sind für das Gesamtunternehmen und auch für einzelne Sparten oder Kostenstellen zur Beurteilung zu ermitteln.

(4) Personalintensität
Der Anteil der Personalaufwendungen kann im Verhältnis zur betrieblichen Leistung oder zum Gesamtaufwand angegeben werden:

Personalintensität

$$= \frac{\text{Personalaufwand}}{\text{Gesamtaufwand}} \cdot 100$$

(5) Investitionsquote
Der Umfang des Unternehmenswachstums lässt sich anhand der Differenz aus den Zugängen minus den Abgängen im Anlagevermögen bezogen auf das Bruttoanlagenvermögen beurteilen:

Investitionsquote

$$= \frac{\text{Zugänge – Abgänge Anlagevermögen}}{\text{Bruttoanlagevermögen}} \cdot 100$$

(6) Kundenziel
Die Kreditgewährung gegenüber den Kunden wird analog der Lagerdauer in Tagen angegeben:

Kundenziel

$$= \frac{\text{Forderungen aus Lieferung und Leistung}}{\text{Umsatzerlöse}} \cdot 365$$

Bei großen Umsatzschwankungen und geringem Kundenziel kann diese Kennzahl stark verzerrt werden. Deshalb kommt in der Unternehmenspraxis das realistischere „amerikanische Verfahren“ zur Anwendung. Dabei wird vom Forderungsbestand immer der letzte Monatsumsatz abgezogen, also 30 Tage. Entspricht der Restforderungsbestand nicht diesem Monatsumsatz, so ist er anteilig in Tagen zu berücksichtigen.

Beispiel

Forderungsbestand	T€	
am 31.12.2000:	6.575	
– Umsatz Dezember	–3.550	= 30 Tage
Restforderungen	3.025	
– Umsatz November	–2.225	= 30 Tage
Restforderungen	800	
➜ $\frac{800}{2.400} \cdot 30$		= 10 Tage (anteilig)
Umsatz Oktober	2.400	
Kundenziel		= 70 Tage

Bei einem angenommenen Jahresumsatz von 26.400 T€ würden sich nach obiger Formel dagegen 90,9 Tage ergeben:

$$\textit{Kundenziel} = \frac{6.575 \cdot 365}{26.400} = 90{,}9 \text{ Tage}$$

Zu der betriebsindividuellen Auswahl von Kennzahlen kommt somit noch die Ermittlung des **praxisgerechten Berechnungsverfahrens**.

5.4.4 Texte

Für gewöhnlich bestehen Berichte, gleich ob Revisions-, Messe- oder beispielsweise Besuchsberichte, aus **Texten,** die durch Schaubilder oder Tabellen ergänzt werden. Controllerberichte sind typischerweise umgekehrt aufgebaut: Die **Zahlendarstellung** steht im Vordergrund und nur daraus nicht ersichtliche, meist qualitative Sachverhalte werden durch verbale Ausführungen ergänzt. Besonders Abweichungsursachen können in der Regel einzelfallbezogen kommentiert sein (vgl. Schaubild 5.19 auf S. 139).

Dabei sollte der Umfang der **Kommentierung** auch der Bedeutung des Sachverhalts entsprechen. Auf die Erläuterung von unbedeutenden Abweichungen kann verzichtet werden. Außergewöhnliche Sachverhalte sollten im Sinne des Management-by-Exception deutlich hervorgehoben werden. Diese Wertung ist sowohl sachlich als auch im Sinne einer lebendigen und lesefreudigen Berichtgestaltung durchaus erwünscht. Allerdings dürfen Berichte auf keinen Fall subjektiv sein. Erscheinen Meinungen erforderlich, so sind diese deutlich als solche zu kennzeichnen.

Schriftart und -größe im Bericht sind so zu wählen, dass eine einwandfreie Lesbarkeit gewährleistet ist. Im Idealfall reichen Stichworte um den Sachverhalt zu charakterisieren (vgl. Schaubild 5.18 auf Seite 138).

Computerunterstützt kann auch mit **Textbausteinen** gearbeitet werden, die entweder in einem Textverarbeitungsprogramm gespeichert sind oder aufgrund der Veränderung von Kennzahlen durch ein Expertensystem erzeugt werden.

Eine Überarbeitung durch den Controller sollte in jedem Fall sicherstellen, dass Monotonie und Redundanz vermieden werden und in einer lebendigen Sprache berichtet wird.

Verbale Erläuterungen sind immer dann unbedingt erforderlich, wenn es darum geht, Fehlinterpretationen von Zahlen durch den Berichtsempfänger zu verhindern. Oft sind ausführliche Untersuchungen und Berechnungen notwendig gewesen um die richtigen Schlüsse aus dem Zahlenwerk zu ziehen. Der Bericht sollte dies durch eine insgesamt schlüssige Darstellung dokumentieren.

Insbesondere durch eine optimale Kombination der Mittel kann der Berichtserfolg erfahrungsgemäß gesteigert werden: Etwa 10% der Daten bleiben durch Lesen haften. Beim Hören der Informationen beträgt der Prozentsatz rd. 20%. Die höchste Gedächtniswirkung (Informationsvermittlung) wird mit ca. 50% erreicht, wenn der Controller sowohl verbal/akustisch als auch visuell/optisch berichtet.

Ergebnisse/Kosten				Informationen per Monat (kumuliert)					Erwartung per 31.12.2001			
Nr.	Erfolg	Mengen	Werte	Plan	Soll (flex. Plan)	Ist	Abweichg. z. Plan/Soll T€	%	Jahresplan	Erwartung restl. Zeit	Vorauss. Ist Ende 2001 T€	Abw. vor-aussichtl. Ist zum Plan T€
1	Umsatz											
2	DB I											
3	DB II											
Nr.	Kostenarten	Mengen	Werte	Plan (kum. Mon.)	flexibles Soll kum.	Ist kum.	Abweichg. zum Plan T€	%	Jahresplan	Erwartung	Vorauss. Ist	Angekünd. Abweichg.
1	Personal											
2	Sachkosten											
Nr.	Bestände	Mengen	Werte	Plan	Bestand in Tagen	Ist	Über-/Unterschreitung T€	%	Jahresplan	Erwartung	Vorauss. End-bestand	Plan-Über-/Unter-schreitung
1	Lager											
2	Debitoren											

Sachverhalte (Anamnese und Diagnose in Stichworten	Steuerbar ja	nein	Maßnahmen (Therapie in Stichworten)	Zuständig	Termin

Schaubild 5.18: Berichtsformular

Beständebericht					
Juli 2001 Werte in T€	Juni 2001 Ist	Juli 2001 Ist	 Budget	Jahresende vorauss. Ist	 Budget
Roh-, Hilfs-, Betriebsstoffe	3.462	3.455	3.600	3.500	3.700
unfertige Erzeugnisse	27.371	27.662	27.100	28.000	27.800
Fertigerzeugnisse	5.650	5.845	5.300	5.600	5.600
Summe Bestände	36.483	36.962	36.000	37.100	37.100

Die Planzahl zum 31.07. wurde um 2,7 Prozent überschritten. Gegenüber dem Vormonat stiegen die Vorräte um knapp 500 T€.
Die Planzahl zum Jahresende erscheint aufgrund der vorliegenden Ist-Zahl in der Summe erreichbar. Entsprechende Maßnahmen zur Bestandssenkung wurden eingeleitet.
Die Begründung für die Abweichung ergibt sich aus den folgenden Erläuterungen zu den einzelnen Bestandsgruppen.

Roh-, Hilfs- und Betriebsstoffe
Die Unterschreitung der Planzahl ist auf den Preisverfall für einen wesentlichen Teilebereich zurückzuführen, der im Budget nicht eingeplant war. Die Bestandsentwicklung der letzten Monate verläuft so, dass die Planzahl zum Jahresende im voraussichtlichen Ist auf 3.500 T€ korrigiert werden konnte.

Unfertige Erzeugnisse
Fertigungsengpässe wegen des Ausfalls eines wesentlichen Lieferanten (Qualitätsprobleme) führten in den letzten drei Monaten zu einem überplanmäßigen Bestandsaufbau. Es ist zu erwarten, dass diese Probleme bis zum Jahresende nicht vollständig ausgeräumt werden können. Im voraussichtlichen Ist wurde daher der Bestandswert um 200 T€ erhöht.

Fertigerzeugnisse
Trotz einer Überschreitung der Planzahl im Monat Juli aufgrund von Abwicklungsschwierigkeiten beim Export in ein bestimmtes Land kann mit der Einhaltung des Planes zum Jahresende gerechnet werden.

Schaubild 5.19: Kommentierter Beständebericht

5.5 MIS – Berichten durch Management-Informationssysteme

Das herkömmliche Berichten in Papierform wird zunehmend durch elektronische Berichterstattung ersetzt. Voraussetzung sind moderne Management-Informationssysteme (MIS), die nicht nur eine zeitnahe und wirtschaftliche Information, sondern auch eigene Auswertungen und Recherchen der Berichtsempfänger ermöglichen. Auf den Einsatz von modernen Management-Informationssystemen wird im Zusammenhang mit der Balanced Scorecard hingewiesen (Kap. 8.24)

Zusammenfassung

Rekapitulieren Sie:
Definieren Sie „Internes Berichtswesen des Controllings".
Hinweise zur Bearbeitung:
Das interne Berichtswesen des Controllings beinhaltet die Einrichtung, Erstellung, Weiterleitung und Verarbeitung von Informationen zur Gewinnsteuerung (management reporting).

Rekapitulieren Sie:
Nennen Sie die wichtigsten Aspekte eines internen Berichtswesens.
Hinweise zur Bearbeitung:
Je größer und komplexer ein Unternehmen ist, desto umfangreicher und notwendiger wird der zu institutionalisierende Informationsfluss. Fachabteilungen größerer Unternehmen können den Umfang von Kleinunternehmen annehmen, die mit sich selbst und ihren fachspezifischen Problemstellungen beschäftigt sind. Hier muss das interne Berichtssystem die notwendigen Informationen sicherstellen.
Ein zweiter Aspekt ergibt sich aus der Delegation von Verantwortung (Management by Delegation). Je weniger sich Führungsinstanzen mit dem Verlauf konkreter Geschäftsvorgänge befassen, umso mehr müssen sie über den Vollzug bzw. Nichtvollzug oder über Abweichungen unterrichtet werden. Für die Führungsspitze leitet sich diese Informationspflicht schon aus der Gesetzeslage ab (AktG, GmbHG).

Rekapitulieren Sie:
Listen Sie die wichtigsten Berichtszwecke auf.
Hinweise zur Bearbeitung:
- Dokumentation von Ereignissen: Sitzungsprotokolle, Budgetgenehmigungen
- Kontrolle des Betriebsablaufs: Verkaufsberichte, Besuchsberichte
- Korrektur von betrieblichen Vorgängen: Planrevision nach Budgetkontrollbericht
- Vorbereiten von Entscheidungen: Liquiditätsbericht für das Cash-Management

Rekapitulieren Sie:
Welche Vorteile haben Abweichungsberichte gegenüber Standardberichten?
Hinweise zur Bearbeitung:
Abweichungsberichte werden nicht regelmäßig erstellt, sondern nur für die Sachgebiete, die eine bedeutende Abweichung aufweisen. Dies gewährleistet eine wirtschaftliche Gestaltung des Berichtswesens.

Rekapitulieren Sie:
Welcher Grundsatz gilt für Controlling-Berichte zur Gewinnsteuerung?
Hinweise zur Bearbeitung:
Schnelligkeit vor Genauigkeit. Es sollen insbesondere Richtungsänderungen so frühzeitig wie möglich aufgezeigt werden, auch wenn sie noch nicht vollständig dargelegt werden können.

Rekapitulieren Sie:
Wie soll berichtet werden?
Hinweise zur Bearbeitung:
Die Berichtsform ist empfängerorientiert. Berichte müssen so gestaltet sein, dass Empfänger sie akzeptieren. Die einmal gewählte Form sollte einer gewissen Kontinuität unterliegen, damit das vertraute Berichtsbild den Zugang zu den Informationen erleichtert. Oft kann ein vorangestellter Kurzbericht den Blick auf die wesentlichen Inhalte lenken, um im Bedarfsfalle auf Detailberichte zu verweisen. Berichtsinhalte können auf verschiedene Weise dargestellt werden. Dabei muss nicht nur Zahlenmaterial anschaulich aufbereitet werden, sondern die Sachverhalte sind auch verständlich zu vermitteln.

6 Controllinginstrumente – Wie gewinnsteuernd beraten?

Durch das Controlling sollen alle Bereiche des gesamten Unternehmens gesteuert werden. Zu dieser **Gewinnsteuerung** können prinzipiell alle vorhandenen betriebswirtschaftlichen Methoden und Rechenverfahren eingesetzt werden. Die wichtigsten Instrumente sind die Kostenrechnungsverfahren.

6.1 Wie unterstützen Kostenrechnungsverfahren das Controlling?

Die zu erfassenden Leistungen eines Unternehmens werden durch das Rechnungswesen zahlenmäßig ermittelt und verarbeitet. Je nach Zweck der Informationen unterscheidet man zwischen externem und internem Rechnungswesen. Das **externe Rechnungswesen** umfasst die Finanzbuchhaltung und bilanziert auf gesetzlichen Grundlagen (§§ 238 ff. HGB). Es bietet Informationen über die Vermögens-, Finanz- und Ertragslage eines Unternehmens, die auch externen Interessenten, wie Gläubigern und Aktionären, zugänglich sind. Das externe Rechnungswesen soll im Interesse des Gläubigerschutzes vorwiegend ermitteln, wie hoch der ausschüttungsfähige Gewinn ist. Diese Information reicht allerdings nicht aus um alltägliche Managementaufgaben zu bewältigen.

Eine Bilanz ist entsprechend dem Gläubigerschutzprinzip gehalten, Wertansätze – überwiegend Anschaffungs- oder Herstellungskosten aus der Vergangenheit – vorsichtig zu bemessen. Eine Beurteilung der aktuellen Wettbewerbsfähigkeit lässt sie nicht zu. Auch fehlen Artikel- oder Artikelgruppenergebnisse zur Beurteilung der Wirtschaftlichkeit. Schließlich müssen auch unterjährig aussagefähige Zwischenergebnisse vorliegen, damit man rechtzeitig gewinnsteuernd eingreifen kann.

Um den Gewinn steuern zu können benötigt man daher ein zusätzliches Rechnungssystem, das als **internes Rechnungswesen** die Kosten und Leistungen eines Unternehmens erfasst. Im englischsprachigen Raum kommt dies sehr deutlich durch die Bezeichnung Management/Managerial Accounting zum Ausdruck. Dabei hat die Kosten- und Leistungsrechnung drei wesentliche Aufgaben:

(1) **Datenbereitstellung** zur Entscheidungsvorbereitung und Planung: Für viele wichtige Entscheidungen im Unternehmen liefert die Kostenrechnung das nötige Zahlenmaterial, so beispielsweise zur Produktionsprogrammplanung, zur Fremdvergabe von Teilleistungen (Make-Or-Buy-Entscheidungen), zur Annahme eines zusätzlichen Auftrags, bei Investitionsentscheidungen oder für eine vorübergehende Stillegung.
Über Einzelentscheidungen hinaus sind die Zahlen des internen Rechungswesens auch eine wichtige Basis für die gesamte betriebliche Planung und Budgetierung.

(2) **Kalkulation** der betrieblichen Leistung: Die kalkulierten Kosten eines Erzeugnisses, die Selbstkosten, dienen als Grundlage für eine gewinnorientierte Angebotspreis-Kalkulation und als langfristige Preisuntergrenze. Für eine beschäftigungsbedingte kurzfristige Preisuntergrenze wird im Rahmen der Teilkostenrechnung in variable und fixe Kosten der betrieblichen Leistung unterschieden.

(3) **Kontrolle** der Wirtschaftlichkeit: Zu Zwecken der Kostenkontrolle werden die Kosten für die jeweiligen Verantwortungsbereiche ermittelt und im Vergleich mit Vergangenheits-, Plan-, Branchen- oder sonstigen sinnvollen Vergleichswerten beurteilt. Die Wirtschaftlichkeit des Faktoreinsatzes ermittelt man durch den Vergleich der Kosten der jeweiligen Leistung mit den durch sie erzielten Umsatzerlösen, als eine kurzfristige Erfolgsrechnung.

Wendet ein Unternehmen Controlling an, steigen die Anforderungen an das interne Rechnungswesen erheblich, weil sich die Zielsetzung verlagert. Stand ursprünglich die **Ermittlungsfunktion** durch Vor- und Nachkalkulation der Produkte im Vordergrund, so liegt die Betonung heute eher

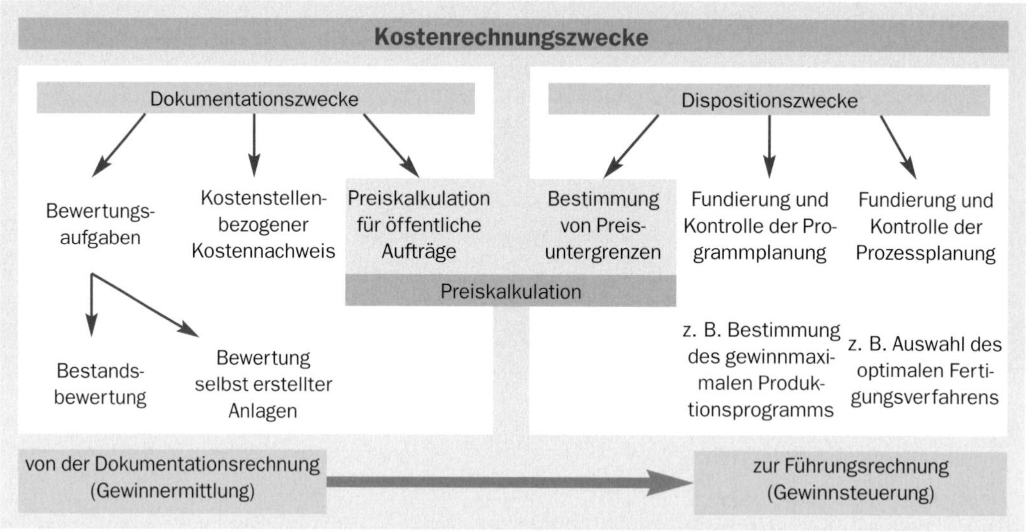

Schaubild 6.1: Entwicklung des internen Rechnungswesens

auf der Vorgabe- und Prognosefunktion zu Planungs- und Entscheidungszwecken. Zusätzlich wachsen die Anforderungen an die Flexibilität und Schnelligkeit des internen Rechnungswesens. Hatte es früher hauptsächlich die Aufgabe für bestimmte Abrechnungszeiträume festzustellen, was geschehen war, so liegt der Schwerpunkt zunehmend darin, Informationen über zukünftige Entwicklungen und für deren Planung zur Verfügung zu stellen. Neben der Ermittlungs- und Kontrollfunktion wächst der Kosten- und Leistungsrechnung zunehmend mehr an **Prognose- und Planungsfunktion** zu. Durch das Controlling hat sich das interne Rechnungswesen von einem Gewinnermittlungs- zu einem Gewinnsteuerungsinstrument entwickelt (6.1).

Mit der Aufgabe ist auch das Instrumentarium gewachsen. Dem Controller stehen heute vielgestaltige Methoden der Kosten- und Leistungsrechnung zur Verfügung. Für die **Controlling-Praxis** ist es unerlässlich, die Aussagekraft der verschiedenen Gestaltungsvarianten beurteilen zu können. Nur dann kann der Controller ein unternehmensspezifisches und zweckorientiertes System implementieren und entsprechend auswerten. Trotz dieser zentralen Bedeutung der Kosten- und Leistungsrechnung kann das interne Rechnungswesen hier nicht in aller Ausführlichkeit dargestellt werden. Dazu muss auf Fachliteratur verwiesen werden (z.B. Baus: Kostenrechnung, in: Teisman/Birker: Handbuch Praktische Betriebswirtschaft, S. 353–416). Die Einführung in die für den Controller wichtigen Teilgebiete des Rechnungswesens setzt Grundkenntnisse voraus. (Für internes Rechnungswesen z. B. Birker: Kosten- und Leistungsrechnung; für das externe Rechnungswesen z.B. Hahn: Jahresabschluss/Bilanz; beide in der gleichen Reihe wie der vorliegende Band Controlling.)

6.1.1 Die Kosten- und Leistungsrechnung zweckorientiert und wirtschaftlich aufbauen

Im Mittelpunkt der Kosten- und Leistungsrechnung steht der **betriebliche Leistungserstellungsprozess.** Gegenstand ist die detaillierte Ermittlung, Prognose, Vorgabe und Kontrolle des **bewerteten Güterverbrauchs**, also der Kosten, und der bewerteten Güterausbringung, also der Leistung. In dieser Aufgabenstellung unterscheidet sie sich von anderen Rechnungsverfahren wie Bilanzierung oder Liquiditätsrechnung. Die folgende Ablaufstruktur gibt eine Übersicht der traditionellen Kosten- und Erlösrechnung bis zur Auswertung und Gewinnsteuerung wieder:

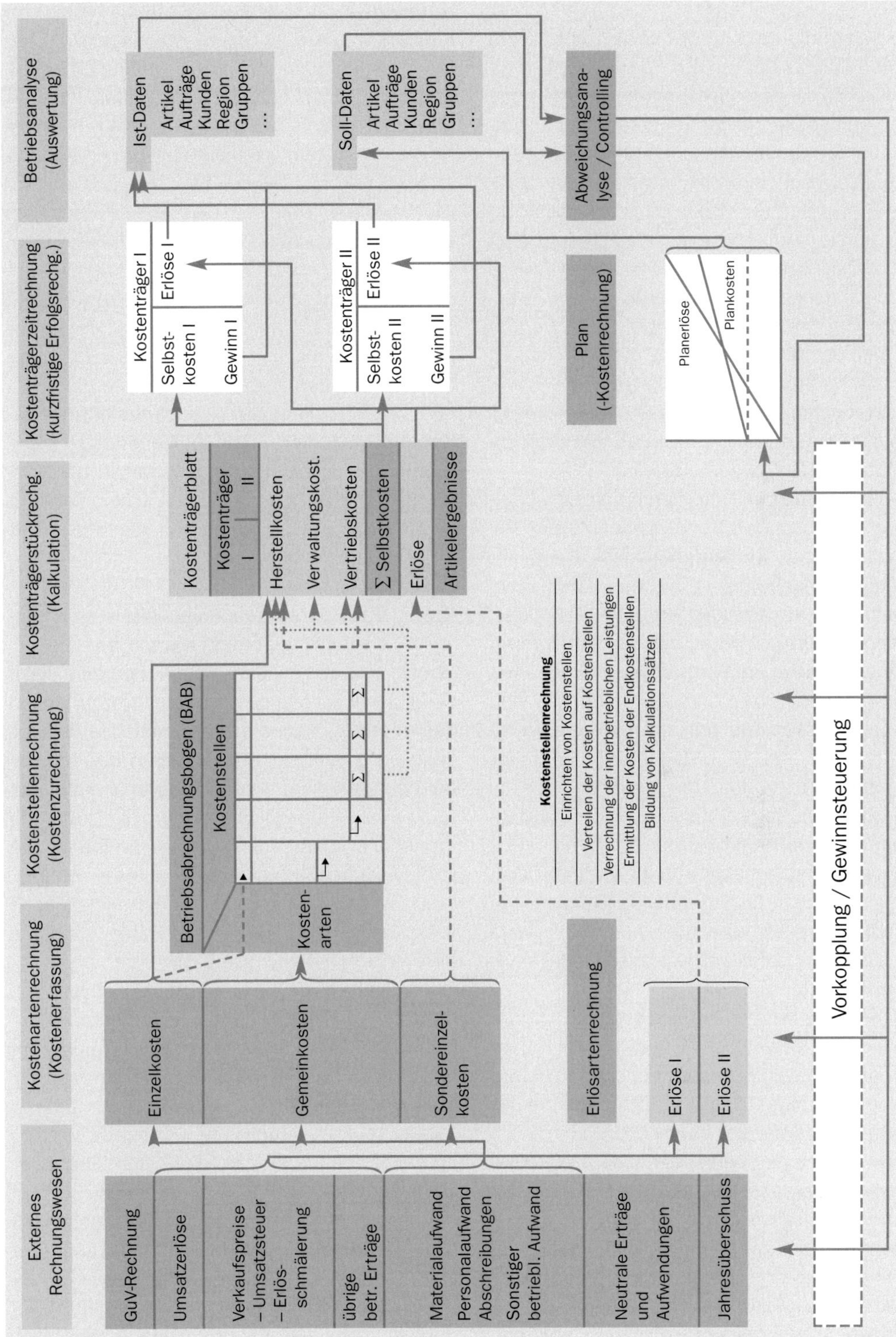

Schaubild 6.2: Ablaufstruktur der Erlös-, Aufwands- und Kostenrechnung bis zur Auswertung und Gewinnsteuerung

Die Kosten- und Leistungsrechnung geht in ihrer Grundkonzeption von gegebenen Kapazitäten der Produktionsfaktoren aus und versorgt somit vornehmlich die operative Planung und Kontrolle der Leistungserstellung mit entsprechenden Informationen. Bei anstehenden Entscheidungen zur Kapazitätserweiterung basieren die Investitionsrechnungen auf Kosteninformationen. Die strategische Planung von Erfolgspotenzialen kann durch Kosten- bzw. Zukunftsgewinn-Planungsrechnungen ergänzt werden. Weiter können bei der Ermittlung, Prognose, Vorgabe und Kontrolle des Betriebserfolges die Rechnungen jeweils auf Produkte (Artikelergebnisrechnungen), Produktionsverfahren (Kalkulationsmethoden) oder Organisationseinheiten (Verkaufsbezirk, Profit-Center) abgestellt sein.

Aus den vielfältigen unternehmenspezifischen Aufgaben leiten sich die unterschiedlichsten Ansprüche an das **Kostenrechnungssystem** ab. Die Aufgaben und Ziele setzen den Rahmen, innerhalb dessen geeignete Kostenrechnungsverfahren auszuwählen sind. Da das interne Rechnungswesen die Wirtschaftlichkeit des Unternehmens kontrollieren soll, versteht es sich von selbst, dass das praktizierte Kostenrechnungssystem selbst wirtschaftlich gestaltet sein muss.

In kleineren Betrieben reichen einfache **Kostenrechnungsverfahren** völlig aus um hinreichende Erkenntnisse zu erhalten. Kleine Betriebe sollten nicht leichtfertig auf eine Kostenrechnung und auf Controlling verzichten, nur weil sie meinen, sich ein „perfektes“ Kostenrechnungssystem nicht leisten zu können.

Dies gilt auch für die Genauigkeit der Datenerfassung. Das Verhältnis von Aufwand zur Ermittlung der Daten für die Kostenrechnung zu derem Aussagewert muss die zusätzlichen Kosten der Informationsgewinnung überwiegen.

Weiter gehört es zur **Wirtschaftlichkeit des Kostenrechnungssystems**, dass der Aufwand für Kostenrechnungsverfahren, Systemkosten genannt, und der Aufwand für die Datenerfassung im Einklang stehen. Ein häufiger Fehler in der Unternehmenspraxis besteht darin, dass zwar prestigeträchtige moderne und teure **Systemlösungen** für das interne Rechnungswesen installiert werden, bei der sorgfältigen Datenerfassung dann aber gespart wird. Wenn fachunkundige Kräfte bei der Kontierung falsche und/oder unvollständige Daten in das Kostenrechnungssystem einfließen lassen, können zwangsläufig nur falsche Rechenergebnisse herauskommen. Das betriebliche Rechnungswesen stellt dann dem Controlling nicht nur wertlose Informationen zur Verfügung, sondern macht das Controlling fehlerhaft und unglaubwürdig.

Ein ähnliches Problem taucht bei externer Vergabe des Rechnungswesens auf, beispielsweise an einen **Steuerberater.** Hier ist zwar die Fachkunde vorhanden, aber keine betriebsinterne Kenntnis. Dies kann dann zu Zuordnungsfehlern führen, die gleichfalls die Ergebnisse der Kostenrechnung nicht nur wertlos machen, sondern sogar zu gefährlichen unternehmerischen Fehlentscheidungen führen können.

6.1.2 Das Kostenrechnungssystem Controlling-gerecht einrichten

Um sicherzustellen, dass das Kostenrechnungssystem sowohl den spezifischen Erfordernissen des Unternehmens als auch denen des Controllings entspricht, ist zu empfehlen das interne Rechnungswesen dem Controller organisatorisch zu unterstellen. Dies wird in der Unternehmenspraxis zunehmend so gehandhabt. Die verschiedenen Gestaltungsvarianten eines Kostenrechnungssystems für Controllingzwecke lassen sich nach zwei wesentlichen Aspekten differenzieren (Schaubild 6.3).

Nach dem zeitlichen Aspekt lassen sich Ist-, Normal- und Plankostenrechnungen unterscheiden. Nach dem Umfang der Kostenzurechnung auf Kostenträger werden Voll- und Teilkostenrechnungen differenziert.

Mit der **Ist-Kostenrechnung** werden die tatsächlich angefallenen Kosten (Ist-Kosten) und Leistungen ermittelt, die das Controlling zu beurteilen hat. Vergleichsmaßstab können die durchschnittlichen, „normalisierten“ Ist-Kosten vergangener Perioden sein, beim Ist-Ist-Vergleich, oder die angestrebten Plankosten im Soll-Ist-Vergleich. Für die Ermittlung der Normalkosten als zurücklie-

Zeitlicher Bezug / Umfang der Kostenzurechnung	Vollzurechnung	Teilzurechnung
abgelaufene Periode	Vollkostenrechnung zu Ist-Kosten	Teilkostenrechnung zu Ist-Kosten
mehrere (typische) Vergangenheitsperioden	Vollkostenrechnung zu Normalkosten	Teilkostenrechnung zu Normalkosten
zukünftige (geplante) Perioden	Vollkostenrechnung zu Plankosten bzw. Plankostenrechnung auf Vollkosten-Basis	Teilkostenrechnung zu Plankosten bzw. Grenzplankostenrechnung

Abb. 6.3: Varianten des Controlling-Kostenrechnungssystems

gende Ist-Kosten und zur Vorgabe der Plankosten sind die Ist-Kosten wiederum eine wichtige Basis. Erfolgreiches Controlling braucht somit nicht nur ein aussagekräftiges Ist-Kosten-Rechnungssystem, sondern auch entsprechende Plan- und Normalwerte als Beurteilungsmaßstab.

Der Unterschied zwischen Vollkosten- und Teilkostenrechnung zeigt sich am deutlichsten in der Art der Gewinnermittlung (Schaubild 6.4). Dabei wird sichtbar, dass bei beiden Rechnungsverfahren sämtliche Kosten erfasst werden, was der Ausdruck Teilkostenrechnung nicht unbedingt vermuten lässt. Der Unterschied besteht vielmehr in der Verteilung, d. h. der Zurechnung von Kosten auf die Kostenträger, in der Regel auf die Produkte.

Die klassische **Vollkostenrechnung** auf Ist-Kostenbasis will möglichst verursachungsgerecht alle Kosten den Kostenträgern zurechnen – jedes Produkt soll kostendeckend sein. Andererseits kann die Einberechnung jener Kosten, die nicht direkt vom Kostenträger verursacht wurden, zu falschen Schlüssen führen. Dies gilt insbesondere bei kurzfristigen Entscheidungen für die Fixkosten. Definitionsgemäß sind diese kurzfristig nicht abbaubar und fallen unabhängig davon an, ob ein betreffendes Produkt tatsächlich gefertigt wird oder nicht. Diese Kosten sind nicht „entscheidungsrelevant“, weil nur die von den Handlungsparametern beeinflussbaren Kosten in die Entscheidungsfindung einzubeziehen sind. Die Unterscheidung in relevante, d. h. beeinflussbare oder nicht relevante Kosten hinsichtlich des Rechnungszwecks führt zur **Teilkostenrechnung.** Den Bezugsobjekten der Rechnung, z. B. den Produkten, werden nur die direkt verursachten und abbaubaren Kosten zugerechnet. Auf eine Aufschlüsselung und Zurechnung von Ge-

	Vollkostenrechnung	Teilkostenrechnung
Stückerfolg	Bruttopreis – Erlösschmälerungen	Bruttopreis – Erlösschmälerungen
	= Nettopreis	= Nettopreis
	– Herstellkosten – Verwaltungskosten } Selbstkosten – Vertriebskosten	– variable Vertriebskosten – variable Herstellkosten
	= Stückgewinn	= Deckungsbeitrag pro Stück
Periodenerfolg	Σ Stückgewinne	Σ Stückdeckungsbeiträge – Fixkosten
	= Periodengewinn	= Periodengewinn

Abb. 6.4: Gewinnermittlung nach Voll- und Teilkostenrechnung

meinkosten und Fixkosten wird bei **einstufiger Deckungsbeitragsrechnung** verzichtet. Der verbleibende Gemeinkosten- bzw. Fixkostenblock muss aus den Erlösen aller Produkte gedeckt werden. Erst bei höherstufigen Bezugsobjekten (Produktgruppen, Sparten, gesamtes Unternehmen) und längerfristigen Rechnungen (Investitions- oder Strategierechnungen) werden relevante Gemeinkosten und Fixkosten einbezogen.
Bei einer mehrdimensionalen Differenzierung zwischen Kosten und Bezugsobjekten, einer so genannten **Bezugsgrößenhierarchie,** kann man die relevanten Teilkosten einzelnen Entscheidungsalternativen flexibel zuordnen und entsprechende Auswertungsrechnungen konzipieren.
Deshalb ist die **Deckungsbeitragsrechnung** von zentraler Bedeutung für die Gewinnsteuerung durch Controlling. Solange ein Kostenträger einen positiven Deckungsbeitrag aufweist, trägt er zur Fixkostendeckung und damit zur Gewinnverbesserung bei. Die Vollkostenrechnung dagegen führt durch die Proportionalisierung der Fixkosten und durch die Schlüsselung von Gemeinkosten zu einer Zurechnung von nicht-relevanten Kosten und damit zur falschen Darstellung der aktuellen Gewinnsituation.

6.2 Deckungsbeitragsrechnung – Wie kurzfristig den Gewinn verbessern?

Soweit Kosten von aktuellen Entscheidungen nicht betroffen sind, muss die Gewinnsteuerung sich an den Deckungsbeiträgen orientieren.

6.2.1 Die Deckungsbeitragsrechung anwenden

Beispiel
Wir mieten anlässlich eines mehrtägigen Sommerfestes einen Verkaufsstand für Dosengetränke und Speiseeis zu € 600,– pro Tag auf dem Festplatz. Nach ersten Informationen ist mit den folgenden Daten zu rechnen:

	Getränke	Eis
Tagesverkauf in Stück (Dose, Kugel)	1.000	1.000
üblicher Verkaufspreis in € pro Stück	1,50	1,—
voraussichtl. Einstandskosten in € pro Getränkedose bzw. Zutaten pro Eiskugel (Grenzkosten)	0,72	0,34

Die Lagerung des Getränkevorrats verursacht das Fünffache an Standfläche gegenüber der Lagerung der Eiszutaten.

1. Aufgabenstellung:
Planen Sie den Gewinn mittels Artikelergebnisrechnung für den ersten Verkaufstag.

Die klassische Kalkulation ist in Schaubild 6.5 ausgeführt. Der Plangewinn beträgt plus € 840,— mit einem höheren Artikelergebnis für das Eis (0,56 > 0,28 bzw. 560,— > 280,—). Sollte man daher nicht versuchen mehr Eis und weniger Getränke zu verkaufen?

2. Aufgabenstellung:
Planen Sie den Gewinn für 500 Dosen Getränke und 1.500 Kugeln Eis pro Tag.

Positionen in €	Getränke		Eis		Gesamt
	pro Stück	für 1.000 Stck.	pro Stück	für 1.000 Stck.	
Einzelkosten	0,72	720,—	0,34	340,—	1.060,—
Gemeinkosten (Verkaufsstand)	0,50	500,—	0,10	100,—	600,—
Selbstkosten	1,22	1.220,—	0,44	440,—	1.660,—
Erlös	1,50	1.500,—	1,—	1.000,—	2.500,—
Ergebnis	0,28	280,—	0,56	560,—	+840,—

Schaubild 6.5: Kalkulation zur Aufgabenstellung 1

Positionen in €	Getränke		Eis		Gesamt
	pro Stück	für 500 Stck.	pro Stück	für 1.500 Stck.	
Einzelkosten	0,72	360,—	0,34	510,—	870,—
Gemeinkosten (VK-Stand)	0,75	375,—	0,15	225,—	600,—
Selbstkosten	1,47	735,—	0,49	735,—	1.470,—
Erlös	1,50	750,—	1,—	1.500,—	2.250,—
Ergebnis	0,03	15,—	0,51	765,—	+780,—

Schaubild 6.6: Kalkulation zur Aufgabenstellung 2

Diese Kalkulation ist in Schaubild 6.6 ausgeführt. Wir erkennen, dass hier die Erhöhung des Eisverkaufs zu Lasten des Getränkeverkaufs zu einer Verringerung des Unternehmensgewinns geführt hat (780 < 840). Auch das Artikelergebnis (**Stückgewinn**) für Getränke hat sich drastisch verringert, was nahe legt deren Verkauf noch weiter zugunsten von Eis zu reduzieren. Die Folge dieser Maßnahme wäre aber eine weitere Reduzierung des Unternehmensgewinns.

Die Fehlinformation bei den Stückgewinnen bzw. den Artikelergebnissen wird durch die Verteilung oder Proportionalisierung der fixen Gemeinkosten, hier die Standmiete, in der Vollkostenrechnung verursacht. Eine entscheidungsorientierte Kostenrechnung darf nämlich nur entscheidungsrelevante Kosten den Bezugsobjekten, also den Kostenträgern, zurechnen. Die Standmiete ist fest vereinbart (Fixkosten) und wird von Entscheidungen über das Verkaufssortiment nicht beeinflusst. Entscheidungsrelevant sind somit nicht die Stückgewinne der Vollkostenrechnung, sondern die Deckungsbeiträge. Nach den Deckungsbeiträgen ist nämlich der Verkauf von Getränken vorzuziehen.

3. Aufgabenstellung (Schaubild 6.7):

Planen Sie den Gewinn für 1.500 Getränke und 500 Kugeln Eis auf Deckungsbeitragsbasis.

Durch die Forcierung des Getränkeverkaufs zu Lasten des Eisverkaufs kann der Unternehmensgewinn verbessert werden (900 > 840 > 780). Die Begründung liegt in dem höheren **Stück-Deckungsbeitrag** der Getränke (0,78 > 0,66). Die Standmiete als Fixkosten wird durch die Produktprogrammentscheidung nicht beeinflusst. Voraussetzung ist allerdings, die Standkapazität reicht aus um den Verkauf von 1.500 Dosen zu bevorraten. Falls nicht, müsste die Standerweiterung als sprungfixe Kosten in die Gewinnplanung einbezogen werden. Auch kann nicht ohne weiteres bei Rücknahme des Eisverkaufes eine Absatzsteigerung beim Getränkeverkauf erwartet werden. Deshalb soll als Werbemaßnahme ein Oberschüler mit Handzetteln auf das Getränkesortiment besonders aufmerksam machen. Die Aktion soll € 50,— pro Tag kosten.

4. Aufgabenstellung:

Errechnen Sie die Mindestabsatzzunahme, ab der sich die Werbeaktion lohnt.

Positionen in €	Getränke		Eis		Gesamt
	pro Stück	für 1.500 Stck.	pro Stück	für 500 Stck.	
Erlös	1,50	2.250	1,00	500,—	2.750
– Variable Kosten	0,72	1.080	0,34	170,—	1.250
Deckungsbeitrag	0,78	1.170	0,66	330,—	1.500
– Fixkosten (Standmiete)					600
Ergebnis					+ 900

Schaubild 6.7: Kalkulation für Aufgabenstellung 3

Die Werbeaktion muss einen höheren zusätzlichen Deckungsbeitrag bringen als die Maßnahme kostet:

DB = Deckungsbeitrag
Δ x = Absatzzunahme
db = Stück-DB

Δ DB > 50,– €

Δ DB = Δx · db > 50,– €

$$\curvearrowright \Delta x > \frac{50,-\text{€}}{0,78\,\text{€}} = 64,1$$

für Δx ganze Zahl $\curvearrowright$ $\Delta x \geq 65$ = Mindestzunahme

Ab der zusätzlichen Menge von 65 verbessert jede durch die Werbeaktion verkaufte Dose den Gesamtgewinn. In der Unternehmenspraxis können auf diese Weise aus dem Werbebudget mit Hilfe der Deckungsbeitragsrechung Verkaufsziele (Targets, Objectives) für den Vertrieb abgeleitet werden. Hier wird die Werbeaktion eingeplant um den Tagesverkauf von 1.500 Getränkedosen abzusichern.

Bisher ist die Gewinnplanung von Preisen ausgegangen, die üblicherweise auf dem Festplatz verlangt werden. Dies ist für die Getränke sinnvoll, weil in unmittelbarer Nachbarschaft Imbiss-Buden Getränke zu gleichen Preisen anbieten. Der nächste Eisstand ist dagegen so weit entfernt, dass eine Preisvariation beim Eispreis auf die Gewinnwirkung hin geprüft werden sollte.

5. Aufgabenstellung:
Errechnen Sie den gewinnmaximalen Verkaufspreis für Eis.

Dazu muss man die Nachfragefunktion für Eis in Abhängigkeit vom Preis kennen. Für mögliche Verkaufspreise sei die Preisabsatzfunktion für Eis wie folgt gegeben:

Preis- Absatz-Funktion

Preis in €	Stück (Kugeln)	DB/Stück	DB/ Tag
0,30	→∞	–0,04	negativ
0,50	1.500	0,16	240,—
1,—	1.000	0,66	660,—
1,50	800	1,16	928,—
2,—	200	1,66	332,—
2,50	→0	2,16	0

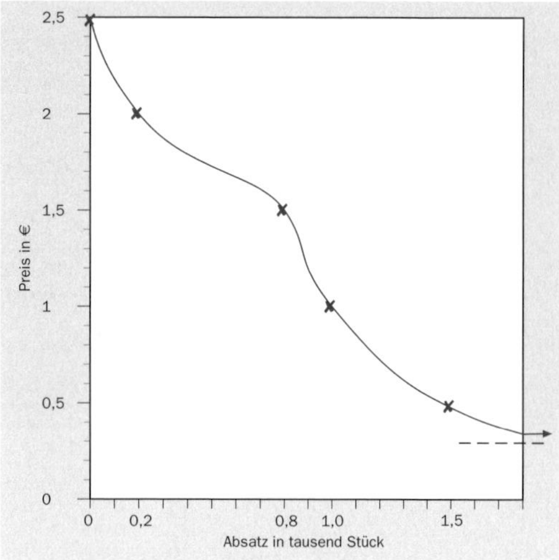

Schaubild 6.8: Preisabsatzfunktion

Auch hier ist die Entscheidung nach dem höchsten Deckungsbeitrag zu treffen (DB/Tag), der sich als Produkt aus Stück-Deckungsbeitrag beim jeweiligen Preis (Stück-DB = Preis – variable Kosten) und entsprechender Absatzmenge ergibt. Aufgrund der gegebenen Preis-Absatz-Situation führt der Verkaufspreis von € 1,50 zum maximalen Tages-Deckungsbeitrag von € 928,—. In den gewinnmaximalen Plan sind somit der Eispreis von € 1,50 und die Absatzmenge von 800 Kugeln einzustellen.
Der Absatzplan nach jetzigem Stand sieht 1.500 Dosen Getränke und 800 Kugeln Eis vor, was sicher über den Tag verteilt in unserem Ein-Mann-Unternehmen zu schaffen ist. Wie ist aber zu entscheiden, wenn sich am heißen Nachmittag Warteschlangen vor dem Verkaufsstand bilden und Kunden, des Wartens überdrüssig, immer wieder weitergehen? Sind die Getränke- oder die Eiskunden bevorzugt zu bedienen um diesen Verlust so gering wie möglich zu halten?

6. Aufgabenstellung:
Berechnen Sie, welcher Artikel bei einem Kapazitätsengpass zu bevorzugen ist.

Bei allen bisher beurteilten Maßnahmen haben wir den Stück-DB zur Entscheidung herangezogen. Dies gilt aber für kurzfristige Entscheidun-

gen nur so lange, wie die Kapazität noch nicht voll ausgelastet ist. Bei Vollauslastung muss die evtl. unterschiedliche Kapazitätsinanspruchnahme der Artikel beachtet werden. Das Entscheidungskriterium für das Absatzprogramm ist dann nicht der absolute Stück-DB, sondern der engpassbezogene Deckungsbeitrag, auch als **spezifischer** oder **relativer Deckungsbeitrag** bezeichnet. Beim Verkaufsstand-Fall errechnet sich der Engpass aus der Bedienungszeit.
Angenommen, in Spitzenzeiten könnten entweder 12 Getränke oder 7 Kugeln Eis pro Minute verkauft werden, so ergeben sich folgende spezifische Deckungsbeiträge pro Engpassminute:

	Getränke	Eis
DB/Engpassmin.	12 · 0,78 = 9,36	7 · 1,16 = 8,12

Obwohl der Stück-DB für Eis mit 1,16 € größer ist als der für Getränke von 0,78 €, wird im Engpass-Fall die Bedienung der Getränkekunden vorgezogen (das Weglaufen der Eiskunden in Kauf genommen), weil der spezifische Deckungsbeitrag für Getränke mit € 9,36 pro Engpassminute höher ist als bei Eis mit € 8,12.
Die optimale Gewinnplanung soll mit einer Deckungsbeitragsrechnung abgeschlossen werden.

7. Aufgabenstellung:
Planen Sie den Gewinn anhand einer Deckungsbeitragsrechnung.

Der Unternehmensgewinn ist mit € 1.448 gewinnmaximal gegenüber früheren Planungen und bringt mit rund 42% eine ausgezeichnete Umsatzrendite (Schaubild 6.9). Realisieren können wir ihn nur, wenn das Wetter „mitmacht". Bei Kälte und Regen macht sich das unternehmerische Risiko bemerkbar, auf das wir später noch eingehen werden (Sensibilitätsanalyse).

Alle Maßnahmenentscheidungen wurden auf Basis des DB I getroffen:

Artikelforcierung	→	Stück-DB I
Werbeaktion	→	Δ-DB I
Preisvariation	→	Tages-DB I
Prioritätsbildung bei Engpässen	→	spezifischer DB I

Der DB I dient somit der **Entscheidungsrechnung.** Der DB II berücksichtigt hingegen kurzfristig nicht beeinflussbare Fixkosten, die nicht entscheidungsrelevant sind. Diese direkten Fixkosten sind aber nur von bestimmten Artikeln oder Artikelgruppen veranlasst und sind deshalb auch von diesen bzw. den dafür Verantwortlichen, z. B. Spartenleitern, zu verantworten. Deshalb nennt man die auf diese Weise gestufte Deckungsbeitragsrechnung auch **Verantwortungsrechnung.** Die höchste Stufe, hier DB III, hat das gesamte Unternehmen, vertreten durch die Geschäftsführung, zu verantworten.

	Positionen (Werte in €)	Getränke	Eis	Gesamt
	Verkaufsmenge (in Stück)	1.500	800	
	Verkaufspreise	1,50	1,50	
	Erlöse	2.250	1.200	3.450
–	variable Kosten	– 1.080 (1.500 · 0,72)	– 272 (800 · 0,34)	– 1.352
	DB I	1.170	928	2.098
–	Artikelgruppen-Fixkosten (Werbung)	– 50		– 50
	DB II	1.120	928	2.048
–	Unternehmens- Fixkosten (Standmiete)			– 600
	DB III (Unternehmensgewinn)			1.448

$$\text{Umsatzrendite} = \frac{\text{DB III}}{\text{Umsatz}} \cdot 100 = \frac{1.448}{3.450} \cdot 100 = 41{,}97\%$$

Schaubild 6.9: Gewinnplanung als gestufte Deckungsbeitragsrechnung sowie Planumsatzrendite

Eine differenzierte Deckungsbeitragsrechnung ist deshalb eine wichtige Voraussetzung für wirksames Controlling.

6.2.2 Von der Deckungsbeitragsrechnung zur Bezugsgrößenkalkulation

Für vielfältige Anforderungen des Controllings an das Rechnungssystem reicht die einfache Deckungsbeitragsrechnung als **Direct Costing** nicht aus. Es sind folgende Schwächen zu nennen:

- Durch den Trend der Zunahme von Gemeinkosten wird der Umfang der direkt den Produkten zurechenbaren Kosten immer geringer.
- Die Kosten werden ausschließlich von ihrer Abhängigkeit zur Beschäftigung bestimmt.
- Die als variabel definierten Kosten verhalten sich nicht in jedem Fall variabel, so z. B. die Fertigungslöhne.
- Variable Kosten verhalten sich in der Realität nicht streng proportional (Mengenrabatt, Mindermengenzuschlag, optimale Bestellmenge).
- Soweit variable Gemeinkosten als variable Kosten auf Produkte zugerechnet werden, ist deren Aufschlüsselung genau so willkürlich wie in der Vollkostenrechnung.
- Fixkosten werden nicht weiter differenziert. Es fehlen Informationen zu ihrer Abbaufähigkeit.
- Es wird unterstellt, dass sich die Kosten einzelnen Rechnungsperioden eindeutig zuordnen lassen.

Zur Informationsverbesserung ist deshalb die Deckungsbeitragsrechnung weiterentwickelt worden. Zwei Dimensionen sind für diese Entwicklung kennzeichnend:

(1) Fixkostendifferenzierung →
Fixkostendeckungsrechnung

(2) Bezugsobjektdifferenzierung →
Bezugsgrößenkalkulation

Bei der **Fixkostendeckungsrechnung** wird der Fixkostenblock in mehrere Fixkostenschichten aufgespalten. „Kostenträger" ist nicht mehr nur das Einzelprodukt, wie beim Direct Costing oder der traditionellen Vollkostenrechnung, sondern es sind Produktgruppen oder Sparten bis hin

Direct-Costing-Rechnung

T€	Produkt A	Produkt B	Produkt C	Gesamt
Erlös	27.000	36.000	22.000	85.000
– variable Kosten	– 13.000	– 20.000	– 10.000	– 43.000
Deckungsbeitrag	14.000	16.000	12.000	42.000
– Fixkosten				– 43.000
Erfolg				– 1.000

Fixkosten-Deckungsrechnung

T€	Produkt A	Produkt B	Produkt C	Gesamt
Erlös	27.000	36.000	22.000	85.000
– variable Kosten	– 13.000	– 20.000	– 10.000	– 43.000
Produktbeitrag I	14.000	16.000	12.000	42.000
– Produktfixkosten	– 4.000	– 7.000	– 1.000	– 12.000
Produktbeitrag II	10.000	9.000	11.000	30.000
– Produktgruppenfixkosten	– 8.000		– 2.000	– 10.000
Produktgruppenbeitrag (DB III)	11.000		9.000	20.000
– Bereichsfixkosten	– 7.000		– 4.000	– 11.000
Spartenbeitrag (DB IV)	4.000		5.000	9.000
– Unternehmensfixkosten				– 10.000
Unternehmenserfolg (DB V)				– 1.000

Schaubild 6.10: Vergleich Direct Costing zu Fixkostendeckungsrechnung

zum Gesamtunternehmen. Das Zahlenbeispiel in Schaubild 6.10 soll den Unterschied zwischen dem einfachen und dem Fixkostendeckungs-Rechnungsverfahren aufzeigen.
Die dadurch bessere Kostentransparenz wird durch die Rangfolge der verschiedenen Deckungsbeiträge deutlich (Schaubild 6.11).

	Produktgruppe/Sparte		
	Produkt A	Produkt B	Produkt C
DB I	2.	1.	3.
DB II	2.	3.	1.
DB III	1.		2.
DB IV	2.		1.

Schaubild 6.11 Deckungsbeitragsrangfolge

Das Produkt C hat den schlechtesten Rang beim Deckungsbeitrag I, also bei ganz kurzfristigen Dispositionen, bei denen nur variable Kosten beeinflusst werden können. Würde aufgrund dieser Rangfolge die Kapazitätsplanung vorgenommen, bevorzugte man gerade das falsche Produkt B. Da ein Kapazitätsausbau zu Gunsten von Produkt B auch zum Aufbau entsprechender Fixkosten führt, hat das ursprünglich lukrativere Produkt beim Deckungsbeitrag II hier nur die letzte Rangstufe. Es ist vorzuziehen, die Ausweitung der Kapazität für Produkt A und C zu planen. Analoge Betrachtungen können auf Produktgruppen- und Spartenebene angestellt werden – mit wechselnden Rangfolgen. Die Aufspaltung der Fixkosten auf mehrere Kostenträgerkategorien verbessert jedenfalls die Informationen für die mittelfristige und langfristige Planung wesentlich. Welche **Deckungsbeitragsstufen** dazu gebildet werden und welche Fixkostenanteile diesen jeweils zuzuweisen sind, muss vom Controller betriebsindividuell festgelegt werden. Ein Beispiel (Schaubild 6.12) kann dazu einen Anhaltspunkt geben.
Die Information der einfachen Deckungsbeitragsrechnung gegenüber der Vollkostenrechnung ist dadurch verbessert, dass kurzfristigen Dispositionen nur entscheidungsrelevante Kosten zugerechnet werden. Für längerfristige Entscheidungen müssen auch „relevante" Fixkostenanteile den Rechnungsbezugsobjekten zugerechnet werden. Dies leistet die **Fixkostendeckungsrechnung** durch weitest gehende produktbezogene Zuweisung von Fixkostenanteilen auf abgestuften Rechnungsebenen.
Eine konsequente Erweiterung entscheidungsorientierter Zurechnung von Kosten führt zur **Bezugsgrößenkalkulation.** Alle Kosten werden als Teil- bzw. Einzelkosten bestimmten Bezugsobjekten zugerechnet. Bezugsobjekte können außer Produkten verschiedene Entscheidungs-

Bruttoerlös
- Erlösschmälerungen (Rabatte, Skonti, Boni, Verkaufshilfen)

= **Nettoerlös**
- direkt zurechenbare Herstellkosten (Material, Fremdleistungen, Lohn- und Lohnnebenkosten, Energieverbrauch, Prüfkosten)
- direkt zurechenbare Vertriebs- und Verwaltungskosten (Lagerhaltung, Transport, Versicherung, Garantie, Lizenzen, Auftragsbearbeitungskosten, als Durchschnittswerte ggf. Zinsen auf Vorräte und Außenstände, kalkulierte Forderungsausfälle, anteilige Steuern)

= **Deckungsbeitrag I**
- spezifische Kosten der Produktgruppe (Forschung und Entwicklung, Werkzeugkosten, Investitionen für diese Produktgruppe, Werbungskosten, spezifische Verwaltungskosten)

= **Deckungsbeitrag II**
- spezifische Kosten eines Geschäftsbereiches (Grundlagenforschung, Werk- und Verwaltungsbauten sowie -einrichtungen, Marketing und sonstige Verwaltungsleistungen)

= **Deckungsbeitrag III**
- übrige Kosten (Unternehmensgesamtkosten bzw. nicht zuordenbare Kosten)

= **Betriebsergebnis (DB IV)**

Schaubild 6.12 Stufenweise Deckungsbeitragsrechnung

objekte sein, die für die Gewinnsteuerung relevant sind, z. B. Kunden, Aufträge, Regionen, Verantwortungsbereiche oder Perioden. Wenn diese Bezugsobjekte in eine hierarchische Ordnung gebracht werden, spricht man von einer **Bezugsgrößenhierachie**. Die Hierachie für das Bezugsobjekt „Organisationseinheit" ist beispielsweise: Stelle, Abteilung, Bereich, Unternehmung.

Für eine Gewinnsteuerung im Vertriebsbereich wäre eine Bezugsgrößenhierarchie denkbar, wie sie in Schaubild 6.13 wiedergegeben ist.

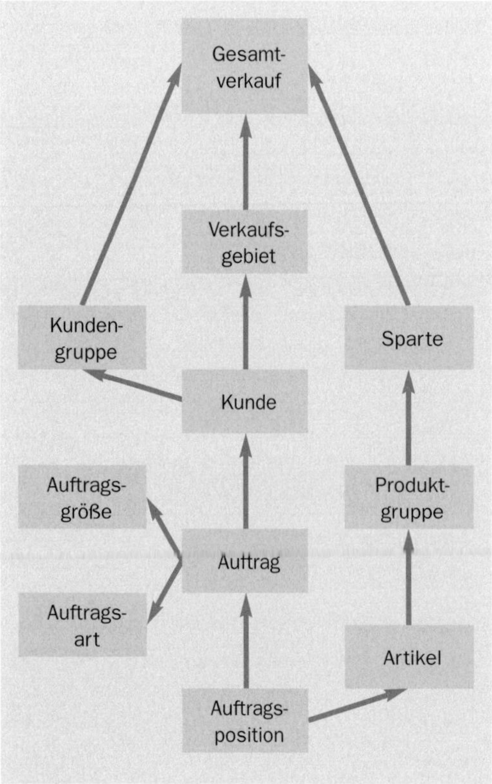

Schaubild 6.13: Bezugsgrößenhierachie

Entscheidungsorientierung bedeutet, dass alle Kosten und Leistungen in der Bezugsgrößenhierarchie einer bestimmten Stelle als Einzelkosten oder -leistung zugeordnet werden, wo sie bei der Disposition über dieses Bezugsobjekt als relevante Kosten oder Leistungen hinzukommen oder wegfallen.

Gemeinkosten unterer Hierarchiestufen sind dann immer Einzelkosten höherer Hierarchiestufen. Letztlich bleiben die Unternehmensgemeinkosten als Einzelkosten des Bezugsobjektes Unternehmen. Die drei Bezugsgrößenkategorien Verantwortungsbereich, Produkt und Periode decken die wichtigsten Entscheidungsfelder in der Unternehmenspraxis ab.

- Das **Bezugsobjekt Verantwortungsbereich** erlaubt die Zuordnung auf Organisationseinheiten, in denen Kosten und Leistungen geplant, gesteuert und kontrolliert werden (Cost-Center/Kostenstellen oder Profit-Center/Sparten).
- Das **Bezugsobjekt Produkt** ermöglicht die Zuordnung von Kosten (Kalkulation) und Erfolg (Artikelergebnisrechnung) von Produktarten und Produktgruppen.
- Das **Bezugsobjekt Periode** ordnet Kosten und Leistungen bestimmten Zeitperioden zwecks Planung und Erfolgskontrolle zu (Budgetierung, kurzfristige Erfolgsrechnung).

Aufgabe des Controllers ist es allerdings, das interne Rechnungswesen so auszubauen, dass es über diese Standardrechnungen hinaus geschäftsbezogene **Erfolgsrechnungen** zur Gewinnsteuerung bereitstellen kann. Beispiele zur Erfolgsanalyse können Kunden-, Verkaufs- und Marktsegmenterfolgsrechnungen sein (vgl. die Schaubilder 6.14 bis 6.16).

Kunden-Bruttoerlös
– kundenbezogene Erlösschmälerungen
= **Nettokundenerlös**
– direkt zurechenbare Herstellkosten
= **Kundenproduktbeitrag** (DB I)
– direkt zurechenbare Kundenkosten (z.B. Werbemittelzuschüsse, Muster, Gratislieferungen, Einrichtungen, Engineering-Hilfen)
= **Kundenverkaufsbeitrag** (DB II)
– direkte Bestell-, Fakturierungs-, Mahnkosten
– Zinsen auf Debitoren
– Besuchskosten von Vertretern
= **Kundenbeitrag** (DB III)

Schaubild 6.14: Kundenerfolgsrechnung

Aufträge	Besuchstour 1			Besuchs-tour 2	Besuchstour 3		Anderweitig erhaltene Aufträge	
	A_1	A_2	A_3	A_4	A_5	A_6	A_7	A_8
Bruttoerlöse	20.000	5.000	35.000	3.000	45.000	12.000	30.000	1.000
– Erlösschmälerungen	– 1.000	– 500	– 2.000	—	– 3.000	—	–1.000	—
Nettoerlöse	19.000	4.500	33.000	3.000	42.000	12.000	29.000	1.000
– direkte Erzeugniskosten	– 10.000	– 1.900	– 20.000	– 2.500	–22.000	– 7.000	– 17.000	–800
DB I pro Auftrag	9.000	2.600	13.000	500	20.000	5.000	12.000	200
– Auftragseinzelkosten (ohne Provision)	– 400	– 200	– 200	– 200	– 200	– 200	– 500	– 50
DB II pro Auftrag	8.600	2.400	12.800	300	19.800	4.800	11.500	150
– Provision	– 344	– 96	– 512	– 12	– 792	– 192	– 460	– 6
DB III pro Auftrag	8.256	2.304	12.288	288	19.008	4.608	11.040	144
Deckungsbeitrag I pro Besuchstour		22.848		288	23.616			
– Reisekosten		– 848		– 300	– 416			
Deckungsbeitrag II pro Besuchstour		22.000		– 12	23.200			
Deckungsbeitrag I des Außendienstmitarbeiters				56.372				
– Telefonkosten				– 372				
– Festgehalt				– 2.000				
Deckungsbeitrag II des Außendienstmitarbeiters				54.000				

Schaubild 6.15: Verkaufserfolgsrechnung

Abnehmergruppe	Einzelhandel			Großhandel			
Anzahl Kunden	1000	500	100	80	50	20	5
Auftrag /Kunde	3	3	3	6	6	6	6
Rechnungsbetrag/Auftrag	25,–	50,–	100,–	200,–	500,–	1.000,–	5.000,–
Umsatz /Kunde	75,–	150,–	300,–	1.200,–	3.000,–	6.000,–	30.000,–
DBU I*	40	40	40	30	30	25	20
DB I /Kunde	30,–	60,–	120,–	360,–	900,–	1.500,–	6.000,–
Vertreterbesuch/Kunde	4	4	5	6	8	8	8
Kosten/Besuch	15,–	15,–	15,–	30,–	30,–	30,–	30,–
Vertreterkosten/Kunde	60,–	60,–	75,–	180,–	240,–	240,–	240,–
Abwicklungsko./Auftrag	5,–	7,50	10,–	15,–	30,–	50,–	90,–
Abwicklungsko./Kunde	15,–	22,50	30,–	90,–	180,–	300,–	540,–
DB II pro Kunde**	– 45,–	– 22,50	+ 15,–	90,–	480,–	960,–	5.220,–
Umsatz/Gruppe	75.000	75.000	30.000	96.000	150.000	120.000	150.000
DB I/Gruppe	30.000	30.000	12.000	28.800	45.000	30.000	30.000
DB II/Gruppe	– 45.000	– 11.250	+ 1.500	+ 7.200	+ 24.000	+ 19.200	+ 26.100

(* DBU I = DB I in Umsatz-%) (** DB II pro Kunde = DB I / Kunde minus Vertreter- und Abwicklungskosten/Kunde)

Schaubild 6.16: Marktsegmenterfolgsrechnung

Für solche vielseitigen Auswertungen und Analysen müssen Ist-, Prognose- und Vorgabedaten so erfasst und gespeichert werden, am sinnvollsten in einer Datenbank, dass sie sich auch fallweise Bezugsobjekten zwecks **Wirtschaftlichkeitsanalysen** zuordnen lassen. Die dafür zur Verfügung stehenden modernen Datenbanksysteme sind aber sehr teuer in Anschaffung und Unterhaltung. Der Ausbau eines Controlling-gerechten Kostenrechnungssystems wird dadurch weniger vom technisch Machbaren als von der Wirtschaftlichkeit des Informationszuwachses durch solche Systeme bestimmt.
Für kleinere Unternehmen mit einfacherer Struktur muss das Controlling deshalb auch entsprechend einfachere Instrumente zur Gewinnsteuerung bereitstellen.

6.2.3 Den Erfolg kontrollieren mit der Deckungsbeitragsanalyse

Kleinere Unternehmen können sich aus wirtschaftlichen Gründen kein aufwändiges Kostenrechnungssystem und möglicherweise auch keinen hoch qualifizierten Controller erlauben. Es müssen **einfache Controllinginstrumente** eingesetzt werden um die Controllingfunktion gegebenenfalls durch die Geschäftsführung selbst sicherzustellen. Wie die Deckungsbeitragsrechnung zur Erfolgskontrolle solch einfach strukturierter Unternehmen eingesetzt werden kann, zeigt das folgende Beispiel.

Beispiel
Ein Kleinunternehmer stellt aufgrund der Analyse der Vergangenheit und der prognostizierten Geschäftsentwicklung folgende vereinfachte Jahresplanung auf (in T€):

Umsatzziel:	1.200
variable Kosten:	600
DB-Ziel:	600
Fixkosten:	480
Gewinn-Ziel:	120

geplante Umsatzrendite:

$$r_U = \frac{120}{1.200} = 10\%$$

Zu Zwecken der Erfolgskontrolle werden die Jahreszahlen auf Monatszahlen heruntergebrochen (Schaubild 6.17).

Vereinfacht soll von einer gleichmäßigen Verteilung, einem kontinuierlichen Geschäft, ausgegangen werden. Bei Saisoneffekten wären diese durch einen Index zu berücksichtigen. Auch die Fixkosten werden auf Monate verteilt,

in T€ / Monat	Fixkosten		Soll-Umsatz		Soll-Deckungsbeitrag		Ist-Deckungsbeitrag		Gewinn	
	pro Monat	per Monat	pro Monat	per Monat	pro Monat	per Monat	pro Monat	per Monat	pro Monat	per Monat
J	40	40	100	100	50	50	24	24	– 16	– 16
F	40	80	100	200	50	100	36	60	– 4	– 20
M	40	120	100	300	50	150	54	114	+ 14	– 6
A	40	160	100	400	50	200	30	144	– 10	– 16
M	40	200	100	500	50	250	46	190	+ 6	– 10
J	40	240	100	600	50	300	60	250	+ 20	+ 10
J	40	280	100	700	50	350	54	304	+ 14	+ 24
A	40	320	100	800	50	400	72	376	+ 32	+ 56
S	40	360	100	900	50	450	74	450	+ 34	+ 90
O	40	400	100	1.000	50	500	60	510	+ 20	+ 110
N	40	440	100	1.100	50	550	36	546	– 4	+ 106
D	40	480	100	1.200	50	600	58	604	+ 18	+ 124
Ges.	**480**		**1.200**		**600**		**604**		**+ 124**	

Schaubild 6.17: Deckungsbeitragsrechnung zur Erfolgskontrolle

um die pro Monat zu deckenden Fixkosten aufzuzeigen.

Diesen Zahlen werden nun pro Monat die im Geschäftsjahr realisierten Ist-Zahlen gegenübergestellt. Jetzt kann man pro Monat sehen, ob der erwirtschaftete Deckungsbeitrag ausgereicht hat die anteiligen Fixkosten abzudecken. Das bis zu dem Betrachtungsmonat insgesamt erzielte Ergebnis zeigen die kumulierten Werte. Erst per Juni wird ein kumulierter Gewinn ausgewiesen (+10). Vorher konnten die kumulierten Deckungsbeiträge die anteiligen Fixkosten nicht abdecken, was ein Signal für erhöhte Anstrengungen sein sollte.

Eine besonders wichtige Information ist die Abdeckung der Jahresfixkosten im Oktober, der **Fixkostendeckungspunkt.** Ab diesem Zeitpunkt vergrößert jeder zusätzliche Euro Deckungsbeitrag in gleicher Höhe den Gewinn, weil die gesamten Fixkosten schon verdient sind. Die Gewinnschwelle ist somit überschritten. Der Umfang der Fixkostendeckung im Jahresverlauf wird im Schaubild 6.18 grafisch dargestellt.

Die Information, dass die Jahresfixkosten abgedeckt sind, kann nun zur Preispolitik genutzt werden. Da jetzt im Deckungsbeitrag keine Fixkosten mehr verdient werden müssen, lohnen sich auch geringere Stück-Deckungsbeiträge, soweit größere Mengen verkauft werden können. Dabei wird vorausgesetzt, dass die Kapazität durch die ursprüngliche Planung noch nicht voll ausgelastet ist.

Wenn beispielsweise in den letzten beiden Monaten durch eine Preisreduzierung um 5% der Absatz um 20% gesteigert werden kann, so verbessert diese Maßnahme den Gesamtdeckungsbeitrag und damit den Gewinn um +8:

	Umsatz	Deckungsbeitrag
Plan (N u. D)	200	100
Mengeneffekt	+ 40	+ 20
Preiseffekt	– 12	– 12
Neuplanung	228	108
Verbesserung		+ 8

Allerdings zeigt dieses Beispiel auch die Gefahren der **Preispolitik** infolge Deckungsbeitragsrechnung. Aufgrund der Niedrigpreise zum Ende dieses Geschäftsjahres erwarten die Kunden auch im nächsten Jahr entsprechend niedrigere Preise. Die Folge kann eine Kaufzurückhaltung sein, die dann den Fixkostendeckungspunkt weiter nach hinten verschiebt. Im Extremfall wird der Fixkostendeckungspunkt mit den Planpreisen gar nicht erreicht werden können. Will das Unternehmen keinen Verlust aufgrund der ungenutzten Kapazität erleiden, sieht es sich veranlasst, schon vor dem Fixkostendeckungspunkt Preisreduktionen vorzunehmen. Dies verstärkt dann die Problematik für das darauf folgende Jahr und führt, wenn der Zyklus nicht durchbrochen wird, langfristig das Unternehmen in den Ruin.

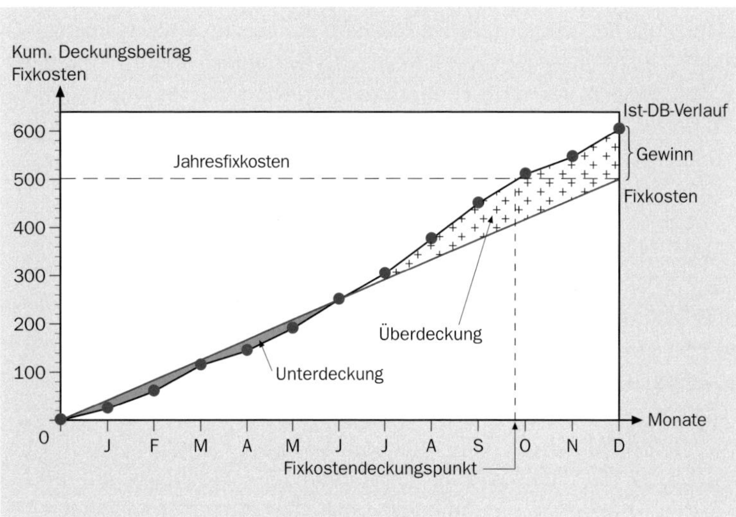

Schaubild 6.18: Fixkostendeckung im Jahresverlauf

Das Existenzproblem wird noch verstärkt, wenn der Fixkostendeckungspunkt bei den Konkurrenzunternehmen

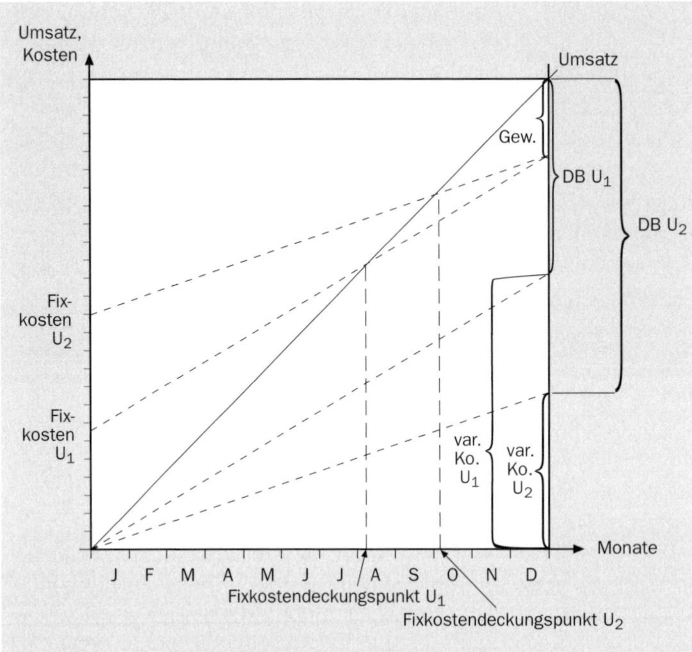

Schaubild 6.19: Fixkostendeckungspunkt bei unterschiedlicher Fixkostenausstattung

aufgrund einer geringeren Fixkostenausstattung wesentlich früher eintritt. Diese können dann einen Preiskampf viel leichter überstehen, ohne einen Verlust zu erleiden.

In dem Schaubild 6.19 unterscheiden sich die Unternehmen nur bezüglich der Kostenstruktur, Umsatz und Gewinn sind gleich. Aufgrund der geringeren Fixkostenausstattung ist beim Unternehmen 1 der Fixkostendeckungspunkt im August wesentlich früher als beim Unternehmen 2 im Oktober. Das Unternehmen 1 kann schon durch Deckungsbeiträge Gewinne erwirtschaften, während Unternehmen 2 noch Deckungsbeiträge zur Abdeckung der Fixkosten benötigt. Erreicht Unternehmen 2 den Fixkostendeckungspunkt nicht, so kann Unternehmen 1 bei gleichem Umsatz schon Gewinne ausweisen. Diese Problematik der Gewinnschwelle wird bei der Break-Even-Analyse noch vertieft.

Weil die Deckungsbeitragsrechnung diese Gefahr eines ruinösen Wettbewerbs birgt, trifft sie auf Vorbehalte in Theorie und Praxis. Auch kann ein Verzicht auf den Vollkostenausweis zugunsten von Deckungsbeiträgen bei der Vertriebsorganisation zu einer allzu nachgiebigen Preisgestaltung führen.

Dennoch ist die Deckungsbeitragsrechnung ein unerlässliches Instrument zur Gewinnsteuerung. Dabei kann das Controlling auf die Erfassung von Fix- und Gemeinkosten nicht verzichten, denn schließlich müssen sämtliche Kosten vom Controlling „gesteuert“ werden. Auch ist eine Zurechnung von Gemeinkosten auf Kostenträger zumindest für die Bewertung von selbst erstellten Wirtschaftsgütern in der Steuerbilanz zwingend vorgeschrieben.

Für die Unternehmenspraxis empfiehlt sich daher nach wie vor eine klassische Kostenarten-, Kostenstellen- und Kostenträgerrechnung. Der Controller muss allerdings dafür sorgen, daß dieses Rechnungssystem als **Grundrechnung** so flexibel aufgebaut ist, dass damit alle Planungs-, Steuerungs- und Kontrollaufgaben erfüllt werden können. Insbesondere muss zwischen fixen und variablen Kosten auf allen Rechenstufen unterschieden und Kosten müssen entscheidungsorientiert relevanten Bezugsobjekten wie Kostenstellen, Kostenträgern, Perioden oder Prozessen zugeordnet werden können.

6.3 Prozesskostenrechnung – Wie die zunehmenden Gemeinkosten steuern?

Zur Gewinnsteuerung ist die klassische Vollkostenrechnung unzulänglich. Deshalb wurden für die verschiedenen Entscheidungen im Unternehmen die Deckungsbeitragsrechnung und die Bezugsgrößenkalkulation entwickelt, damit Ge-

meinkosten und Fixkosten nicht „willkürlich" Kostenträgern zugerechnet werden.
Aufgrund der sich ändernden Kostenstruktur führt das aber dazu, dass immer weniger Kosten direkt den Produkten zugerechnet werden können. Im Extremfall lassen sich nur die Zukaufteile, das Fertigungsmaterial, als variable Einzelkosten den Produkten direkt zurechnen. Aber selbst diese können, soweit langfristige Lieferverträge bestehen, Fixkostencharakter besitzen. Dieser Tendenz folgend ist die **Prozesskostenrechnung** entwickelt worden.

6.3.1 Die Problematik der Gemeinkostenentwicklung

Der Anteil der **Gemeinkosten** an der betrieblichen Wertschöpfung steigt vor allem deshalb, weil anteilsmäßig die vorbereitenden, planenden, steuernden und überwachenden Tätigkeiten in den Bereichen Produktionsplanung und -steuerung, Qualitätssicherung und -prüfung, Auftragsabwicklung sowie auch die typischen Gemeinkostenbereiche Forschung und Entwicklung, Beschaffung, Logistik, Verwaltung, Vertrieb und Service ständig zunehmen, während der Anteil der Fertigungslöhne aufgrund fortschreitender Rationalisierung und Automatisierung abnimmt. Es verlagern sich zunehmend die Kosten von produktiven zu administrativen Bereichen. Durch die rasante Entwicklung computerintegrierter Produktionstechnologien (CIM) können kleinere Produktionsmengen wirtschaftlich gefertigt und damit vermehrt Produktvarianten angeboten werden. Größere Produktvielfalt führt aber gleichzeitig auch zu höheren Anforderungen an die indirekten Leistungsbereiche durch Just-in-Time-Systeme. In allen indirekten Bereichen, wie Beschaffung, Verwaltung, Vertrieb oder Forschung und Entwicklung, werden dadurch, auf die Stückzahlen gesehen, höhere Kosten verursacht, die als Gemeinkosten nicht direkt den Produkten zugerechnet werden können.
Diese Entwicklung bringt die betriebliche Kalkulation immer mehr in ein Dilemma:

- Der zunehmende Anteil an Gemeinkosten, der abnehmende Einzelkosten als Bezugsgröße bedingt, führt zu einer zunehmenden Verfälschung der Produktselbstkosten in der klassischen Zuschlagskalkulation.
- Der abnehmende Anteil der den Produkten direkt zurechenbaren Teilkosten führt dazu, dass in der Deckungsbeitragsrechnung immer weniger Kosten in Produktkalkulationen „entscheidungsrelevant" werden.

Andererseits sind die Gemeinkostenbereiche in weiten Teilen nicht fix, sondern durchaus abhängig von der Beschäftigung. Auch werden die Gemeinkostenbereiche von den Produkten unterschiedlich stark in Anspruch genommen, von Exoten relativ stärker als von Standardprodukten. Je umfangreicher die innerbetrieblichen Leistungsverflechtungen sind, umso mehr verlagern sich Teilkosten auf Produktbereiche oder Sparten oder sogar auf die Gesamtunternehmensebene, was die Bezugsgrößenkalkulation dann für Produktentscheidungen weitgehend unbrauchbar macht. Insbesondere zur Gewinnsteuerung solch komplexer Unternehmen brauchen die einzelnen Verantwortungsbereiche, seien es Profit-Center oder Cost-Center, Informationen über Kosten, um die Wirtschaftlichkeit ihrer innerbetrieblichen Leistungen zu beurteilen: Einkaufen, Lagern, Fakturieren, Mahnen etc.
Die aus den USA stammende **Prozesskostenrechnung** versucht dieses Dilemma aufzulösen. Sie ordnet die Kosten, die der Verkaufsleistung oder dem Produkt nicht direkt zugerechnet werden können, möglichst innerbetrieblichen Leistungen bzw. Prozessen zu. Dabei werden nicht nur Leistungen von Hilfsstellen der klassischen Betriebsabrechnung einbezogen, sondern zusätzlich werden auch die Leistungen der immer wichtigeren indirekten Bereiche als Prozesse erfasst und deren Kosten ermittelt.
Mit Hilfe der Prozesskosten können die Gemeinkosten entsprechend den beanspruchten Leistungen auf Produkte umgelegt werden, und somit kann bei Produktentscheidungen die Gemeinkostenwirkung berücksichtigt werden.
Beispielsweise werden bezüglich der Leistung „Einkauf" Exoten, die umfangreichere Leistungen in Anspruch nehmen, relativ mehr Gemeinkosten zugerechnet als Standardprodukten.

Insbesondere bei unterschiedlichen oder gar gegenläufigen Voraussetzungen lässt sich so der jeweilige Grad an Gemeinkostenverursachung berücksichtigen:
- Viele gegenüber wenigen Materialarten, Bauteile und -gruppen,
- hohe oder geringe Fertigungstiefe, Fertigungsstufen und Arbeitsplanpositionen,
- Standardprodukte oder Produktvarianten,
- große oder kleine Bestellmengen, Fertigungslose und Kundenaufträge,
- einfache oder komplexe Vertriebswege,
- Eigenfertigung oder Fremdbezug.

Neben der Wirtschaftlichkeit von Produkten kann durch die Prozesskostenermittlung auch die Wirtschaftlichkeit der Prozesse selbst beurteilt und gesteuert werden.
Beispielsweise können Prozesskosten der Gesamtleistung oder von Teilleistungen der Abteilung „Debitoren" nach Vergleichskennzahlen beurteilt werden.
Darüber hinaus lassen sich durch die Prozesskostenrechnung auch die Planung und Budgetierung sowie die Soll-Kosten-Kontrolle der Gemeinkostenbereiche wesentlich verbessern.

6.3.2 Die Systematik der Prozesskostenrechnung

Bei den klassischen produktbezogenen Einzelkosten gibt es in der Prozesskostenrechnung prinzipiell keinen Unterschied zur Zuschlagskalkulation oder zur Deckungsbeitragsrechnung:
Die Einzelkosten werden den Kostenträgern, also den Produkten, direkt zugerechnet.
Die **Gemeinkosten** dagegen werden auf die sie **verursachenden Prozesse** als **Bezugsobjekte** verrechnet, z. B. Einkaufen, Fertigen, Verkaufen etc.
Innerhalb der Prozesse werden dann Tätigkeiten (Aktivitäten) ermittelt, für die sich Bezugsgrößen, englisch Cost Driver, der Leistungsinanspruchnahme angeben lassen.
Beispielsweise besteht der Prozess „Einkauf" aus den Aktivitäten „Angebote einholen," „Bestellungen aufgeben" usw. Die Kosten der Aktivität „Angebote einholen" wird durch die Anzahl der Angebote als Cost Driver, also Bezugsgröße, bestimmt.
Schematisch kann die Bezugsgrößenstruktur der Prozesskostenrechnung wie in Schaubild 6.20 dargestellt werden.

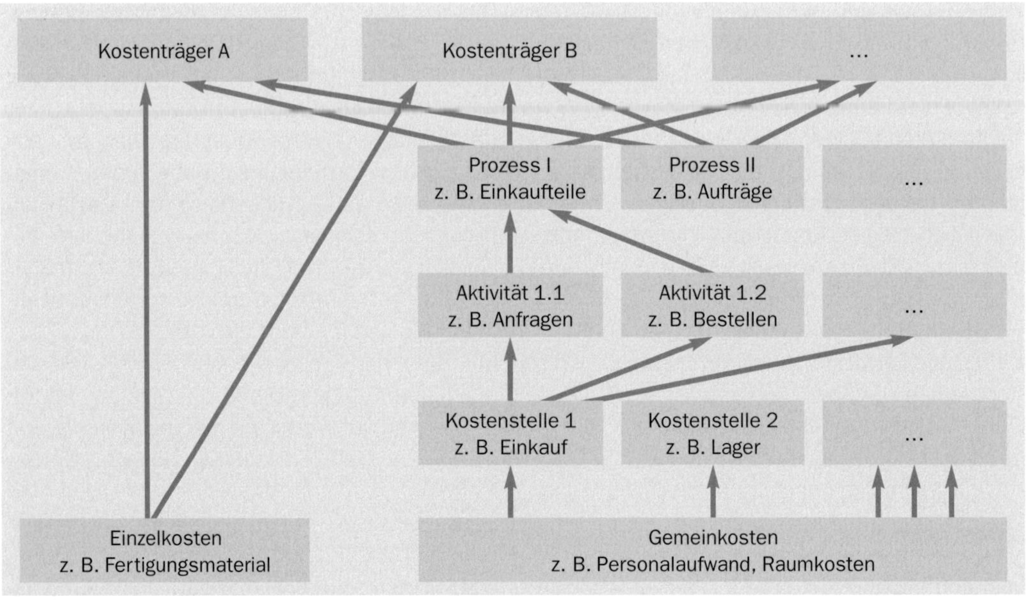

Schaubild 6.20: Bezugsgrößenstruktur der Prozesskostenrechnung

In der Unternehmenspraxis wird die Prozesskostenrechnung in Schritten angewandt:

• Tätigkeitsanalyse /Aktivitäten-Identifizierung
Um eine Prozesskostenrechnung aufbauen zu können ist eine Analyse und Strukturierung aller in den betroffenen Unternehmensbereichen vorkommenden Tätigkeiten **(Aktivitäten)** durchzuführen. Kennzeichnend für eine Aktivität ist ihr mengenabhängiger Bezug auf eine von dem Unternehmensbereich zu erbringende Leistung (z. B. „Anzahl" der Aufträge, Bestellungen, Umrüstungen, Transporte, Teilenummern, Anlieferungen, Auslieferungen, Buchungen) oder mengenneutral auf eine schwer zu quantifizierbare Tätigkeit (z. B. Abteilung „Leiten"). Für jede Aktivität ist eine Bezugsgröße, der Cost Driver, zu ermitteln. Sie soll folgende Anforderungen erfüllen:
- Proportionalität zu der mit der Aktivität verbundenen Leistung, was sich durch die Reagibilität hinsichtlich auftretenden Mengenvariationen feststellen lässt.
- Operationalität zur Unterstützung der Gemeinkostenbudgetierung, zur verursachungsgerechten Kostenermittlung und zwecks späteren Soll-Ist-Vergleichen.
- Wirtschaftlichkeit der Datenerfassung.

• Zuordnung von Gemeinkosten auf Aktivitäten
Allen identifizierten Aktivitäten sind die verursachten **Kostenstellenkosten** zuzuordnen. Das kann direkt erfolgen, indem die Kosten für ein Volumen oder eine Funktion geplant werden. Es kann aber auch über Schlüssel geschehen (z. B. „Zahl" der Mitarbeiter für die Leitungsfunktion), mit denen die Kostenstellenkosten möglichst verursachungsgerecht auf die Aktivitäten verteilt werden.

Die Kosten für Aktivitäten, für die keine sinnvollen Bezugsgrößen herangezogen werden können, sind gegebenenfalls proportional entsprechend der Kosten der verschiedenen mengenabhängigen Aktivitäten zu verteilen.

• Ermittlung des Kostensatzes einer Aktivität
Der **Kostensatz** für eine Aktivität ergibt sich aus der Division der gesamten Kosten dieser Aktivität durch das gesamte Leistungsvolumen in Bezugsgrößeneinheiten.

Beispiel
Der Kostensatz für eine Angebotseinholung bei einem Volumen von 4.000 Angeboten und Aktivitätskosten von € 1,6 Mio. beträgt:
1.600.000/4.000 = 400,— € pro Angebot.

Für den Einkaufsprozess lassen sich Kostensätze für die verschiedenen Einkaufsaktivitäten ermitteln, ein Beispiel gibt Schaubild 6.21.
Die Aktivität „Abteilungsleitung" kann mittels Cost Driver „Einkaufsvolumen", „Anzahl der Mitarbeiter" oder proportional zu den Kosten der mengenabhängigen Aktivitäten verteilt werden.

• Ermittlung der Prozesskosten
Nur wenn eine Aktivität im unmittelbaren Produktbezug steht, können die entsprechenden Aktivitätskosten direkt auf den Kostenträger zugerechnet werden, z. B. die Aktivität „Fräsen" in der Fertigung. Typisch für die Kalkulation von **Prozesskosten** ist allerdings, dass die Aktivitäten mangels direkter Zurechenbarkeit über Prozesse auf Kostenträger verrechnet werden müssen. Im Idealfall korrespondieren die Prozesse mit Kostenstellen, so z. B. der Prozess „Einkaufen" mit der Kostenstelle „Einkauf". Es lassen sich aber auch

Aktivität	Kosten in €	Cost Driver	Leistungsvolumen	Kostensatz in €
Angebote einholen	1.600.000	Anzahl Angebote	4.000	400,—
Bestellung aufgeben	240.000	Anzahl Bestellung	8.000	30,—
Reklamationen bearbeiten	480.000	Anzahl Reklamation	800	600,—
Abteilung leiten	150.000	Einkaufsvol. in Mio. €	50	0,3%

Schaubild 6.21: Ermittlung des Kostensatzes von Aktivitäten

Aktivitäten	Leistungsumfang	Kostensatz in €	anteilige Prozesskosten in €
Angebote einholen	3	400,—	1.200,—
Bestellung aufgeben	12	30,—	360,—
Reklamationen bearbeiten	1	600,—	600,—
Abteilung leiten	0,2 Mio	0,3%	600,—
Prozesskosten „Einkauf" Teil 4711:			2.760,—

Schaubild 6.22: Ermittlung der Prozesskosten

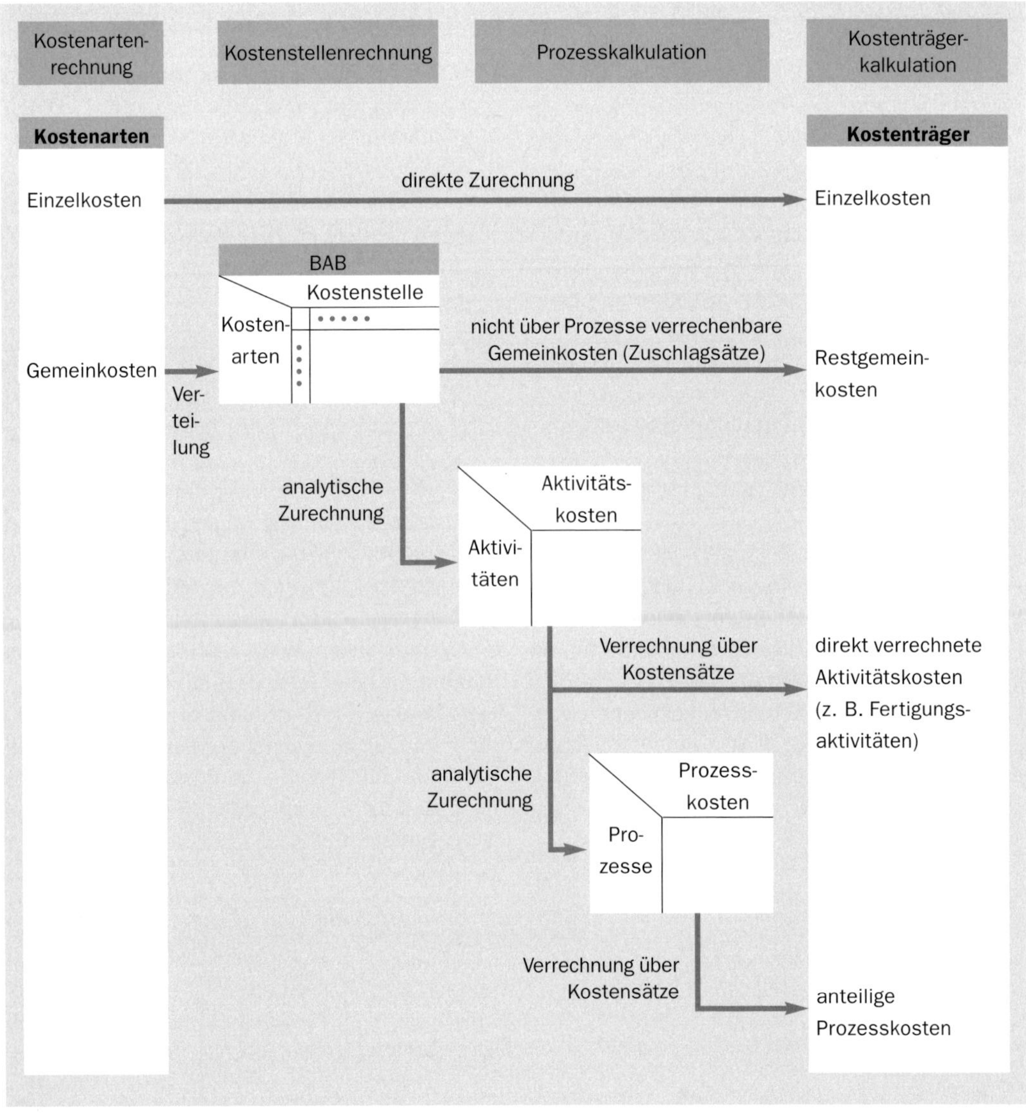

Schaubild 6.23: Kostenträgerrechnung mit Prozesskalkulation

Aktivitäten kostenstellenübergreifend zu Prozessen zusammenfassen, z. B. ein Exportauftrag. Die Kosten für den Prozess „Einkaufen" können nun, z. B. für ein Einkaufsteil Nr. 4711, aufgrund der durch den Prozess in Anspruch genommenen Aktivitäten ermittelt werden (Schaubild 6.22). Die Anzahl der verschiedenen zu kalkulierenden Prozesse ist abhängig von der Heterogenität des Geschäftes und der angestrebten Genauigkeit der zu kalkulierenden Kostenträgerkosten.

• Kostenträgerrechnung

Im Idealfall lassen sich die gesamten Gemeinkosten über Prozesse verursachungsgerecht auf die **Kostenträger** verteilen. Dabei können auch für die Prozesse Cost Driver herangezogen werden, um über einen Kostensatz die Prozesskosten verursachungsgerecht den Kostenträgern zuzurechnen. Aus Gründen der Wirtschaftlichkeit werden nicht sämtliche Gemeinkosten und die ihnen zugrunde liegenden Prozesse in die Prozesskostenrechnung einbezogen. Zu einer kombinierten Kalkulation kommt es, wenn die Gemeinkostenzuordnung für wichtige Prozesse mengenorientiert und für weniger wichtige Kostenbereiche durch Zuschlagsätze auf einer Wertbasis herkömmlich erfolgt (Schaubild 6.23). Oft wird es zu aufwändig sein, die Aktivitätskosten genau zuzurechnen. Beispielsweise ist es wirtschaftlich kaum gerechtfertigt, jedem Materialteil die Kosten des Einkaufsprozesses genau entsprechend seiner tatsächlich beanspruchten Aktivitäten zuzurechnen. Deshalb ist es sinnvoll, Leistungsarten, d. h. Teilprozesse, für bestimmte Materialarten zu typisieren, für die dann Kostensätze festgelegt werden.

Wirtschaftlicher kann es sein, zwischen Gemeinkostenmaterial und Fertigungsmaterial zu differenzieren. Beim Fertigungsmaterial könnte man wiederum zwischen Einmalteilen, bedarfs- oder verbrauchsdisponierten Standardteilen sowie Normteilen unterscheiden. Diese Differenzierung lohnt sich immer dann, wenn die jeweiligen Kostensätze eine wesentlich bessere Kosteninformation ergeben als die herkömmlichen Zuschlagsätze.

6.3.3 Den Gewinn prozesskostenorientiert steuern

Durch die zunehmenden Gemeinkostenanteile in der modernen Unternehmenspraxis reichen die herkömmlichen Kalkulationsverfahren nicht mehr aus um die Wirtschaftlichkeit von Produkten hinreichend genau zu beurteilen. Die Prozesskostenrechnung kann die **Artikelergebnisrechnung** in drei wesentlichen Punkten verbessern.

• Allokationseffekt – Kosten nach Aktivitäten zuordnen

Im Rahmen der Kalkulation ist die Prozesskostenrechnung ein wirksames Instrument zur Ermittlung der tatsächlichen, verursachungsgerecht zugeordneten Kosten einer innerbetrieblichen Leistung nach Inanspruchnahme betrieblicher Ressourcen, **Allokationseffekt** genannt. Dieser Effekt beinhaltet eine Unabhängigkeit des Prozesskostensatzes von der Entwicklung der Einzelkosten. Die Prozesskosten bestimmen sich vielmehr allein nach der Häufigkeit der Inanspruchnahme der Prozesse und der Höhe der Kosten, die die jeweiligen Prozesse insgesamt verursachen. Die Verbesserung der Kosteninfor-

pro Stück in €	Materialeinzelkosten	Materialgemeinkosten		Allokationseffekt (Gemeinkostendifferenz)	
		herkömmlicher Zuschlagsatz 10%	Prozesskostensatz	absolut	%
Produkt A	100,—	10,—	11,—	+ 1,—	10,0
Produkt B	150,—	15,—	11,—	– 4,—	–26,7
Produkt C	80,—	8,—	11,—	+ 3,—	37,5

Schaubild 6.24.1: Allokationseffekt in der Gemeinkostenverrechnung

mation durch die Prozesskostenrechnung gegenüber der herkömmlichen Zuschlagskalkulation zeigt ein Beispiel, das bei den Materialgemeinkosten vergleichbare Einkaufsaktivitäten voraussetzt (Schaubild 6.24.1).
Um die tatsächliche Inanspruchnahme der betrieblichen Ressourcen zu berücksichtigen müssen die Produkte A und C zusätzlich mit € 1,– bzw. 3,– belastet und das Produkt B um € 4,– gegenüber der Zuschlagskalkulation entlastet werden. Bei gegebenem Marktpreis verändert dies entsprechend die Gewinnspanne in der Artikelergebnisrechnung.

- Komplexitätseffekt – Gemeinkosten nach Aktivitätsumfang zuordnen

Als **Komplexitätseffekt** wird die Fähigkeit der Prozesskostenrechnung bezeichnet, Produktkomplexität und Produktvariantenreichtum als den bedeutendsten gemeinkostenbeeinflussenden Faktor in der Kalkulation verursachungsgerecht zu berücksichtigen. Das Problem der Zuschlagskalkulation besteht hier in der Proportionalisierung der Gemeinkosten in Abhängigkeit von der Zuschlagsbasis. Dabei bleibt der höhere Bedarf an gemeinkostenverursachenden Tätigkeiten bei der Herstellung von komplexeren Produktvarianten gegenüber einfachen Produktvarianten unbeachtet (Schaubild 6.24.2). Folglich wird durch die herkömmliche Kalkulation für das Produkt mit niedriger Komplexität ein zu geringer und für das Produkt mit hoher Komplexität ein zu hoher Gewinn errechnet. Richtet sich danach die Absatzpolitik, so erhöht sich zunehmend der Auftragsanteil der komplexen Produkte und in der Folge steigen die Gemeinkosten. Dadurch erhöhen sich dann die Zuschläge für die Produkte niedriger Komplexität und der Trend zu komplexen Produkten wird noch stärker, bis die Produkte niedrigerer Komplexität aus dem Produktionsprogramm „herauskalkuliert“ sind.

- Degressionseffekt – Gemeinkosten aktivitätsproportional zuordnen

Bei der traditionellen Stückkalkulation werden die Gemeinkosten prozentual zugeschlagen und damit ein konstanter Gemeinkostensatz pro Stück verrechnet. Tatsächlich verringert sich aber die Inanspruchnahme der Gemeinkostenstellen pro Stück mit steigenden Stückzahlen durch den **Degressionseffekt**.
Das lässt sich an den Vertriebsgemeinkosten verdeutlichen. Sie entstehen bei der Bearbeitung eines Kundenauftrags durch Abwicklung, Ausgangskontrolle, Auslagerung, Versand und Fakturierung. Die Inanspruchnahme der Vertriebsstelle ist aber weitestgehend nicht von der bestellten Stückzahl abhängig, sondern sie ist bei jedem Auftrag im gewissen Rahmen gleich stark. Da die herkömmliche Zuschlagskalkulation einen pauschalen Zuschlagssatz auf die Herstellkosten aufschlägt, wird bei Aufträgen mit kleiner Stückzahl zu wenig und bei Aufträgen mit großer Stückzahl zu viel an Gemeinkosten verrechnet, obwohl die Inanspruchnahme der be-

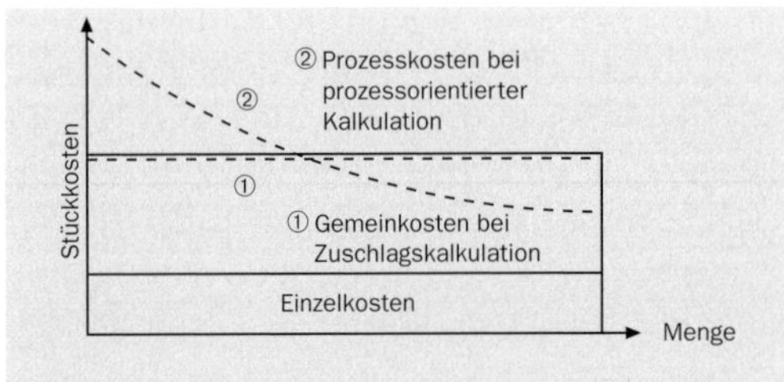

Schaubild 6.25: Degressionseffekt bei der Prozesskalkulation

Wert in €	Zuschlagskalkulation: Fertigungsstunden	Zuschlagskalkulation: Gemeinkosten-Zuschlag	Prozesskostenrechnung: Anzahl Bauteile	Prozesskostenrechnung: Prozesskosten	Komplexitätseffekt (Gemeinkostendifferenz): absolut	Komplexitätseffekt (Gemeinkostendifferenz): %
Produkt A	1	400,—	1	300,—	– 100	–33,3
Produkt B	2	800,—	3	900,—	+ 100	+11,1

Schaubild 6.24.2: Komplexitätseffekt

trieblichen Ressourcen weitgehend gleich ist. Deshalb wird die Auftragsrentabilität falsch errechnet und in der Folge werden gemeinkostentreibende Aufträge bevorzugt, was die reale Gewinnsituation tendenziell verschlechtert. Auch ein Verzicht auf die Gemeinkostenzurechnung, wie bei der Deckungsbeitragsrechnung, führt hier nicht weiter. Um die betrieblichen Ressourcen gewinnorientiert zu gestalten, müssen den Ressourcenverbrauchern die Gemeinkosten entsprechend der tatsächlichen Inanspruchnahme zugerechnet werden. Diese Kosteninformation gibt die Prozesskalkulation.

Man erhält eine zuverlässigere Zahlenbasis für die betrieblichen Leistungsangebote, die Preis- und Rabattgestaltung, sowie über Mindestauftragsgrößen, die Grundlage für neue Aufträge bzw. für Preis- und Rabattverhandlungen mit den Kunden sein können. Die prozesskostenorientierte Kalkulation hilft Kalkulationsfehler herkömmlicher Verfahren zu vermeiden und damit Gewinne abzuschöpfen, die mit den traditionellen Zuschlagskalkulationen nicht zu erzielen wären.

• Prozesskostenverantwortung – Gewinn durch Kostenverantwortlichkeit steuern

Da die Produktkalkulation in der Prozesskostenrechnung nach der Inanspruchnahme der betrieblichen Ressourcen und nicht einfach nur durch einen prozentualen Aufschlag erfolgt, sind die für die Prozesse Verantwortlichen besonders in die Pflicht genommen. Die Wirtschaftlichkeit der einzelnen Leistungen lässt sich anhand der Prozesskosten im Vergleich zu Marktpreisen oder sonstigen Vergleichsgrößen konkreter beurteilen. Die permanente Planung und Kontrolle der Gemeinkosten wird kostenstellenbezogen durch die Ermittlung von Soll- und Ist-Kosten für einzelne Prozesse sowie gesamtprozessbezogen, also kostenstellenübergreifend ermöglicht. Die Soll-Ist-Abweichung zeigt die Diskrepanz zwischen geplanter und angefallener Leistung und den dazugehörigen Kosten an. Kostenabweichungsanalysen liefern Ansatzpunkte für den Kostenstellenleiter oder den Prozessverantwortlichen, die vorgegebene „anonyme Gemeinkostenmasse" aufzulösen und zu strukturieren. Die Kostensteuerung und -verantwortung wird somit den für die Verursachung Verantwortlichen direkt übertragen.

Durch die Prozesskostenrechnung ist somit ein wirkungsvolles Instrument zur Erhöhung der **Kostenverantwortung** auch in den Gemeinkostenbereichen entstanden, was langfristig zu einer Verbesserung der Gewinnsituation im Unternehmen verhilft.

Auch wenn durch die Prozesskostenrechnung versucht wird die Gemeinkosten weitergehend auf Bezugsobjekte, also Prozesse oder Kostenträger, entsprechend der in Anspruch genommenen Leistung zu verteilen, so sollte dabei auf eine Aufspaltung in fixe und variable Kosten nicht verzichtet werden. Diese Differenzierung liefert nämlich wichtige Hinweise zur gewinnnotwendigen Leistungsmenge, der Prozessmenge bzw. Ausbringungsmenge.

6.4 Break-Even-Analyse – Wie das Risiko beurteilen?

*Die **Break-Even-Analyse** ermittelt die „kritische" Absatzmenge, die **Gewinnschwelle**, ab der ein Neugeschäft Gewinn erwirtschaftet bzw. ein bisheriges Gewinngeschäft bei Beschäftigungsrückgang Verlust erleidet.* Es ist der Deckungspunkt, englisch **Break Even Point**, wo die Gesamtkosten gerade durch den Gesamtumsatz gedeckt werden und der Gewinn gleich Null ist, deshalb auch toter Punkt. Inwieweit hängen die Größen Kosten, Erlöse und Gewinn eines Unternehmens von der Ausbringungsmenge ab und wie wirkt sich das auf den Break-Even-Punkt aus?

6.4.1 Die Gewinnschwelle ermitteln

Die zur Beurteilung erforderlichen Größen liefert die Deckungsbeitragsrechnung in der Version des Direct Costing mit ihrer Aufspaltung in fixe und variable Kosten.

Beispiel

Ein Unternehmen stellt ein Produkt her, das zu einem Verkaufspreis von 1,0 pro Stück abgesetzt werden kann. Die proportionalen Stückkosten belaufen sich auf 0,5.

Pro Periode fallen Fixkosten in Höhe von 40 an. Gerechnet wird in T€. Zur Durchführung der Break-Even-Analyse gibt es drei Möglichkeiten:

- Umsatz = Gesamtkosten (Gewinnschwelle, Break-Even-Punkt)

$$p \cdot m = K_f + k_v \cdot m$$
$$1{,}0 \cdot m = 40 + 0{,}5 \cdot m \text{ bzw. } 0{,}5 \cdot m = 40$$
$$m_{BE} = \frac{40}{0{,}5} = 80$$

m = Absatzmenge
p = Absatzpreis
K_f = Fixkosten
k_v = variable Stückkosten
m_{BE} = Break-even-Menge

Bei einem Absatz von 80 Stück pro Periode werden die Gesamtkosten gerade durch den Umsatz gedeckt. Diese **Break-Even-Menge** ergibt sich grafisch bei der Absatzmenge, wo die Umsatzkurve die Gesamtkostenkurve schneidet:

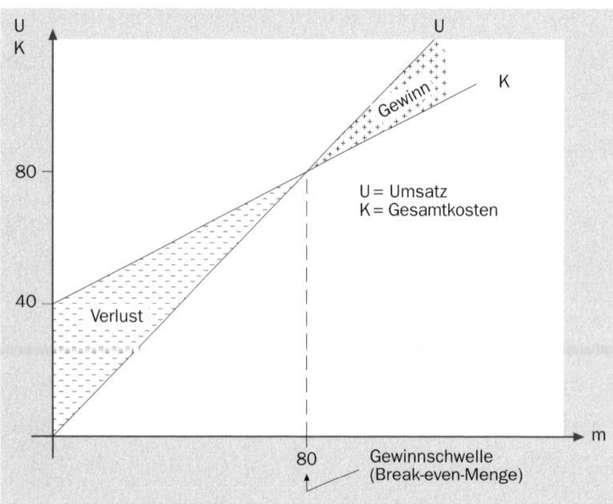

Schaubild 6.26: Ermittlung des Break-Even-Punkts

Die Abbildung zeigt, dass unter den Verhältnissen des Fallbeispiels 80 Stück pro Periode abgesetzt werden müssen, damit die Gesamtkosten durch den Umsatz gedeckt werden können. Man bezeichnet diese Menge deshalb auch als **„kritische Menge"**. Für den Schnittpunkt der beiden Kurven gibt es verschiedene synonyme Bezeichnungen: Break-Even-Punkt oder -Point, Kostendeckungspunkt, Gewinnschwelle, toter Punkt usw.

- Deckungsbeitrag = Fixkosten (Fixkostendeckungspunkt)

$$DB = U - K_v = K_f$$
$$1{,}0 \cdot m - 0{,}5 \cdot m = 40$$
$$0{,}5 \cdot m = 40$$
$$m_{BE} = 80$$

DB = Deckungsbeitrag
U = Umsatz
K_v = variable Kosten

Bei einem Periodenabsatz von 80 Stück entsprechen die kumulierten Deckungsbeiträge gerade den Fixkosten. Der Deckungsbeitrag jedes zusätzlich abgesetzten Stücks erhöht den Gewinn in gleicher Höhe:

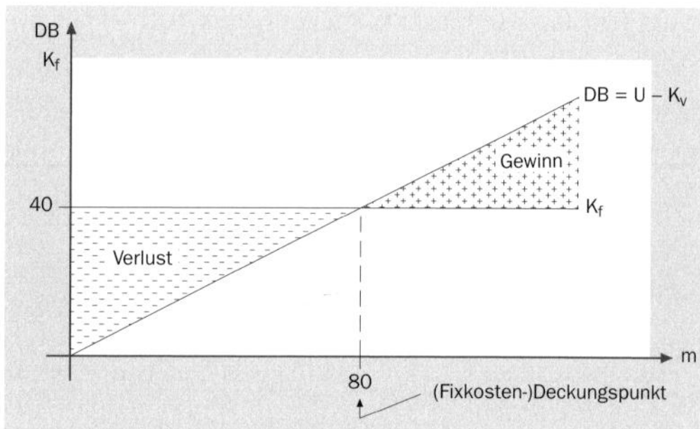

Schaubild 6.27: Ermittlung des Fixkostendeckungspunkts

Es wird deutlich, dass die Deckungsbeiträge zunächst gegen den Fixkostenblock aufgerechnet werden und nach Erreichen des Deckungspunktes als Nettogewinne zu interpretieren sind.

- Gewinn = Null (Toter Punkt)

$$\text{Umsatz} - \text{Kosten} = 0$$
$$1{,}0 \cdot m - 40 - 0{,}5 \cdot m = 0$$
$$0{,}5 \cdot m = 40$$
$$m_{BE} = 80$$

Bei der Absatzmenge 80 ist genau der tote Punkt erreicht, an dem das Unternehmen keinen Verlust mehr und noch keinen Gewinn erwirtschaftet. Grafisch schneidet hier gerade die Gewinnkurve die Abzisse und markiert den Gewinnschwellenpunkt:

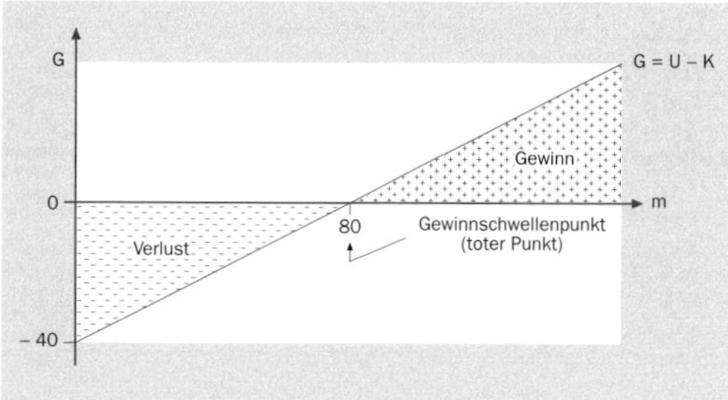

Schaubild 6.28: Ermittlung des toten Punkts

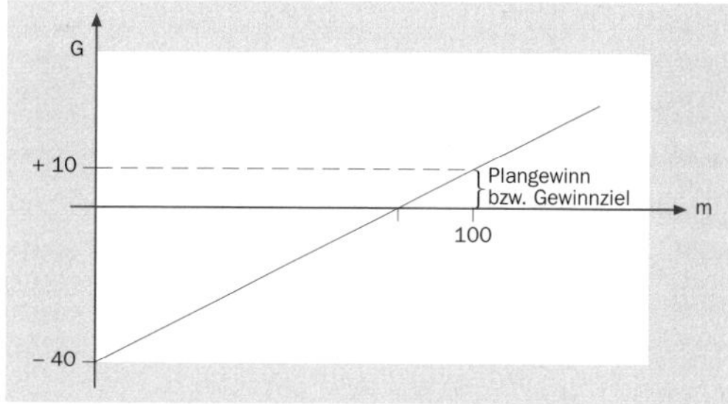

Schaubild 6.29: Bestimmung des Gewinnziels

Allgemein lässt sich die Break-Even-Menge rechnerisch bestimmen, indem man die Gewinnfunktion gleich Null setzt und nach m auflöst:

$$G = 0$$
$$G = U - K = 0$$
$$G = p \cdot m - k_V \cdot m - K_f = 0$$
$$G = (p - k_V)\, m - K_f = 0$$
$$(p - k_V)\, m = Kf$$
$$m_{BE} = \frac{K_f}{p - k_V} = \frac{K_f}{db}$$

G = Gewinn
U = Umsatz
K = Kosten
db = DB pro Stück

Die Break-Even-Menge ergibt sich hier als Verhältnis von Fixkosten zu Stückdeckungsbeitrag.

6.4.2 Die Break-Even-Analyse anwenden

Die Erkenntnisse der Break-Even-Analyse können jetzt für vielfältige Anwendungen genutzt werden.

- Das Gewinnziel bestimmen

Es gilt, den Plangewinn aufgrund von vorgegebenen Absatzchancen zu ermitteln. Im Beispiel ergab sich folgende Gewinnfunktion:

$$G = U - K_V - K_f$$
$$G = (p - k_V)\, m - K_f$$
$$G = 0{,}5 \cdot m - 40$$

Bei gegebenen Absatzchancen von 100 Stück ergibt sich der Plangewinn:

$$G = 0{,}5 \cdot 100 - 40 = 10$$

Dieses Ergebnis lässt sich auch grafisch durch die Gewinnfunktion ermitteln:

- Das Absatzziel oder den Beschäftigungsgrad bestimmen

Diese Problemstellung befasst sich mit der umgekehrten Fragestellung: Wie viel Stück muss ich absetzen um mein Gewinnziel zu erreichen? Wird für das Beispiel der angestrebte Gewinn mit 20 angenommen, so kann die erforderliche Absatzmenge (m_Z) durch Umstellung der Gewinnfunktion errechnet werden:

$$G = 0{,}5 \cdot m - 40$$
$$0{,}5 \cdot m = G + 40$$
$$m = \frac{G + 40}{0{,}5}$$

für G = 20: $$m = \frac{20 + 40}{0{,}5} = 120$$

allgemein: $$m_Z = \frac{G + K_F}{p - k_V}$$

Auch dieses Ergebnis lässt sich durch die Gewinnfunktion grafisch ablesen.

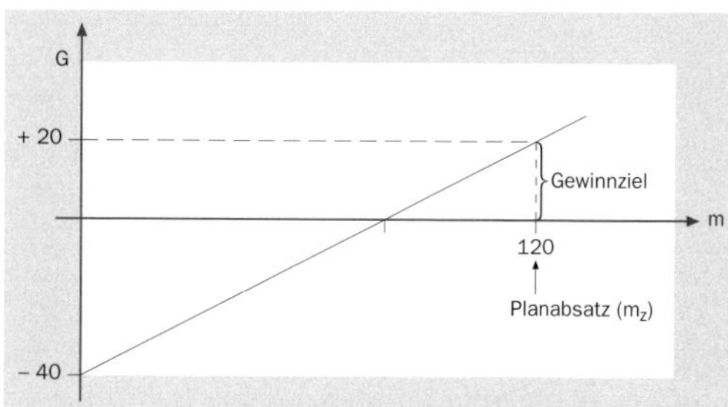

Schaubild 6.30: Bestimmung des Beschäftigungsgrads bzw. Planabsatzes

- Das Produktionsverfahren auswählen

Verschiedene zur Verfügung stehende Produktionsverfahren zeichnen sich regelmäßig durch

unterschiedliche Fixkosten und variable Stückkosten aus. Somit ergeben sich auch für die verschiedenen Verfahren unterschiedliche Break-Even-Punkte.
Zur Demonstration dieser Unterschiede stehen zwei Produktionsverfahren mit folgenden Kostendaten zur Verfügung:
Verfahren I: $K_{fI} = 20$ $k_{vI} = 0{,}6$
Verfahren II: $K_{fII} = 60$ $k_{vII} = 0{,}2$

Die Break-Even-Punkte betragen für die jeweiligen Verfahren entsprechend der Formel:

$$m_{BE} = \frac{K_f}{p - k_v}$$

$$m_{BEI} = \frac{20}{1{,}0 - 0{,}6} = \frac{20}{0{,}4} = 50$$

$$m_{BEII} = \frac{60}{1{,}0 - 0{,}2} = \frac{60}{0{,}8} = 75$$

Diese Break-Even-Punkte lassen sich auch grafisch ermitteln:

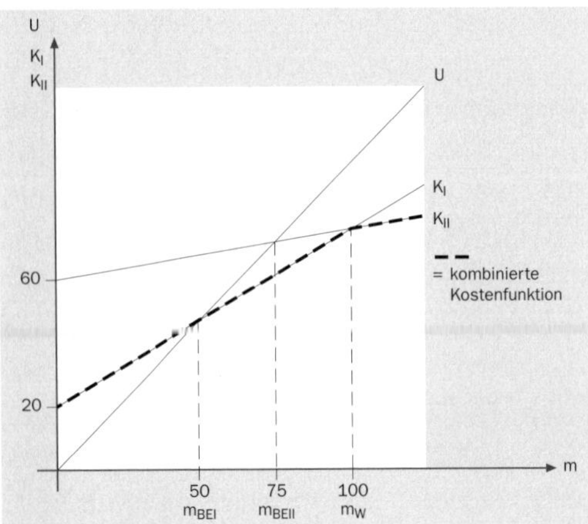

Schaubild 6.31: Verfahrenswahl

Daraus ergibt sich, dass das Verfahren I schon ab 50 Stück profitabel ist, das Verfahren II dagegen erst ab 75 Stück. Das Verfahren II ist aber erst ab 100 Stück dem Verfahren I vorzuziehen, weil erst ab dieser Menge die Gesamtkosten des Verfahrens II niedriger liegen bzw. der Gewinn im Vergleich zum Verfahren I höher ist.
Dieser Schwellenpunkt für den Verfahrenswechsel (m_W) lässt sich auch rechnerisch ermitteln, indem man die Kostenfunktionen beider Verfahren gleichsetzt:

$$K_I = K_{II}$$

$$k_{vI} \cdot m + K_{fI} = k_{vII} \cdot m + K_{fII}$$

$$(k_{vI} - k_{vII})\, m = K_{fII} - K_{fI}$$

$$m_W = \frac{K_{fII} - K_{fI}}{k_{vI} - k_{vII}}$$

Angewandt auf die Daten des Fallbeispiels:

$$m_W = \frac{60 - 20}{0{,}6 - 0{,}2} = \frac{40}{0{,}4} = 100$$

Bis zu einer Stückzahl von 100 ist das Verfahren I, bei höherer Stückzahl das Verfahren II zu wählen. Die kombinierte Kostenfunktion ist markiert (vgl. Schaubild 6.31).

- Die Deckungspunkte verschiedener Kostenarten bestimmen

Man ermittelt verschiedene Deckungspunkte, indem der Fixkostenblock zweckorientiert weiter unterteilt wird. Beispielsweise kann man so ermitteln, bei welcher Stückzahl bestimmte Kostenarten, beispielsweise Gehälter oder Mieten, neben den variablen Kosten durch den Umsatz abgedeckt sind. Für das ursprüngliche Beispiel werden dazu die Gehälter und Mieten mit 20 angenommen.

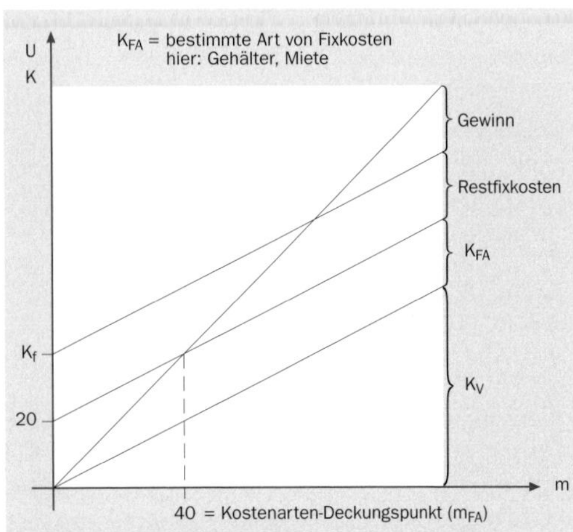

Schaubild 6.32: Deckungspunkt verschiedener Kostenarten

Die rechnerische Ermittlung des Deckungspunktes (m_{FA}) geschieht wie folgt:

$$U = K_V + K_{FA}$$
$$p \cdot m = k_V \cdot m + K_{FA}$$
$$(p - k_V) \cdot m = K_{FA}$$

$$m_{FA} = \frac{K_{FA}}{p - k_V} \qquad K_{FA} = \text{Miete} + \text{Gehälter} = 20$$

$$m_{FA} = \frac{20}{0{,}5} = 40$$

• Den Liquiditätspunkt bestimmen

Ein spezielles Verfahren der Deckungspunkt-Analyse ist die Ermittlung des **Liquiditätspunktes** (Out-Of-Pocket-Point). Diese Methode ermittelt den Punkt, ab dem die Einzahlungen einer Periode die Ausgaben abdecken und dadurch Einzahlungsüberschüsse (Cashflow) erwirtschaftet werden. Fällt die Stückzahl unter diesen Deckungspunkt, bekommt das Unternehmen neben Rentabilitäts- auch noch Liquiditätsprobleme.

Dabei wird angenommen, dass Umsatzerlöse und variable Kosten in derselben Periode zahlungswirksam sind. Der Fixkostenblock wird dagegen in ausgabenwirksame und zahlungsunwirksame Kosten dieser Periode aufgespalten.

Ausgabenwirksame Fixkosten sind z. B. die überwiegenden Gehaltskosten, bereinigt um Kosten der betrieblichen Altersversorgung durch Pensionsrückstellungen, Mieten, Leasingraten oder Werbungskosten. Zu den zahlungsunwirksamen Kosten der Periode zählen vor allem die Abschreibungen und kalkulatorischen Zusatzkosten wie kalkulatorische Wagnisse und Zinsen.

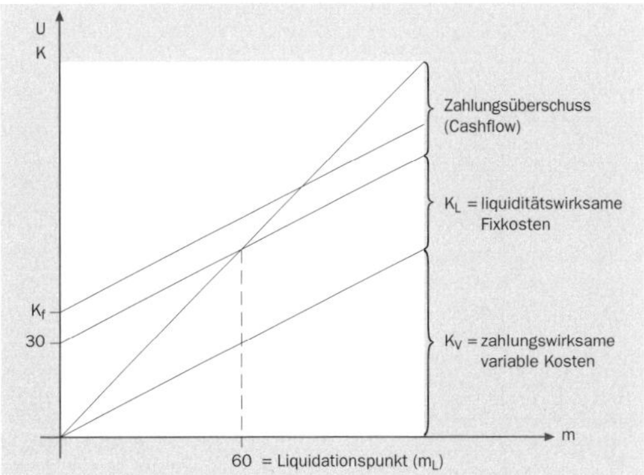

Schaubild 6.33: Ermittlung des Liquiditätspunktes

Für das Beispiel betragen die liquiditätswirksamen Fixkosten (K_L) 30. Der Liquiditätspunkt, ab dem das Unternehmen Zahlungsüberschüsse erzielt, ergibt sich dabei mit 60 Stück (Schaubild 6.33).

Der Liquiditätspunkt (m_L) kann rechnerisch analog dem Deckungspunkt ermittelt werden:

$$U = K_V + K_L$$
$$p \cdot m = k_V \cdot m + K_L$$
$$(p - k_V)\, m = K_L$$
$$m_L = \frac{K_L}{p - k_V}$$
$$m_L = \frac{30}{0{,}5} = 60$$

6.4.3 Die Break-Even-Umsatz-Analyse

Der in obigem Beispiel unterstellte Fall des Einproduktunternehmens kommt in der Praxis nicht häufig vor. Für den häufiger auftretenden Fall des Mehrproduktunternehmens ist die Break-Even-Analyse schwieriger durchzuführen. Statt einer Break-Even-Menge muss eine Kombination von Stückzahlen verschiedener Produktarten ermittelt werden, bei der gerade die Kosten gedeckt werden. Da die verschiedenen Produkte im Regelfall unterschiedliche variable Kosten aufweisen, setzt man hier nicht den Gesamtumsatz gleich den Gesamtkosten, sondern die Gesamtdeckungsbeiträge gleich den Fixkosten:

$$\Sigma U_i = \Sigma K_i$$
$$\Sigma p_i \cdot m_i = K_F + \Sigma k_{Vi} \cdot m_i$$
$$\Sigma (p_i - k_{Vi})\, m_i = K_F$$
$$\Sigma DB_i = K_F$$

i = Bezeichnung (Index) für die Produktart

Der Break-Even-Punkt wird erreicht, wenn die Summe der Deckungsbeiträge aller Produktarten gerade der Höhe des Fixkostenblocks entsprechen.

Sind die Fertigungsmengen der verschiedenen Produktarten unabhängig voneinander (keine Kuppelproduktion) und auch die Absatzmengen sowie Preise der einzelnen Produktarten ohne gegenseitige Beeinflussung (kein Sales Mix), so können sukzessive die Stückzahlen der Produktarten in der Reihenfolge fallender Stückdeckungsbeiträge ermittelt werden, bis die kumulierten Deckungsbeiträge gerade den Fixkostenblock decken.

Schwieriger ist die Break-Even-Analyse, wenn von einer bestimmten Kombination von Produktzahlen im Artikelsortiment auszugehen ist. Da die jeweiligen Stückzahlen der verschiedenen Produktarten in einem Sortiment aufgrund der unterschiedlichen Deckungsbeiträge nicht vergleichbar sind, wird hier der Beschäftigungsgrad statt in Produktstückzahlen im **Umsatz** gemessen. Der Break-Even-Punkt wird dementsprechend nicht durch eine Break-Even-Menge, sondern einen Umsatzwert und die Deckungsbeiträge der Artikel werden statt in Stück-Deckungsbeiträgen in Deckungsbeiträgen pro Umsatz (**DBU**) ausgedrückt.

Zur Erläuterung der Vorgehensweise der **Break-Even-Umsatz-Analyse** wird das obige Beispiel für den Fall eines Mehrproduktunternehmens modifiziert (Schaubild 6.34).

Sowohl der absolute Deckungsbeitrag als auch der DBU ist bei jeder Produktart verschieden. Für das Artikelsortiment erhält man mit 50,0% einen DBU, der bei gleicher Verteilung der Produktarten für jede Umsatzgröße gilt. Für die grafische Ermittlung trägt man, ausgehend von den Fixkosten, die einzelnen Produkte mit ihren Deckungsbeiträgen nach der DBU-Rangfolge in ein Gewinn-Umsatz-Diagramm ein.

Dabei erhält man eine mehrfach geknickte Kurve, deren Endpunkt den Maximal- bzw. Plangewinn angibt. Die Steigung des jeweiligen Kurvenabschnittes wird vom DBU des entsprechenden Produktes bestimmt. Aufgrund der abnehmenden Rangfolge der Produkt-DBUs nehmen auch die Steigungen der Kurvenabschnitte entsprechend ab.

Verbindet man den Ursprung der geknickten Kurve – die Fixkosten – mit dem Endpunkt, so erhält man eine Gerade, deren Steigung durch den Gesamt-DBU als gewogener durchschnittlicher DBU für das Artikelsortiment bestimmt ist. Der Schnittpunkt dieser Geraden mit der Abzisse, der Umsatzachse, gibt den Break-Even-Punkt an, der hier bei einem Break-Even-Umsatz von 80 liegt (vgl. Schaubild 6.35).

Rechnerisch ergibt sich der Break-Even-Umsatz dort, wo der Sortimentsdeckungsbeitrag gerade die Fixkosten deckt, analog zum oben erläuterten Einproduktfall. Durch entsprechende Umformungen erhält man die Formel für den Break-Even-Umsatz (U_{BE}):

$$\sum DB_i = K_f \qquad \text{weil: } DBU \cdot U = \sum DB_i$$

$$DBU \cdot U = K_f \qquad : DBU$$

$$U_{BE} = \frac{K_f}{DBU}$$

Produktart (i)	1	2	3	Summe
Maximalstückzahl	50	40	10	
Stückverkaufspreis	0,4	1,0	4,0	
Variable Stückkosten	0,2	0,3	2,8	
Umsatz	20	40	40	100
variable Kosten	10	12	28	50
Deckungsbeitrag	10	28	12	50
Fixkosten				40
Gewinn				10
DBU (DB in % des Umsatzes)	50,0	70,0	30,0	50,0

Schaubild 6.34: Modifiziertes Beispiel zur Break-Even-Analyse für ein Mehrproduktunternehmen

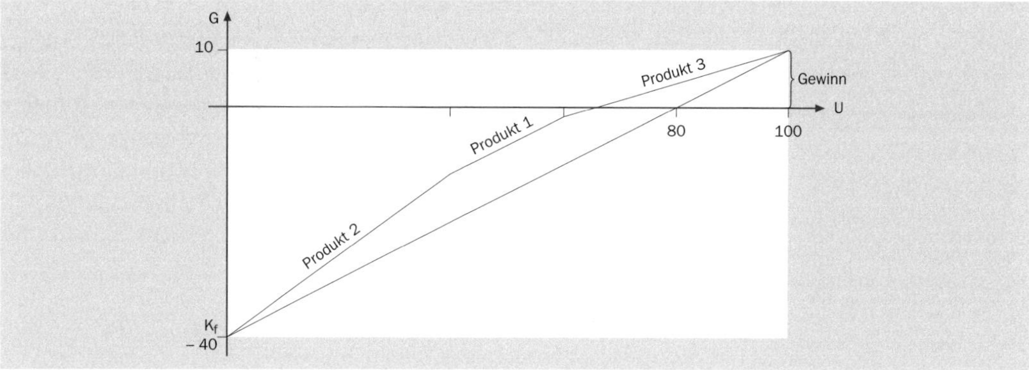

Schaubild 6.35: Ermittlung des Break-Even-Umsatzes

Die Anwendungen der Break-Even-Umsatz-Analyse können jetzt analog der bei der Break-Even-Mengen-Analyse vorgenommen werden:

- Das Gewinnziel bestimmen

Die Gewinnfunktion für gegebene Umsatzerwartungen lautet:

$$G = \sum DB_i - K_f$$
$$G = DBU \cdot U - K_f$$
hier: $G = 0{,}5 \cdot U - 40$

für $U = 100$: $G = 0{,}5 \cdot 100 - 40 = 10$

- Den Beschäftigungsgrad bestimmen

Zur Bestimmung des Umsatzziels bei vorgegebenem Gewinnziel muss die Gewinnfunktion nach dem Umsatz umgeformt werden:

$$G = DBU \cdot U - K_f$$
$$DBU \cdot U = G + K_f$$
$$U = \frac{G + K_f}{DBU}$$
hier: $U = \frac{G + 40}{0{,}5}$

für $G = 5$: $U = \frac{5 + 40}{0{,}5} = 90$

- Das Produktionsverfahren auswählen

Die Produktionsverfahren unterscheiden sich hier durch verschiedene DBUs und Fixkosten. Für die jeweiligen Gewinnfunktionen gilt:

Verfahren I: $G_I = DBU_I \cdot U - K_{fI}$

Verfahren II: $G_{II} = DBU_{II} \cdot U - K_{fII}$

Im Grenzfall sind die Gewinne gleich ($G_I = G_{II}$). Daraus folgt:

$$DBU_I \cdot U - K_{fI} = DBU_{II} \cdot U - K_{fII}$$
$$(DBU_I - DBU_{II}) \cdot U = K_{fI} - K_{fII}$$
$$U_W = \frac{K_{fI} - K_{fII}}{DBU_I - DBU_{II}}$$

Die Verfahrensdaten seien wie folgt gegeben:

Verfahren I: $DBU_I = 40\%$ $K_{fI} = 20$

Verfahren II: $DBU_{II} = 80\%$ $K_{fII} = 60$

Der Umsatz für den Grenzfall, ab dem sich ein Verfahrenswechsel lohnt, ist:

$$U_W = \frac{20 - 60}{0{,}4 - 0{,}8} = 100$$

Bei den vorliegenden Umsatzerwartungen von 100 lohnt es sich noch nicht, das Verfahren II mit dem späteren Break-Even-Punkt einzusetzen.

- Deckungspunkte verschiedener Fixkostenarten bestimmen

Hier wird die Formel für den Break-Even-Umsatz auf eine bestimmte Fixkostenart analog angewandt:

$$U_{BE} = \frac{K_f}{DBU}$$
analog für K_{FA}: $U_{FA} = \frac{K_{fA}}{DBU}$

K_{FA} = spezifische Fixkostenart

für K_{FA}= 20 folgt: $U_{FA} = \frac{20}{0{,}5} = 40$

• Den Liquiditätspunkt bestimmen

Analog zu den Fixkostenarten sind hier nur die liquiditätswirksamen Fixkosten in der Break-Even-Umsatz-Formel zu berücksichtigen:

$$U_{BE} = \frac{K_f}{DBU}$$

$$\text{analog für } K_L\text{:}\quad U_L = \frac{K_L}{DBU}$$

$$\text{für } K_L = 30 \text{ folgt:}\quad U_L = \frac{30}{0{,}5} = 60$$

Die Zusammenhänge der Break-Even-Umsatz-Analyse sind noch einmal zusammenfassend in einem Break-Even-Umsatzdiagramm dargestellt:

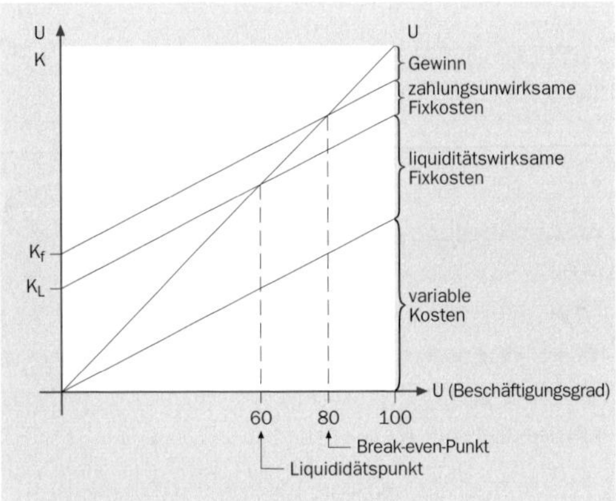

Schaubild 6.36: Break-Even-Umsatzdiagramm

6.4.4 Die Sensibilitätsanalyse

Die Sensibilitätsanalyse untersucht, wie sich der optimale Zielwert quantitativ verändert, wenn einzelne Ausgangsdaten in bestimmtem Umfang variieren.

Da die Gewinnplanung eine in die Zukunft gerichtete Rechnung ist, sind die prognostizierten Planungsdaten nicht sicher. Ihr Eintritt ist ungewiss, d. h., die Daten können anders eintreten als geplant.

Die Auswirkungen dieses **Abweichungsrisikos** werden nun hinsichtlich des Gewinns bzw. des Break-Even-Umsatzes durch die **Sensibilitätsanalyse** untersucht. Von zentraler Bedeutung ist die Beschäftigungs- oder Umsatzabweichung.

• Sicherheitsspanne

Die **Sicherheitsspanne,** englisch Safety Margin, gibt an, um wie viel der tatsächlich realisierte Umsatz gegenüber dem geplanten Umsatz abweichen darf, bis der Break-Even-Umsatz erreicht wird bzw. das Verlustrisiko eintritt. Rechnerisch ergibt sich die Sicherheitsspanne als Differenz zwischen dem geplanten Umsatz und dem Break-Even-Umsatz:

$$\textit{Sicherheitsspanne} = U_{plan} - U_{BE}$$

Bei einem geplanten Umsatz von 100 und einem Break-Even-Umsatz von 80 beträgt die Sicherheitsspanne 20. Dies lässt sich auch aus dem Break-Even-Umsatzdiagramm ablesen (vgl. Schaubild 6.36).

Auch das **Liquiditätsrisiko** lässt sich durch die Sicherheitsspanne ausdrücken. Es ergibt sich als Differenz zwischen geplantem Umsatz und dem Umsatz des Liquiditätspunktes:

$$\textit{Liquiditäts-Sicherheitsspanne} = U_{plan} - U_L$$

Bei einem geplanten Umsatz von 100 und einem Liquiditätspunkt beim Umsatz von 60 beträgt die Sicherheitsspanne 40.

Auch das lässt sich aus dem Break-Even-Diagramm ablesen (vgl. Schaubild 6.36).

• Sicherheitskoeffizient

Die Bedeutung des Risikos von Umsatzschwankungen lässt sich eindrucksvoller darstellen, wenn die Sicherheitsspanne auf den geplanten Umsatz bezogen wird. Der so errechnete **Sicherheitskoeffizient** zeigt, um wie viel Prozent der Umsatz höchstens sinken darf um keinen Verlust zu erleiden:

$$\textit{Sicherheitskoeffizient (S)} = \frac{\text{Sicherheitsspanne}}{\text{Planumsatz}} \cdot 100$$

Für obiges Zahlenbeispiel ergibt sich ein Sicherheitskoeffizient von:

$$\textit{Sicherheitskoeffizient} = \frac{20}{100} \cdot 100 = 20\%$$

Das bedeutet, bei Umsatzeinbußen von über 20% kommt das Unternehmen in die Verlustzone. Hierdurch wird noch einmal betont, wie wichtig es ist, die Umsatzziele einzuhalten, oder besser: dass es gefährlich ist, sie nicht einzuhalten. Weiter kann der Sicherheitskoeffizient eine wichtige Entscheidungshilfe zur Beurteilung alternativer Planungsobjekte oder verschiedener Unternehmen sein.
Dies kann das folgende Zahlenbeispiel veranschaulichen (s. Verfahrenswahl):

Objekt I: $DBU_I = 40\%$ $K_{fI} = 20$
Objekt II: $DBU_{II} = 80\%$ $K_{fII} = 60$

Bei einem Umsatz von 100 erwirtschaften beide Objekte den gleichen Gewinn von 20.

$$G = DBU \cdot U - K_f$$
$$G_I = 0{,}4 \cdot 100 - 20 = 20$$
$$G_{II} = 0{,}8 \cdot 100 - 60 = 20$$

Allerdings unterscheiden sich die Objekte hinsichtlich des Risikos bei Umsatzabweichungen. Dies zeigt der Sicherheitskoeffizient (S):

$$S = \frac{\text{Sicherheitsspanne}}{\text{Planumsatz}} \cdot 100 = \frac{\text{Planumsatz} - \frac{K_f}{DBU}}{\text{Planumsatz}} \cdot 100$$

$$S_I = \frac{100 - \frac{20}{0{,}4}}{100} \cdot 100 = 50\%$$

$$S_{II} = \frac{100 - \frac{60}{0{,}8}}{100} \cdot 100 = 25\%$$

Bei einem prognostizierten Umsatz von höchstens 100 ist in jedem Fall das Objekt I aufgrund des höheren Sicherheitskoeffizienten vorzuziehen. Bei höheren Umsatzerwartungen als 100 stehen dem schlechteren Sicherheitskoeffizienten des Objektes II die günstigeren Gewinnerwartungen entgegen, wie ein Zahlenbeispiel für einen Planumsatz von 125 zeigt (vgl. Schaubild 6.37).

	Objekt I		Δ in %	Objekt II		Δ in %
Planumsatz	100	125	25	100	125	25
Gewinn	20	30	50	20	40	100
Sicherheits-koeffizient (in%)	50	60		25	40	

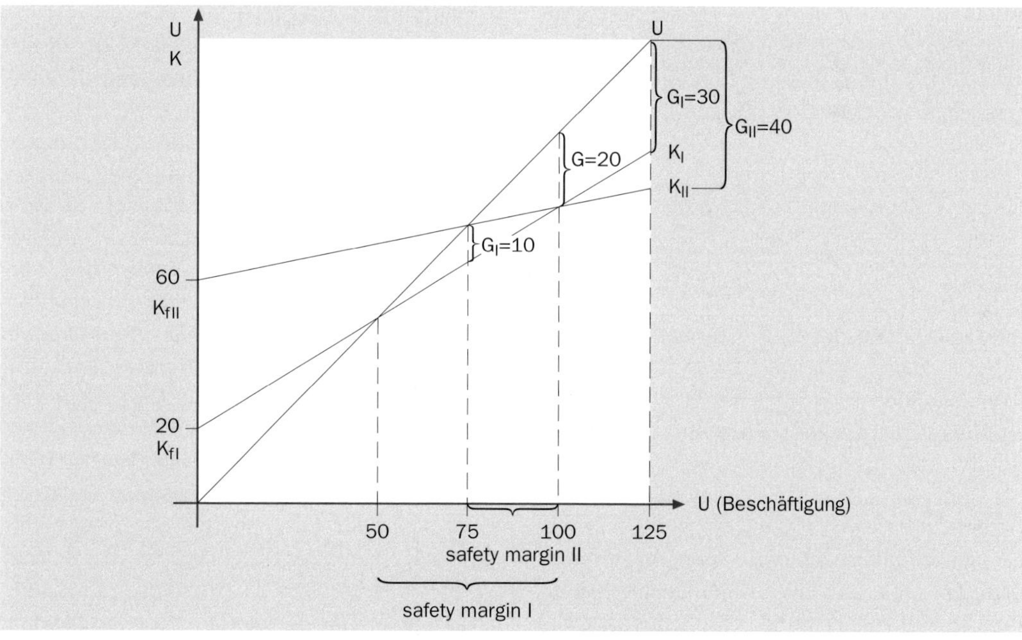

Schaubild 6.37: Gewinnabhängigkeit von Kostenstruktur und Beschäftigung

Aussage dieses – in Analogie zum Financial-Leverage-Effekt bezeichneten – **Operating-Leverage-Effekts** ist: Je höher der Fixkostenanteil ist, umso größer ist die Gewinnchance bei steigender Beschäftigung (**Leverage Chance**), und umso größer ist aber auch das Verlustrisiko bei sinkender Beschäftigung (**Leverage Risiko**).

• Gewinnreagibilität
Dieser Kostenstruktureffekt lässt sich als **Risikomaßgröße** durch die **Gewinnreagibilität** angeben:

$$\textit{Gewinnreagibilität}\ (R) = \frac{DB}{G} \cdot 100$$

$$\text{für } U = 100: \quad R_I = \frac{40}{20} = 2$$

$$R_{II} = \frac{80}{20} = 4$$

Die Gewinnreagibilität drückt dabei aus, um wie viel Prozent der Gewinn sich verändert, wenn der Umsatz von einem bestimmten Niveau aus um 1% steigt respektive sinkt. Die Umsatzsteigerung um 25% im obigen Zahlenbeispiel führte beim Objekt I zu einer Gewinnverbesserung um 50%, beim Objekt II dagegen zu einer Gewinnverbesserung um 100%. Umgekehrt ist es allerdings bei Umsatzrückgängen. Davon ist dann Objekt II, das mit dem höheren Fixkostenanteil, stärker betroffen als das Objekt I (vgl. Schaubild 6.37).

	Objekt I		Δ in %	Objekt II		Δ in %
Planumsatz	100	75	– 25	100	75	– 25
Gewinn	20	10	– 50	20	0	– 100
Sicherheitskoeffizient (in %)	50	33,3		25	0	

Ein Umsatzrückgang von 25% führt bei Objekt II zu einer Gewinneinbuße von 100%, bei Objekt I dagegen nur zu einer Gewinneinbuße von 50%. Je höher der Fixkostenanteil ist, umso größer ist also auch das Verlustrisiko bei abnehmender Beschäftigung. Das Entsprechende gilt auch für das Liquiditätsrisiko bezüglich des ausgabewirksamen Fixkostenanteils.

• What-If-Analysen
Von zentraler Bedeutung der bisherigen Betrachtungen war das Risiko von Beschäftigungsabweichungen, die in der Unternehmenspraxis das dominierende Planungsrisiko bilden. Grundsätzlich können aber Variationen aller Planungsdaten hinsichtlich ihrer Wirkung auf den Gewinn und den Break-Even-Punkt im Rahmen einer Sensibilitätsanalyse untersucht werden.
Alternativ zu der Absatzmengenvariation kann auch eine Absatzpreisvariation untersucht werden. Diese Untersuchung ist besonders interessant hinsichtlich Devisenkursschwankungen bei Exportgeschäften, falls diese in einer Auslandswährung fakturiert werden müssen. Weiter können auch die Auswirkungen von Abweichungen einzelner Kostenarten im Rahmen einer **Sensibilitätsanalyse** untersucht werden. Die Variationen können sowohl in Preis- als auch Verbrauchsabweichungen bei den variablen wie auch bei den fixen Kosten bestehen. Dabei führt eine isolierte Plandatenvariation nicht nur zu einer Gewinnabweichung, sondern im Gegensatz zu der Beschäftigungsabweichung im Regelfall auch zu einer Verschiebung des Break-Even-Punktes, vgl. Schaubild 6.38.
Solche Untersuchungen werden in der Unternehmenspraxis als **What-If-Analysen** durchgeführt, bei denen mehr die Auswirkung von Datenvariablen auf den Gewinn als auf die Gewinnschwelle im Vordergrund steht. Dies können konkrete oder auch hypothetische Risiken sein, wie z. B. der Ausfall konkreter Umsätze, eine drohende Devisenkursentwicklung, bestimmte Rohstoffpreisentwicklungen oder Tariferhöhungen im Personalbereich, deren Auswirkungen auf den Gewinn ermittelt werden. Statt von einer konkreten Datenvariation aufgrund bestimmter Risiken kann man auch von hypothetischen Abweichungen von beispielsweise 10% bei bestimmten Plandaten ausgehen, um die Sensibilität des Gewinnes auf solche Änderungen zu erkennen. Die Erkenntnisse solcher What-If-Analysen sind die Grundlagen für die Beurteilung der Dringlichkeit von Vorkehrungsmaßnahmen gegenüber diesen Risiken.

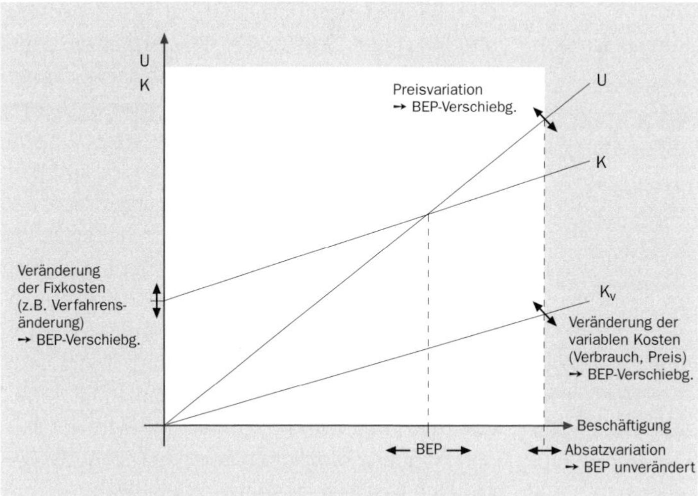

Schaubild 6.38: Auswirkung von Parametervariationen auf den Break-Even-Punkt (BEP)

Sind beispielsweise Devisenkursrisiken bei Exportgeschäften existenzbedrohend, weil sie im Eintrittsfalle nicht durch den Unternehmensgewinn aufgefangen werden können, so wäre unbedingt dieses Risiko durch Kurssicherungsgeschäfte auszuschließen, auch wenn dies die Rentabilität des Exportgeschäftes verschlechtert.

Für isolierte Datenvariationen und insbesondere die Kombination mehrerer Datenvariationen ist die Break-Even-Analyse wegen der Komplexität nicht mehr zweckmäßig. In der Unternehmenspraxis wird deshalb zur What-If-Analyse die **Tabellenkalkulation** herangezogen, die schon bei der Budgetierung Anwendung fand. Um auch die Auswirkung auf andere Kennzahlen als den Gewinn aufzuzeigen, kann auch das Du Pont-Kennzahlensystem (Schaubild 4.10 u. 4.11) genutzt werden.

Häufig werden gegen die Break-Even-Analyse ihre vereinfachenden Prämissen vorgebracht. Insbesondere wird die Linearität von Umsatz und Kosten bemängelt. Als Gewinnsteuerungsinstrument hat sie eher den Ruf einer „Axt“ denn eines „Skalpells“. Da die Gewinnschwellenanalyse im Prinzip eine Grenzbetrachtung darstellt, ist sie für praktische Anwendungen, trotz theoretischer Einwände, bei Marginalbetrachtungen sehr brauchbar. Ihr Vorzug liegt nicht so sehr im rechnerischen Ergebnis, sondern mehr in der Veranschaulichung der Erfolgsstruktur und -abhängigkeit.

Der Controller muss vielmehr beide Werkzeugkategorien im gleichen Maße beherrschen: Vereinfachende Instrumente, um komplexe betriebswirtschaftliche Zusammenhänge im Rahmen seiner Beratungsfunktion auch betriebswirtschaftlichen Laien, die Entscheidungsträger im Unternehmen sein können, plausibel zu vermitteln; und zugleich intelligente Rechenverfahren, um komplexe Problemstellungen lösen zu können.

Zusammenfassung

Rekapitulieren Sie:

Benennen Sie die drei wesentlichen Aufgaben der Kosten- und Leistungsrechnung.

Hinweis zur Bearbeitung:

Datenbereitstellung zur Entscheidungsvorbereitung und Planung; Kalkulation der betrieblichen Leistung; Kontrolle der Wirtschaftlichkeit.

Rekapitulieren Sie:
Wie ist das Kostenrechnungssystem wirtschaftlich zu gestalten?
Hinweis zur Bearbeitung:
Der Aussagewert muss den Aufwand zur Ermittlung der Daten überwiegen.

Rekapitulieren Sie:
Unterscheiden Sie zwischen Vollkosten- und Teilkostenrechnung.
Hinweis zur Bearbeitung:
Die klassische Vollkostenrechnung will möglichst verursachungsgerecht alle Kosten den Kostenträgern zurechnen, denn schließlich soll ja jedes Produkt kostendeckend sein. Die Teilkostenrechnung unterscheidet zwischen relevanten, d. h. beeinflussbaren, und nicht relevanten Kosten hinsichtlich des Rechnungszwecks. Den Bezugsobjekten der Rechnung, z. B. den Produkten, werden nur die direkt verursachten und abbaubaren Kosten zugerechnet.

Rekapitulieren Sie:
Was sagt Ihnen Direct Costing?
Hinweis zur Bearbeitung:
Direct Costing ist der englische Fachbegriff für die Deckungsbeitragsrechnung. Nach der Deckungsbeitragsrechnung ist ein Produkt bei schlechter Auftragslage noch wirtschaftlich, wenn der Verkaufspreis neben den variablen Stückkosten noch einen Teil der fixen Kosten deckt. Dazu sind vom erzielbaren Verkaufspreis die stückbezogenen, leistungsabhängigen variablen Kosten zu subtrahieren. Die Differenz ergibt den Deckungsbeitrag, der die Fixkosten und Gewinnanteile abdecken soll.

Rekapitulieren Sie:
Was heißt Bezugsgrößenkalkulation?
Hinweis zur Bearbeitung:
Alle Kosten werden alsTeilkosten bzw. Einzelkosten bestimmten Bezugsobjekten zugerechnet.

Rekapitulieren Sie:
Was ist der Vorteil der Prozesskostenrechnung?
Hinweis zur Bearbeitung:
Zur Gewinnsteuerung ist die klassische Vollkostenrechnung unzulänglich, weil Gemeinkosten und Fixkosten „willkürlich“ Kostenträgern zugerechnet werden. Der abnehmende Anteil der den Produkten direkt zurechenbaren Teilkosten führt dazu, dass in der Deckungsbeitragsrechnung immer weniger Kosten in Produktkalkulationen „entscheidungsrelevant“ werden. Andererseits sind die Gemeinkostenbereiche in weiten Teilen nicht fix, sondern durchaus auch abhängig von der Beschäftigung und sie werden von den verschiedenen Produkten unterschiedlich stark in Anspruch genommen. Die Prozesskostenrechnung ordnet die Kosten, die der Verkaufsleistung oder dem Produkt nicht direkt zugerechnet werden können, möglichst innerbetrieblichen Leistungen bzw. Prozessen zu. Dabei werden nicht nur die Leistungen von Hilfsstellen der klassischen Betriebsabrechnung einbezogen, sondern zusätzlich werden auch die Leistungen der immer wichtigeren indirekten Bereiche als Prozesse erfasst und deren Kosten ermittelt.

Rekapitulieren Sie:
Was ist der Break-Even-Point?
Hinweis zur Bearbeitung:
So wird die Gewinnschwelle bezeichnet, der Punkt, an dem kein Verlust mehr, aber auch noch kein Gewinn erzielt wird. Die Menge, die nötig ist um die Gesamtkosten durch den Umsatz decken zu können, bezeichnet man als kritische Menge.

Rekapitulieren Sie:
Wie definieren Sie Sensibilitätsanalyse?
Hinweis zur Bearbeitung:
Die Sensibilitätsanalyse untersucht, wie sich der optimale Zielwert quantitativ verändert, wenn einzelne Ausgangsdaten in bestimmtem Umfang variieren.

Rekapitulieren Sie:
Was ist die Sicherheitsspanne?
Hinweis zur Bearbeitung:
Die Sicherheitsspanne (englisch: Safety margin) gibt an, um wie viel die Beschäftigung (der Umsatz) zurückgehen darf, bis das Unternehmen die Verlustzone erreicht, den toten Punkt.

7 Wie Controlling organisieren?

Anliegen dieses Buches ist es, Controlling als notwendige Funktion zu vermitteln – egal, wer sie kompetent ausführt; Hauptsache Controlling findet statt. In Kleinunternehmen leistet dies mangels Zahlungskraft für einen hochqualifizierten Controller die Geschäftsführung selbst, wodurch deutlich wird, dass Controlling eine Führungsaufgabe ist. In Großunternehmen wird dagegen das Controlling nicht nur von einem Controller, sondern arbeitsteilig von mehreren Controllern mit unterschiedlichen Aufgabenbereichen wahrgenommen. Unterschiedliche Betreuungsbereiche können spezifische Regionen, Sparten, Fachbereiche, Projekte, betriebliche Prozesse, Konzerngesellschaften u. a. sein. Bei so vielfältigen Controllingbereichen mit gegebenenfalls auch weltweit vielen tätigen Controllern besteht auch ein Organisationsbedarf des Controlling selbst.

7.1 Controllertypisierung

Sind somit mehrere Personen mit Controlling befasst, so ist für deren Zusammenarbeit die Organisationsstruktur festzulegen. Für die theoretische Fundierung erweist es sich zunächst als sinnvoll, die verschiedenen Controller als Strukturierungselemente unter Hervorhebung bestimmter Merkmale zwecks Systematisierung und der besseren Überschaubarkeit zu typisieren. In einer solchen Controllertypologie können folgende **Controllertypen** besonders herausgestellt werden:

- Zentralcontroller
- Funktionscontroller
- Divisionscontroller
- Projektcontroller.

Der **Zentralcontroller** hat übergeordnete Aufgaben, die sich aus seiner Fachvorgesetztenfunktion ergeben. So ist er für die fachliche Personalauswahl, -schulung, -entwicklung und Karriereplanung der Controller zuständig. Mit der Steuerung des Tagesgeschäfts als operatives Controlling ist er normalerweise nicht befasst, dafür sind die dezentralen Controller zuständig. Allenfalls für die Unternehmensexistenz bedeutende Geschäftsbereiche wird der Zentralcontroller persönlich betreuen. Er konzentriert sich vielmehr auf übergeordnete Steuerungsfunktionen wie:
Controlling der Unternehmensstrategie und Sicherstellung der Umsetzung in taktische und operative Maßnahmen, Abstimmung und Koordination der Bereichsziele sowie die optimale Allokation der finanziellen Ressourcen, Bereitstellung von effizienten Controllingwerkzeugen sowie eines funktionellen Informations- und Berichtssystems und die Einrichtung einer betriebsspezifischen **Controllingorganisation**. Bei anstehenden Unternehmensakquisitionen kommt noch deren Bewertung und im Erwerbsfalle auch die Adaption des Controllings hinzu.
Der Zentralcontroller ist in einem eigenständigen Unternehmen der Chef-Controller und in einer Unternehmensgruppe der Konzern-Controller in der Zentrale bzw. Holding; in den USA ist er typischerweise als Board-Member Mitglied der obersten Führungsebene.

Die dezentralen Controller lassen sich entsprechend ihren Betreuungsbereichen unterscheiden. **Funktionscontroller** sind betrieblichen Funktionsbereichen zugeordnet: Materialwirtschafts-, Produktions-, Vertriebs-, Administrations-, Personal-, Forschungs-, Finanz-, Öko- u. a. Controller. Ihre Aufgaben ergeben sich aus den fachspezifischen Controllingerfordernissen dieser Bereiche und beinhalten das operative Controlling für die jeweilige organisatorische Einheit: Budgetierung, Koordination, Abweichungsanalysen, Wirtschaftlichkeitsuntersuchungen und Berichtswesen. Insbesondere für die komplexe Planungskoordination zwischen Funktionsbereichen ergeben sich besondere Anforderungen an die Controllingorganisation.

Während zumindest Grundfunktionen in jedem Unternehmen vorhanden sind, setzen Sparten oder Divisions eine bestimmte autonom geschaffene Gliederung des Unternehmens voraus: die **Spartenorganisation.** Sie empfiehlt sich für größere Unternehmen, wenn durch größenbedingte Verselbstständigung von Funktionseinheiten dort durch unreflektierte fachspezifische Zielsetzungen die Marktnähe und die Kundenbedürfnisse verloren gehen. Diese Problematik wurde beispielsweise beim Target-Costing (Kap. 2.6) angesprochen, wenn die Entwicklungsabteilung das technisch Mögliche statt das vom Kunden gewünschte konstruiert. Um nicht nur das Produkt, sondern alle Leistungen des Unternehmens kunden- und marktorientiert auszurichten, bietet sich die Spartenorganisation an. In ihr wird das Unternehmen in seiner Grundstruktur nach Marketinggesichtspunkten gegliedert: nach Produktgruppen, Kundengruppen, Branchen, Regionen u. a.

Besonders vorteilhaft für das Controlling ist die Ausbildung der Spartenorganisation als **Profit-Center.** Hier sind die Sparten auf die Erwirtschaftung eines eigenen Ergebnisses abgestellt, was die Gewinnsteuerung und damit das Controlling wesentlich unterstützt. Diese aus Controllersicht ideale Aufbauorganisation erhält zwar zunehmend praktische Bedeutung, kann aber auch aus übergeordneten Gesichtspunkten unterbleiben. Das Controlling muss sich jedenfalls an die von der Unternehmensleitung als beste festgelegte und bestimmte Organisationsstruktur anpassen.

Der **Divisionscontroller** ist einer Sparte zugeordnet und seine Aufgaben werden durch deren wirtschaftliche Zielsetzung bestimmt. Im Einzelnen sind es das operative Spartencontrolling – Budgetierung, Abweichungsanalyse, Wirtschaftlichkeitsuntersuchungen, Informations- und Berichtswesen – als auch gegebenenfalls Mitwirkung bei der Spartenstrategie und deren Controlling. Je autarker eine Sparte ist, umso weniger Koordinationsbedarf besteht zu anderen Organisationseinheiten.

Die bisher behandelten Controllertypen sind eine durch die Strukturorganisation festgelegte ständige Einrichtung. Davon unterscheidet sich der **Projektcontroller** als eine Einrichtung auf Zeit. Seine Aufgaben leiten sich aus den typischen Merkmalen von Projekten bzw. Projektgruppen ab.

Ein Projekt hat ein bestimmtes Ziel, das von einer meist heterogenen Gruppe (Mitarbeiter verschiedener Fachabteilungen, unterschiedlicher Berufe wie Ingenieure, Kaufleute, Wissenschaftler) in einer bestimmten Zeit mit erforderlichenfalls festgelegten finanziellen Mitteln (Budget) erarbeitet werden soll.

Daraus ergibt sich für das **Projektcontrolling** die Zielüberwachung, die Koordination der heterogenen Gruppe, die Termineinhaltung und gegebenenfalls die Kosten- bzw. Budgetüberwachung als Aufgabenstellung. Falls der Controller nicht das Projekt selbst leitet, sollte er zumindest dem Projektmanagement unterstützend direkt unterstellt sein. Zu weitergehenden Ausführungen zu Projektcontrolling sei auf Birker: Projektmanagement, Kap. 11, in dieser Buchreihe verwiesen. Das Problem der Organisation der Zusammenarbeit mehrerer Controller stellt sich vornehmlich für die oben beschriebenen Controllertypen.

7.2 Organisationsformen des Controllings

Für die erfolgreiche Zusammenarbeit zwischen den Controllern und insbesondere der dezentralen Controller mit dem Zentralcontroller ist die Ausgestaltung der Weisungsbefugnisse von besonderer Bedeutung:

Soll der dezentrale Controller dem Leiter der zu betreuenden Abteilung oder dem Zentralcontroller unterstellt werden?

Zu Kompromissformen kommt man, wenn in disziplinarische (Vorgesetztenfunktion) und fachliche (beratende) Weisungsbefugnisse differenziert wird.

Da letztere üblicherweise in Organigrammen durch gestrichelte Linien (englisch: dotted line) visualisiert werden, wird dieses Verfahren auch **„Dotted-line-Prinzip"** genannt. Es ergeben sich somit grundsätzlich vier Varianten der Zuordnung von Weisungsbefugnissen:

Unterstellung der dezentralen Controller – fachlich / disziplinarisch	Zentralcontroller	Leiter der zu betreuenden Abteilung
Zentralcontroller	Zentrale Controllingorganisation	Disziplinarischer Kompromiss
Leiter der zu betreuenden Abteilung	Fachlicher Kompromiss	Dezentrale Controllingorganisation

In vereinfachten Organigrammen lassen sich die vier Varianten wie folgt darstellen:

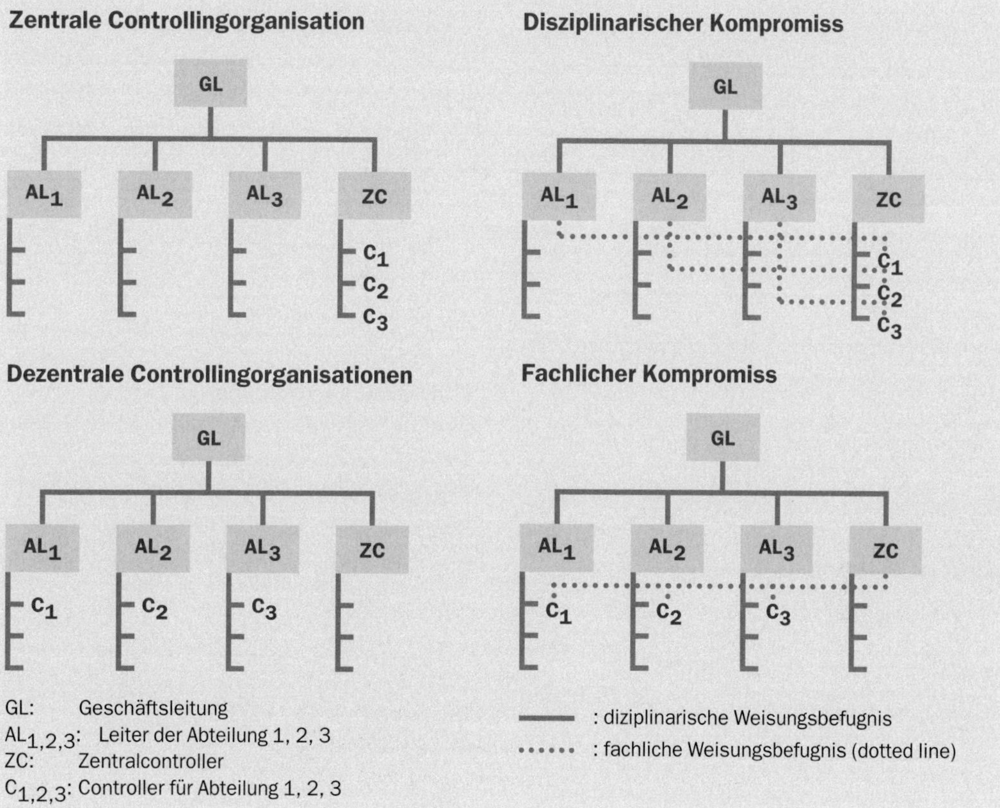

Schaubild 7.1: Formen der Controllingorganisation

Die **Zentrale Controllingorganisation** gibt dem Zentralcontroller eine starke Stellung und verleiht damit auch dem Controlling als Führungskonzeption ein besonderes Gewicht. Dies wird verstärkt, wenn der Zentralcontroller eine Linienstelle verantwortet, z. B. Kostenwirtschaft und weitere betriebswirtschaftliche Bereiche. Grundsätzlich ist aber auch bei allen Varianten der Zentralcontroller als Stabstelleninhaber mit Controlling als reiner Beratungsfunktion alternativ darstellbar. Unabhängig davon ist das größte Problem der zentralen Controllingorganisation allerdings die fehlende Integration der Abteilungscontroller in die von ihnen zu betreuenden Abteilungen. Verstärkt wird dies noch, wenn Controlling und zu betreuenden Abteilungen

möglicherweise noch weit entfernte Standorte einnehmen. Akzeptanzprobleme und Entfremdung betreffend der zu betreuenden Abteilungen sowie geschäftsfremdes Controlling und Demotivation sind die Folgen.
Bei der **Dezentralen Controllingorganisation** sind die Verhältnisse genau umgekehrt. Der Abteilungscontroller ist voll in die zu betreuende Abteilung integriert. Ein hoher Informationsgrad durch gute Zusammenarbeit führt zur effizienten und realistischen Controllingarbeit vor Ort. Allerdings hat der Zentralcontroller jetzt keinen formellen Einfluss auf das dezentrale Controlling und die Kommunikation zwischen beiden ist überwiegend vom Führungsstil und dem Betriebsklima abhängig.

Durch Kompromissformen will man die Vorteile dieser reinen Formen erhalten und deren Nachteile ausgleichen.
Beim **disziplinarischem Kompromiss** wird besonders auf die Weisungsbefugnis des Zentralcontrollers Wert gelegt. Über die fachliche Weisungsbefugnis ist zwar formal auch Kontakt zur betreuenden Abteilung gegeben, diese kann aber bei vorhandener disziplinarischer Nähe beim Zentralcontroller nicht sehr effektiv sein. Zudem ist der fachliche Weisungsbefugte i. d. R. kein Controllingfachmann – beispielsweise ist der Produktionsleiter Ingenieur oder der Forschungsleiter Naturwissenschaftler.
Eine bessere Kompromissform ist der **fachliche Kompromiss**. Die Integration des Abteilungscontrollers in die zu betreuende Abteilung ist wie bei der dezentralen Controllingorganisation gegeben. Die Kommunikation und Zusammenarbeit zwischen Zentralcontroller und Abteilungscontroller kann auf der fachlichen Ebene unter Controllern sehr gut funktionieren. Lediglich besteht die Gefahr von Rollenkonflikten, wenn im Unternehmen ein autoritärer Führungsstil oder ein schlechtes Betriebsklima infolge von Krisensituation herrscht. Weil der fachliche Kompromiss die wesentlichsten Vorteile beinhaltet, ohne gravierende Nachteile zu haben, kann er als die universal einsetzbare Organisationsform angesehen werden.

7.3 Anwendung bei unterschiedlichen Aufbauorganisationen

Wenn man davon ausgeht, dass entsprechend dem Unternehmenskontext eine bestimmte Grundstruktur vorgegeben ist – funktionale Organisation, Spartenorganisation u. a. – so ist es die Aufgabe der Controllingorganisation, sich dieser optimal anzupassen.

- **Funktionale Aufbauorganisation**

Die funktionale Aufbauorganisation als Grundstruktur ist typisch für kleinere Unternehmen. Sie sind noch leicht überschaubar und die verschiedenen Funktionsträger haben noch direkten Kontakt miteinander und auch mit dem Kunden. Insbesondere tut sich ein lokal vermarktender Einprodukt-Betrieb mit einer homogenen Kundenstruktur schwer, sein Unternehmen anders zu gliedern.

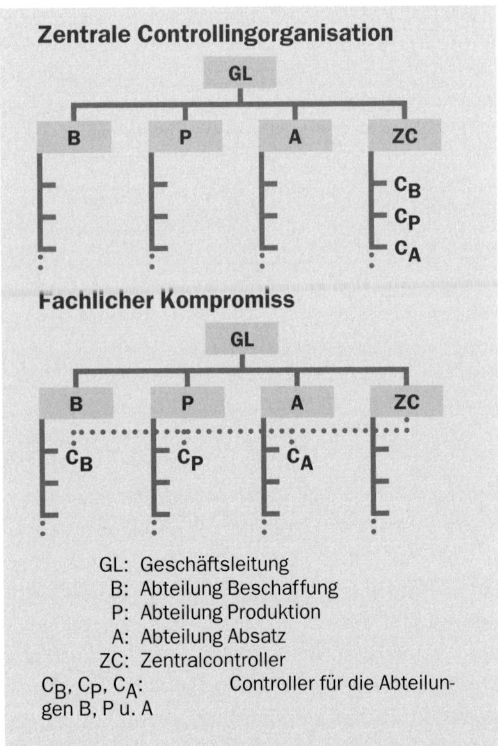

Schaubild 7.2: Controllingorganisation bei funktionaler Grundstruktur

Solange das funktional organisierte Unternehmen noch überschaubar ist und die innerbetriebliche Kommunikation noch auf „Zuruf" erfolgt, kann die zentrale Controllingorganisation angewendet werden. Wenn sich die Abteilungen größenbedingt verselbstständigen und das Unternehmen möglicherweise mehrere Standorte einnimmt, wird die Betreuung durch den Controller in der Abteilung vor Ort immer dringlicher. Hier empfiehlt sich dann der fachliche Kompromiss, um die Zusammenarbeit mit dem Zentralcontroller formal abzusichern. Eine dezentrale Controllingorganisation ist jedenfalls aufgrund des erheblichen Koordinationsbedarfs in einer funktionalen Organisation abzulehnen. Im Schaubild 7.2 werden die zentrale Controllingorganisation sowie der fachliche Kompromiss für eine funktionale Organisation beispielhaft skizziert.

- **Spartenorganisation**

Bei größeren Unternehmen sind aus Marketinggesichtspunkten die betrieblichen Funktionsbereiche nachgeordnet, indem das Unternehmen objektorientiert nach Sparten als strategische Geschäftseinheiten gegliedert wird. Je autarker die Sparten sind – etwa als Profit-Center – umso eher kommt die dezentrale Controllingorganisation infrage. Je mehr Verflechtungen und Synergien aber zwischen den Sparten bestehen, umso notwendiger wird aufgrund des erhöhten Koordinationsbedarfs der fachliche Kompromiss. In Schaubild 7.3 werden die dezentrale Controllingorganisation sowie der fachliche Kompromiss für eine Spartenorganisation beispielhaft skizziert.

- **Matrixorganisation**

Um ausgehend von einer Spartenorganisation Synergien im Unternehmen ausreichend nutzen zu können, wurde die zweidimensionale Matrixorganisation entwickelt, die sowohl objekt- als auch funktionsorientiert ist. Beispielsweise sind für die verschiedenen Funktionen Fachleiter und für die Objekte Produktmanager zuständig. Durch diese Zuständigkeiten ergibt sich bei der Darstellung in einem Organigramm eine Matrix, der diese Organisationsform den Namen zu verdanken hat. Hier wäre die Controllingorganisation systemkonform als fachlicher Kompromiss zu berücksichtigen (Schaubild 7.4):

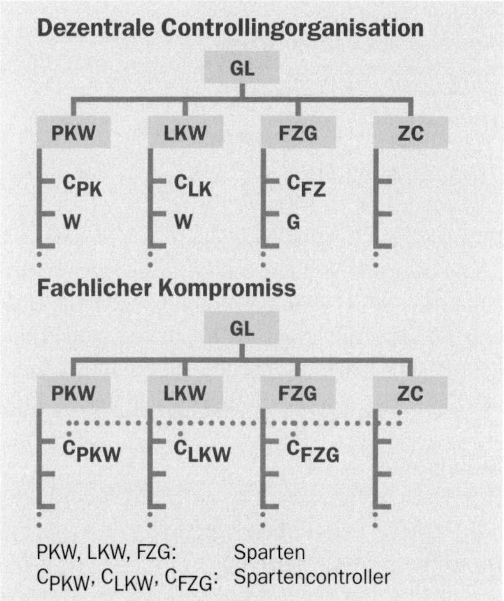

Schaubild 7.3: Controllingorganisation in der Spartenorganisation

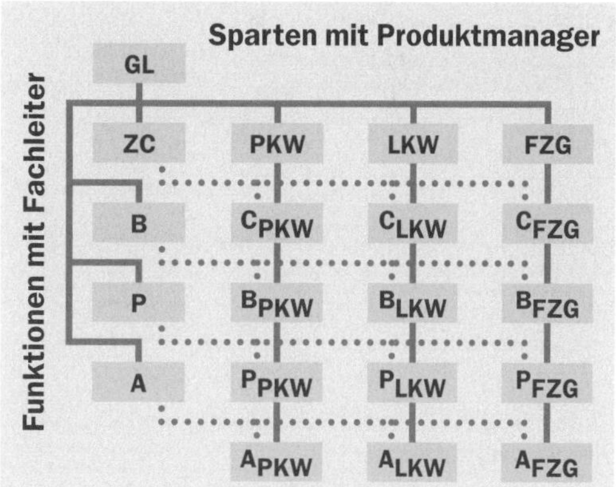

Schaubild 7.4: Controllingorganisation in der Matrixorganisation

Der Matrixkern enthält die Abteilungen, die für die Funktionen bestimmter Objekte (Sparten) zuständig sind, z. B. P_{PKW}: Produktion von PKWs. Eine Matrixorganisation lässt sich auch mit einer funktionalen Grundstruktur darstellen, wo die

Objektverantwortlichen statt der disziplinarischen nur die fachliche Weisungsbefugnis haben. Auch gibt es dreidimensional gegliederte Organisationen – Tensororganisationen genannt – in denen eine regionale Zuständigkeit hinzukommt mit den entsprechenden Regionalcontrollern. Weitere Ergänzungen entstehen durch Projekt-, Prozess-, Öko-Controlling u. a. Die Vielfältigkeit der Controllingfunktionen bei einem Global Player zeigt skizzenhaft Schaubild 7.5. Die vielen unterschiedlichen Zuständigkeiten und Hierarchiestufen erfordern eine organisierte Koordinierung, damit die zunehmend notwendige Innovationsfähigkeit und -geschwindigkeit gewährleistet ist. Zu deren Unterstützung sind neuere Methoden entwickelt worden.

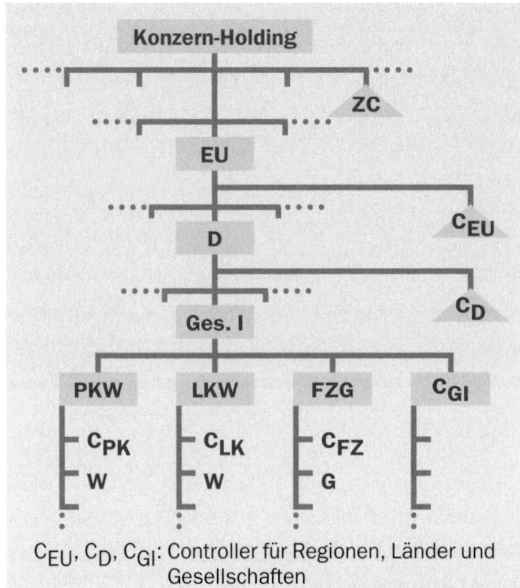

Schaubild 7.5: Vielfältigkeit der Controllingfunktionen bei einem Global Player

Zusammenfassung

Rekapitulieren Sie:
Wie lassen sich Controller in Großunternehmen auf Grund unterschiedlicher Zuständigkeiten typisieren?
Hinweise zur Bearbeitung:
In einer Controllertypologie werden besonders herausgestellt: Zentral-, Funktions-, Divisions- und Projektcontroller.

Rekapitulieren Sie:
Welche grundsätzlichen Organisationsformen bestehen zur Ausgestaltung der Weisungsbefugnisse bezüglich Controllern und den zu betreuenden Abteilungen?
Hinweise zur Bearbeitung:
Betrachten Sie noch einmal Schaubild 7.1 auf S. 177.

Rekapitulieren Sie:
Was ist das Dotted-line-Prinzip?
Hinweise zur Bearbeitung:
Damit bezeichnet man die Differenzierung in disziplinarische und fachliche Weisungsbefugnis. Üblicherweise wird letztere in Organigrammen durch gestrichelte Linien (englisch: dotted line) visualisiert, was den Namen für dieses Verfahren gab.

Rekapitulieren Sie:
Was kann als universal einsetzbare Controllingorganisation angesehen werden?
Hinweise zur Bearbeitung:
Dies ist der fachliche Kompromiss, weil er alle wesentlichen Vorteile beinhaltet, ohne gravierende Nachteile zu haben.

8 Controlling weiterentwickeln

Zwei Konzepte haben in jüngster Zeit die Weiterentwicklung des Controlling bestimmt:
1. Benchmarking
2. Balanced Scorecard

Die Erweiterungen durch diese Konzepte bestehen in der Verknüpfung sowohl operativer als auch strategischer Aspekte sowie der Berücksichtigung von nicht-finanziellen Controlling-Kennzahlen und insbesondere auch branchenfremden Maßstäben, um Verbesserungen im Rahmen der Gewinnsteuerung zu erzielen.

8.1 Benchmarking – von Besserem lernen

***Benchmarking** ist die Suche nach besseren Problemlösungen durch systematischen Vergleich mit Best-Praktiken im eigenen Unternehmen, der Branche und insbesondere auch branchenfremden Unternehmen, um die eigene Leistungsfähigkeit zu verbessern.*

Als Vergleichsmaßstäbe werden typischerweise spezifische Kennzahlen herangezogen, die als Benchmarks dem Konzept den Namen geben. Der Begriff **Benchmark** stammt aus der Vermessungsmarkierung und bezeichnet eine festgelegte Position, die als Bezugspunkt oder Standard dient, an dem etwas gemessen oder beurteilt werden soll. In der Landvermessung sind dies Höhenmarken, an denen Höhenunterschiede zu anderen Positionen ermittelt werden. Auf den betriebswirtschaftlichen Bereich übertragen sind Benchmarks Spitzenleistungen, die Maßstab für Verbesserungen sind. Um das Benchmarking als Verfahren zu operationalisieren, ist es für die Messung typisch, Benchmarks durch Kennzahlen zu quantifizieren.

Den **Vergleichsobjekten** sind beim Benchmarking grundsätzlich keine Grenzen gesetzt: es können Sachleistungen, Dienstleistungen, betriebliche Funktionsbereiche, Verfahren/Techniken, übergreifende Abläufe oder Prozesse im eigenen Unternehmen, in der eigenen Branche oder auch ganz fremden Organisationen sein. Gerade aus dem letzteren – dem Vergleich mit branchenfremden Spitzenunternehmen – erwartet man ganz neue Impulse zur Verbesserung der Effizienz und der Wettbewerbssituation durch Übertragung von Best-Praktiken, indem „Äpfel mit Birnen“ – eigentlich nichts Vergleichbares – verglichen werden. Ziel ist es, dadurch eigene Schwachstellen zu erkennen und durch die branchenmodifizierte Adaption von branchenfremden Bestleistungen zum Besten der eigenen Branche zu avancieren.

Ein weiterer Aspekt ergibt sich aus der Universalität des Benchmarking dadurch, dass auch marktferne betriebliche Leistungen – die so genannten indirekten Gemeinkostenbereiche – einer quasi Wettbewerbssituation ausgesetzt werden können. Hier setzt Benchmarking Standards als Sollvorgaben, die dann in Verbindung mit einer Prozesskostenrechnung (s. Kap. 6.3) einer ständigen Controlling-Abweichungsanalyse zu unterziehen wären.

Daraus ergeben sich drei Aspekte, die im Weiteren vertieft werden:
1. Messen und Vergleichen von Benchmark-Objekten ➠ Benchmarking-Formen
2. Eruierung, Adaption und Implementierung von Best-Praktien zur Leistungsverbesserung ➠ Benchmarking-Prozess
3. Institutionalisierung von Benchmarking als systematischer und kontinuierlicher Prozess ➠ Benchmark-Controlling.

Zunächst soll dazu das Benchmarking von verwandten Verfahren abgegrenzt werden.

8.1.1 Was bringt Benchmarking Neues?

Das Erarbeiten von **Kennzahlen,** deren Vergleich und das Lernen zwecks Verbesserung sind typische Vorgehensweisen beim Controlling. Es fragt sich deshalb, was das Neue bei dem modernen Benchmarking ist. Diese besonderen Aspekte sollen in einer Abgrenzung zu verwandten Methoden herausgearbeitet werden (zu Innovationsmethoden siehe auch Pepels: Innovationsmanagement, in der gleichen Buchreihe).

- **Betriebsvergleich**

Der Vergleich mit der Branche oder dem Marktführer hat eine lange Tradition im Controlling mittels Bilanzanalyse (siehe Baus: Bilanzpolitik – Internationale Standards – Analyse, in der gleichen Buchreihe). Es werden basierend auf veröffentlichten Jahresabschlussangaben und soweit erhältlich auch Daten aus der Kostenrechnung monetäre Kennzahlen zum Vergleich auf der Gesamtunternehmens- oder Funktionsbereichsebene ermittelt. Durch **Betriebsvergleich** soll so der eigene Erfolg (bzw. Defizite) auf komperativem Wege beurteilt werden. Solcher auf finanziellem Größenvergleich fußender Verbesserungsbedarf gibt aber noch keine Hinweise auf konkrete Schwachstellen oder gar Verbesserungsmöglichkeiten. Deshalb setzt Benchmarking bei den „Treibern" von Kosten und Erfolg an, deren Benchmarks ausdrücklich auch in nicht-finanziellen Maßstäben quantifiziert werden, um Verbesserungsmöglichkeiten zu orten, zu implementieren und den Fortschritt zu überwachen. Finanzkennzahlen können allerdings ein guter Einstieg zum Benchmarking sein: für kürzere Abläufe, höhere Kundenzufriedenheit, bessere Produktqualität u. a.

- **Wettbewerbsanalyse**

Die **Wettbewerbs- oder Konkurrenzanalyse** zielt auf den Vergleich mit unmittelbar konkurrierenden Produkten oder Dienstleistungen auf dem Markt ab. Ihr Schwerpunkt liegt in der Untersuchung der Marktposition und der Ziele, Strategien sowie Fähigkeiten der Konkurrenten. Benchmarking geht weit über diese Konkurrenzanalyse hinaus, indem auch auf Verbesserung der innerbetrieblichen Funktionen und Prozesse abgestellt wird. Außerdem weitet Benchmarking auch den Blickwinkel für Spitzenleistungen außerhalb der eigenen Branche, um das Verbesserungspotenzial durch innovative Adaptionen von Best-Praktiken fremder Wirtschaftszweige möglichst sprunghaft zu erhöhen und so Bester in der eigenen Branche zu werden.

- **Reverse-Engineering**

Das **Reverse-Engineering** beinhaltet die Kostensenkung eigener Produkte durch Redesign aufgrund der Analyse von Eigenschaften, Funktionalität und Leistungsfähigkeit mittels Einzelteilzerlegung von Konkurrenzprodukten. Benchmarking schließt zwar die Komponentenanalyse ein, betrachtet aber darüber hinaus nicht nur Kostensenkungen, sondern auch Leistungsverbesserungen beim Produkt sowie bei sämtlichen betrieblichen Leistungen wie Prozessen, Abläufen und Funktionen.

- **KAIZEN – kontinuierlicher Verbesserungsprozess (KVP)**

Das aus Japan stammende **Kaizen** konzentriert sich zwar auf die kontinuierliche Verbesserung von sämtlichen betrieblichen Leistungen, erhält aber die Impulse vordergründig aus dem vorhan-

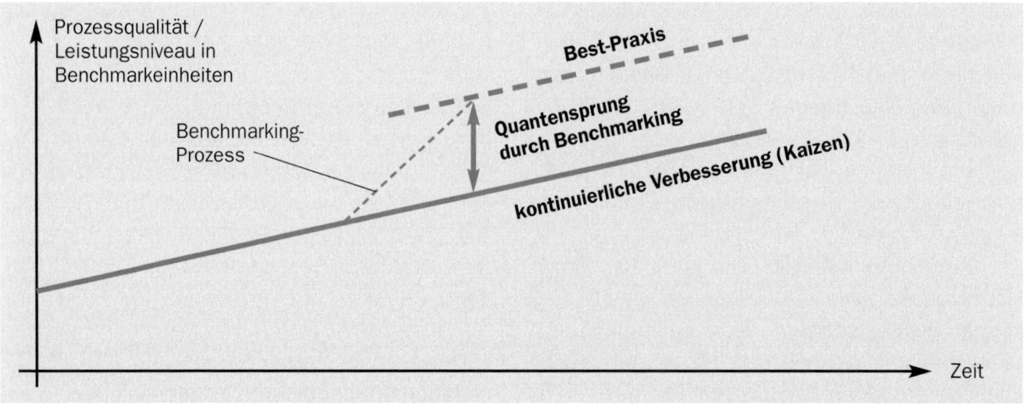

Schaubild 8.1: Quantensprung durch Benchmarking

denen Mitarbeiterpotenzial. Die Verbesserungsschritte sind dadurch relativ klein und auf die „Human Resources" des eigenen Unternehmens beschränkt. Ziel des Benchmarking sind dagegen „Quantensprünge" – beispielsweise die Halbierung der Durchlaufzeit eines bestimmten betrieblichen Prozesses – durch Nutzung von Potenzial außerhalb des eigenen Unternehmens und sogar außerhalb der eigenen Branche. Außerdem fehlen beim Kaizen grundsätzlich Benchmarks und Best-Praktiken als Ziel und Beurteilungsmaßstab für die realisierte Verbesserung. Den Unterschied zwischen Kaizen und Benchmarking zeigt als „Quantensprung" Schaubild 8.1.

- **Target-Costing**

Das im Rahmen des strategischen Controlling behandelte **Target-Costing** (Kap. 2.6) enthält auch Aspekte des Benchmarking, nämlich die Verbesserung von Leistungen/Eigenschaften des Produktes. Benchmarks sind die Kundenwünsche bzw. die daraus abgeleiteten Zielkosten für die Produktkomponenten. Um das so gewünschte Kundenniveau zu erreichen, kann wiederum Benchmarking Hinweise zur „Verschlankung" von Produktkomponenten erarbeiten.

Grundsätzlich enthält jede **Managementmethode,** die auf betriebliche Leistungsverbesserungen abzielende Maßstäbe benutzt, Aspekte des Benchmarking – Reengineering, Simultaneous Engineering, Key Account Management, Time Based Management, Total Quality Management, ISO 9000 u. a. Diese Vielfältigkeit des Benchmarking drücken auch die verschiedenen Benchmarking-Formen aus.

8.1.2 Benchmarking-Formen

Die **Formen des Benchmarking** werden nach verschiedenen Gesichtspunkten unterschieden – Benchmarking-Objekt, Zeithorizont, Zielsetzung u. a. Im Vordergrund steht dabei die Differenzierung von Benchmarking nach dem Vergleichspartner (siehe Schaubild 8.2). Handelt es sich um einen Leistungsvergleich im eigenen Unternehmen, wird von internem, ansonsten von externem Benchmarking gesprochen. Ist beim externen Benchmarking der Vergleichspartner ein Unternehmen der eigenen Branche, so betrifft das Wettbewerbs-Benchmarking. Wenn Vergleichsgegenstand des Benchmarking gleiche Leistungen/Funktionen in branchenfremden Spitzenunternehmen sind, so spricht man vom funktionalen Benchmarking. Dagegen ist es Ziel beim generischen Benchmarking, durch den Vergleich völlig anderer Prozesse die Übertragung von branchenfremden Praktiken zur Leistungsverbesserung bei eigenen Prozessen zu erreichen.

- **Internes Benchmarking**

Internes Benchmarking befasst sich mit Vergleichen im eigenen Unternehmen. Besonders in

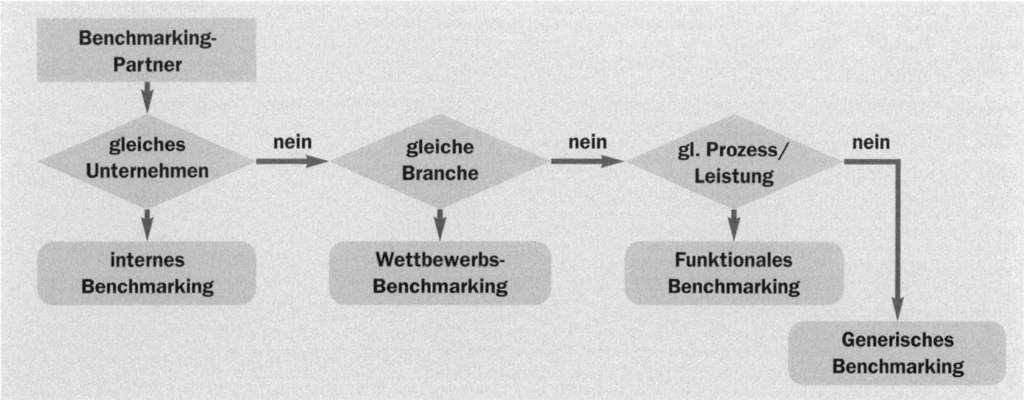

Schaubild 8.2: Unterscheidung von Benchmarking-Formen nach Vergleichpartnern

Konzernen, Filialorganisationen und international vertretenen Unternehmen können Kundenleistungen, Abläufe sowie Verfahren in verschiedenen operativen Einheiten zur Aufdeckung von Qualitäts- und Einsparungspotenzialen verglichen werden.
Von besonderem Interesse ist das Benchmarking in Filialorganisationen, Vertragshändlersystemen und Franchising-Betrieben – so genanntes Filial-Benchmarking. Dort können trotz einheitlicher Vorgaben durch Richtlinien und Arbeitsanweisungen erhebliche Leistungsunterschiede infolge geografischer, historischer, ethnischer, motivativer und organisatorischer Unterschiede auftreten, deren hervorragende Ergebnisse als „Best-in-house-practice" als Vorbild für alle Einheiten des Unternehmens genutzt werden sollen. Der Begrenzung des Horizonts auf Best-Praktiken des eigenen Unternehmens steht die leichte Durchführung in der eigenen Organisation entgegen. Aus dem letzten Grund wird in der Unternehmenspraxis das Benchmarking typischerweise zunächst als internes Benchmarking eingeführt. Die Erfahrungen daraus sind wichtige Grundlagen für das externe Benchmarking durch den Vergleich mit anderen Unternehmen.

- **Wettbewerbs-Benchmarking**

Der Vergleich mit Wettbewerbern ist so alt wie die Marktwirtschaft. „Vom Marktführer lernen" konzentrierte sich dabei traditionell auf Produkt- und andere marktnahe Verbesserungen. **Wettbewerbs-Benchmarking** vergleicht dagegen auch Arbeitsabläufe, Herstellungsprozesse und andere interne Problemlösungen, um Verbesserungen im eigenen Unternehmen zu erzielen. Da auch der Klassenbeste nicht in all diesen Bereichen nur Best-Praktiken aufweisen wird, kann auch er von „Zweitbesten" lernen. Trotzdem wird eine funktionierende Benchmarking-Partnerschaft auch durch Austausch interner Informationen unter Konkurrenten sehr schwierig sein. Auch ist so kein wesentlicher Wettbewerbsvorsprung zu erzielen. Bei ausschließlicher Wettbewerbsorientierung „hinkt" man immer hinterher. Dies soll durch das funktionale Benchmarking überwunden werden.

- **Funktionales Benchmarking**

Wettbewerbsvorsprünge durch überlegene Problemlösungen sollen beim **funktionalen Benchmarking** gerade durch Erkenntnisse auch aus branchenfremden Unternehmen gewonnen werden. Hierbei vergleicht man Funktionen, Prozesse und Abläufe mit Unternehmen, die branchenunabhängig auf bestimmten Gebieten Spitzenleistungen erbringen. Die Übertragung von branchenunabhängigen Best-Praktiken kann weit höhere Leistungssprünge hervorrufen als ein auf die eigene Branche oder das Unternehmen beschränktes Benchmarking. Beispielsweise erzielte die Kopiererfirma *Xerox* durch funktionales Benchmarking Verbesserungen in der Logistik durch Vergleich mit einer Sportartikel-Versandfirma und bei der Kommissionierung von Kundenaufträgen durch Vergleich mit einer Fischereizubehör-Versandfirma. So können echte Innovationen durch Erkenntnisse aus fremden Bereichen eingeführt werden. Das fehlende Konkurrenzverhältnis erleichtert erheblich den Austausch von internen Informationen. Schwieriger dagegen ist das Finden und die direkte Vergleich- und Übertragbarkeit von Best-Praktiken. Dies verstärkt sich noch beim generischen Benchmarking.

- **Generisches Benchmarking**

Den höchsten Grad der Abstraktion beinhaltet das **generische Benchmarking.** Hierbei sollen unabhängig vom Unternehmen, von Branchen- und Funktionsgleichheit „Weltmeister-Leistungen" auf das eigene Unternehmen zwecks Prozessverbesserungen übertragen werden. Im Gegensatz zum funktionalen Benchmarking werden völlig andere Verfahren verglichen.
Beispielsweise verglich die *South-Western-Airlines* die Bodenzeiten ihrer Flugzeuge (Passagier-, Gepäck-, Flugzeug-Abfertigung) mit den Boxenstopps von Autorennen, um daraus Verbesserungspotenzial abzuleiten.
Gerade die Übertragung von „fremden" Problemlösungen kann die größten Leistungssprünge (Quantensprünge) hervorrufen. Andererseits erfordert das generische Benchmarking aber auch die höchste Kreativität, Adaptionsfähigkeit

Kriterium \ Benchmarking-Form	Internes	Wettbewerbs-	Funktionales	Generisches
Lernpotenzial	niedrig	mittel	mittel	hoch
Problem des Informationsaustauschs	niedrig	hoch	mittel	mittel
Vergleichbarkeit	hoch	hoch	mittel	niedrig
Komplexität	niedrig	mittel	mittel	hoch
Aufwand	niedrig	mittel	mittel	hoch

◯ = hoch ○ = mittel ◦ = niedrig

Schaubild 8.3: Vergleich der Benchmarking-Formen

und Herausforderung an das mit dem Benchmarking befasste Team.

- **Bewertung von Benchmarking-Formen**

Eine Übersicht der Stärken und Schwächen der verschiedenen Benchmarking-Formen zeigt Schaubild 8.3.

Allerdings ist es nicht erforderlich, sich isoliert für nur eine Form zu entscheiden. Vielmehr ist es sinnvoll, alle Formen zu kombinieren. Zum Einstieg ins Benchmarking internes, zur Aufspürung von Schwachstellen Wettbewerbs-Benchmarking und zwecks Adaption von Bestleistungen zur Erlangung von Wettbewerbsvorsprüngen funktionales und/oder generisches Benchmarking.

Neben den Vergleichspartnern kann Benchmarking noch nach den Untersuchungsobjekten (Produkte, Methoden, Prozesse), der Zielsetzung (Qualität, Kosten, Zeiten), nach Managementperspektiven (strategisch, organisatorisch, operativ) und der Art der Kontaktanbahnung und -aufnahme mit dem Vergleichspartner (direktes oder indirektes Vorgehen) unterschieden werden.

Je komplexer die beabsichtigte Benchmarking-Form ist, um so systematischer muss der Benchmarking-Prozess strukturiert werden.

8.1.3 Benchmarking-Prozess

Inzwischen wurden verschiedene Vorschläge erarbeitet, wie der **Benchmarking-Prozess** in Einzelschritte zu strukturieren sei. Den klassischen Benchmarking-Prozessablauf nach Camp zeigt Schaubild 8.4 auf der nächsten Seite.

- **Planungsphase**

Zur **Vorbereitung** des Benchmarking sind zunächst folgende Fragen zu beantworten:

- Was soll gebenchmarkt werden?
  ➠ Definition des Benchmarking-Objekts.
- Wer führt die Benchmarking-Studie durch?
  ➠ Bestimmung des Benchmarking-Teams.
- Welche Verfahren sollen eingesetzt werden?
  ➠ Festlegung der Methodik zur Informationsgewinnung.

Grundsätzlich kann alles, was tatsächlich gemessen werden kann, auch als Vergleichsobjekt gebenchmarkt werden. Erfolgreiches Benchmarking erfordert aber eine klare definitorische Abgrenzung. Dies gilt im übertragenen Sinne auch für das Team, was Fähigkeiten, Zeit und Ressourcen betrifft. Bei der Festlegung der Methodik geht es um die Möglichkeiten, interne Informationen zu nutzen, öffentlich zugängliche Informationen zu erschließen oder Daten mittels Feldforschung und empirischen Studien zu erheben.

- **Analysephase**

Im Vordergrund der **Analyse** steht der Vergleich ermittelter Daten mit den Vergleichsdaten im eigenen Unternehmen zur Feststellung von Leistungslücken. Die Grundlage dieser vergleichenden Analyse sind Kennzahlen, die die Quantifi-

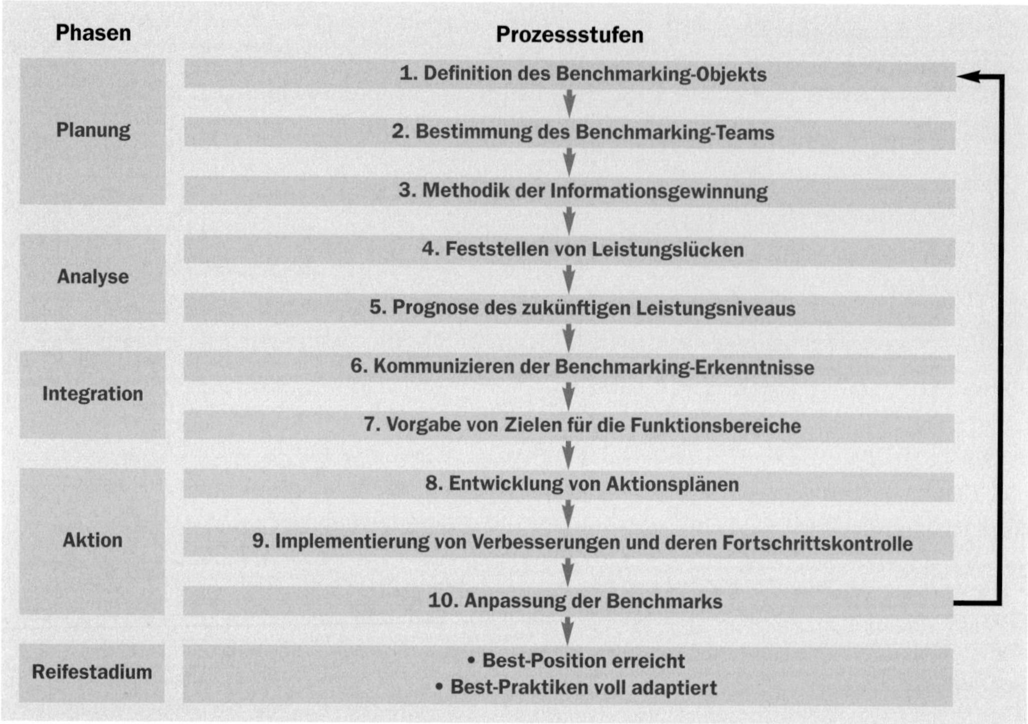

Schaubild 8.4: Ablauf des Benchmarking-Prozesses nach Camp

zierung von sowohl finanziellen als auch qualitativen Sachverhalten beinhalten. Dabei können unbefriedigende Finanzkennzahlen ein guter „Einstieg" zum Benchmarking sein: Sie öffnen Türen zu Messgrößen zu Qualität, Kundenzufriedenheit, Produktivität u. a. Falls qualitative Aspekte nicht zuverlässig durch physikalische Messgrößen erfasst werden können – wie Design, Image –, müssen sie hilfsweise durch Wertungsverfahren (z. B. Scoring- oder Nutzwertverfahren) quantifiziert werden. Beispiele für Benchmarking-Kennzahlen gibt Schaubild 8.5.

Finanzielle Kennzahlen	Nicht-finanzielle Kennzahlen
• Rentabilitäten z. B. Umsatzrentabilität	• Durchlaufzeiten z. B. Auftragsabwicklungszeit
• Kostenintensivitäten z. B. Kostenart pro Umsatz	• Fehlerquoten z. B. Verhältnis Ausschussteile
• Umschlagsziffern z. B. Umsatz zu Lagerbestand	• Lieferfähigkeit z. B. Anzahl ausgelieferte zu gesamten Aufträgen
• Performancegrößen z.B. free cashflow	• Reklamationsquote z. B. Anzahl Reklamationen zu Anzahl Auslieferungen

Schaubild 8.5: Beispiele für finanzielle und nicht-finanzielle Benchmarking-Kennzahlen

Ausgehend von einer diagnostizierten Benchmark-Lücke versucht man, schrittweise durch vertiefende Kennzahlenvergleiche die Einflussfaktoren für die übergeordnete Vergleichsgröße offen zu legen. Auf diesem Wege tastet man sich immer näher an die Hauptursache für die Benchmark-Lücke heran. Eine qualitative Analyse der Prozesse vor Ort wird dann erforderlich, wenn die Benchmarking-Kennzahlen keine eindeutigen Rückschlüsse auf die Ursachen der ermittelten Kosten- und Leistungsunterschiede aufzeigen. Beispielsweise können höhere Lagerkosten durch Produktivitätsunterschiede begründet sein (20 Paletten pro Mannstunde statt 3 beim Benchmarking-Partner). Falls diese Unterschiede nicht mit verschiedenem Technikeinsatz erklärt werden können, sind vergleichende Besichtigungen an beiden Orten nötig, um die Praxisabweichungen aufzuschlüsseln.

Detaillierte qualitative Prozessanalysen sollen dann vor Ort die ineffizienten Teilprozesse im eigenen Unternehmen aufdecken und beim Vergleichspartner Hinweise zu Verbesserungen eruieren. Abschluss der Analyse ist die zielgerichtete Prognose des zukünftigen Leistungsniveaus, in der auch die voraussichtliche Entwicklung des Leistungsniveaus in die Benchmarking-Studie einbezogen wird (Schaubild 8.6).

- **Integrationsphase**

Die ermittelten Resultate werden dann in der Regel durch einen Benchmarking-Bericht an die Geschäftsführung und die Prozessverantwortlichen kommuniziert. Dabei muss das Benchmarking-Team erhebliche Überzeugungsarbeit leisten, um die notwendige Akzeptanz für die Zielvorgaben bei den entsprechenden Funktionsbereichen zu erreichen.

- **Aktionsphase**

Zur Implementierung der Erkenntnisse des Benchmarking sollen konkrete **Aktionspläne** festgelegt werden. Die organisatorische Umsetzung kann durch die gegebene Strukturorganisation oder durch Projektteams, Qualitätszirkel oder spezielle „Prozesswächter“ erfolgen. Zur konsequenten Umsetzung von Verbesserungsmaßnahmen gehört auch die laufende Überwachung deren Leistungsfortschritts. Der Bericht über Leistungsverbesserungen trägt aber auch zur Motivation bei und unterstützt damit weitere Fortschritte. Wenn sich die Umweltbedingungen für das Unternehmen geändert haben, sind Anpassungen der Benchmarks und der Aktionsziele erforderlich. Gegebenenfalls können auch solche Änderungen einen erneuten Benchmarking-Prozess einleiten.

- **Reifephase**

Nur kontinuierliches Benchmarking mit einhergehender permanenter Verbesserung führt zur **Reifephase.** Ein nur einmaliges Benchmarking gewährt nicht die Aktualität der Benchmarking-Erkenntnisse: „Wer gegen den Strom aufhört zu

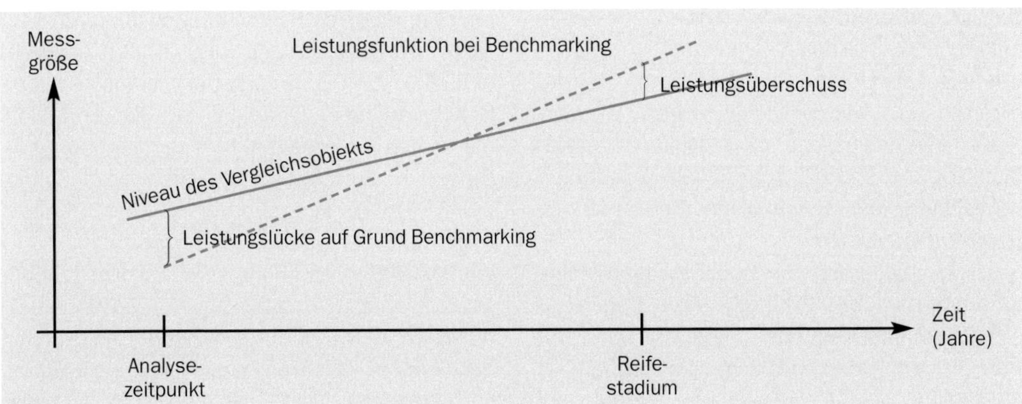

Schaubild 8.6: Projektion der Benchmarking-Lücke

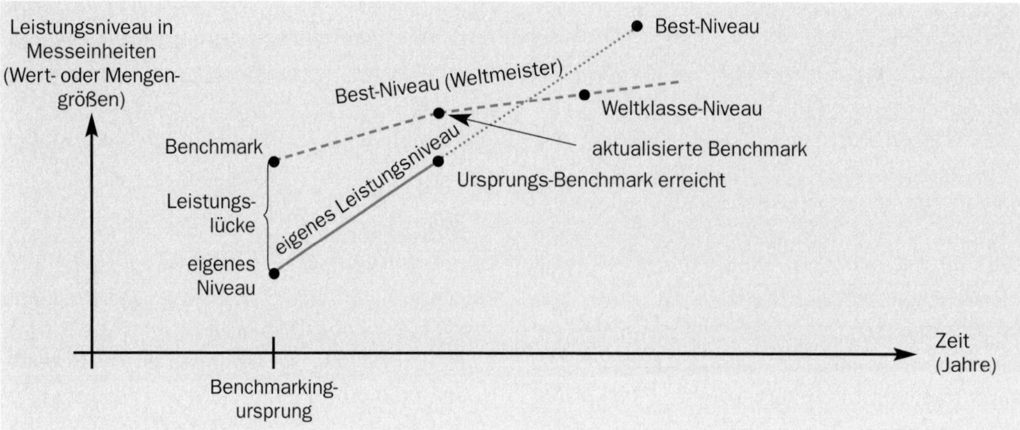

Schaubild 8.7: Bewegliche Ziele durch aktualisierte Benchmarks

schwimmen, der treibt zurück." Denn Benchmarks sind bewegliche Ziele wie beim Tontaubenschießen (s. Schaubild 8.7). Die Reifephase ist schließlich erreicht, wenn die Best-Praktiken in alle Unternehmensprozesse integriert sind und das Benchmarking als „Institution" in einem quasi „selbstlaufenden Prozess" im Management verankert ist. Das kontinuierliche „Lernen von den Besten" auf allen Ebenen der Organisation kann vom Controlling initiiert, unterstützt und zur Überwachung in das Standard-Controlling integriert werden.

8.1.4 Benchmarking mittels Controlling

Benchmarking als kontinuierlicher Prozess verlangt immer wieder Impulse, um nach Bestleistungen zu streben. Auch wird man zumindest zu Beginn nicht alle Unternehmensbereiche benchmarken können, sodass zunächst eine Konzentration auf die größten Leistungslücken, den vordringlichsten Verbesserungsbedarf, erfolgen muss. Hier kann das Controlling im ersten Schritt, basierend auf finanziellen Kennzahlenvergleichen, die notwendigen Benchmarking-Schwerpunkte setzen.

Nach der Initiierung von Benchmarking-Projekten kann dann das Controlling den Benchmarking-Prozess führend oder begleitend unterstützen. Dies gilt insbesondere bei der Erarbeitung, Aufbereitung und der Auswertung von finanziellem und nicht-finanziellem Zahlenmaterial, den Benchmark-Zahlen. Als weitere Unterstützungsmöglichkeiten sind die Schulung von Projektbeteiligten, Bereitstellung von Benchmarking-Erfolgsindikatoren und die Bewertung von Nutzen und Kosten von Benchmarking-Projekten zu nennen. Eine besonders wirtschaftliche Gestaltung der Bewertung von Prozessen verspricht dabei die Verknüpfung mit einer modernen Prozesskostenrechnung (siehe Kap. 6.3).

Schließlich muss auch der Benchmarking-Prozess überwacht werden, um nicht wieder „zurückzufallen". Bestimmte kritische Benchmarks sind herauszufiltern und als Mess- und Arbeitsgrößen permanent der Entwicklung anzupassen. Dieser Überwachungsprozess kann in einem **Regelkreis** institutionalisiert werden, der regelmäßig die Entwicklung der eigenen Prozesse gegenüber den Benchmarks überprüft und auch erforderlichenfalls vorgegebene Zielwerte aktualisiert. Die Integration eines solchen Benchmarking-Regelkreises mit dessen Grundelementen: Vorbereiten, Messen, Lernen, Übertreffen in das Controlling-System zeigt Schaubild 8.8 (zu Gewinnsteuerung als kybernetischer Regelkreis siehe Schaubild 1.7 und 1.8).

Weil beim Benchmarking nicht nur Wertgrößen, sondern auch Durchlaufzeiten u. a. zu berücksichtigen sind, bedeutet dessen Einbeziehung auch einen „Quantensprung" für das Controlling. Prozesse und Projekte sowie deren nichtfinanzielle Messgrößen stellen eine quantitative

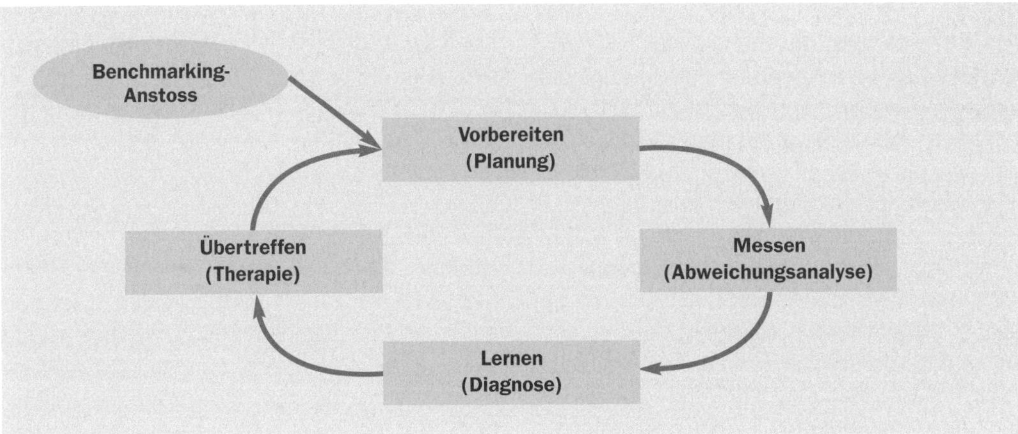

Schaubild 8.8: Integration des Benchmarking-Regelkreises in den kybernetischen Controlling-Regelkreis

und qualitative Erweiterung der Controller-Berichte und Analysen dar.
Mit deren strategischer Ausrichtung befasst sich die Balanced Scorecard.

8.2 Balanced Scorecard – Das Unternehmen ausgewogen und ganzheitlich steuern

Unter der Balanced Scorecard versteht man ein ausgewogenes Kennzahlensystem, das strategische Ziele mit operativen Vorgaben integriert.
Die von den Amerikanern Kaplan und Norton im Laufe der Neunzigerjahre entwickelte **Balanced Scorecard** – ausgewogener Berichtsbogen – soll die Vision und die Strategie eines Unternehmens in qualitative und quantitative Zielsetzungen und Kennzahlen als Maßgrößen für unterschiedliche Unternehmensperspektiven übersetzen.
Die dem **traditionellen Controlling** zugrunde liegende Gewinnsteuerung durch rein finanzielle Kennzahlen kann das Unternehmen ganzheitlich nur eingeschränkt steuern:

- Das Controlling durch finanzielle Kennzahlen ist überwiegend vergangenheitsorientiert bzw. kurzfristig (Jahresbudgetierung) angelegt.
- Abweichungen als Folge von Änderungen in der Unternehmensumwelt und -innenwelt schlagen sich erst zeitverzögert in Finanzkennzahlen nieder.
- Dabei informieren die finanziellen Wirkungen zu Änderungen nur sehr eingeschränkt über die konkreten Ursachen.
- Die eigentlichen Faktoren für den Erfolg (Leistungstreiber) lassen sich nur sehr indirekt (nur suboptimal) über Finanzkennzahlen steuern.
- Sie sind im Zeitalter des Shareholder Value Managements der dominierende Beurteilungsmaßstab, obwohl sie in den arbeitsteiligen Unternehmensbereichen nur sehr begrenzt beeinflussbar sind.

Die Balanced Scorecard will diese Schwächen durch eine ganzheitliche und ausgewogene Betrachtung des Unternehmens überwinden.

- **Das Unternehmen ganzheitlich betrachten**

Die zunehmende Arbeitsteilung in der gesamten Wirtschaft – Stichwort „Outsourcing“ – wie auch in einzelnen Unternehmen hat zwar durchaus zu effizienteren Problemlösungen geführt, dies ist aber nicht in jedem Falle auch effektiv aus Unternehmensgesamtsicht. So werden zwar Erfolg versprechende Strategien von der Abteilung Unternehmensplanung initiiert, es mangelt aber häufig an der verständlichen Operationalisierung und deren klarer Kommunizierung. Deshalb sind schon einzelne Unternehmen dazu übergegangen, die strategische Planung in das Controlling zu integrieren. Was aber nach wie vor bisher fehlte, sind operative Maßgrößen zur zeitnahen Messung und Steuerung der Strategieumsetzung. Den Fachbereichen steht zwar eine Vielfalt von Steuerungsgrößen zur Verfügung, es fehlt aber die Verknüpfung hinsichtlich deren Relevanz bezüglich der Unternehmensstrategie.

- **Das Unternehmen ausgewogen steuern**

Das traditionelle Controlling und auch die **gesamte Unternehmenssteuerung** konzentriert sich auf finanzielle Kennzahlen, weil letztlich ein erwerbswirtschaftliches Unternehmen nur durch Gewinnausweis erfolgreich sein kann. Die Voraussetzung für Gewinne sind aber hervorragende Strategien und optimale Handlungsweisen. Dazu sind von der Betriebswirtschaftslehre ausreichend Methoden und für das Controlling vielfältige Steuerungsinstrumente zur Verfügung gestellt worden. Allerdings besteht die Gefahr in der Praxis, dass trotz deren Vorhandensein das Unternehmen durch die Konzentration auf das finale Ergebnis – den finanziellen Erfolg – langfristig nur einen suboptimalen Gewinn erzielt oder sogar die Existenz des Unternehmens gefährdet, weil langfristige Aspekte vernachlässigt werden.

Beispielsweise kann eine Vorratsreduzierung durch Just-in-time die Lagerkosten und die Kapitalbindung verringern, was finanziell den Eigentümern durch Gewinnverbesserungen oder auch den Kunden durch Preisnachlässe zugute kommen kann. Wenn aber die Folge verzögerte Lieferfähigkeit oder gar Lieferunfähigkeit bei Störungen ist, so wird sich dies später in schlechten Ergebnissen oder sogar in der Existenzgefährdung des ganzen Unternehmens auswirken.

Vor allen Dingen setzt die Steuerung zu spät ein, wenn sich Unzulänglichkeiten beim Kundenservice, bei den betrieblichen Prozessen oder gar der Innovationsfähigkeit des Unternehmens bereits in finanziellen Zahlen – Umsatz, Kosten, Gewinn u. a. – niederschlagen. Die kurzfristige Ausrichtung auf finanzielle Zahlen unter Vernachlässigung von strategischen Potenzialen wird in Amerika durch die Quartalsergebnis-Veröffentlichungen von Börsenunternehmen noch verstärkt. Um langfristig finanziell erfolgreich zu sein, müssen auch solche Erfolgsfaktoren gesteuert werden, die Grundlage des erst späteren finanziellen Erfolgs sind.
Zudem lassen sich die Leistung und der Erfolg von vielen Verantwortungsbereichen im Unternehmen nicht unmittelbar durch finanzielle Kennzahlen messen und beurteilen. Zwar versucht die Prozesskostenrechnung auch solche Leistungen kostenmäßig zu erfassen und das Benchmarking diese zu beurteilen und zu verbessern, aber eine ausgewogene strategische Ausrichtung erfahren sie dadurch noch nicht.

Ein ausgewogenes Controlling-Kennzahlen-System muss somit auch solche qualitativen Aspekte messen, die durch nicht-finanzielle Kennzahlen zu steuern sind.

8.2.1 Mit der Balanced Scorecard die Erfolg versprechende Strategie umsetzen

Die Balanced Scorecard zeichnet sich dadurch aus, dass Maßgrößen für konkretes operatives Handeln unmittelbar aus der Unternehmensstrategie abgeleitet werden. Strategische Aussagen werden so praxisnah für jeden verant-

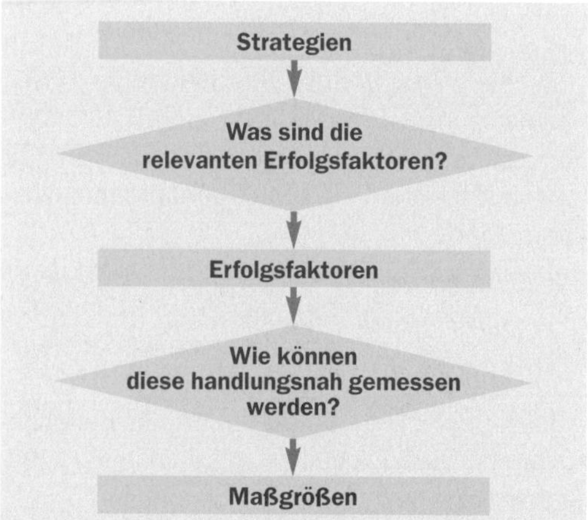

Schaubild 8.9: Strategieumsetzung durch die Balanced Scorecard

wortlichen Manager in von ihm beeinflussbare **Leistungsindikatoren** umgesetzt (Schaubild 8.9). Die Leistungsindikatoren sind Grundlage für festzulegende Standards und operative Ziele, woran sich das Tagesgeschäft und die Beurteilung der Zielerreichung zu orientieren haben. Die Balanced Scorecard soll aus der Vielfalt von Maßgrößen nur das messen, was für das Unternehmen und seine Zukunftsentwicklung von Bedeutung ist. Für eine zeitnahe und auf den langfristigen Erfolg ausgerichtete Steuerung reicht die eindimensionale finanzielle Perspektive daher nicht aus. Kennzeichnend für die Balanced Scorecard ist deshalb ein mehrdimensionales Bündel von finanziellen und nicht-finanziellen Leistungsfaktoren. In der klassischen Form sind es vier Perspektiven, die sich in einem ausgewogenen Gleichgewicht (Balance) befinden sollen:

1. **Kundenperspektive:** Wie sehen die Kunden das Unternehmen?
2. **Prozessperspektive:** Wo muss aus Kunden- und Wettbewerbssicht Hervorragendes (innerbetrieblich) geleistet werden?
3. **Innovationsperspektive:** Was kann das Unternehmen durch Lernen und Innovation erreichen, um den zukünftigen Erfolg der Vision zu realisieren?
4. **Finanzperspektive:** Wie sehen die Kapitalgeber das Unternehmen?

Durch diese mehrdimensionale Betrachtung werden auch nicht-finanzielle Steuerungsgrößen berücksichtigt, deren positive Gestaltung den künftigen finanziellen Erfolg begründen. So sollen durch die marktorientierte (Kunden), die interne (Prozesse) und die Entwicklungsperspektive (Innovation) sämtliche **Leistungstreiber** als Ursachen für den zukünftigen finanziellen Erfolg eine ausgewogene Steuerung durch die Balanced Scorecard erfahren. Das Grundschema einer Balanced Scorecard zeigt Schaubild 8.10.

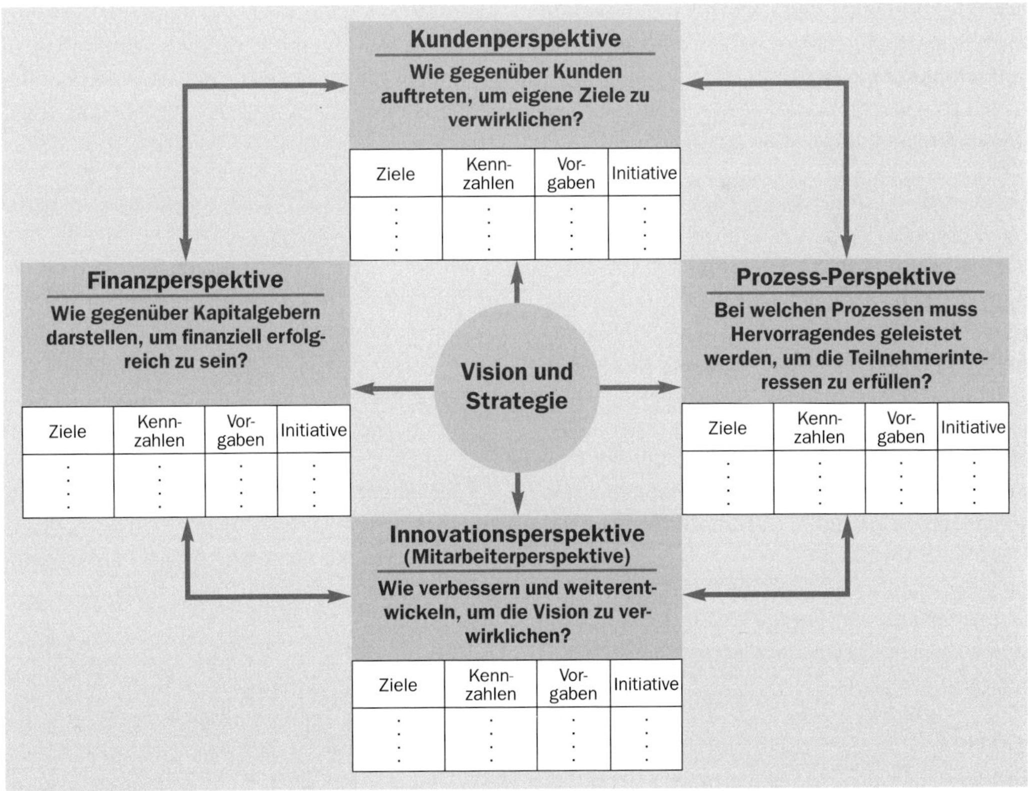

Schaubold 8.10: Grundschema einer Balanced Scorecard

8.2.2 Wie die Balanced Scorecard aufstellen?

Im Mittelpunkt und Ausgangspunkt der Erarbeitung einer Balanced Scorecard steht die aus der Vision des „Entrepreneur“ abgeleitete Strategie. Die **Unternehmensgesamtstrategie** umfasst die Schlüsselerfolgsfaktoren für ein Unternehmen als Ganzes, z. B. höchste Rentabilität durch Qualitätsführerschaft. Die strategischen Geschäftseinheiten müssen daraus unternehmenskonform (Stichwort Corporate Identity) ihre eigenen, individuellen Strategien formulieren. Sämtliche Strategien sind danach auszurichten, die vom Unternehmen insgesamt angestrebten wirtschaftlichen Ergebnisse zu erreichen.
Die eigentliche Aufgabe der **Balanced Scorecard** ist es nun, die strategischen Erfolgsfaktoren in Ziele für die verschiedenen Perspektiven zu konkretisieren. In der Balanced Scorecard sollen sämtliche Erfolgsfaktoren ausgewogen abgebildet werden, die nachhaltig den wirtschaftlichen Erfolg des Unternehmens bestimmen. Dabei geht es nicht nur um eine Auflistung von **relevanten Erfolgsfaktoren,** sondern diese sollen möglichst in einem gegenseitig sich verstärkenden Wirkungszusammenhang stehen.

Beispielsweise führt gesteigertes Fachwissen der Mitarbeiter (Lern- und Entwicklungsperspektive) zu besserer Beratungsqualität (Prozessperspektive), was über höhere Kundenzufriedenheit (Kundenperspektive) final zu wirtschaftlichem Erfolg führt (Finanzperspektive). Da dies abhängig von der Strategie des Unternehmens und den jeweiligen Marktverhältnissen ganz unterschiedliche Aspekte betreffen kann, sind die vier klassischen Perspektiven erforderlichenfalls um weitere zu ergänzen – Lieferantenperspektive, Ökoperspektive u. a.

Die verschiedenen **Perspektiven** der Balanced Scorecard haben eine identische vierteilige Ausprägung:

1. Ziele
Für jede Perspektive sind entsprechend den strategischen Erfolgsfaktoren konkrete Ziele zu formulieren, z. B. für ein Fachhandelsunternehmen: hohe Kundenzufriedenheit, exzellenter Service, gut ausgebildete Mitarbeiter, hohe Umsatzrendite.

Zu einem ausgewogenen Zielspektrum gehört die optimale Kombination von **Früh- und Spätindikatoren.** Die Beachtung von Frühindikatoren als Leistungstreiber ist die Voraussetzung bzw. Ursache, dass Wirkungen bei den Spätindikatoren erzielt werden können. Beispielsweise ist die Qualität der Kundenbeziehungen ein Frühindikator für den Spätindikator Kundenrentabilität. Spätindikatoren alleine informieren nicht darüber, wie die Ergebnisse erreicht werden können. Umgekehrt sind Frühindikatoren ohne Ergebnisziele nicht in der Lage, positive Wirkungen auf den wirtschaftlichen Erfolg zu zeigen.

Aufgrund der Analyse solcher Ursache-Wirkungsketten kann auch die Strategie auf ihre Schlüssigkeit überprüft werden. Wenn nämlich einer Leistungsverbesserung nicht auch eine Verbesserung der finanziellen Ergebnisse folgt, so sind die strategischen Ziele zu überdenken.

Beispielsweise ist eine großzügige Kulanz zwecks Kundenzufriedenheit bei notorischen Querulanten dann nicht sinnvoll und auch nicht finanziell erfolgreich, wenn solche Kunden daraufhin noch erweiterte Kulanz reklamieren. Hier kann Umsatzverzicht bei Kunden mit auffällig häufigen Beschwerden und Reklamationen eine überproportionale Kostenreduktion bewirken und damit finanziell erfolgreicher sein als Kundenzufriedenheit unbedingt bei jedem Kunden. Zudem kann die „Beschäftigung“ der Konkurrenz mit solchen Querulanten einen Wettbewerbsvorteil für das eigene Unternehmen bedeuten.

2. Kennzahlen
Für jedes Ziel sind **Maßgrößen** zu ermitteln, die eine Messung des Zielerreichungsgrades ermöglichen. Denn nur das, was sich auch messen lässt, kann man auch optimal steuern. Kennzeichnend für die Balanced Scorecard sind dabei

neben finanziellen insbesondere auch nicht-finanzielle Größen. Sie erweisen sich für die konkrete Umsetzung im Unternehmen als verständlicher und operationaler.

Beispielsweise ist das finanzielle Globalziel Gewinn bzw. ROI, aber auch das spezifische Ziel Kundenrentabilität für die Abteilung „Kundenreklamationsbearbeitung" nicht hinreichend operational. Sollen minimale Kulanz zwecks Kosteneinsparung oder großzügige Kulanz zwecks Umsatzmaximierung infolge hoher Kundenzufriedenheit die Kundenrentabilität stärken? Wenn Kundenrentabilität allein operatives Ziel ist, wird man zur Kosteneinsparung neigen, weil sich das beim Spätindikator Kundenrentabilität unmittelbar auswirkt. Die Pflege des nichtfinanziellen Frühindikators Kundenzufriedenheit wirkt sich dagegen erst zeitversetzt durch Umsatzstärkung in der Kundenrentabilität aus. Das Anspruchsniveau von Kundenzufriedenheit und Kundenrentabilität ist deshalb an der Strategie auszurichten – z. B. gehobener Fachhandel oder Discounter?

Allerdings müssen Veränderungen nicht-finanzieller **Kennzahlen** aufgrund einer sachlogischen Verbundenheit auch eine zahlenmäßige Konsequenz auf finanzielle Kennzahlen bewirken. Es sind in der Regel die Leistungstreiber als Frühindikatoren, die durch nicht-finanzielle Größen gemessen werden, deren Wirkungen dann später erst durch finanzielle Kennzahlen erfasst werden können.

Dies bedeutet nicht für alle Unternehmen, dass zusätzliche Kennzahlen entwickelt werden müssen. Für viele Unternehmen hat vielmehr die Balanced Scorecard die Aufgabe, von den vielfältig existierenden Kennzahlen nur die für die Realisierung der strategischen Ziele relevanten zu ermitteln. Kennzahlen, die keine strategischen Erfolgsfaktoren messen, sind dagegen auszusondern oder erforderlichenfalls als Mindeststandards von **Hygienefaktoren** separat zu überwachen.
Beispielsweise kann „Sauberkeit" in einem Frischfleischgeschäft Erfolgsfaktor sein, was im Baumarkt vielleicht nur Hygienefaktor ist.

3. Zielvorgaben (Targets)
Wenn die aus der Strategie entwickelten Ziele und deren Maßgrößen feststehen, muss der anzustrebende **Zielerreichungsgrad** in deren Dimension vorgegeben werden. Diese Zielsetzung sollte für den gesamten strategischen Zeithorizont festgelegt und dann für die operative Umsetzung auf Jahres-Sollvorgaben oder auch kleinere Intervalle „heruntergebrochen" werden.

Beispielsweise für die Finanzperspektive die Steigerung der Gesamtkapitalrendite in fünf Jahren von 5% auf 15%, die Gewinnung von 50% Neukunden in fünf Jahren in der Kundenperspektive oder die Reduzierung der Fluktuations- und Krankheitsrate jährlich um 10% in der Mitarbeiterperspektive.

Diese **Targets** entsprechen den finanziellen Budgetzielen im herkömmlichen Controlling und müssen sachlogisch mit diesen verknüpft sein. Ehrgeizige und zugleich realistische Vorgaben können durch das zuvor dargestellte Benchmarking (siehe Kap. 8.1) ermittelt werden, indem Spitzenleistungen von Wettbewerbs- und insbesondere branchenfremden Unternehmen Maßstäbe für eigenes Handeln sind. Das Benchmarking kann auch Hinweise für Aktionen und Initiativen zur Erfüllung solcher Vorgaben geben.

4. Initiative
In einem letzten Schritt sind dann Initiativen zu formulieren, durch die das vorgegebene Anspruchsniveau erreicht werden soll. Diese **Initiativen** sind konkrete Maßnahmen (Aktionen), die umso einfacher zu erarbeiten sind, je konkreter die Strategie in Zielgrößen erfasst ist, z. B. Umsatzwachstum durch die Aktion Firmenakquisition.
Investitionsentscheidungen, Ressourcenallokation und die Budgetierung haben sich an solchen Initiativen auszurichten. Somit sind die Investitionen durch die Strategie bestimmt, die finanziellen Mittel des Unternehmens nach **strategi-**

Kundenperspektive			
Ziele	**Kennzahl**	**Zielvorgabe**	**Initiative**
Kundenzufriedenheit	Reklamations-/ Beschwerdequote	2,0 %	Call-Center
Kundenakquisition	Anteil Neukunden	30,0 %	Mailing-Aktion
Kundentreue	Anzahl Aufträge bezogen auf Verweildauer	12,0	Bonussystem
Kundenrentabilität	Kunden-DB	40,0 %	DB-Prämiensystem

Schaubild 8.11: Die Kundenperspektive in der Balanced Scorecard

schen Gesichtspunkten verteilt und die jährlichen Budgets auf langfristige strategische Ziele abgestellt.
Das besondere integrative Moment der Balanced Scorecard besteht in der Vernetzung durch die ausgewogene Berücksichtigung der aus der Strategie abgeleiteten Früh- und Spätindikatoren dermaßen, dass dadurch eine **ganzheitlich simultane Unternehmenssteuerung** erfolgt. Dazu gehört auch die ausgewogene Betrachtung der relevanten Perspektiven. Die in Schaubild 8.10 abgebildeten vier Perspektiven sind deshalb erforderlichenfalls zu ergänzen – Lieferantenperspektive, Umweltperspektive u. a.
Den Aufbau der Balanced Scorecard zeigt beispielhaft Schaubild 8.11 für die Kundenperspektive.
Dabei ist die Kundenzufriedenheit als Frühindikator zu interpretieren, die akquisitorisches Potenzial sowie Kundentreue zur Folge hat und in erhöhter Kundenrentabilität als Spätindikator münden soll.

Neben der Kennzahlenüberwachung anhand der Zielvorgaben ist auch dieser Wirkungszusammenhang bezüglich einer konsistenten Strategie und Strategieumsetzung zumindest jährlich zu überprüfen.

8.2.3 Strategisches Feedback und Lernen

Verbesserungen in Qualität, Reaktionszeiten, Produktentwicklung und Produktivität ist gemeinsam, dass sie zum finalen Ziel führen, denn alle diese Leistungen sollten sich früher oder später in Finanzkennzahlen spiegeln. Folgen operativen Leistungsverbesserungen keine Verbesserungen in finanziellen Ergebnissen, so verlangt dies eine **Überprüfung** der strategischen Ziele und der zugrunde liegenden Prämissen.

In klassischen **Regelkreisen** wie der Budget-Abweichungsanalyse bleibt das Ziel konstant. Dieser von Kaplan und Norton bezeichnete Single-Loop-Lernprozess bedeutet für die Balanced Scorecard, dass Leistungsverbesserungen zur Erreichung eines festen Ziels erfolgen. Abweichungen werden dann als unzulängliche Umsetzung interpretiert. Verstärkte Anstrengungen statt einer Zielüberprüfung sind die Reaktionen der Praxis. Falls die eigentliche Ursache für Zielabweichungen aber eine Prämissenänderung beispielsweise durch veränderte Marktbedingungen ist, so kann dies fatale Folgen haben: Das Unternehmen steuert mit voller Kraft und hoher Effizienz in die falsche Richtung.
Die von Kaplan und Norton als Double-Loop-Lernen bezeichnete Rückkopplung durch Hinterfragen der strategischen Ziele und ihrer Prämissen ergänzt die Kommunizierung der Strategie im Top-Down-Prinzip durch diesen Lernprozess im Bottom-Up-Prinzip (s. Schaubild 8.12). So kann auch der **strategische Lernprozess** in einem Gegenstrom-Verfahren analog der Budgetierung institutionalisiert werden. Je besser strategische Erfolgsfaktoren durch Frühindikatoren formuliert sind, umso effektiver kann dieser Lernprozess zur Strategieentwicklung beitragen.

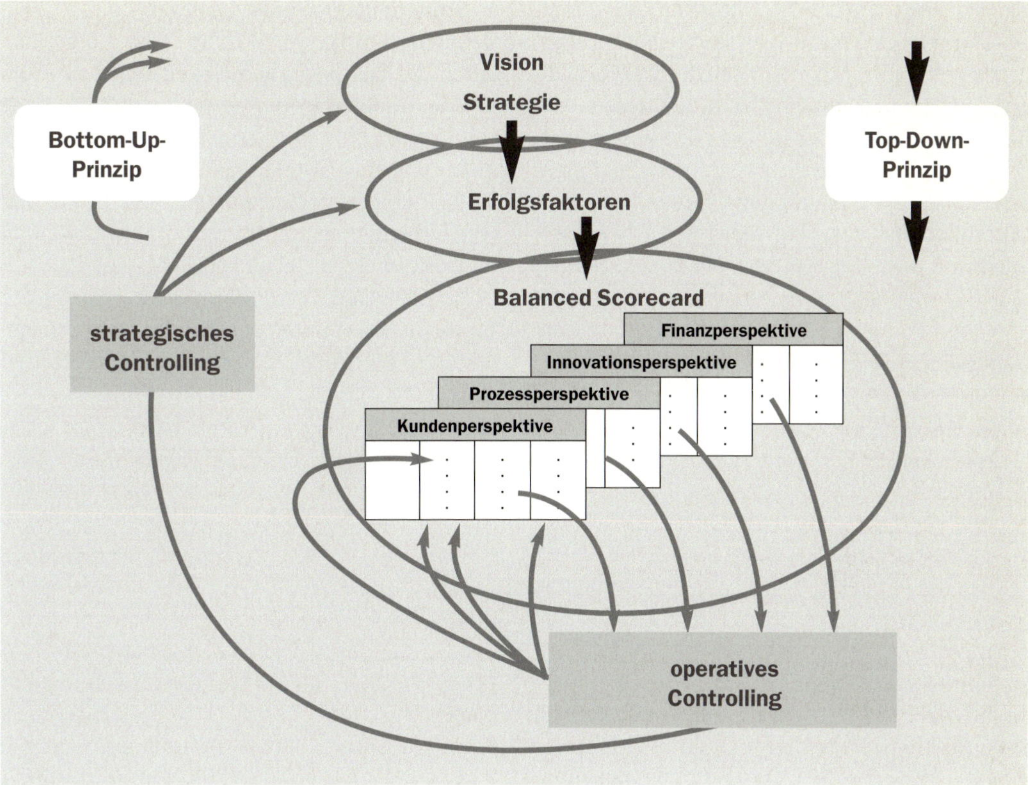

Schaubild 8.12: Double-Loop-Controlling mittels Balanced Scorecard

8.2.4 Controlling mittels der Balanced Scorecard

Die heutige dynamische Wettbewerbssituation zwingt die Unternehmen mehr denn je zu einer klaren strategischen Ausrichtung ihrer sämtlichen Aktivitäten. Erfolgsfaktoren wie Kundenzufriedenheit, Prozesseffizienz und Innovationskraft sowie Shareholder Value bestimmen zunehmend den nachhaltigen Erfolg des Unternehmens. Dessen gewinnmaximale Steuerung war schon immer Aufgabe des Controllings und operative Maßnahmen wurden schon bisher aus strategischen Vorstellungen abgeleitet. Der Quantensprung für das Controlling besteht in dem integrativen Element der Balanced Scorecard, deren Mehrdimensionalität und Ausgewogenheit das Unternehmen ganzheitlich steuert, wodurch das Controlling bereichert und erweitert wird.

- **Strategieintegration**

Die Balanced Scorecard verknüpft operative Steuerungsgrößen unmittelbar mit strategischen Zielsetzungen. Eine rein finanzielle „Kontrolle“ des Unternehmenserfolgs beinhaltet eine nur mangelhafte Rückkopplung zur Strategie. Deswegen werden vordringlich die Leistungsindikatoren gesteuert, die auch für den Erfolg der Strategie relevant sind. Zur **ganzheitlichen Unternehmenssteuerung** gehört es auch, immer wieder diesen Wirkungszusammenhang von operativen Leistungen und strategischem Erfolg im strategischen Controlling zu überprüfen (s. Schaubild 8.12).

- **Bereichsintegration**

Die Balanced Scorecard will die einzelnen Unternehmensbereiche ausgewogen steuern. Das herkömmliche **Bereichscontrolling** hat die jeweiligen Fachbereiche im Unternehmen weitestgehend isoliert nach fachspezifischen Standards gesteuert: Materialwirtschafts-, Produktions-, Vertriebscontrolling u. a. Es fehlte die Konzentration auf abgestimmte und ausschließlich auf die Strategie ausgerichteten Leistungsmaßstäbe. Die ausgewogene Betrachtung des Unternehmens aus den relevanten Erfolgsperspektiven muss folglich auch die Ausgestaltung des Bereichscontrolling bestimmen. Eine entsprechende organisatorische Einordnung des Controlling zeigt Schaubild 8.13.

- **Steuerungsgrößenintegration**

Besondere Impulse erfährt das Controlling durch die **ausgewogene Beachtung von Früh- und Spätindikatoren.** Die bisherige Dominanz von finanziellen Kennzahlen bei der Gewinnsteuerung beinhaltete das Controlling von Erfolgsergebnissen statt der direkten Steuerung von Erfolgsursachen als deren Voraussetzung für späteren finanziellen Erfolg.

In der Balanced Scorecard werden die aus der Strategie abgeleiteten perspektivischen Erfolgsfaktoren in operative für jeden spezifischen

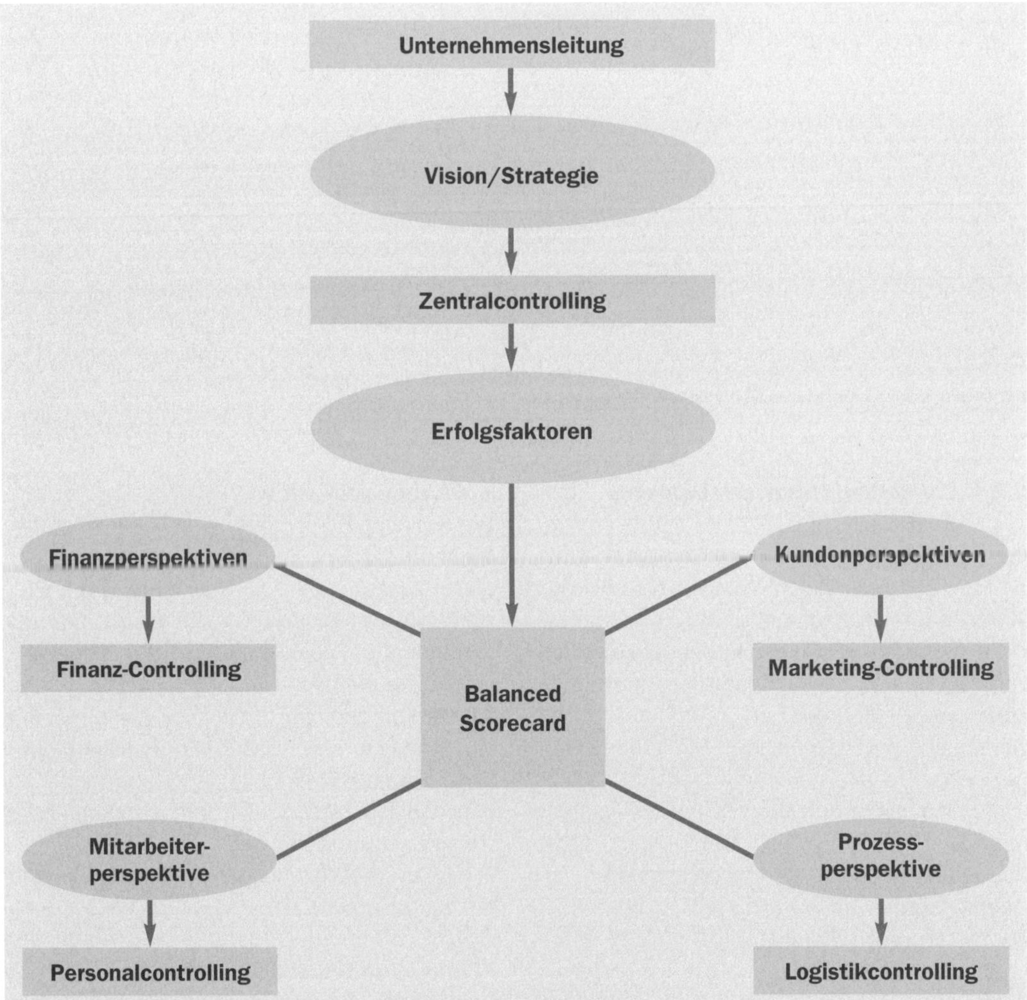

Schaubild 8.13: Balanced Scorecard-orientierte Controlling-Organisation

Arbeitsbereich leicht nachvollziehbare Leistungsindikatoren transformiert. Damit wird die für viele Bereiche abstrakte Strategie eine Strategie zum „Anfassen“. Zugleich erfolgt auch eine ausgewogene Berücksichtigung sowohl von finanziellen Ergebnisgrößen als Beurteilungsmaßstab für vergangenes Handeln als auch nicht-finanziellen Indikatoren, die zukünftigen finanziellen Erfolg bestimmen.
Diese explizite Steuerung auch nicht-finanzieller Maßgrößen im operativen Controlling (s. Schaubild 8.11) stellt ganz neue Herausforderungen an das Controlling.

- **Vom Kostenrechner zum Informationssteuerer**

Voraussetzung für die Implementierung einer solchen integrierten Balanced Scorecard ist die DV-Realisierbarkeit. Erst die Unterstützung durch entsprechende **DV-Systeme** ermöglicht es, mit wirtschaftlich vertretbarem Aufwand – gegenüber manueller Erarbeitung – die notwendigen Informationen zu erhalten, zu analysieren und auch entsprechend zu kommunizieren.
Bisher dezentral vorhandene oder auch neu zu erarbeitende Daten in verschiedenen Informationssystemen sind in einem modernen **Data-Warehouse** zu integrieren. Die dort verdichteten und in eigenen Datenbanken abgelegten Informationen aus operativen Systemen ermöglichen dann die wirtschaftliche Erstellung und Steuerung von relevanten Kennzahlen der Balanced Scorecard.
Ein solches **Management-Informationssystem** soll auch Informationen aus externen Quellen integrieren können, um auch Erfolgsmaßstäbe wie Marktanteile steuern zu können.
Der Controller der Zukunft wird somit zunehmend Informationsmanager statt „Kostenrechner“ sein, was am Anforderungsprofil von Stellenanzeigen für Controller schon deutlich abzulesen ist.

Zusammenfassung

Rekapitulieren Sie:
Was bringen Benchmarking und Balanced Scorecard Neues für das Controlling?
Hinweise zur Bearbeitung:
Die Neuerungen durch diese Konzepte bestehen in der Verknüpfung sowohl operativer als auch strategischer Aspekte sowie der Berücksichtigung von nicht-finanziellen Contolling-Kennzahlen und insbesondere auch branchenfremden Maßstäben, um Verbesserungen im Rahmen der Gewinnsteuerung zu erzielen.

Rekapitulieren Sie:
Wie ist Benchmarking in das Controlling zu integrieren?
Hinweise zur Bearbeitung:
Die Integration des Benchmarking in den Controlling-Regelkreis zeigt Schaubild 8.8 auf S. 189.

Rekapitulieren Sie:
Wie ist eine Balanced Scorecard aufgebaut?
Hinweise zur Bearbeitung:
Den Aufbau der Balanced Scorecard zeigen beispielhaft die Schaubilder 8.10 (S. 191) und 8.11 (S. 194).

Stichwortverzeichnis

Ablaufplan 73, 84, 143
Absatzprogramm 74
Absatzvorschau 114
Abschreibung 79
Abweichung 92ff., 115ff.
~ höheren Grades 101f.
Abweichungssanalyse 10, 12f., 30, **91ff.**, 101ff., 114
~art 92ff.
~bericht 20, 122
~risiko 170
~ursache 99, 101
~verursachungskette 103f.
Aktivitäten 158ff.
Allokationseffekt 161
Analysekette 103f.
Anamnese **92ff.**
Anschlussplanung 66
Arbeitsjahr 17ff.
~plan 75
~vorgang 84
Arena 27
Artikelergebnisrechnung 161
Aufbauorganisation, funktionale 178f.
Aufgaben des Controllings 11, 17
Ausgabe 69, 81
Ausgangsbilanz 72

Baby-Feld 38f.
Balanced Scorecard **189ff.**
Balkendiagramm 129
Basisgeschäft 35f.
Bedarfsbericht 122
Beratungsfunktion 20
Benchmarking 54, **181ff.**
~-Formen **183ff.**
~-Prozess **185ff.**
Bereichskennzahl 136
~controlling 195
Berichtsempfänger 123f.
~form **125ff.**
~inhalt **119ff.**
~termin 124
~wesen 15, **118ff.**
~zweck 118f.
Berufsaufgaben des Controllers 24
Beschaffungsbudget 79
~menge 109
~volumen 76
Beschäftigungsabweichung 106
Betrieblicher Leistungserstellungsprozess 142
Betriebsvergleich 182
Bewertungsphase 61
Beziehungszahl 132
Bezugsgröße 109
Bezugsgrößenhierarchie 146, 152
~kalkulation 151
Bezugsobjekt 152, 158
Bilanzanalyse 134
Bilanzstrukturkennzahl 82
Black Box 27
Blinder Fleck 27
Boston-Matrix 37
Bottom-up-Verfahren 62
Branchenkennzahl 134
Break-Even-Analyse **163ff.**
~-Menge 164ff.
~-Umsatz-Analyse **168ff.**
Budgetart 68ff., 92
~genehmigung 13
~gewinnrechnung 80
~-Controlling (Kontrolle) 91ff.
Budgetierte Bilanz 83
Budgetierung 12, 20, **68ff.**
~sablauf 72
~sdauer 89
~kalender 89
~sprozess 72, 83
~srichtlinie 77
Budgeting 68
Budgetnetzplan 83
~präsentation 83
~revision 83
~verantwortung 99
~ziel 74, 80, 112

Cashflow 34
Cash-Cow 38f.
Cash-Falle 40, 44
Conjoint-Analyse 52
Controller 8, 83
~ship 24
~typen 175
Controlling 7, 14, 71
~, Abgrenzung **23**
~, modernes 14
~, operatives 8, 17, 31
~, strategisches 9, 12, 17, **29ff.**, 31, 42, 48
~aufgaben **11**, 17, 34
~instrument **141ff.**, 154
~funktion 11
~konzeption 22
~organisation 20ff., **175ff.**
~organisation, zentrale 177
~organisation, dezentrale 178
~praxis 8, 134, 142
~-System 29
Critical Path Method **83ff.**

Data Warehouse 197
Datenbankabfrage 123
Datenbereitstellung 141
Datenpräsentation 127
Deckungsbeitrag 34
~, relativer bzw. spezifischer 149
~srechnung **146ff.**
~stufen 151
~s-Portfolio 42, 44
Dezentrale Controllingorganisation 178
Diagnose 99ff.
Diagramm 127, 129
Differenziertheit der Unternehmensinnenwelt 9
Direct Costing 150
Disposititon 114
Disziplinarischer Kompromiss 178
Divisionscontroller 176
Dotted-line-Prinzip 176
Down-up-Verfahren 63
Drifting Costs 53
Du-Pont-Schema **15f.**, 64, 103, 132
DV-Abweichungsanalyse 114
DV-Systeme 197
Dying-Dog 38f.

Effektive Preisabweichung 105
Einnahme 69, 81
Entscheidungsakt 62
~einheit 68
~srechnung 149
Entwicklungsweg 39, 57
Ereignis 86
Erfahrungsgesetz zur Kosteneinsparung 46
Erfahrungskurvenanalyse **46ff.**
~rate für potenzielle Kosteneinsparung 46
Erfassung der Preisdifferenz 109
Erfolgsfaktor 40, **190ff.**
~kennzahl 134
~objekt 40
~potenzial 57
~rechnung 152ff.
Erlösschmälerung 79
Ermittlungsfunktion 141
Erwartungsrechnung **111ff.**
Etatdenken 71
Expertensystem 83
Externes Rechnungswesen 141

Fachlicher Kompromiss 178
Fähigkeit des Controllers 26
Fallweise Analyse 97
Fassade 27
Feed-Back bzw. -Forward **14**
Feinsteuerung 124
Fertigungslohn 76
~material 76
Finanzbudget 81
~perspektive 191
~vorschau 112
Fixiertes Budgetziel 112
Fixkosten 108
Fixkostendeckungspunkt 155
~deckungsrechnung 150f.
~degression 47
Flexibilisierung 72, 112
~ von Budgetzahlen 68
Flexible Planung 66
Flexibles Budget 71, 112
Follow-Up 116
Frühindikatoren 192
Frühwarnsystem 15
Führungskonzeption Controlling 7
Funktionale Aufbauorganisation 178f.
Funktionscontroller 175

Ganzheitliche Unternehmenssteuerung 195
Gap-Analyse **45f.**
Gegensteuerung 112
Gegenstromprinzip 63
Gemeinkosten 77f., 157f.
~material 76
Gesamtabweichung 102
~budgetierdauer 87
~budgetplan 13
Gewinnmanager 10
~planung 40, 49, 80
~reagabilität 172
Gewinnschwelle **163ff.**
~steuerung 13f., 118, 141
~verlauf 34
~wirkungsgrad 97
~ziel 58f.
Gliederungszahl 132
Grafik-Software 127
Grenzplankostenrechnung 107
Großinvestition 78
Grundrechnung 156
Grundsatzziele 12
Grundzahl 131
Güterverbrauch, bewerteter 142

Hauptkomponente 52
Herrensystem 123
Hierarchie 96
Hochrechnung 110
Hygienefaktoren 193

Identifikation mit Zielen 59
Indexzahl 132
Informations-System 134
Informationsbedarf 119
~manager 197
~pflicht 118
Informelle Berichte 118
Initiativen 193f.
Innerbetriebliche Wertschöpfung 46
Innovative Kraft der Planung 59
Innovator 40
Innovationsperspektive 191
Integrationsfähigkeit 26
~funktion 58
Interne Revision 22, 71
Internes Berichtswesen **118ff.**
~ Rechnungswesen 141
Investition 39, 78, 80
Investitionsbudget 69
Ist-Daten 91
Ist-Ist-Analyse 7
Ist-Ist-Vergleich 95
Ist-Kostenrechnung 144

Jahresbudgetwert 83
~budgetziel 70
~planung 70
JOHARI-Fenster **26f.**

Kaizen 182f.
Kalkulation 141
Kannbericht 122
Kapazitätserweiterung 76
~wachstum 47
Kapitalbedarf 81
Kartogramm 127
Kaufmännischer Leiter 22
Kennzahlen 103, **131ff.**, 181, 193
Kennzahlensystem **132ff.**
Knetphase 13
Knoten 86
Kommentierung 137
Kommunikationsfähigkeit 26
Kompensationseffekt 109
Komponentennutzen 52
Kompromiss, disziplinarischer 178
~, fachlicher 178
Kontrolle 91, 141
Kontrollmaßstab 91
~organ 24
~phase 29
~prozess 91
~umfang 91
Koordination 13, 58, 62, 66
Korrekturmaßnahme 115
Kostenanalyse **106ff.**
~budget 69, 78
~druck 72
~einsparpotenzial 46
~index 53

~management 9
~rechnungssystem **141f.**
~rechnungsverfahren **141f.**
~satz 159ff.
~senkung 51
~senkungspotenzial 47, 50
~stellenbudget 78
~stellenkosten 159
~stellenplanung 79
~steuerung 71
~träger 161
~verantwortung 163
Kreditgewährung 82, 137
Kreisdiagramm 131
Kritischer Weg 86f.
Kumulierte Abweichung 94
~ Menge 46
Kundenperspektive 191
Kurvendiagramm 129
Kurzbericht 125

Lagerplanung 74
Lean Management 9, 51
Leerkosten 106f.
Leistungsindikatoren 190
Leistungstreiber 191
Lernprozess 46
Leverage-Effekt 74
Lieferantenziel 82
Liniendiagramm 129
Linienstelle 22
Liquiditätsgrad 82
Liquiditätspunkt 167, 170
~planung 70
Lücken, Schließung von 45.f

Managementinformationssystem (MIS) **139**, 197
Management-Techniken **10**
~-Accounting 141
Marktanteil, relativer 40, 48
~einführung 49f.
~führer 41
~preis 51
~wachstum 41
Maschinenplan 75
Maßgrößen 192
Materialbudget 79
~einzelkostenermittlung 76
~lagerplanung 76
Matrixorganisation 179f.
Meilenstein 99
Mengenabweichung 102, 105
Minimumsektor 65
Monatsbudget 71
Monatsplanung 70
Mussbericht 122

Nachfolgeprodukt 51
Nachsteuerung **114ff.,** 124
Nachwuchsprodukt 38
Navigator 7
Nettoeinstandspreis 76
Netzplan(technik) **83f.**
Neu-Produkt 51
Normstrategie **38f.**
Numerische Informationen 131
Nutzen der Ursachenanalyse 109
Nutzenteilgewicht 52
Nutzkosten 106

Operating-Leverage-Effekt 172
Operative Lücke 45
Operatives Controlling 8
~ Management 10
Optimale Infoversorgung 119
Ordnungssystem 133f.
Personalbudget/-kosten 78f.
Perspektiven 192
Petrifikation 35
Phasen des Produktlebenszyklus **33ff.**
Piktogramm 127
Planbilanz 81
~kapital 82
~revision 65, 80
Planung 7, **57ff.**, 142
~, flexible 66
~, operative 12, 57
Planungsabweichung 101
~prämisse 74, 112
~rechnung 12
~verfahren 62ff., 72
Planvermögen 82
~wert 91
Portfolio-Analyse **36ff.**
~-Konzept 37
~-Matrix 37ff., 41
Potenzialanalyse **31f.**
Preisabweichung 102, 105ff., 108f.
~ im Finanzbereich 108
~ im Lohnbereich 108
~ im Materialbereich 108
Preispolitik 48, 155
Problemstellungsphase 60
Produkteigenschaft 52
~einführung 48
~funktion 52
~kosten 52
~lebenskurve **34f.**
Produktionsplanung 75
Produktlebenszyklus 9, 32, 34, 38
~-Analyse **32ff.**, 152
Produktprogramm 35
Profit-Center 176
Prognosebericht 20, 122
~funktion 142
~phase 61
Progressive Planung 65, 74
Projektbudget 70
Projektcontroller 176
Projektcontrolling 176
Prozesse 158
Prozesskosten 159
~perspektive 191
~rechnung 109, **156ff.**
Pufferzeit 87
Punktdiagramm 129

Quartalsbudget 71
Questionmark-Feld 38

Rangfolge 97
Rationalisierung 47
Reaktionszeit 124
Realisierung 13
Rechensystem 132f.
Rechnungswesen 15, 141
Rechteckdiagramm 128f.
Regelkreis 188
Relaunch 33, 35
Restabweichung 102
Restgemeinkosten 79
Restriktion 32
Retrograde Planung 64, 74
Reverse Engineering 182
Revolvierende Planung 67
Risikokennzahl 135
Risikomaßgröße 172
Risikosteuerung 57
RL-Kennzahlensystem 134
ROI-Schema 15, **16**
Roll(ier)ende Planung 67
Routineauswertung 120
Routinebericht (mit Warnpunkten) 122
Rückkopplung **14**
~rechnung 86
Säulendiagramm 128f.
Schätzung im Budget 82
Schaubilder **127ff.**
Schlüsselfaktor 31
Schulung 71
Selektive Abweichung 94
Selfcontrolling 99
Sensibilitätsanalyse **170ff.**
Sicherheitskoeffizient 170f.
~spanne 170f.
Sklavensystem 123
Soll-Ist-Analyse 7
Soll-Ist-Vergleich 94
Soll-Wird-Abweichung 95, 111
Sollkosten 71, 106f.
Sortimentsabweichung 105
Spätindikatoren 192
Spartenorganisation 176, 179
Spread sheets 83
Stabstelle 20
Standardbericht 120f.
~kosten 53
Star-Feld-Strategie 38
Starprodukt 38
Starres Budget 71
Statistisch-methodischer Aspekt 131
Stellenbeschreibung 24
Steuerberater 144
Steuerung 31, 112
Steuerungsgröße 59
Strategie 12, 17, 48
~änderung 46
Strateg. Entwicklungslinie 36
~ Erfolgsobjekte 30
~ Lernprozess 194
~ Lücke 35, 45
~ Maßnahme 45
~ Planung 30 f., 57
~ Position 30
~ Management 10, 29
~ Management-System 29
~ Verhalten 48
Streudiagramm 129
Strukturanalyse 84, 133
Strukturierungsprinzip 58
Stück-Deckungsbeitrag 147
Stückkosten 33
Stücklistenauflösung 76
Subsystem der Unternehmensführung 10
Suchphase 60
System von Kennzahlen 131
Systemlösung 144
Szenario-Technik 15

Tabellarisches Kostenbudget 71
Tabelle 126f.
Tabellenkalkulation 83, 173
Tagesbericht 120
~budget 71
Taktische Planung 57
Target-Costing **51ff.**, 183
Targets 193
Technischer Fortschritt 47
Teilfreigabe des Budgets 72, 97
Teilkostenrechnung 145
Textbaustein 137
Texte **137ff.**
Therapie **114ff.**
Toleranzschwelle 95f.
Top-down-Verfahren 62
Tortendiagramm 121
Treppchen-Formular 112f.

Umsatz 33, 168
Umsatzabweichungs-Analyse 105
Umsatzbudget 69, 79
~portfolio 42f.
~vorschau 112
Umweltdynamik 9
Unternehmensinnenwelt 9
~planung 31
~praxis 8, 67, 111, 122, 125
Unternehmerische Impulse 115
Ursache der Abweichung 99, 104, 109
Ursachen-Wirkungs-Beziehung 104
US-amerikanische Unternehmen 22

Variator 71
Verantwortung d. C. 123
Verantwortungsbereich 69f., 96, 152
~hierarchie 69, 99
~rechnung 149, 152
Verbindlichkeitsgrad 71
Verbrauchsabweichung **106ff.**
Verbrauchsmenge 109
Vergangenheitsorientierte Analyse 111
Verhältniszahl 132
Vermögens- und Kapitalbudget 69
Verwaltungsbereich 109
Vollkostenrechnung 145
Vorgänge (Arbeits-) 84ff.
Vorgangsdauer 84
~liste 84
Vorkopplung **14**
Vorschaurechnung **110ff.**
Vorwärtsrechnung 86

Wachstumsanalyse 133
~politik 48
Warnpunkte 122
Wertanalyse 47, 51
~schöpfung, innerbetriebliche 46
Wettbewerber, stärkster 40
Wettbewerbsanalyse 182
What-If-Analyse 15, 122, 172
Wird-Wert 95
Wirtschaftlichkeit 144, 154
Wochenbudget 71

Zahlendarstellung **126f.**, 137
Zeitanalyse 84, 87
~management 9
~reserve 87
Zentrale Controllingorganisation 177
Zero-Base-Budgeting 71
Ziel Gewinnmaximierung 59
Zielbildungsphase 59, 74
Zielkosten 53
~abweichung 53f.
~analyse **51ff.**
~erreichungsgrad 193
~index 53
~kontrolldiagramm 53f.
Zielorientierter Plan 68
Zielsteuerungsfunktion 112
Zielüberprüfungsphase 29
Zielwert 112
Zentralcontroller 175
Zukunftsorientierte Ursachenforschung 95, 111
Zuständigkeit für Abweichungen 99
ZVEI-Kennzahlensystem 133